土地经济学

主　编　杨庆媛
副主编　龙拥军　王　成

科学出版社

北京

内 容 简 介

本书遵循"土地经济学的基础理论—土地资源配置的经济问题与解决—土地利用和保护的经济问题与解决—土地收益及其分配的问题与解决—土地制度与政策"的逻辑思路,突出现阶段中国土地经济问题的重点,力求实现系统的理论、原理分析与中国现实的土地经济问题分析相融合,以案例分析提升学生对基本理论与原理的认识与理解为重点,以丰富的专栏材料促进和满足学生自主学习需求为特色,实现学以致用、用以致需。

本书的读者对象和使用范围:①土地资源管理、人文地理与城乡规划等本科专业的教材;②相关专业研究生的教材或参考书;③国土资源高职高专院校教师用书;④土地科学领域教学及研究人员的参考书。

图书在版编目(CIP)数据

土地经济学 / 杨庆媛主编. —北京:科学出版社,2018.6
ISBN 978-7-03-057792-4

Ⅰ. ①土… Ⅱ. ①杨… Ⅲ. ①土地经济学 Ⅳ. ①F301

中国版本图书馆 CIP 数据核字(2018)第 123616 号

责任编辑:文 杨 程雷星 / 责任校对:何艳萍
责任印制:吴兆东 / 封面设计:迷底书装

*科学出版社*出版

北京东黄城根北街 16 号
邮政编码:100717
http://www.sciencep.com

北京九州迅驰传媒文化有限公司 印刷
科学出版社发行 各地新华书店经销

*

2018 年 6 月第 一 版 开本:787×1092 1/16
2019 年 11 月第三次印刷 印张:22 3/4
字数:518 000

定价:**59.00** 元
(如有印装质量问题,我社负责调换)

前　　言

　　哈佛大学经济学教授 N.格里高利·曼昆（N. Gregory Mankiw）在他的著作《经济学原理》中译本出版之际，写给中国读者这样一段话："一个社会的兴衰在某种程度上取决于其政府所选择的公共政策。对赞成或者反对某项政策的各种意见的理解是我们研究经济学的一个理由"。在该书的序言，致学生中写道，"为什么作为一个即将进入 21 世纪的学生还应该学习经济学呢？有三个原因：一是学习经济学有助于你了解你所生活的世界；二是经济学将使你更精明地参与经济活动；三是它将使你更加理解经济政策的潜力与局限性。"

　　尽管中国的土地制度和美国的土地制度不同，土地经济学和普通的经济学要研究的问题不同，但曼昆教授所说的学习经济学的理由也同样适用于学习土地经济学。中国正处在工业化、城镇化快速发展、城乡融合发展与乡村振兴成为经济社会发展主旋律的新时代，经济与社会转型激烈，制度改革需求旺盛，城市和乡村都面临许多迫切需要解决的土地经济问题。我们希望通过本书为中国学生提供如下帮助：一是更好地认知中国现阶段的主要土地经济问题，如土地供求矛盾与城乡土地市场、城乡土地配置与利用、城乡土地制度及其深化改革、耕地保护等面临的突出问题；二是更好地分析和判断土地经济活动，例如，依据中国的人地关系和土地资源特点奠定中国土地利用政策制定的空间格局基础，依据土地属性及价值的区域差异奠定科学评估城乡土地价格的基础，为学生将来参与土地规划、土地评估及土地开发、利用、保护等方面的科学管理进行基础训练；三是培养更好地识别土地经济问题并寻求解决途径的能力；四是更好地理解国家的土地制度改革与土地经济政策，例如，为什么要开展农村土地的三项改革试点（征地制度改革、宅基地使用制度改革和集体经营性建设用地入市改革），为什么要建立城乡统一的建设用地市场，为什么要建立耕地和宅基地的"三权分置"制度等。

　　众所周知，理论与现实、普遍性与特殊性的差异无处不在。中国的基本国情、地情、人地关系及土地制度与其他国家不一样，因此，解决土地经济问题的手段也与西方国家有很大差别，如土地公有制是改革中不能突破的底线，让城乡居民获得更多的土地财产性收益，实现共同富裕是改革和发展的目标。鉴于此，一方面，本书注重一般原理和普遍现象的阐述，包括土地经济学研究的物质对象——土地的各种属性、特征与功能的阐述，注重基本土地经济理论——土地产权理论、地租地价理论等原理的解释；另一方面，强调基于中国的人地关系，结合中国的现实土地经济问题的阐述。同时，也注重结合中国的发展阶段及粮食安全、生态文明建设等国家战略对土地配置与土地保护的要求，探索中国特色的土地经济问题的解决途径。在对土地利用的基本原理分析基础上，充分吸收社会经济生活中的鲜活素材，如增加正在开展的开发区、工业园区、城市等土地集约利用评价内容，以及当前一些地方探索出来的有效的集约用地模式，以丰富土地集约利用的经济原理内涵；采用专栏形式将当前我国土地资源保护特别是耕地保护面临的问题以及国家对土地保护的制度政策等，充实到土地保护的经济分析中。

土地经济学是运用经济学的基本原理和方法认知土地问题，解决土地作为基本生产要素如何配置与利用的要素经济学，是土地学科体系中最主要的构成部分之一，是土地资源管理及相关专业课程体系中的专业核心或基础性课程。目前，已经出版的土地经济学论著十分丰富，本书的编写借鉴了大量土地经济学的最新研究成果，并尝试以案例方式分析一些区域性的土地经济问题。全书设计为六大板块，共十八章。第一板块为土地经济学研究的物质客体与研究对象（第一、二章）；第二板块为土地经济学的基础理论，包括土地产权理论、地租理论、地价理论、土地供给与需求理论及土地市场理论（第三～七章）；第三板块为土地资源配置的经济问题与解决，包括城市土地资源配置、农村土地资源配置、城乡建设用地配置及农村土地城市化中的发展权转移问题（第八、九章）；第四板块为土地利用和保护的经济问题与解决，包括土地集约利用、土地规模利用、城市土地利用的区位原理及土地保护的经济分析（第十～十三章）；第五板块为土地财产性收益及其实现（第十四章）；第六板块为土地制度与政策，包括土地金融、土地税收、土地制度及其改革完善、土地政策的经济效应分析（第十五～十八章）。

由于编者的理论水平和认识能力有限，特别是对当前中国面临的各种土地经济问题的认识可能存在地域局限性，因此，呈现在读者面前的这本书一定存在不少瑕疵和疏漏，恳请各位专家和读者多多批评指正。

编　者

2017 年 8 月

目　　录

第一章　导　　论

【本章内容要点】本章着重阐述土地经济学研究的物质客体，主要包括土地系统的综合性概念及其内涵，土地的资源、资产、资本属性及土地的功能；介绍土地经济学的产生和发展；探讨土地经济学的研究对象、学科性质及研究方法。

第一节　土地经济学研究的物质客体

一、土地的概念及内涵

（一）土地的概念

土地是每一个人都熟知的东西，最感性最直观的理解土地，就是地球上承载一切万物的大地。因为作为生态要素一分子的人类只能生产、生活在大地上，一定区域的土地就天然成为人类的生活空间，成为人类的劳动对象，是人类赖以生存的最基本的物质基础。土地具有政治、经济、社会多重意义，土地、人民和主权是构成一个国家缺一不可的三大要素。中国古圣先贤不但视土地为立国要素，而且视土地为一切财富之根源。周代《管子·水地篇》说："地者，万物之本原，诸生之根菀也。"《易经》以天为乾，以地为坤，并赞美地之功德："至哉坤元，万物资生，乃顺承天；坤厚载物，德合无疆，含弘光大，品物咸亨"。孟子说，"诸侯有三宝，即土地、人民与政事"。

经济学上的土地，有广义和狭义之分。狭义的土地，仅指地球表面上的陆地；广义的土地，包括陆地、水、空气及地球表面的其他自然资源。中国近代著名土地经济学家刘潇然指出："广义的土地与自然同义。举凡水陆及地上地下的天然资源如农林矿畜牧建筑等各种用地，荒地闲地，以及水力资源，甚至日光空气等等，都可包括在内"。

英美的经济学教科书中，常将土地、劳动、资本三者并列为生产三要素。17世纪西方资产阶级古典经济学家威廉·配第（William Petty，1623—1687）曾说："土地为一切财富之母，劳动为一切财富之父。"马克思在1867年出版的《资本论》第一卷中论及资本和劳动与土地的关系时指出："经济学上所说的土地是指未经人的协助而自然存在的一切劳动对象"，"土地是一切生产和存在的源泉"，"土地和劳动力是一切财富的源泉"；同时还指出自然状态的土地是"土地物质"或"劳动对象"，已利用土地由于附加了人类的劳动成为"土地资本"。"土地物质"与"土地资本"的融合也就形成了土地既是自然资源又是不动资产的二元构成。经济学家马歇尔（A. Marshall，1842—1924）于1907年出版的《经济学原理》一书中将土地定义为"土地是自然-经济综合体"，"土地是指自然为辅助人类而自由给予的陆地、水域、空气、光和热等各种物质与力量"。美国土地经济学创始人伊利（R. T. Ely，1854—1943）认为"土地是万物的基础"（under all，the land），并在其《土地经济学原理》

一书中把土地作为商品和经济要素，从自然、经济、社会和法律等方面系统地论述了视土地为自然（nature）、空间（space）、生产要素（factor of production）、消费财货（consumption goods）、位置（situation）、财产（property）和资本（capital）的多种含义。同时指出："经济学家所使用的土地这个词，指的是自然的各种力量，或自然资源。不仅指土地的表面，还包括地面上下的东西。水的本身就被看成土地，因为它是一种自然资源。经济学上的土地是侧重于大自然所赋予的东西。"

中国土地经济学家周诚将土地分为自然土地和经济土地，自然土地是作为自然综合体的土地，经济土地则是作为自然-经济综合体的土地。他指出："土地，原本是大自然的产物，称之为自然土地，并把它作为生产力的具体要素之一来看待，与劳动力、机器、设备、管理、科技等因素是并列的。自然土地并不是平面的、均质的、单一的物体，而是具有横向跨幅、由多种物质构成、以多种状态存在的综合物体。对于自然土地这一生产力具体要素进行考察、界定和剖析，其目的在于改善土地的利用和管理。""经济土地是由自然土地和人工土地相结合而形成的自然-经济综合体。人工土地是土地的人工附属物或土地的人工改良物的一种。土地的人工附属物指对自然土地进行加工或者以其为地基进行建造，形成与自然土地结合为一体，或附着、固着于自然土地之上的有形或无形的物体。"总之，土地就是指地球表层的陆地（包括内陆水域和沿海滩涂），它是由地质、地貌、土壤、植被、气候和水文等要素组成的，并受到人类活动长期影响而不断变化的自然-经济综合体。原始土地作为自然资源和生态环境要素，随着与人类劳动的结合越来越密切，已日渐成为一种立体空间的自然要素与社会经济要素所形成的综合体。

综上所述，可以将土地定义为：土地是由地球表层的陆地及其附属物（含自然附属物和人工附属物）构成的综合体，是地表及地上一定高度和地下一定深度构成的三维空间，是由地质、地貌、岩石、矿藏、土壤、水文、大气和植被等要素构成，并包含了过去和现在人类活动结果的自然-经济综合体。

（二）土地的内涵解构

由于土地对于人类的重要性体现在多个方面，土地的实质内涵也呈现出多样性，大致可以从五个层次去认识（图 1-1）。

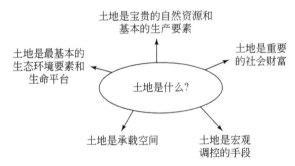

图 1-1 土地内涵解构

1. 第一个层次：土地是最基本的生态环境要素和生命平台

一方面，土地作为自然物质，是大自然提供的、先于生命系统（生物和人类）而存在的最基本的生态环境要素，为人类的生存发展提供了广泛的空间和基础。另一方面，土地是一种生命平台，而且是人类唯一的生命平台。人类发展作为一种动物演化过程，很长时间以来是地球的一部分，也是土地的有机组成。作为地球上生物进化的结果，人类一直将土地作为唯一的栖息地和生活平台。尽管人类的飞行器成功登上了火星和月球，但迄今为止，还不能断定其他星球是否适合人类生存，因此，地球上的土地仍然被视为唯一适宜人类生存的家园。

2. 第二个层次：土地是劳动对象、人工生态环境，是最宝贵的自然资源和最基本的生产要素

自然资源指人类可以直接从自然界获得，并用于生产和生活的物质资源。土地的稀缺性、不可替代性和不可移动性，使得土地成为人类最宝贵的自然资源和最基本的生产要素。随着人类与土地的相互作用日益密切，作为自然物的土地逐渐由人类生存和发展的最基本生态环境要素转化为人类的劳动对象和劳动资料；作为人类生活和生产活动的自然资源宝库，而成为一切生产资源和生产资料的源泉和依托；作为自然资源和生态环境要素的土地转变为人工自然资源和人工生态环境要素，并成为自然经济综合体，使土地不仅具有使用价值，还具有劳动价值。

土地资源在社会生产实践中被视为一种生产要素，即使用于生产过程中的原动力。根据西方经济学的生产函数理论，生产一定的产出所需的投入有多种，但在经济分析中通常将这些投入归结为劳动、资本、土地等。也就是说，土地是基本的生产要素，社会价值由劳动、资本、土地等生产要素共同创造。因此，生产函数公式可以简化为

$$Q = f(L, L, C)$$

土地是社会生产力的源泉，是生态环境的要素，是人类生存的条件。土地提供的资源，部分转化为生活资料以保证生产力主体要素劳动再生产，部分转化为生产客体要素生产资料，另有一部分还直接进入生产过程成为生产资料。

土地是民生之本、发展之基、财富之母，是人类生存和经济社会发展的重要基础。土地对于人类的生存和社会经济发展的重要性体现在多个方面，如耕地用来种植农作物，生产粮食以养活人口；对于农民来说，土地是最基本的生产资料和最基本的生活保障，例如，中国的农地为农民提供了 40%～60% 的经济收入和 60%～80% 的生活必需品；土地的供应支持了城乡建设，保证了国家经济发展的需要。

3. 第三个层次：土地是承载空间

（1）从功能特征角度，有的土地的主体功能是作为生产资料，而有的土地，如城镇建设用地等，主要作为建筑物和构筑物的承载空间。

（2）随着人类社会的发展和对空间概念、土地内涵认识的深化，土地也从平面概念上升为一种存在空间。人们普遍认为，当人类面对"只有一个地球"和"共同未来"时，尤其是随着人口增长、资源短缺、环境恶化和区域发展矛盾日益突出、尖锐化，土地应运而生地成为人类文明延续最基础和十分稀缺的空间资源。

人类对土地资源开发利用具有明显的"时间感"和"空间感"。它的时间过程在静态上表现为规模、结构、格局和效益，在动态上表现为演变、交替和发展；在尺度上可分为近期、中期、远期、当代、后代等时间段。它的空间特性表现为区位、生态空间、生存系统和地域实体，在尺度上可分为全球、国家、区域、地方和地块五个层次。因此，土地资源系统具有明显的时空耦合特性。

4. 第四个层次：土地本身是一种社会财富

无论按照马克思的价值理论还是西方经济学家的价值理论，土地本身就是一种社会财富，只是对这种财富所体现的实质和来源的理解不一致。土地在人类生产生活中的有用性和不可替代性，以及土地的稀缺性，使土地不仅是人类最宝贵的自然资源和最基本的生产要素，而且是直接的财富。在社会现实中，拥有土地所有权或使用权，可以直接出售也可以出租获得货币收入，占有土地财产的多少往往成为衡量一个人或一个集团社会财富的重要标志之一。2001～2010 年，中国出让土地的收入约占地方财政收入的 70%，美国土地不动产价值约占其财富的 3/4。土地财产收入也日益成为居民财产性收入中的重要构成部分。

5. 第五个层次：土地是宏观调控的手段

土地政策参与宏观调控，实质上是政府制定和实施相关的土地政策，通过对土地市场和土地利用的干预来调控宏观经济，以实现经济长期稳定增长的目标。土地宏观调控的主要政策工具包括供地政策、土地规划政策、土地税收政策、地价政策、土地制度改革及土地行政手段等。其中，供地政策、土地规划政策、地价政策、土地税收政策等是核心。作为新的宏观调控工具，土地政策特别是土地供应对总投资、房地产投资及总产出具有显著影响，紧缩的供地政策对抑制投资过快增长，防范可能出现的经济过热起到了积极作用。从 2003 年开始，中国经济进入新一轮增长周期的扩张阶段，高度重视土地政策参与宏观调控，并与传统的信贷政策并列作为宏观调控的主要工具，即"严把土地、信贷两个闸门"，综合运用多种政策工具，尝试采用土地政策、经济手段与行政手段并用，"治标"兼"治本"，并取得初步成效。

专栏 1-1　马克思主义土地物质与土地资本二元土地构成论

马克思指出，作为自然状态的土地是"土地物质"；而已利用土地由于附加了人类的劳动成为"土地资本"，并使土地物质与土地资本融为一体。这样就使"一块已耕土地与一块具有同样自然性质的未耕土地相比，有较大的价值"。而且，作为纯粹自然资源的土地一旦被国家、社会和个人占有，而成为排他性的财产时，土地所有权（或产权）就具有了经济和法制的意义，使土地具有资源和资产的双重内涵和特性功能。所以，土地资源（土地物质）与土地资产（不动产）融为一体，应是土地经济学基础概念的出发点，从而为一国或地区经济社会可持续发展，提供了不可替代的重要物质基础。根据马克思的土地物质和土地资本的二元构成理论，土地资源作为人类生产、生活和生存发展的物质基础和来源，它可以为人类社会提供多种产品和服务。土地资源又是土地物质对人类社会需要的不可替代性决定的，因而是永恒的和第一位的，它是土地成为资产的基础。土地资产（land assets or real estate property）则是国家、社会、企事业单位或个人占用土地作为其财产的权利。土地资产由于其取得是按成本计价的，即在取得土地时须从实际成本支付货币计价，故在现代产权条件下土地资产应是资本物的体现，土地资源和资产所有权及其使用权的转移应该是有偿的，并应在经济核算上把土地作为资金占用来反映，这应是合理有效利用土地、保护国家财源，促使企业改善经营和发展经济的必要途径。

从上述对土地这一综合体内涵解构可知，五个层次的内涵、层级是不同的，前三个层次是土地最基本、最核心的内涵，是后两个层次即社会财富和调控手段的基础，而后两个层次是前面三个层次的派生。因为如果没有土地对人类的有用性、特别重要性和稀缺性，就不会成为财富，也不可能成为宏观调控的手段。

二、土地的资源、资产和资本属性

从本质看，土地具有自然属性和社会属性两重属性。其中，自然属性是针对土地不依赖于人类劳动而存在，是由自然地理要素构成的物体，是万物生存的基地和生育的源泉这一角度而言的；社会属性是在土地所属关系明确的前提下，从土地是社会经济发展必不可少的物质资料这一角度而言的。随着对土地对于人类的功能的认识不断深入，将土地的属性细化为资源、资产和资本三大属性。当前，中国土地利用和管理正由注重土地的资源、资产属性向土地的资源、资产、资本属性"三位一体"转变，土地与信贷、证券的关系越来越密切。这一转变不仅产生经济价值，并通过一定的经济活动体现为经济功能，而且通过一定的制度形式和手段产生间接的政策效应。作为一种资产，土地与人类物化劳动（如技术、设备、厂房等）和活劳动相结合形成生产力，在提高自身价值的同时也凝聚劳动价值，成为一种物化形态的新增投资，为未来收益的产生提供资产保证；土地的资本属性体现为再分配功能。土地金融化导致了土地资本的高度流动性，高强度的投资投机活动本质上是对贴现土地未来收益的分割和争夺。

（一）土地的资源属性

资源能用来满足人类自身需要和改善自身的环境条件，是土地的最主要性质。与大气、水、生物、矿产等单项资源相比，土地作为一种综合的自然资源，是构成一个国家或一个地区人地关系的最重要方面。就人类生存而言，土地是最基本的、最广泛的、最重要的资源。

土地资源是从地球环境中分离出来的支持人类生存和发展的基本物质和能量。其中"资"表示土地对人类"有用"、"有价值"，"源"指土地是人类生产资料和生活资料的来源。土地作为一种资源，是土地的物质和能量对人类社会需求的不可替代的重要性所决定的，因而是永恒的、第一位的，是土地的本质属性。

土地资源既有自然属性，也有经济属性。土地资源的使用价值是它的自然属性，土地资源的价值是它的经济属性。因此不能认为，土地资源没有经济属性，或者认为土地的自然属性是"资源"，经济属性是"资产"。

（二）土地的资产属性

资产是指能为权利人带来收益的有形或无形的经济资源，具有明确的产权特征。土地资产是指具有明确的权属关系和排他性，能够被人类占有、使用并且作为人类生产资料的土地资源，是资本的物的表现；体现了土地的经济属性、社会属性和法律属性。同时，土地资产与土地财产紧密相关，要认识土地资产，必须了解土地财产，并从两者的关系中去解读土地资产。

（1）土地财产与土地资产既有联系又有区别。二者的联系：土地财产和土地资产为同一所属关系；土地财产是土地资产存在的前提，土地资产是一定条件下土地财产内在属性的表现；土地资产是土地财产一种特定的运用方式或存在方式。二者的区别：土地财产是整体，土地资产是用于获取利益的那部分土地财产；土地财产强调归属问题，土地资产强调在归属既定情况下能够带来经济收益的功能；土地资产一定是土地财产，而土地财产只有在投入经济运行后才能成为土地资产。

（2）土地资产是土地财产的一部分，是土地财产的一种特定的运用方式。所属关系明确的、未被开发利用的土地或土地所有者自己不是为获利而使用的土地，可统称为土地财产；在权属不发生变化的前提下，土地所有者为获利而投入经济运行的土地才称为土地资产。

（3）土地之所以称为财产，是因为土地已经属于了某一所有者，土地所有者拥有对其所有土地加以利用、收益和处置等多项权利。土地所有关系是土地作为财产存在的前提和基础，只要所有关系不发生变化，土地永远是土地所有者的财产。土地资产是土地所有者处置自己的土地财产的一种方式，即为获利将财产投入经济运行的方式。土地被所有者投入经济运行以后，对于土地所有者而言，土地既是他的财产更是他的资产，土地所有者的收益权在土地资产存在这一方式上得到独立的表现。土地所有者一旦将土地作为资产运行，其注意力便集中在土地收益上。当土地所有者自己直接利用土地从事生产经营时，土地收益与生产经营利润融为一体为所有者所获得；当土地所有者委托经营时，土地收益以土地生产经营利润的形式为所有者所获得；当土地所有者出租土地时，土地收益便独立出来，以地租的形式为所有者所获得。

（三）土地的资本属性

土地资本经营的前提是资产。如果说"资产"强调的是物质财富的价值或货币表达，则"资本"强调的是能带来更多价值或货币。当土地资产被投入市场，使其为所有者带来预期收益，产生增值，土地资产就转化成土地资本，表现为土地权属关系上的转让、出租或自己投入使用。土地作为特殊商品进入市场，土地产权人则通过地租资本化使土地具有价格，一方面体现其固有的使用价值，另一方面显化了土地应有的交换价值，完成了土地的资源属性向资源、资产双重属性的蜕变。在市场经济条件下，所有的土地都被赋予了资源与资产双重属性。并非土地资源的实物形态都能够全部体现其资产的价值形态，成熟的外部环境是土地资产转化为资本的关键，这个外部环境就是把土地使用权经过物化劳动以获取盈利，最终的增值或减值必须通过进入市场进行有限产权，即一定期限的土地使用权及衍生的他项权力交易来实现。

三、土地的功能

土地由客观实体要素构成，这些实体要素共同作用产生出能够满足人类一定需求的综合效应，形成由多项功能构成的功能集合或功能体系。但由于人类需求的差异性、阶段性和多样性，土地的功能主要表现为"养育人类-承载万物-供给资源-资本财富"等。

1. 生产功能

"万物土中生"，土地的多成分性特点，使土地具有滋生万物的养育功能。对于人类的需求而言，土地的生产功能主要体现为耕地的生产功能。生产功能是耕地最基本的功能，无论是土地的产权人还是使用者及国家的管理者，生产功能始终是其关注的首要功能。耕地生产功能是满足人的最基本需要的功能，主要用于食物生产。食物安全是全世界共同面临的问题，对于一个国家或一个区域，满足人口对食物的需求，这是决定一个国家或区域社会稳定的根本问题。因此，必须高度重视土地的生产功能，确保耕地地力不被破坏，耕地的生产功能具有可持续性。

2. 承载功能

承载功能是指土地对人类生产生活空间承载需求的满足，即所谓"万物基础"，土地承载功能又称支撑力或支持功能（supporting capacity function of land）。土地的一些组成成分（如地质和土壤条件）具有较好的物理特性，使其具有支撑力或承受性，因此土地能够赋予人类活动的立足基地，具备作为各种基地的价值，体现出具有承载重物、稳定建筑物的承载功能。

3. 资源（非生物）功能

资源功能是指土地作为一些特殊物质资源的容纳场所或富集地对人类所需非生物资源的满足。人类要进行物质资料生产，除了需要生物资源外，还需要大量的非生物资源，如建筑材料、矿产资源和动力资源（石油、天然气、煤炭、水力、风力、地热）等，而这些自然资源蕴藏于土地之中，因此土地的资源功能对人类的生存和发展意义重大。

4. 景观功能

土地的景观功能是指土地对人类观赏景观需求的满足。土地资源所表现出的独特地貌、险峻地势、异常水流、特殊罕见的动植物等特性，使得这些土地成为人们观赏、旅游度假的良好场所。例如，以耕地为核心组成的田块、道路、林网、生境、栖息地、水系等构成完美的自然景观。良好的农田景观不仅可以提供物质生产，还可满足人类对奇特景观和良好生态环境的要求，因此，景观功能也是土地非常重要的功能。

5. 环境净化功能

土地的环境净化功能是指进入土地的污染物质在土体中可通过扩散、分解等作用逐步降低污染物浓度，减少毒性；或经沉淀、胶体吸附等作用使污染物发生形态变化，变为难以被植物利用的形态存在于土地中，暂时退出生物小循环，脱离食物链；或通过生物和化学降解，使污染物变为毒性较小或无毒性甚至有营养的物质；或通过土地掩埋来减少工业废渣、城市垃圾和污水对环境的污染。当然，土地的环境净化功能是有限的，必须在其容许的范围内进行。

6. 财产和资产功能

由于土地数量的有限性、位置固定性、质量差异性及可永续利用等原因，为人们跨地区、跨国界通过购买土地所有权或土地使用权把大量的货币资产（财产）转化为土地资产（财产）提供了可能。

第二节　土地经济学的产生和发展

一、土地经济学的产生

（一）土地经济学产生的条件

土地经济学学科的产生和形成需要具备两个前提条件：①人类社会实践中存在土地经济问题，要求人们去研究解决；②经济学的形成，人们具备了应用经济学的知识去研究这些问题的能力，并取得了建立一门独立学科的实践基础。

土地问题是在土地利用过程中形成的人与地之间的问题和因土地而发生的人与人之间的问题。土地经济学是为了解决日益恶化的土地问题而逐步建立和发展起来的。美国 20世纪初至 30 年代间土地问题不断恶化，为土地经济学的产生提供了内在的直接推动力。这一时期的土地问题表现为：中西部广大地区因实行掠夺式经营，对森林乱砍滥伐，矿地利用也不经济，导致水土资源破坏和土地浪费严重；美国政府在中西部开拓中鼓励土地投机，实行自由放任的经济政策，这一方面加快了地权的集中和地价的快速上涨，另一方面导致因追求短期利益的掠夺式经营日益加剧；美国农业经济发展与其农场经营规模日益扩大相伴随，导致地权向大农场集中，而 20 世纪 20 年代的美国农业危机更是起到了推波助澜的作用，在大量家庭农场破产的同时，土地集中更加快速和严重，农业租赁经营现象日益突出。

土地经济学是在解决美国当时社会经济发展中日益复杂的人地矛盾，特别是因土地集中所产生的人与人关系的矛盾中产生、发展起来的。首先由美国威斯康星大学教授伊利在其 1922 年发表的《土地经济学大纲》中提出，后逐渐为各国采用而形成的一门学科。90多年来，因社会发展中人口对土地资源压力的不断加重，土地经济学的研究内容变得更为复杂多样，同时也得以不断深化和拓展，但土地经济学的核心内容——土地利用、土地财产及其相互关系并未发生根本性的变化。

（二）土地经济学的发展阶段

依据社会生产方式和生产力发展水平，土地经济学的产生和发展大体可以划分为以下三个阶段。

1. 朴素的土地经济研究阶段

此阶段为前资本主义社会，即古代社会。此阶段前期地广人稀时，无所谓土地问题；随着人口大量增加，人地矛盾日益突出，逐渐产生了地权关系、土地分配和土地利用问题。

2. 古典经济学家对土地经济问题开始了系统的深入研究阶段

此阶段为资本主义古典经济学产生以后的时期。经济学家开始关注土地经济问题，17世纪末，威廉·配第指出："劳动是财富之父、土地是财富之母"，第一次提出级差地租的概念并对土地价格作了探索。18 世纪，杜尔阁、亚当·斯密、大卫·李嘉图进一步发展地租理论。19 世纪中叶，马克思在前人研究的基础上建立了土地经济理论。后来，考茨基和列宁对马克思的土地经济理论进行了进一步发展。

3. 土地经济学成为一门独立学科的阶段

在土地经济学术史上，美国著名土地经济学家伊利（R. T. Ely）是公认的土地经济学之父。他在 20 世纪 20 年代大力倡导土地经济学的教学与研究。土地经济学第一次成为大学教育课程，始于 1892 年伊利在威斯康星大学（University of Wisconsin）开授 landed property讨论课；正式成为单独研究领域则始于 1919 年美国农业部内设立土地经济司。1922 年他和夏因（Shine）、魏尔万（Wehrwein）合著出版了土地经济学第一本教科书《土地经济学大纲》（*Outlines of Land Economics*），1924 年他和莫尔豪斯（E. W. Morehouse）合著出版《土地经济学原理》（*Elements of Land Economics*），标志着土地经济学作为一门学科的正式诞生。他还在美国威斯康星大学、西北大学创设土地经济研究所，开设土地经济学课程，发行土地经济学学术期刊，出版土地经济学丛书。其后，美国、德国、日本等国家相继建立了土地经济学这门学科，出版了大量著作，出现了一大批土地经济学家。

伊利首先提出"土地经济学"一词，并相继发表了《土地经济学大纲》（1922 年）、《土地经济学原理》（1924 年）、《土地经济学》（1940 年）等名著，被世人公认为土地经济学的开山鼻祖。1945 年曾经师从伊利的雷·拉特克利夫（R. U. Ratchiff）出版了《城市土地经济学》。伊利的土地经济学说对中国土地经济学的发展有着深远的影响。通过他的经济学教科书，中国学者和学子最早接触到了土地经济学的观念和理论，开始在中国土地上认识和研究土地经济问题。同时，师从他的中国学生学成归国后，在中国的大学课堂上开设土地经济学课程，翻译土地经济学著作，开展土地经济问题研究等，将伊利的土地经济学说更直接地向中国学生进行了传播。

二、中国土地经济学的发展

关于中国的土地经济学发展历史，特别是 20 世纪 20 年代至 1949 年这一阶段的发展史，中国人民大学的张清勇教授进行了系统细致的考证，为研究中国土地经济学发展史提供了很好的史料成果。中国土地经济问题研究源远流长，古代关于农业生产、土地利用、税收的典籍中早有记载，1949 年前国内外学者对中国的土地经济问题也做过一些专门的研究，但由于对这一阶段的研究成果挖掘不足，相关论述并不多见。张清勇所著的《中国土地经济学的兴起（1925—1949 年）》在这方面进行了很好的补充。

中国土地经济学的发展大致可以划分为以下几个阶段。

1. 与世界先进国家共同发展的阶段

几乎与伊利在美国大力倡导土地经济学教学和研究的同一时期，一批中国学者也发起了研究、传授土地经济学的活动。20 世纪 20 年代就有论文面世，并组织开展了土地经济调查，1930 年出版了中国第一部《土地经济学》、翻译了河田嗣郎的《土地经济论》，1933年出版了《中国土地经济论》，1944 年由李树青翻译成中文的伊利、魏尔万合著的《土地经济学》被原著作者魏尔万认为是在"任何文字中的第一个译本"、是"比原著更新和更好的译本"，而朱剑农和吴文晖等还尝试对土地经济学的定义、体系和理论做出原创性贡献。这一系列的努力，将中国的土地经济研究提升到了当时的世界级水平。

此阶段，中国出版了不少有影响的著作。中国最早问世的土地经济学专著即 1930 年章植的《土地经济学》，被周诚认为开创了中国土地经济学术研究的新纪元。最早由大学出版的专著，是原金陵大学农经系师生通过集体调查研究而编写出版的《中国土地利用》（中英文本）。全书共分三册，分别是论文集、地图集、统计资料，调查研究历时 9 年，1937 年先在美国出版英文本（*Land Utilization in China*）。此专著堪称世界第一部理论与实证研究相结合的重要专业文献，至今仍为美国许多大学所珍藏。20 世纪 30～40 年代由中国农村经济研究会陈翰笙、钱俊瑞、薛暮桥、孙冶方为代表的马克思主义经济学家对中国土地问题进行了深入研究，主要代表作有《现今中国的土地问题》（1933 年）、《中国南方土地问题》（1936 年）等。其后，又有朱剑农的《土地经济学原理》（1946 年），吴文晖的《中国土地问题及其对策》（1944 年），张丕介的《土地经济学导论》（1944 年），刘潇然的《土地经济学》（上、下册）（1945 年）等相继问世，钟祥财的《中国土地思想史稿》指出"土地经济学的产生和发展，是中国土地思想史由封建传统型向现代科学型转变的标志之一。"在伊利教科书的影响下，在中国留学生归国任教的大背景下，20 世纪 20 年代下半期，土地经济学开始出现在复旦大学、交通大学、中央大学等中国大学的课堂上，至 20 世纪 30 年代中期，中国多数大学增设土地经济学课程。1932~1949 年肖铮在原中央政治学校（后改为政治大学）设立地政学院和研究所、地政系，培养土地管理专业人才。

2. 留白阶段

1949~1980 年，由于中国迅速地实现了土地公有化，人们普遍认为土地制度问题已彻底解决。加之实行高度集中的计划经济体制，土地普遍无偿使用，因而地租、地价、地税等问题的研究基本上处于空白状态，土地经济学的学科建设也无从谈起。需要指出的是，虽然这个阶段没有土地经济学专著或论文，但土地经济问题大量存在，对土地问题的研究主要以中央领导人的文章、讲话或中央文件等形式表现出来。实际上，中央领导人的文章、讲话或中央文件等是特殊时期中国土地经济学发展的另一种形式。

3. 复兴阶段

1981~1986 年为中国土地经济学的复兴阶段。1981 年著名经济学家于光远倡导成立中国国土经济学研究会；改革开放的气氛日益浓重，土地有偿使用开始提上议事日程，推动了土地经济学的学科建设。伊利和莫尔豪斯合著的《土地经济学原理》的中译本于1982 年出版；著名经济学家朱剑农的专著《马克思主义地租理论概要》于 1984 年问世；1985 年北京土地经济理论研究会成立，并于 1986 年组织编印了周诚主编的《土地经济学初编》一书。

4. 初步繁荣阶段

时间为 1987~1991 年，此阶段分别由张薰华、刘书楷、李鸿昌、周诚、毕宝德、张朝尊等主编的土地经济学教材或专著纷纷问世；1987 年成立了中国国土学会土地经济研究会（后改为土地经济分会），并于 1991 年召开了第一届年会；中国土地经济界与国外的学术交流进一步加强，［美］雷利·巴洛维的《土地资源经济学——不动产经济学》、［加］哥德伯戈等的《城市土地经济学》、［韩］朱奉圭的《土地经济学》等先后翻译出版，中国台湾的土地经济学著作也日益广泛地传入大陆。

5. 理论体系取得共识阶段

时间大致为 1992 年至今，此阶段，周诚著的《土地经济学原理》于 2003 年出版，刘书楷、曲福田主编的《土地经济学》（第二版）2004 年出版，黄贤金、张安录主编的《土地经济学》2008 年问世，曲福田主编的《土地经济学》（第三版）2011 年出版，毕宝德主编的《土地经济学》（第七版）2016 年出版，这些作者都力图以马克思主义的辩证唯物主义与历史唯物主义和政治经济学为理论指导，对中国的土地经济问题进行了系统深入的分析，创立了中国的土地经济学理论体系。目前，中国的土地经济学正在步入新阶段。

第三节　土地经济学的研究对象、学科性质与研究方法

一、土地经济学的研究对象

研究对象是指一门学科其研究领域所涉及的特殊矛盾和特殊问题。土地经济学的研究对象就是各种土地问题，集中反映为人地关系和由其产生的人与人之间的关系的总和。或者说，土地经济学就是研究土地利用过程中的经济关系。由于土地是一个自然、经济的综合体，因此，上述土地问题和经济关系可以归结为生产力和生产关系两个层次：①生产力层次。将土地作为最重要的自然资源和生产力的一个基本要素，关注土地利用中的生产力

组织，研究土地利用中形成的人与地之间的关系。②生产关系层次。将土地作为最重要的资财，关注土地所有、使用与收益分配等方面的生产关系及其调节，着重研究土地利用中所形成的人与人之间的关系。

专栏 1-2 什么是土地问题？

关于什么是土地问题，中国土地经济学家刘潇然从土地的性能与土地问题的意义、土地问题与国民经济、土地问题与政治社会等方面进行了全面的阐述。他指出："土地问题有两个方面，一是所有与分配问题，一是使用或经营问题；前者又名地权问题，或称土地制度问题，后者或称土地生产技术问题，又名土地利用问题。这两种问题的不同之点在于：一为人与人的问题，一为人与物的问题；一为社会经济问题，一为农业技术问题；一为谁来使用土地的问题，一为如何使用土地的问题。而使用能否合理，实决定于分配之如何，故分配问题比使用问题更为重要。"并特别强调了"不论为国民经济计，或为安定社会修明政治，而为国家图长治久安，为民族奠定坚固不拔的基础计，土地问题都有亟待解决的必要。"关于如何解决土地问题，刘潇然认为："任何国家要去彻底解决土地问题，都必须先确定一种明确的目标，正确的原则，完密的计划，具体的办法。换言之，就是必须制定一种健全的土地政策。"即将土地政策作为土地经济学的重要组成部分。

资料来源：刘潇然. 土地经济学［M］. 西北农学院农业经济学会 1945 年印行，中国土地学会 2003 年重印. 3，7

土地经济学的研究对象是从生产力与生产关系角度认识的土地经济问题，强调土地领域中的生产力运行和生产关系运行及其相互关系。对土地经济学研究对象的认识应注意以下两个方面的问题：①土地经济学的研究对象应是"土地、人地关系和土地问题"的系列基础概念与内涵及其经济方面，并以人地关系为核心。②对土地经济学研究对象的表述，随着主要土地问题的变化，侧重点也会发生变化，而且会从局部、专项到多元、综合不断演进。

伊利与莫尔豪斯 1924 年出版的《土地经济学原理》一书中把土地作为"商品"、"经济要素"，从自然、经济、社会和法律等方面论述土地的综合特性和经济意义，并主要从土地利用与土地政策等方面论述土地经济问题，从而为土地经济学成为一门具有独立的研究对象和学科体系的学科提供了基础。至 1940 年伊利与魏尔万又出版了《土地经济学》一书，进一步强调指出"土地经济学的起点和终点全是人"。雷利·巴洛维在 1986 年出版的《土地资源经济学——不动产经济学》一书中指出："土地经济学：人地关系研究"。

二、土地经济学的学科性质

土地经济学是一门社会科学而不是"广纳土地一切知识的学科"。土地这一物质要素是人类生存与发展的基本条件，对土地进行研究可以归结为两个角度，即自然科学角度和社会科学角度。从自然科学角度着重研究"土地"这一物质要素自身形成、演变及内部变化的规律性，这是地理学、地质学、土壤学和土地生态学等自然科学和技术科学的任务。从社会科学的角度来研究，是把土地作为一项社会生产要素研究人类在利用土地中所形成的人地关系及社会经济关系，这些任务必须由作为社会科学组成部分的土地经济学来完成。伊利认为，土地经济学是研究因利用土地而发生的人们之间各种关系的一门社会科学。罗·瑞纳在 1958 年出版的《土地经济学》一书中指出，土地经济学是研究人们应如何利用土地以生产经济财货与劳务的各种经济问题的科学。雷利·巴洛维认为，"土地经济学是研究人与人之间关于土地经济关系的科学"。刘潇然认为，"所谓土地经济学便是以土地为研究对象，说明在土地私有制下，人类相互之间在生产分配消费上所发生的社会关系，而为土地政策建立一种理论基础的社会科学。"尽管不同学者给出不同的定义，但总体上达成了如下共识：土地经济学是一门研究生产要素经济的应用经济学，主要是运用经济学原理研究人地关系中与土地利用直接相关的生产力组织问题，与土地分配相关的生产关系调节问题。

从以上对土地经济学的定义可知其学科性质：

（1）土地经济学的学科来源于经济学。人类对土地经济问题的系统研究，产生了土地经济学，是经济学的一个分支学科，属应用经济学，即需要运用经济学的原理和方法去研究土地、人地关系和土地问题的经济方面。

（2）土地经济学是阐述围绕着土地这一生产要素而产生的经济问题的要素经济学；也是在各门土地学科中综合性较强、具有概论性的学科。

（3）土地经济学研究土地资源利用、土地资源配置、土地收益分配等土地经济问题，因此，其学科性质归属社会科学。

三、土地经济学的研究方法

经济学的方法论是指进行经济学研究的一般途径和原则，而土地经济学方法论是指对土地经济学研究时应遵循的一般途径和原则。土地经济学是一门跨度很大、综合性很强的学科，涉及社会科学的诸多领域，最常用的研究方法有以下几种。

1. 抽象思维法

对于社会科学问题，抽象思维是在深入实际调查，占有大量客观事实材料的基础上，运用人的抽象思维能力进行"加工"，把感性认识上升到理性认识，从中找到事物的本质及规律性。这是研究一切社会科学问题最基本的方法，研究土地经济问题也不例外。研究土地经济问题运用这一方法，就是要深入土地利用和土地经济关系的实际，进行反复的调查研究，运用抽象思维方法，找到现实土地经济问题发展变化的规律性及解决问题的具体对策。

2. 系统分析法

任何经济问题的产生并非孤立的，而是一些综合因素系统作用的结果。土地本身是一个复杂系统，又是一种特殊的生产要素，因而在研究土地经济问题时，应树立系统学的思维方式，将系统论观点始终贯穿于土地经济问题的产生过程、作用机理、外部效应及解决途径的全过程中。一是不能就土地论土地，必须将土地与资金、劳动力、技术等资源要素作为整体和系统进行通盘考虑，从而以地租、地价、地税等土地经济指标为导向，调控资源流向，以实现最大的资源配置效益。例如，对于耕地撂荒问题产生的原因分析，既要看到农业比较效益偏低，更应看到微观经济主体耕地经营激励缺乏，乃至整个土地管理制度存在的缺陷等系统问题。二是必须顾及由此而引发的生态、社会等问题，从而实现土地资源的最优化利用。三是用地结构必须协调均衡，以取得整体功能最大，从而克服单一利用土地的不合理现象。

3. 定性分析与定量分析相结合的方法

定性与定量相结合是经济研究的科学范式。土地经济的研究同样离不开定性与定量分析相结合的研究方法。马克思的地租地价理论、市场供求理论、产权经济理论、边际效用理论等经典土地经济学理论的研究与实证分析，均需要建立定量化的经验模型进行分析研究。通过实证的模型分析，在验证经典理论正确性的同时，通过进一步定性的归纳总结，形成更为先进的理论体系。

4. 静态分析与动态分析相结合的方法

静态分析和动态分析是经济学研究必备的两种研究方法和思维模式。静态分析是分析经济现象的均衡状态及有关经济变量处于均衡状态所必须具备的条件，即完全不考虑时间因素。而动态分析是对经济变动的实际过程所进行的分析，必须考虑时间因素。土地的供需关系中包括需求函数和供给函数的方程及均衡的条件：供给量与需求量相等，是典型的静态分析过程；而房价地价由于受时间影响，其分析需考虑折现问题，因而是动态分析过程。土地经济研究中必须树立静态与动态相结合的分析思维，以全面地形成对土地经济问题的认识。

5. 宏观分析与微观分析相结合的方法

经济学研究中的宏观与微观思维模式是不可或缺的。土地经济学中的宏观思维是从整个国家财税政策、货币政策等宏观视角分析研究土地经济问题，如地价、房价调控、走势等问题。而微观思维则是从微观经济行为个体视角，看待土地经济问题，如个人是否决定投资房产、地产的激励及由此带来的个人收益等。土地经济研究中必须树立宏观与微观的研究范式，以全面地分析土地利用中出现的热点、重点经济问题。

6. 实证研究和规范研究相统一的方法

土地经济学源于土地经济问题的实践总结，规范研究又是土地经济问题的理论提升。从土地利用中发现经济规律，建构土地经济规律的理论框架、研究假设、模型范式，进而结合具体实证对规范研究加以检验，符合一般经济学研究思路与方法，是实证研究和规范研究的统一。例如，在土地供需分析中，通过分析总结一些案例城市的土地供给与需求状况及交易价格，并结合一般商品供需曲线及土地特性，则可以构建土地供需曲线模型，进而形成城镇土地供需分析的规范研究，进一步指导其他城镇的土地供应。

复习思考题

1. 什么是土地？解析土地的内涵。
2. 简述土地的资源属性、资产属性和资本属性。
3. 简述土地经济学的研究对象和学科性质。
4. 简述土地经济学的研究方法。
5. 简述土地经济学的产生与发展简史。
6. 简述中国土地经济学的发展阶段及特点。

参　考　文　献

丰雷. 2010. 土地宏观调控的政策体系设计——基于中国实践的分析 [J]. 经济问题探索，（9）：99-104.
丰雷，孔维东. 2009. 2003 年以来中国土地政策参与宏观调控的实践——特点、效果以及存在问题的经验总结 [J]. 中国土地科学，（10）：8-13.

韩乾. 2005. 土地资源经济学 [M]. 武汉：沧海书局：4.

孔祥斌. 2017. 耕地质量系统及生产潜力监测预警的理论与实践 [M]. 北京：中国农业大学出版社：10-13.

刘潇然. 2003. 土地经济学 [M]. 西北农学院农业经济学会 1945 年印行，中国土地学会 2003 年重印.

秦海荣. 1994. 土地资源、土地财产与土地资产辨析 [C]. 土地市场与土地资源优化配置——中国土地学
　　会第四次会员代表大会学术年会论文集. 北京：中国农业科技出版社： 217-218.

邱道持. 2005. 城市地价评估 [M]. 北京：科学技术文献出版社：1.

邱道持. 2005. 土地资源学 [M]. 重庆：西南师范大学出版社.

吴次芳，吴丽. 2013. 土地社会学 [M]. 杭州：浙江人民出版社：25，28-29.

杨雪锋，史晋. 2010. 地根经济视角下土地政策反周期调节的机理分析 [J]. 经济理论与经济管理，（6）：
　　5-11.

伊利，摩尔豪斯. 1982. 土地经济学原理 [M]. 滕维藻，译. 北京：商务印书馆：19.

张清勇. 2009. 李树青生平与伊黎、魏尔万合著之《土地经济学》的中译 [J]. 中国土地科学，（10）：74-79.

张清勇. 2014. 中国土地经济学的兴起（1925—1949 年）[M]. 北京：商务印书馆.

周诚. 2003. 土地经济学原理 [M]. 北京：商务印书馆：2，7.

第二章 人地关系与土地资源特点

> 【本章内容要点】本章主要阐述人地关系的内涵，以及人地关系地域系统、人地关系经济系统和人地关系系统的演进规律；分析土地资源人口承载力的概念及测算方法；阐明土地资源的基本特点，包括土地资源的稀缺性和不可替代性、土地资源的用途竞争和空间管制、土地资源的区域差异性及与水资源的共轭性。

第一节 人地关系系统概述

人地关系自人类起源以来就客观存在，它是指人类社会发展历程中，人类基于生存与发展目的，对地理环境不断改造和利用而形成的相互影响的关系。人地关系有两层含义：一是人类适应与改造地理环境的能力，运用技术去改变土地生态系统，增加土地的产出，同时降低自然灾害的破坏力；二是地理环境对人类活动的影响，不同区域特征的地理环境是人地关系地域差异的自然基础。

一、人地关系的基本内涵及其客观性

（一）人地关系的基本内涵

人地关系属于人与自然关系的范畴。人地关系中的"人"是指社会性的人，指在一定生产方式下从事各种生产活动或社会活动的人，是在一定地域空间上活动着的人；"地"有不同的表达，有的表达为与人类活动密切相关的、无机与有机自然界诸要素有规律结合的地理环境，是在空间上存在着地域差异的地理环境，是指在人类作用下的自然与社会、经济、文化环境等的综合；有的表达为国家持续发展所需要的资源环境要素构成的综合系统。张雷等认为"尽管各国资源环境禀赋不尽相同，但国家持续发展在资源环境要素的开发利用及保障方面的需求却是一致的。这种需求的一致性决定了无论国家大小和发达程度如何，淡水、耕地、草场、能源、矿产和生态（森林）是维系国家生存和发展的6大基本要素和资源环境基础所在。"

人地关系内涵包括"人"和"地"两个部分。人地关系中的"人"，既是在一定地域空间上，从事生产活动或社会活动的社会性的人，又是具有丰富内涵、有一系列对立统一关系、具有层次结构和组织功能的"系统的人"。人通过土地制度、土地利用方式、土地开发技术等社会活动形式对"地"施加影响，并通过不同的需求层次对"地"施加不同程度的影响。

人地关系中的"地"，既是承载人类活动的基础，又是实现人类活动的各种目标的关键条件。"地"在实现人类活动目标上的关键意义在于其参与人类生产活动过程，为农业提供质量不等的土地进而成为决定农业产出的重要因子，为非农业提供具有不同区位的土地，从而决定着大部分非农业经济活动的布局选择。"地"因其独有的承载功能而具有使用价值；

"地"因使用而产生经济效益，因获得经济效益而具有价值；如何获得更高经济效益又取决于人类如何利用土地，这需在用地方式、节地技术、合理组合、土地制度设计等方面不断进行优化。

（二）人地关系的客观性

1. 人对地具有依赖性

地是人赖以生存的物质基础和空间场所，地理环境经常影响人类活动的地域特性，制约着人类社会活动的深度、广度和速度。这种影响与制约作用随人对地的认识和利用能力而变化。

2. 人对地具有一定程度的能动性

在人地关系中人具有一定的能动性，人能够主动地认识、利用、改变、保护"地"。人地关系是否协调取决于人如何作用于"地"。

3. 人地关系是一个具有多种关系和丰富内涵的总体

人地关系是基于人类生存发展需要所形成的人与人、人与群体、人与社会、人与人工产物、人与土地综合体、人与自然等多层面组成的物质关系系统。在人地关系多层次结构体系中，人与土地综合体的关系是人地关系的基本关系，所有其他人地关系皆是在这一基础层次之上的延伸和发展。人地关系问题是研究社会经济问题所必须面对的基本问题。

（三）人地关系的动态性

广义的人地关系包括人对自然的依赖及其积极作用。然而，在不同的历史时期，由于人类认识、利用和改造自然的能力的差异，随着社会生产力的发展，人地关系的内涵在广度和深度上都在发生着变化。根据人对自然的依赖程度，人地关系内涵的演变过程大致可分为四个阶段：①原始文明阶段。其特点是生产力水平低下，人类不得不被动适应和过分依赖自然。②农业文明阶段。生产力大幅度提高，人类开始利用劳动工具，逐渐掌握了灌溉和耕作技术，随着人类改造自然的能力不断提高，出现了关于人地关系的新观点，其中"朴素的辩证唯物主义"是此阶段处理人地关系的核心概念。人地关系处于简单的、低水平的协调状态。③社会生产力快速发展的工业文明阶段。此阶段人地关系的内涵主要表现为人类对自然的征服和支配，人地关系日趋紧张。④可持续发展思想丰富人地关系内涵阶段。社会生产力高度发展，人类期待重新寻求与自然和谐相处。对照各阶段的发展特点，当前中国的人地关系处于第三阶段与第四阶段的转换时期。

作为人类及其文明的产生和发展的基础，资源和环境无论在人地关系地域系统中还是在人口-资源-环境-发展（population-resources-environment-development，PRED）系统中始终发挥着核心的作用。资源环境基础是人地关系研究中不容忽视的重要议题。在不同的历史阶段，人类社会发展所需的资源和环境因素是截然不同的。中国的人地关系研究包括综合研究和单要素研究，其中，资源环境容量是当前处理人地关系中开展的主体功能区划分的重要基础，资源环境容量研究是资源环境基础综合性研究的集中体现；单要素研究主要包括土地资源、水资源、能源和矿产资源及生态环境基础的研究。进入生态文明阶段，正确理解人地关系是协调人地关系，实现可持续发展目标的关键。本章的人地关系主要集中于人与土地资源的关系方面。

二、人地关系地域系统

吴传钧提出"人"和"地"这两方面的要素按照一定的规律相互交织在一起，交错构成的复杂开放的巨系统内部具有一定的结构和功能机制，在空间上具有一定的地域范围，便构成了一个人地关系地域系统。也就是说，人地关系地域系统是在一定地域空间范围内的人类活动与土地演化之间构成的人地关系系统，这个人地关系地域系统具有下述特征。

1. 整体性

人地关系地域系统首先是具有相对完整的地理空间范围，其次是在该空间范围内的人地关系相对独立、稳定，对地域之外表现出特定的整体属性。

2. 区域性

不同的人地关系地域系统存在于不同的地理空间范围内，因各种自然条件、社会经济条件的地域差异，人地关系相应地表现出地域差异，即不同的地理区域具有不同的人地关系，进而构成具有区域差异的人地关系地域系统。

3. 动态性

地理环境随着时间推移在逐渐改变，人类活动的技术水平、制度、行为方式也在随着时间推移而改变，因此在不同的历史时期人地关系具有不同的状态，人对同一区域的开发行为随历史发展而变化，因此同一个区域在不同历史时期可以具有不同特征的人地关系地域系统。

三、人地关系经济系统

经济系统是由相互联系和相互作用的若干经济元素结合成的具有特定功能的有机整体。狭义的经济系统是指社会再生产过程中的生产、交换、分配、消费各环节的相互联系和相互作用的若干经济元素所组成的有机整体。这四个环节分别承担着若干部分的工作，分别完成特定的功能。广义的经济系统指物质生产系统和非物质生产系统中相互联系、相互作用的若干经济元素组成的有机整体。经济关系是人地关系的核心，经济关系是维护人地关系的纽带。人因生存与发展需求而依赖土地，以占有土地而获得经济收益，以土地产出多寡而确定土地价值，因土地经济矛盾而产生土地利用矛盾。

（一）人地关系经济系统的构成要素

人地关系经济系统的构成要素包括以下四个部分。

1. 具有经济民事能力或具有法律权益的自然人

人是人地关系经济系统中的活跃主体，是人地关系的一极，是土地权属关系的持有者，土地经济收益的受益者，土地交易过程及土地纷争的参与者，各种土地经济关系及其经济活动因有人的参与而存在。也就是说，有人的存在，土地的价值才具有经济的内涵。

2. 由土地的产出水平决定的具有经济价值的土地

土地是人地关系经济系统的物质基础，是人地关系的另一极。土地的产出水平、土地丰富程度极大地影响人地关系的状态。一般而言，土地产出水平越高，人地关系越紧密；土地越丰富，人地矛盾越轻微。

3. 为规范人地关系而产生的土地管理制度

主要规定土地权属特征，包括土地所有权属于谁、土地使用权归谁、土地经营权归谁，以及土地收益在所有权人、使用权人和经营者之间怎样分配等；确定土地利用方式，包括对每一块土地用途的规范、使用者开发土地的规模限制、土地开发利用技术标准等；规划土地利用布局，为了协调区域内社会经济与自然生态的关系，促进区域可持续发展，对区域土地利用进行总体安排。

4. 为提高经济系统效率而形成的土地市场

主要规定土地权属转移的规范，包括土地所有权买卖、土地使用权转让（我国农村承包土地的经营权也是使用权的一种），以及土地各种权属的继承等。土地权属转移过程中产生的土地经济收益转移，由土地市场交易规则确定，不同的土地交易规则下具有不同的土地经济收益分配方式，各类涉及土地的利益群体所获得的土地报酬份额不同。有的经济收益是一次性转移，如所有权买卖；有的是分期转移，如土地租赁按年缴纳租金；有的是无偿转移，如土地遗产赠予。

（二）人地关系经济系统的运行层次

人地关系经济系统的运行可分为以下三个层次，如图 2-1 所示。

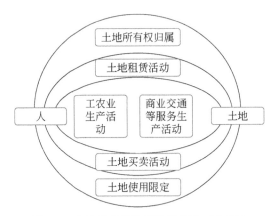

图 2-1　人地关系经济系统运行的三个层次

1. 基础层次

最基础的人地关系是直接生产活动。各类生产活动在土地利用过程中产生经济收益，人通过对土地增加投入、改造土地结构、更新用地技术、升级用地方式等多种途径集约利用土地，以期在有限的土地上持续增加经济收益。人类通过各种技术、投资追加到土地上，得到的最终效果一方面是经济收入增加，另一方面是土地生态环境改变。若促使生态环境优化，则是经济、生态双赢的人地关系改善的表现；若生态环境变得恶化，则是人地关系恶化的表现。

2. 中间层次

中间层次是权属关系运行层。人对地的各种活动均需要一定的社会规范有序进行，这个规范就是人对土地的权属关系。其主要是由于土地利用的主体身份结构复杂，土地经济收益分配关系也十分复杂，明确的权属关系是明确土地收益分配的必要前提。权属关系主要明确土地由谁占有、谁经营、谁收益等问题，是土地经济活动有序进行的直接保障层。土地权属关系直接决定土地经济收益分配关系。权属关系规定了人地关系矛盾中的权利、义务的归属问题。

3. 高级层次

高级层次是土地制度层。从国家层面设计土地的基本制度，确定土地权属关系的基准，规定土地权属的归属群体范围、权属关系运行范围和土地利用可控范围。此外，还衍生出土地利用各种相关政策制定与执行规则。土地权属关系的合理性与相对稳定性体现了土地制度的运行效果。土地制度的合理性与相对稳定性是保证人地关系相对稳定性的制度基础。

四、人地关系系统演进的基本规律

人地关系系统演进的基本规律可总结为以下五个方面。

1. 人地渗透律

人类社会与地理环境在人地关系系统中，既是两个独立的子系统，又是相互渗透、彼此交织、高度相关地融合为不可分割的整体。"地"因人的干预而逐渐"人化"，人因"地"的影响而逐渐适应以达到"自然化"，最终形成人地的协同。

人地渗透律表明，自然生产力是人类社会生产力构成中的第一生产力，是社会生产力的基础层次部分，是社会生产力内部的有机组成部分而不是外部条件，对"地"的自组织功能和生产能力的削弱直接意味着人类对自身的破坏和毁灭。

2. 人地矛盾律

人类社会作为自然界发展到一定阶段的产物是自然存在的一部分，人地本质上是同一的，他们相互依存、相互作用，人与地作为一个整体系统相对独立的不同构成部分，又存在客观差异和矛盾。主要表现为：自然性（自在性、给定性、自组织性）与人类的社会性（主体性、目的性、创造性、组织功能）的矛盾；人与地两种发展秩序和节奏的矛盾；人的无限需求与地的有限供给的矛盾；生物圈生态系统中人类与其他生物在"生存空间"、"生存资源"上的竞争。

人地矛盾律表明，人地关系发展是一个矛盾不断产生、克服转化的辩证发展过程。通过提高土地承载力和社会生产力，人地关系在"改造–适应"、"超越–制约"过程中求得发展。当人地矛盾达到根本上的否定状态和急剧对抗时，人地关系可能转向"破坏–衰败"的崩溃模式。人地矛盾律同时还表明，不管是人与地的综合协调，还是区域持续发展，都需要巨大投入，都需要对人类自身的约束，都需要付出成本与代价。

3. 人地互动律

在人地关系的对立统一中，"地"的变化必然引起"人地系统"的适应和结构调整，而人类活动必然引起"地"的连锁变化。人地处于关联互动的共同演进中。

人地互动律表明，自然环境属性早已打上了人类活动的烙印，环境的发展已融合了人类活动的目的性。人类活动日益成为环境变化最重要的内部营力之一。人类社会发展的本质是人地关系发展史，人类社会的产业组织、制度、科技、文化、工具等社会要素均是围绕人地这一核心主轴而延伸发展的。

4. 人地作用加速律

在人地关系系统发展过程中，人类活动在人地关系中的作用迅速升级，经历了以地为中心，到以人为中心，再到以人–地共同体为中心的转移过程。人类社会的加速发展推动了人地关系的加速演进，人类对"地"的作用速度及其积累效应呈指数递增。

人地作用加速律表明，随着人地关系由局部尺度的关联作用发展到全球环境变化，人类把自身推到无法避免的境地——生物圈生态系统功能维持着整个人类社会的生存发展。在目前人类对全球环境演化机制缺乏明晰把握和有效调控情况下，人类最明智的抉择是放弃以削弱生物圈生态系统功能为代价的外延式、耗竭式生存模式，逐步建立人地共生的内涵式、循环式发展模式。生态文明建设逐渐成为构建新型人地关系的主流。

5. 人地关系不平衡律

在时间上人地关系系统演进不是直线前进的，而是分阶段递进，由低级形态向高级形态螺旋式上升的。在总体加速上升发展趋势下，人地关系的发展呈现出变革、飞跃，甚至局部的停滞、衰退的不均衡发展过程；在空间上人地关系系统演进表现为显著的地域差异。

人地关系不平衡律表明，不同时期的同一空间地域或同一时期不同类型的人地系统，因其历史积累基础、人口、经济、技术、交通、自然环境、自然灾害等方面的差异而处于不同的发展阶段，处于显著的不平衡中。这就要求人们在实践中正确判断不同人地关系系统所处的发展阶段、运行特点、作用机制，以及关键性的人地关系系统发展的障碍性要素，因时因地制宜达到人地关系的有效调控。

五、人地关系系统在土地经济研究中的意义

人地关系系统是人与地相互联系、相互作用而形成的一种动态结构。这种动态结构得以存在和发展的条件，是系统组成要素之间或与其周围环境之间不断进行物质、能量和信息的交换，并以"流"的形式（如物质流、能量流、信息流、经济流、人口流、社会流等）维系系统与环境及系统各组成要素之间的关系。

人地关系系统对于土地经济研究的重要意义在于，从空间结构、时间过程、组织演变、整体效应、协同互补等方面去认识和寻求全球的、全国的或区域的土地资源利用的优化配置，将人地关系系统的整体优化、综合平衡及有效调控的机理，作为有效进行区域土地资源开发利用与管理的基本原则，从人地关系理论中获得土地资源优化管理的理论依据。据此，基于人地关系系统理论的土地经济研究的内容主要是：①人地关系系统的形成过程、结构特点和发展趋向的一般规律是进行土地利用理论研究的基础之一；②人地关系系统中各子系统相互作用的强度分析、潜力估算、后效评价和风险分析，是对区域土地利用进行合理测算与规划的基本工具；③人与地两大系统间相互作用和物质、能量传递与转换的机理、功能、结构和整体调控的途径与对策，影响着土地利用决策的正确性；④土地人口承载力分析，其主体落在对区域土地产出水平与地区人口消费水平的对比，关键是预测粮食的增产幅度，土地的经济效益也是十分重要的指标；⑤人地关系的地域分异规律和地域类型分析，是土地利用合理分区的理论基础；⑥不同层次、不同尺度的各种类型地区人地关系协调发展的优化调控模型，是国家、省、市、县乃至用地单位合理规划本地区土地利用，充分挖掘土地利用潜力，协调各类用地间关系的主要方法。

人地关系系统能否保持良好的系统结构和运行效果，取决于人类活动与地理环境多种因素复杂的相互作用，其主要的测量指标包括人口数量与素质、土地数量与质量，以及土地的人口承载力。

第二节　土地人口承载力

一、人口承载力概念

土地人口承载力也称土地资源的人口承载力，又简称人口承载力。承载力的概念最早由美国学者帕克和伯吉斯于 1921 年提出。1970 年，威廉•福格特把生态学上的承载力概念进一步延伸，明确提出土地人口承载力就是土地提供饮食和住所的能力。迄今为止，国际组织和学术界对于人口承载力所下的定义多达几十种，但都认同这一概念，即一定时期内在某一可能或者期望的生活方式下单位面积土地所能养活的人口数。

国际人口生态学界的定义是：世界对于人类的容纳量是指在不损害生物圈或不耗尽可合理利用的不可更新资源的条件下，世界资源在长期稳定状态基础上能供养的人口数量大小。联合国教育、科学及文化组织的定义是：一国或一地区在可以预见的时期内，利用该地的能源和其他自然资源及智力、技术等条件，在保证符合社会文化准则的物质生活水平条件下，所能持续供养的人口数量。

综上所述，可将土地人口承载力定义为，在一定的行政区域或自然区域内，根据土地资源的自然生产潜力及在一定投入（物质的、技术的）水平和管理水平下所生产的物品，能够供养一定生活水平的人口数量。其函数式表达如下：

$$LPC=f\left[R(t),P(t),C(t)\right]$$

式中，LPC 为土地人口承载力；$R(t)$ 为土地自然产出水平；$P(t)$ 为在土地上追加投入后的产出水平；$C(t)$ 为人口消费水平。

二、人口承载力测算方法

人口承载力测算，可用人口与土地之间的数量关系表达，即用人口密度和人均占地等指标反映人地关系。人口密度为单位面积土地拥有的人口数量，反映一定区域土地承载人口的能力和压力；人均占地为每人平均占有的土地数量，反映一定区域内人口拥有某类土地资源的数量，如人均占有土地、人均占有农业用地、人均占有耕地等。人均占有耕地数量，决定着人均占有粮食等农产品的数量。人口承载力测算是测量人地关系最直接的数量方法，以下为常见的两种方法。

（一）基于资源环境协调的人口承载力测算方法

区域土地人口承载力系统是"自然-经济-社会"复合系统，是具有自组织耗散结构性质的高阶次、多变量、多重反馈回路和随机性的反馈系统，其动态演进过程是人口、经济、技术、资源子系统自演替与相互作用，并不断与外界保持物质交换与能量循环的过程。因此，测量区域土地人口承载力，可分解为对各子系统和外界环境之间的资金流、资源流、技术流、人流和信息流状态的测量。其测量指标包括区域人口、经济、社会、资源、科技等的数量指标，以及区域与周围区域、城市间的协调与互补关系指标。对测量结果的评价关键在于土地人口承载力诸要素的平衡协调，即资源、人口、社会经济和生态环境的协调，而不是某单一指标数值的高容量（如 GDP）。

基于上述测算思路，土地人口承载力测算模型为：

$$C_{bs} = I_f C_{bf} + I_n C_{bn}$$

式中，C_{bs} 为土地人口综合承载力；C_{bf} 为食物型人口承载力；C_{bn} 为货币型人口承载力；I_f 和 I_n 分别为其权重。

其中，食物型人口承载力测算公式如下：

$$C_{bf} = \sum f_1 (S_i A_i / R_1)$$

式中，f_1 为农业生产技术因子；S_i 为某农业生产活动用地面积；A_i 为该农业生产活动的单位产出水平；R_1 为人均食物消费水平。

货币型人口承载力测算公式如下：

$$C_{bn} = \sum f_2 (P_i Q_i / R_2)$$

式中，f_2 为非农业生产技术因子；P_i 为某非农业生产活动的价格水平；Q_i 为该非农业生产活动的产量规模；R_2 为人均货币消费水平。

（二）基于农业土地综合产出水平测算

农业土地资源包括耕地、园地、林地、牧草地等，其人口承载力可从两个方面考虑，一是土地的农业产出水平，即测算区域内的农业用地在保证生态环境相对稳定可持续的前提下，有多大的农产品产量或生产潜力；二是区域人口的消费水平，即根据当前社会发展阶段确定的正常生活所必须达到的生活水平。

农业土地生产潜力的测算可根据区域各类农业用地面积及其单位面积产量进行测算，其测算公式如下：

$$Y = Y_1 + Y_2 + \cdots + Y_n$$

式中，Y 为区域土地生产潜力；Y_i 为各类农业用地生产潜力（$i = 1, 2, \cdots, n$）。

按照区域人口消费水平的要求，确定人口承载力的最低标准，再估算区域人口承载数量。其计算公式为

$$P = Y/L$$

式中，P 为区域土地人口承载力；Y 为土地生产潜力；L 为人均消费水平最低标准。

第三节　土地资源的稀缺性和不可替代性

一、土地资源的稀缺性

（一）土地供给有限性与土地需求持续增长的矛盾

地表空间的固定决定了土地总量供给的有限性。地球表面积约 5.1 亿平方千米，其中陆地总面积 1.49 亿平方千米，这是地表土地供应的最大面积。各地的土地自然特征决定了其土地利用的基本方向，由于自然条件的差异，并非所有的土地都适宜人类利用，因此可供人类利用的土地供应量是地表总面积扣除不可利用土地后的剩余量，高质量高经济收益的土地则更为稀少。具有较高利用价值的土地，是各国经济活动竞争激烈之地。

进入 21 世纪，世界人口突破 70 亿人，对土地资源的需求量显著增大。据联合国粮食及农业组织统计，2012 年，世界土地资源为 134.06 亿公顷，其中耕地面积约 13.96 亿公顷，森林面积约 40.27 亿公顷。从近年各主要国家人均耕地看，均存在递减趋势，各国耕地资

源丰程度差异显著,人均耕地最多的达到 2 公顷以上,最少的不到 0.03 公顷,差距超过 70 倍(表 2-1)。

表 2-1 世界部分国家人均耕地变化 (单位:公顷/人)

国家	2004 年	2005 年	2006 年	2007 年	2008 年	2009 年	2010 年	2011 年	2012 年	2013 年	2014 年
澳大利亚	2.37	2.42	2.31	2.1	2.05	2.15	1.93	2.13	2.04	2	2
巴西	0.33	0.33	0.32	0.32	0.32	0.32	0.36	0.36	0.36	0.38	0.39
韩国	0.03	0.03	0.03	0.03	0.03	0.03	0.03	0.03	0.03	0.03	0.03
俄罗斯	0.85	0.85	0.85	0.86	0.86	0.86	0.83	0.85	0.84	0.85	0.86
法国	0.29	0.29	0.29	0.29	0.28	0.28	0.28	0.28	0.28	0.28	0.28
加拿大	1.42	1.40	1.38	1.37	1.35	1.34	1.28	1.25	1.31	1.31	1.29
美国	0.57	0.56	0.54	0.54	0.54	0.53	0.52	0.49	0.49	0.48	0.49
日本	0.03	0.03	0.03	0.03	0.03	0.03	0.03	0.03	0.03	0.03	0.03
印度	0.14	0.14	0.14	0.13	0.13	0.13	0.13	0.13	0.13	0.12	0.12
中国	0.09	0.09	0.09	0.08	0.08	0.08	0.08	0.08	0.08	0.08	0.08
朝鲜	0.11	0.12	0.11	0.11	0.11	0.11	0.10	0.10	0.09	0.09	0.09
菲律宾	0.06	0.06	0.06	0.06	0.06	0.06	0.06	0.06	0.06	0.06	0.06
以色列	0.05	0.04	0.04	0.04	0.04	0.04	0.04	0.04	0.04	0.04	0.04
越南	0.08	0.08	0.08	0.07	0.07	0.07	0.07	0.07	0.07	0.07	0.07
智利	0.09	0.09	0.08	0.08	0.08	0.07	0.07	0.08	0.07	0.07	0.07

数据来源:世界银行数据库

(二)土地类型多样性与土地用途多方向性的矛盾

地质地貌、气候、水文、植被在地表空间的不均匀且不同步分布构成复杂多样的自然环境,因此形成多种多样的土地类型。例如,按照我国土地利用实际情况,可将土地利用分为三大类:农业用地、建设用地和未利用地。其中农业用地包括耕地、园地、林地、牧草地、其他农业用地五个亚类,建设用地分为城镇村建设用地、工矿建设用地、交通用地、水利设施用地四个亚类,未利用地则包括天然水域、冰雪地、荒漠等亚类。

各国各地区人类社会经济发展存在多样化目标,相应地对土地利用具有多方向用途的需求。一般而言,土地利用方向与当地社会经济发展的历史阶段有关。例如,我国各地区对耕地的利用存在多方向性,北方的耕地以旱地为主,历史上以农业为主的时代,主要种植粮食作物,近年来部分农村大力发展多种经营,将部分种植粮食作物的旱地改种经济作物;南方的耕地以水田居多,在农业粮食生产自给自足时代,水田用于种植水稻,但近年来农村经济结构调整过程中,部分丘陵山区将水田改种经济作物,有的改为育苗园地。

在土地用途具有多方向性的情况下,会出现用途之间的矛盾。例如,农业用地与建设用地之间的矛盾，城市化过程中，城市有强烈的扩张用地需求，但农业土地资源紧缺，粮食安全压力大的情况下，不可能允许城市大量占用农业用地。因此，农业用地是否转变为城市建设用地、何时转为城市建设用地，是协调城乡土地矛盾必须面对的问题。

（三）土地利用相对固定性与土地需求可变性的矛盾

影响土地资源格局的主要因素大多具有相对稳定性，其变化多经历漫长的时间，因而土地资源的空间分布格局在一定的历史阶段下逐渐形成相对稳定的状态，短期看，具有相对固定性。地质条件方面，从海陆格局的演变到山川平原的形成，无不经历千万年乃至上亿年的演变过程；各种理化属性的岩石一旦固化在地壳内，其分布格局也就决定了成土母质的最初分布格局。气候因子方面，气候条件的相对稳定也就促使土地资源的空间分布相对稳定。水环境、生物资源等其他自然条件在复杂的地质地貌与气候组合中，又具有更加复杂多样的分布特征，但各地自然环境一旦形成相对稳定的状态，只要没有超出其极限的干扰因素，均可维持其动态平衡，从而保持土地资源的相对固定。

自人类出现以来，人类活动即成为影响土地资源的新因子。人类按照自己的发展目标，对土地资源加以改造利用，从而改变着土地资源的存在状态。种植业的出现，使自然生态系统被改造为农田生态系统，自然土壤逐渐演变为耕作土，原生的植被被农作物代替；渔业的发展，不仅使水体中生物物种结构发生改变，而且改变着水域的形状、面积及水体营养状况。工业对矿产资源的需求，改变了采矿区的地质地貌和生态环境；建筑业利用大型机械改变地貌、固化地表，并修建使用期长的固定设施，在地表产生新的土地利用类型——建设用地。

人类社会进入 21 世纪，社会经济发展速度加快，经济全球化程度加深，各国土地资源利用经济环境发生显著改变，土地利用目标已不仅仅是为满足本国本地区自给自足，而是在参与全球生产分工中，扩大到全球市场需求范围，各国各地区充分利用本地自然与社会经济优势，改变土地利用方式，组织包括土地资源在内的各种资源发展生产，参与国际市场竞争。在全球经济体系中处于节点位置的各大城市，城市建设和产业升级对土地利用的需求量更多，从而加剧了土地用途变更的矛盾。

二、土地资源的不可替代性

（一）土地资源作为生产要素不可替代

土地资源是现代经济活动中必需的生产要素。农业生产中，土地资源参与生产流程是不可替代的。土地是作物立地和生长的必要基础，土地肥力是农业产出水平的基础；采矿业则更是直接掘取土地赋存的特定元素，进行筛选、加工，使其成为工业生产的原料，矿产资源的赋存量、品位、埋藏环境等因素，决定矿产资源的开采价值；二、三产业的生产活动必须占用一定的地表空间，这个空间只有土地才能提供。

有人认为，随着栽培等技术的发展，大量无土栽培已经出现，因此，土地资源已经不是农业生产的必备要素。但不可否认，无土栽培需要土地的承载空间，只是由生产功能转换为承载功能，相对于有土栽培而言，无土栽培的比例非常小，总体上，现阶段土地作为生产要素仍然是不可替代的。

（二）土地资源承载功能的不可替代

土地资源的固态表面，是人类各种活动的平台，失去这一平台人类无立足之地。因此，土地作为承载人类活动的平台，无任何物品可替代。农业生产中，不仅作物立地生长需要土地，所有农业生产的附属设施，也是在一定面积的土地之上建设的；非农业生产活动的固定资产，同样是放置于一定面积的土地之上，即使是利用空间传播的非实体经济，其发送和接收也是在一定面积的土地上完成，只不过占用的土地面积很小而已。

尽管出现了海上平台，甚至出现了海上漂浮的城市①，但还不能说土地资源的承载功能可以替代。主要原因如下：一方面，随着人类对土地认识的不断深化，逐渐将海洋作为土地的范畴；另一方面，即使对海洋的利用再充分，现阶段人类的主要活动及聚居主要在陆地上，海洋仍然不可能替代陆地及其附属物的承载功能。

（三）土地区位的不可替代

土地不仅有面积大小，还有位置关系。某一定面积的土地在地球表面所处的位置、与其他类型土地之间的相对位置关系，构成了土地的区位。每一块土地有其唯一的区位，每一个区位也只有唯一一块土地。土地与区位的这种一一对应关系，决定了土地区位的不可替代性。土地区位的不可替代性也是土地区位差异、地价差异产生的主要原因之一。

土地区位的不可替代性是由土地位置的固定性所决定的。由于区位优越的土地资源更加有限，因此，土地使用者，特别是城市中心区的土地使用者之间常出现区位竞争。这里的区位竞争是针对具体的土地区位相互间的关系而言的，没有否定区位的不可替代性，因为一块固定了范围的土地，其区位特征就确定了，没有两个完全相同条件的区位，即使其他条件都相同，地理坐标一定不同。

第四节　土地资源的用途竞争和空间管制

一、土地资源的用途竞争性

土地资源的用途竞争，主要包括三大方面需求的竞争：城镇化、工业化发展中对建设用地的需求；食物安全对一定数量耕地的需求；生态文明建设对生态建设用地的需求。换句话说，就是建设用地、农业用地（主要指耕地）和生态用地之争，即通常而言的"红黄绿"之争。

（一）土地资源多用途性与土地利用唯一性的矛盾

土地的特殊功能决定了人类各种经济活动对土地的依赖，土地资源可用于多种经济活动。例如，华北平原的旱地既可以用于种植棉花、小麦，也可以种植大豆、花生等作物，也可以种植饲料作物用于发展养畜业，还可以开挖成池塘发展水产养殖业，甚至改变地基

---

① 据英国《每日邮报》2013年11月28日报道，美国佛罗里达州自由之船（Freedom Ship）国际公司已经设计出海上漂浮城市"自由号"。它可一直漂浮在海上，分为25层，可供5万人居住。该公司正以完成世界上第一个移动海上城市为目标，计划在船上建设学校、医院、购物广场、美术馆、赌场等生活娱乐设施，之后还会在屋顶搭建飞机场，使居民的生活更加便利。海洋日益发挥着与陆地类似的作用。

用于修建公路、房屋。但无论该土地资源有多少可利用的用途，在一定的经济发展阶段，其只能被唯一的土地利用方式所占据。即同一块土地不能既种植农作物，又修建住宅，又建设工厂、商场，在土地资源的多种用途中最终只能选其一加以利用。因此，土地使用者必然考虑土地利用效益最大化，从土地多种用途中选择投入产出效益最好的利用方式进行开发利用。

（二）土地利用综合效益提高的必然要求

土地利用综合效益是土地利用各种效益相互均衡的总体体现。土地利用综合效益可分解为土地利用的社会效益、经济效益和生态效益三大部分。其中土地利用社会效益是指土地利用过程中产生的对改善教育和医疗、融洽社区、解决就业、促进城镇化、救助贫困、保证社会安全等各种社会事务的优化效果；土地利用经济效益是指土地利用过程中产生的经济增长、收入增加、经济结构优化等效果；土地利用生态效益是指土地利用过程中产生的生态修复、生态改善、污染降解、生物多样性及珍稀物种保护等效果。同一块土地利用过程中在三大效益上收到的效果各不相同，有的土地利用在社会效益上有较好的效果，有的在经济效益上有较好的效果，有的则在生态效益上有较好的效果。因此，选择土地利用方式时，尽可能充分利用各类土地资源的优势，进行合理配置，促进综合效益最优化。

二、土地利用空间管制及其分区

空间管制作为一种有效而适宜的土地资源配置调节方式，日益成为区域规划尤其是城镇体系规划的重要内容。空间管制的基本思路是，通过划定区域内不同建设发展类型区，制定其分区开发标准和控制引导措施，促进社会、经济与环境可持续发展。

（一）土地利用综合效益优化与土地利用分区的关系

土地利用效益的综合性决定了土地利用目标是一个多目标的体系。不同主体对同一区域的土地利用效益目标不一样，因而选择不同的土地利用方式，有的选择侧重经济效益的利用方式则会忽视生态效益，有的选择侧重生态效益的利用方式则会降低经济效益。土地利用的外部性要求区域内部各个地块的土地使用者在取得自身利益优化的同时必须兼顾区域整体的土地利用效益。因此，如何将区域内土地划分为以生态、经济等不同效益目标为主的片区，以实现最佳土地利用综合效益，是土地科学研究需重视的重要问题。

土地利用综合效益的优化是各类受影响利益群体的总效益最大化。土地资源利用的受益者包括直接受益者和间接受益者，不当的土地资源利用则产生直接受害者和间接受害者，土地资源利用效益是各类受益（受害）群体的收益（损失）的总和。合理的土地利用分区，不仅应考虑各分区内部土地利用效益，还应考虑各分区之间相互影响的效益。

（二）不同利益主体的利益目标差异与土地利用分区管制

按照区域层次，土地利用利益主体分为国家、大区、地方等层次，国家层次的利益要求是全局的、宏观的和长期的，因此国家层面对土地利用分区的要求更重视经济效益、社会效益与生态效益的提高；地方层次的利益要求重点在微观经济效益，因此地方层面更愿意从经济效益提高的角度开展土地利用分区。按照人群地域特征，土地利用主体可分为本地居民、外地投资者两类，本地居民因常驻本地，故更容易为土地的长远社会效益和生态效益分担成本，他们更重视土地分区利用的社会效益和生态效益；而外地投资者和短期居住本地的居民往往出于对快速获取回报的期待，更倾向于土地分区利用的短期经济效益。

不同利益群体的利益诉求差异对土地分区的要求，导致区域土地利用存在多种利用行为，仅按照一个利益群体的利益诉求来利用土地，显然会不同程度地损害其他群体的利益。兼顾各方利益的有效办法是通过一个协调机制（市场机制），促使各个群体协商，达成能够相互遵守的契约，并得到相关法律支持。契约的具体形式主要体现为科学的规划：土地利用规划——从宏观上规定每一个区域土地利用的总体目标和实现功能，从微观上分配为实现某个发展目标所需土地，确定土地利用结构，规定具体地块的土地利用方向。

协商议定的契约（规划）得到规范执行需要两个保障，一是编制规划时相关利益群体的广泛参与；二是执行规划时各相关利益群体依法办事。前者是保证土地规划能够很好地综合各方意见，形成各方都能基本接受的均衡方案，后者是督促各利益方信守承诺，按照规划依法使用土地，确保土地利用分区保持在相对稳定状态、土地利用综合效益保持在较高的水平。

确保各个利益群体按照既定的规划来利用土地的主要方法就是土地利用空间管制，它从以下几个方面保障土地利用分区的相对稳定性：一是将土地分区管制上升到法律制度层面，以法律的约束力加强土地分区管制的执行力度，增强分区管制的权威性、可操作性；二是对指定区域土地的利用方向进行明确限制，规定其只能在规划确定的实现生态功能或者经济功能的前提下，确定土地利用具体用途；三是对用地主体的行为进行规范限制，规定用地者只能在实现土地利用分区管制目标的前提下利用土地。

三、土地资源用途竞争性与土地利用空间管制的关系

（一）土地利用技术条件变化对空间管制的需求

不同的时代，土地利用的技术水平不同，同一块土地具有不同的产出水平。使用者是采用高强度开发技术还是采用低强度开发技术，取决于该地块在实际利用中可能获得的最大收益。一般情况下，土地开发强度越高，土地自然生态的破坏程度也越高，因此，为了将地区的生态环境维护到最基础的水平，必须对部分土地的开发强度加以限制，即对土地利用进行空间管制，要求一定量的土地在无论任何技术条件下都不能轻易改变土地用途。这种基于地区生态环境稳定目标的空间管制，随着土地开发技术水平的提高，管制的需求更加突出。

（二）土地区位条件变化对空间管制的需求

新的建设导致原来的土地区位条件改变，使该地块拥有更多的发展机会，每一种选择都有不同的经济、社会、生态效益组合。在具有多种选择下，个人的目标趋向于经济效益最大化，集体的目标趋向于社会与生态效益最大化，将多种选择限定为少数几种选择，需要空间管制进行强制。常见的例子有：城市交通干线延伸提高了沿线土地的通达性，使沿线土地具有更高的非农业开发价值，但生态环境要求沿线必须保留适量的土地用于生态建设；城市扩张过程中，城市基础设施开发使原郊区的土地区位价值提升，城市经济发展和耕地保护及生态建设不同方向的用地矛盾要求对该郊区土地进行空间管制。

（三）空间管制对土地利用权属主体的约束

　　经济活动过程中，土地作为经济资源在市场中交易，必然产生土地权属转移。土地利用的竞争是土地利用者经营土地的竞争。由于不同的使用者利益目标的差异，每一块权属易主的土地，都会在新的使用者经济目标下或多或少地改变土地利用方向。新的使用者在追求利益最大化目标的驱动下，具有较强改变土地用途的动机，只要有足够的投资实力，该动机即可能转变为实际行动。然而，并不是所有土地使用者的动机都与土地规划利用目标相符，因此需要对土地使用者的实际用地行为加以约束，土地利用空间管制则是从用地结果上约束用地者的行为。土地利用空间管制一般通过以下几种方式约束用地主体：一是将规划目标中的用地限制以规范的法律文件通知土地使用者，从整体利益目标上引导土地使用者；二是将违规用地的处罚方式告知土地使用者，依托法律规范监督土地使用者；三是公示规划区内各个地块的用地方向，引导土地使用者合理竞争，在规划管制目标之内取得土地利用效益最大化。

第五节　土地资源的区域差异性及与水资源的共轭性

一、土地资源的区域差异性

（一）土地资源区域差异的自然原因

　　土地资源是各种自然要素以复杂的组合构成的综合体。其构成要素的多样性和组合方式的多样性，是形成土地资源区域差异的根本原因。全球地质地貌要素的地区差异，使土地资源存在地质稳固与不稳固、海拔高与低、坡度陡与缓等的差异，进而影响土地利用中建设成本高低，形成不同的土地利用方向。

　　全球气候空间分布差异使各地土地资源在干与湿、冷与热、光的强与弱，乃至风力大小、气象灾害等方面存在区域差异，进而影响农业耕作、交通运输、工业生产等各个行业，使其在不同的气候区具有不同的土地利用价值。全球水资源、生物资源及矿产资源等各类资源的地区分布差异，同样是土地资源在地表空间复杂分布的重要原因。

（二）土地资源区域差异的社会原因

　　社会经济活动是发挥土地资源利用价值的平台。土地因社会经济活动而成为资源，没有社会经济活动参与的土地只能是自然意义的土地，不具备资源的内涵。社会经济活动的复杂多样性和土地资源的多用途相结合，即产生复杂多样的土地利用组合，各个区域具有自己特定的土地利用组合状态，因而形成土地利用的区域差异。社会环境的差异具有不同的利益需求，因此，即使是同样质地的土地资源，处在不同的社会环境中，其利用状况也会出现差异。例如，同样是肥沃的耕地，在人口稠密区域选择精耕细作，而在人口稀疏区域则多发展大型机械化、商品化农业。

　　复杂多样的组合方式可概括为如下四种类型。

　　（1）同一类型自然特征的土地被用于同样的用途。这类土地利用方式若大面积存在，则构成规模化土地利用方式。

（2）同一类型自然特征的土地被分别用于不同的用途。土地利用方式及其技术水平决定了即使是同一自然类型的土地，也会存在多种土地利用方式。

（3）不同类型自然特征的土地被用于同样的用途。无论是农业还是非农业、是城市还是乡村，均存在大量的不同自然特征土地被用于同样的社会经济活动。不仅同样的农业生产活动可以在不同的气候区出现，同样的非农业生产活动也能在不同地形坡度、海拔高度的地区出现，甚至是海洋与陆地这样巨大差异的区域，也能够有同样的社会经济活动。

（4）不同类型自然特征的土地被分别用于不同的用途。这更是地表空间土地资源利用最普遍存在的情况。不同气候条件下的不同农业生产活动、不同水资源条件下存在的不同城市经济结构状态，均反映了不同自然特征下土地资源利用的地区差异。

二、土地资源与水资源的共轭性

轭，指两头牛背上的架子，轭使两头牛同步行走。共轭即为按一定的规律相配的一对。通俗地说就是孪生。土地资源与水资源的共轭性指一个区域内土地资源与水资源具有密切联系，只有同时具备良好的土地资源和水资源，区域的自然系统和经济系统才能良好运行。

（一）土地资源利用强度与水资源利用强度的共轭

土地资源与水资源是经济活动中必需的基础资源。一般而言，大量开发利用土地资源的地方，水资源利用量也大。然而，人类活动各个领域的土地资源开发利用中，其所需要水资源匹配的数量、比例是不一致的，引起这一差异主要有以下原因。

（1）同量的土地资源，不同的土地利用方式对水资源的需求量差异大。例如，同等面积的水田与旱地，占用同面积土地的工厂与商店，同面积住宅区与休闲娱乐区等，均有不同的水资源消耗量。

（2）同量的土地资源，不同土地资源的物质构成对水资源的需求量差异大。例如，我国南方地区与东北地区的水稻种植，由于南方地区高温多雨，其水资源的补给量与消耗量比东北地区大得多。

（3）同量的土地资源，同样的土地利用方式，不同的土地利用技术，对水资源的需求量有显著差异。以农业生产为例，同样是干旱区的粮食作物种植，分别采用渠灌、喷灌、滴灌技术，等面积耕地对水资源的需求量差异显著；在非农产业，同样的工业企业，采用水循环技术充分利用水资源，也能显著降低水资源消耗量；商业区增加节水设备，也是降低水资源消耗量的重要措施。

（二）土地资源质量与水资源质量的共轭

土地资源利用不是单一的资源利用，它往往与其他资源组合构成经济活动的资源基础。水资源是所有经济活动都必需的资源，因此土地资源可利用价值高的地方，往往也需要拥有足够多的水资源保障。以我国各省土地资源与水资源利用关系看，土地资源利用强度与水资源利用强度呈同步状态。土地资源与水资源的不同组合状态，促使人类经济活动形成多种土地利用方式。按照土地与水资源组合关系产生的土地利用方式可分为以下几类。

（1）土地资源丰富且水资源充足，为积极开发型。这类区域一般为气候湿润的平原、丘陵地区，或者有大江大河流经的平原、低丘陵区，其土地地势低平易开发，充足的水资源能保证各类开发项目顺利投入生产。因此土地利用方式以土地与水资源规模化利用为主，区域经济活动呈现高密度发展特征。

（2）土地资源丰富而水资源短缺，为水资源节约开发型。这类区域一般为气候较干旱的平原、高原地区，其土地地势平缓，建设容易，土地利用方式以规模经营为主，但因水资源短缺，故大量采用节水技术，区域经济活动具有区域性节水特征。

（3）土地资源短缺而水资源丰富，为有限开发型。这类区域一般为地形地质条件复杂或者气候极度严寒、潮湿的地区，即使拥有大面积的陆地地域，但受地质地形与气候条件限制，可供正常开发利用的土地资源面积有限，因而该区域土地开发利用仅限于局部地点，其丰富的水资源不能充分利用，区域经济活动呈现低密度发展特征。

（4）土地资源短缺且水资源短缺，为极低密度开发型。地球上极度干旱区域，其土地资源的开发利用难度大，加上水资源匮乏，因此仅有极少的土地得到开发利用，区域经济活动呈现极低密度发展特征。

土地资源与水资源的不同组合条件下的区域性土地利用方式，其水、土利用效果呈现同向的变化。即通常情况下高强度土地开发的区域，其水资源开发利用强度也高，反之亦然。如图 2-2 所示，以我国各省城市建设用地占省域总土地面积比例代表土地开发强度，以供水量占水资源拥有总量的比例代表用水强度，各省土地利用与水资源利用呈现显著的变化趋势。图 2-2 显示了各省土地利用与水资源利用的三段同步关系，当水资源利用率低于 20%时，城市土地利用率与水资源利用率同步增加，此类区域全部是南方和青藏高原地区的省份；当水资源利用率为 20%~50%时，城市土地利用率与水资源利用率呈轻微反向变动关系，此类区域包括东北地区及西北地区大部分省份，以及南方地区少数省份；当水资源利用率大于 50%时，城市土地利用率与水资源利用率呈显著的同步增加趋势，此类型区域主要是干旱地区省份和面积小的省份。对比各省实际数据（表 2-2）发现，图 2-2 中第二种类型区域出现的反常变化，其主要原因是干旱区省份水资源总量少且可用于城市建设的土地量少，因此水资源利用率较高而城市土地利用率较低，相反湿润地区省份的水资源丰富且可用于城市建设的土地较多，因此水资源利用率稍低但城市土地利用率稍高。

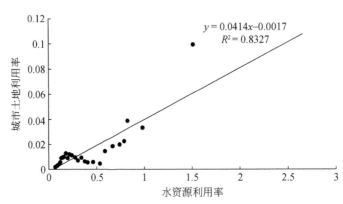

图 2-2 中国省际土地利用强度与水资源利用强度的关系

表 2-2 中国各省的土地利用强度与水资源利用强度的关系

地区	人口密度 /（人/平方千米）	用水量占水资源 总量的比例/%	排污量占 供水量的比例/%	城市建设用地占土地 资源总量的比例/%	耕地占土地 资源的比例/%
北　京	1201	142.54	39.72	23.72	14.57

续表

地区	人口密度/（人/平方千米）	用水量占水资源总量的比例/%	排污量占供水量的比例/%	城市建设用地占土地资源总量的比例/%	耕地占土地资源的比例/%
天　津	1199	200.78	36.19	37.17	39.42
河　北	381	138.56	16.59	14.32	42.73
山　西	230	78.30	19.74	9.28	36.73
内蒙古	21	34.60	5.97	1.92	10.93
辽　宁	301	78.66	18.47	12.34	37.82
吉　林	147	40.33	9.50	6.16	39.55
黑龙江	87	43.64	4.18	3.90	38.16
上　海	3702	161.93	21.59	49.40	30.53
江　苏	770	98.69	10.81	25.90	52.18
浙　江	537	13.23	23.31	12.96	20.00
安　徽	428	31.58	9.72	15.08	44.71
福　建	306	15.18	12.76	7.01	11.42
江　西	269	12.28	9.08	8.10	19.62
山　东	613	126.37	26.31	19.65	53.04
河　南	562	77.58	19.46	16.94	53.09
湖　北	310	29.67	10.41	9.71	30.09
湖　南	311	17.21	9.51	8.18	20.95
广　东	584	22.92	20.57	11.81	15.41
广　西	197	12.30	7.35	5.86	21.19
海　南	251	23.11	8.54	10.28	21.90
重　庆	354	17.32	18.96	8.52	31.40
四　川	166	11.96	12.87	4.11	15.30
贵　州	197	8.45	11.57	4.41	29.39
云　南	118	8.02	11.55	3.13	18.26
西　藏	2	0.80	1.91	0.17	0.51
陕　西	182	27.35	18.43	4.81	20.43
甘　肃	56	72.33	5.63	4.61	27.64
青　海	8	4.55	8.83	0.76	1.29
宁　夏	96	765.22	4.55	7.61	31.29
新　疆	13	62.04	1.73	2.97	9.74

注：表内数据不含港澳台地区

数据来源：国家统计局，《中国统计年鉴2016》

复习思考题

1. 解释基本概念：人地关系、人地关系地域系统、人地关系经济系统、人口承载力、土地利用空间管制。

2. 阐述怎样从人地关系经济系统的视角理解土地经济的概念。

3. 简述人地关系研究对土地经济学研究的重要意义。

4. 简述土地的人口承载力及其测算方法。

5. 阐述土地资源的稀缺性与不可替代性。

6. 阐述土地资源用途的竞争性，并分析如何通过空间管制来规范用途竞争性。

7. 试分析土地资源和水资源的共轭性。

8. 试分析土地资源区域差异产生的原因。

参 考 文 献

郭秀锐，毛显强，冉圣宏. 2000. 国内环境承载力研究进展 [J]. 中国人口·资源与环境，(S1)：29-31.

哈斯巴根，李百岁，宝音，等. 2008. 区域土地资源人口承载力理论模型及实证研究 [J]. 地理科学，(2)：189-194.

刘起运，夏明，张红霞. 2006. 宏观经济系统的投入产出分析 [M]. 北京：中国人民大学出版社.

曲福田. 2011. 土地经济学 [M]. 3 版. 北京：中国农业出版社：6-27.

王爱民，樊胜岳，刘加林，等. 1999. 人地关系的理论透视 [J]. 人文地理，(2)：43-47.

威廉·福格特. 1981. 生存之路 [M]. 张子美，译. 上海：商务印书馆.

吴传钧. 1991. 论地理学的研究核心——人地关系地域系统 [J]. 经济地理，11 (3)：1-6.

吴传钧. 2008. 人地关系地域系统的理论研究及调控 [J]. 云南师范大学学报（哲学社会科学版），(2)：1-3.

杨青山，梅林. 2001. 人地关系、人地关系系统与人地关系地域系统 [J]. 经济地理，(5)：532-537.

张雷，刘毅，杨波. 2017. 国家人地关系的国际比较研究 [J]. 自然资源学报，32 (3)：353-362.

Li X Y，Yang Y，Liu Y. 2017. Research progress in man-land relationship evolution and its resource-environment base in China [J]. Journal of Geographical Sciences，27 (8)：899-924.

第三章　土地产权理论

【本章内容要点】本章主要阐述土地产权及其各项权能内涵和市场经济条件对土地产权的基本要求；分析土地产权体系的一般构成，阐述马克思的土地产权权能理论、土地产权结合与分离理论、土地产权商品化及土地产权配置市场化理论；分析土地产权理论在中国农村土地"三权分置"与"三权抵押"等土地制度改革中的应用。

第一节　产权与土地产权

一、产　权

（一）产权的概念

产权这个中文术语至少源于五种英文表达方式：property，property right，a property right，the right of property 和 property rights。中国经济学界比较一致的看法是，作为财产权或财产权利的简称，产权概念源于英文的 property rights。

产权起源于原始的财产归属性质与秩序，与财产关系的形成和演变紧密相关。除去其他动物固有的领地意识外，原始社会财产归全体成员占有，当无产权范畴可言。在奴隶制、封建制社会，法律严格地保护着奴隶主对奴隶和土地、封建地主对土地和其他财产的排他所有权，调整着高利贷者、民间的自由借贷、租赁、交换的财产关系，财产所有权制度同产权制度的外延、内涵及其功能相重合，因而不具有现代意义上的产权范畴。现代意义上的产权，源于市场经济的出现，具体是指自然人、法人对各类财产的所有权及占有权、使用权、收益权和处置权等权利，包括物权、债权、股权和知识产权及其他无形财产权等。

不同学科对产权有不同的定义。从法律角度看，巴泽尔等认为产权是对财产进行利用、收益及转让的权利。完整的产权应该是对财产拥有排他的使用权、收入的独享权和自由的转让权，否则就是残缺的产权。从经济学角度讲，产权经济学家阿尔钦将产权定义为："是一种通过社会强制而实现的对某种经济物品的多种用途进行选择的权利"；富鲁布顿和佩杰维奇认为，"产权不是人与物之间的关系，而是指由于物的存在和使用而引起的人们之间一些被认可的行为关系。产权分配格局具体规定了人们那些与物相关的行为规范，每个人在与他人的相互交往中都必须遵守这些规范，或者必须承担不遵守这些规范的成本"。制度经济学家科斯认为"产权就是经济当事人对产权所拥有的权利"。从经济功能的角度看，产权是指人们对物的使用所引起的相互认可的行为关系。它用来界定人们在经济活动中如何受益，如何受损以及他们之间如何进行补偿的规则。哈罗德·德姆塞茨（Harold Demsetz）将产权定义为"使自己或他人受益或受损的权利"，并指出"产权是一种社会工具，其重要性就在于，事实上，它们能帮助一个人形成他与他人进行交易时的合理的预期，这些预期通过社会的法律、习俗和道德得到表达，产权包括一个人或其他人受益或受损的权利，产权的所有者拥有他人同意他以某种方式行事的权利"。

专栏 3-1　产权经济学家德姆塞茨的产权理论对产权定义的解释

哈罗德·德姆塞茨是与阿尔钦齐名的产权理论家。其研究成果形成了一套较为完整的产权理论，其中，对产权的定义进行了详细的论述。

（1）产权附着于物上。一组产权常附着于一项物品或劳务，是由物的存在及其使用引起的人相应于物时的行为规范。产权是一种社会契约，它的意义产生于这样的事实，即它有助于形成一个人在同他人的交易中能理性把握的那些预期，这些预期在法律、习俗和社会惯例中得到实现。

（2）产权和交易联系在一起。在鲁滨逊·克鲁索的世界里，"产权不起任何作用，产权是社会的工具"，即是说孤立的一个人是不存在产权问题的，因为这里不存在交易，只有当若干个（至少两个）交易者发生交易时，才引出了产权问题。这是因为，交易双方的所有权范围互相交叉，各自的界限不确定，与此相应的收益边界也不确定。这样，尽管各自在其所有权范围内行事，结果造成一方对另一方的侵害，或一方权利对另一方权利的破坏，这就是产权问题。因此，产权可视为"两种所有权之间的关系"。进而言之，产权与人们通常讲的所有权是有区别的。

（3）产权是人和人之间的一种关系。尽管产权附着于物上，但它本身并不是人和物的关系。产权规定了个人如何受益和受害，以及因而谁应该向谁付钱以调整人们的行为。产权所有者拥有他人允许他以特定方式活动的承诺，产权规定了人们怎样受益和受损，从而规定谁须给谁补偿以改变人们的行为。产权是对人们行为权利和责任的界定，是人们之间相互认可的行为关系。

（4）完备的产权是复数，至少代表一组权利，或者说是一个产权束，其中主要包括使用权、收益权和转让权，产权束中内含的各项权利可以分解、转让（全部或部分），也可以和别的产权束中的权利重组。正因此，德姆塞茨指出："产权是个由非常复杂的整体而产生的概念……产权的概念是变化多端的、灵活的"。

（5）产权的价值决定交换物品的价值。产权的价值又取决于产权束中权利量的多寡和强度。

（6）产权和外在性（externalities）密切相关。德氏认为，对世界来讲，没有任何有害或有益的效应是外在性的。但某些个人或群体总是从这些效应中受害或者受益。使有害或有益效应转变为外在性的原因，是让互动中的一个或一群人承担决策后果的成本过高，以至于不值得这样做。"内部化"这些效应涉及一个过程，通常是产权的变化，使得所有互动的人们（在更大程度上）承受这些有害或有益的效应。

根据近年来的研究，可以将产权定义为：产权是由法律、习俗、道德等正式制度或非正式制度界定和表达的，得到人们相互认可的财产的权利，是通过人与物的关系反映的人与人之间的经济关系的权利。产权是制度界定的结果，一旦某一制度安排确定以后，产权安排也就相应地得到了确定。产权的基本内涵涵盖以下几个方面。

（1）产权是与财产有关的、具有排他性的权利。产权的排他性意味着权利主体对非权利主体的排斥。权利主体可能是一个人也可能是一群人，可能是自然人也可能是法人。需要注意的是，尽管产权具有排他性，但是他项权利（如地役权等）是产权体系的主要构成，可以认为他项权利是对产权排他性的修正，不能因为是某一产权主体的地就能绝对地排斥别人通过。

（2）产权是一种行为权利，是界定人们行为关系的一种规则。产权规定人们可以做什么，不可以做什么，如果违反须向产权人做出赔偿。产权所表现出的行为规则，实质上是交易主体之间的权、责、利的关系。

（3）产权是可以分解的一束权利。根据财产关系的变化，产权可分解成更细致的产权的过程，也是权利界定的过程，并且产权分解界定是否合理和交易费用的高低成反比。因此，产权是一个复数概念，产权分解的必要性取决于生产力发展与生产关系的矛盾规律。产权由合一到分解是社会分工的发展在产权权能行使方面的具体表现。

（4）产权是可以交易的权利。产权意味着经济上的价值，是可以交易的。因为它具有效用和稀缺性。

（二）产权的功能

以上产权的基本内涵也是产权性质的具体体现。以法权形式体现所有制关系的科学合理的产权制度，是用来巩固和规范市场经济中的财产关系，约束人的经济行为，维护市场经济秩序，保障市场经济健康运行的法权工具。具体而言，产权具有以下主要功能。

（1）激励和约束功能。产权会影响和激励经济行为，这是产权的一个基本功能。在市场经济活动中，商品的交易主要是产权的交易，而产权的交易归根结底体现为经济利益的交换与分配。在经济运行过程中，若当事人的利益通过明确产权得到肯定和保护，则主体行为的内在动力就有了保证，这时，产权的激励功能就通过利益机制得以实现。反之，若产权不明晰，利益关系模糊，则必然导致当事人失去动力，失去生产经营的积极性，从而使得经济运行效率低下。产权关系既是一种利益关系，又是一种责任关系。从利益关系上说是一种激励，从责任关系上说则是一种约束。只有利益而没有责任，或者只有激励而没有约束，产权的功能就不能很好发挥。产权的约束功能表现为产权的责任约束，即在界定产权时，不仅要明确当事人的利益，而且要明确当事人的责任，使他明确应该做什么，不应该做什么，使他知道侵权或越权的后果或所要付出的代价。这样一来，产权主体或当事人就会自我约束，这是内部约束。另外还有外部约束，即外部监督。通过外部监督，可以强化内部的自我约束，使当事人遵守产权边界和产权规则。

（2）稳定预期功能。产权安排确定了每个人作用于客体时的行为规范，每个人都必须遵守他与其他人之间已经形成的关系，或者承担不遵守这种关系的成本。即产权界定了财产主体的权利与责任，使人们对未来形成一个稳定的预期或是得益或是受损。产权也是一种有效分配财产损失及财产责任的机制。

（3）资源配置功能。产权在不同地区、不同部门的不同主体之间的分配，就完全界定了在不同主体之间的配置。任何一种稳定的产权格局或结构，都基本上形成了一种配置的状况。也就是说，产权的变更必然改变资源使用配置格局。合适的产权安排，是生产资源得以优化配置的先决条件。

（4）外部性内部化。德姆塞茨指出"产权的一个主要功能是引导人们实现将外部性较大地内部化的激励。"外部性最早是福利经济学家研究的范畴，但对外部性的处理却有不同的看法。庇古主张对外部性危害一律实行政府干预，而科斯则主张可以通过产权谈判和产权界定，外部性问题内部化。而只有当内部化的所得大于内部化的成本时，产权的发展才有利于使外部性内部化。一般说，外部性问题只有在非完全竞争的条件下才会存在。现实世界是非完全竞争的，因而存在着大量的外部性问题。所以，产权的一个重要功能就是在激励收益大于成本的前提下，尽量将外部性内部化。

（三）产权法定原则

无论是英美法系的财产法，还是我国法系的物权法，其在价值取向和具体财产权（物权）的功能上存在相似性与对应性，基本遵循物权法定原则或产权法定，认为如果当事人可以任意创设新的财产权利类型或对内容进行塑造，那么财产继承人或受让人对财产的利用和转让权限都会受到很大的限制。《中华人民共和国物权法》第五条规定："物权的种类和内容，由法律规定。"这说明中国的物权法定原则的基本内容包括两个方面，一是物权的种类由法律规定，即人们不能任意创设法律没有明确规定的物权的种类；二是物权的内容由法律规定，即人们不能随意创设法律没有规定或者与法律规定相抵触的物权。具体而言，产权法定原则包括如下方面内容。

1. 产权的种类法定，当事人不得随意创设

根据产权法定主义，当事人设定的产权必须符合现行法律的明确规定。如果法律无明文规定产权种类时，则不能解释为法律允许当事人自由设定，只可解释为法律禁止当事人创设此种产权。例如，设定不移转占有的动产质权；约定租赁权为用益性质的他物权等，都因缺乏法律依据，违反了产权种类法定的强制性规定而无效。

2. 产权的内容法定，禁止当事人创设与产权法定内容相悖的产权

当事人不得逾越法律规定的所有权内容的界限，改变法律明文规定的所有权内容，例如，约定永久性地限制所有人对其所有权的处分权，即取消所有权中的处分权能。由于所有权是所有人法令限制范围内的占有、使用、收益和处分的权利，除法律规定的限制外，都不能对所有权人的处分权设定永久的期限限制，否则将使所有权有名无实[①]。

3. 产权的效力法定，当事人不得协议变更

产权的效力是指法律赋予物权的强制性作用力，是合法行为发生物权法上效果的保障力。所有权为绝对权、对世权，具有对抗一般人的效力，关涉国家、社会和第三人的利益，影响所有权的流转和交易安全。因此物权具有的排他、优先和追及效力，都应当由法律明确规定，不容当事人通过协议随意改变。例如，根据《中华人民共和国担保法》（以下简称《担保法》）的规定，抵押权人有权就抵押物优先受偿，如果当事人通过协议设定不具有优先受偿性的抵押权，这种约定应归于无效。

4. 产权的公示方式法定，当事人不得随意确定

关于产权变动的公示方法，世界各国的通例为：动产公示以交付（占有）为原则，以登记为例外；不动产均以登记为公示方法。法律对产权变动时的公示方式均有明确规定，非以法定方式予以公示，产权的变动或者无效，或者不得对抗第三人，当事人不得协商不经公示的所有权转移。例如，当事人在房屋买卖合同中，约定房屋不通过登记而发生所有权的转移，这一约定，因为违反了不动产物权变动的公示要件而无效。如果该房屋在未交付前又出卖给第三人，并且第三人已经办理产权登记手续，则第三人取得房屋所有权。

---

① 资料来源：https://baike.sogou.com/doc/5986342-6199309.html.

英国学者伯纳德•拉登（Bernard Rudden）将经济理论引入物权法定原则，论证了物权法定原则的合理性主要表现在以下四个方面：①太多的财产权会降低土地的市场流通性。在市场经济条件下，土地上存在太多的负担会阻碍"财物的自由流通"，进而导致土地价值的下降。②物权法定原则提供了一套可供市场获益的标准化财产权。当商品不存在标准化时，交易参与者的成本会增加，将商品标准化之后则能减少这些外部性。物权法定原则可以使当事人能够轻松获悉市场上权利的类型，使商品标准化，有助于降低信息成本和交易成本。③限制土地上的财产权利能够保障土地利用，使土地得到有效开发，太多的土地权利会阻碍土地开发，导致资源的低效利用。④物权关系是静态的长期性的关系，而债务关系是动态关系，物权法定原则能够限制长期权利的数量，确保动态关系可以被长期安排。

二、土 地 产 权

（一）土地产权的概念

土地产权一般属不动产物权范畴，是指权利人按照法律的规定直接支配土地的权利，其具有明显的排他性，其结构决定着权利人对土地的权益。土地产权是以土地作为财产客体的各种权利的总和，包括土地的所有权，以及构成土地所有权的占有权、使用权、收益权、处分权、租赁权、抵押权、继承权等权能，是一组权利组成的"权利束"。

（1）占有权。占有权指对土地事实上的占有，也即实际控制的权能。它总是表现为一种持续的状态。例如，土地租赁中土地承租人对土地的实际占用等。

（2）使用权。使用权指按照土地的性能和用途利用土地，获取收益的权能。例如，在依法取得的土地上建造厂房，在耕地上种植农作物等。

（3）收益权。收益权指获取土地利用带来的经济收入的权利。它可以通过以下两种方式实现：一是利用土地的自然属性获得收益，例如，在耕地上种植农作物直接收获农作物；二是依据一定法律关系的存在而获得收益，即土地财产性收入，例如，把土地出租收取租金等。

（4）处分权。处分权指权利人依法对土地进行处置，从而决定土地命运的权能。它包括事实上的处分与法律上的处分。事实上的处分指对土地进行实质上的变形、改造等物理上的事实行为，如对土地进行平整等。法律上的处分指使土地权利发生变动的法律行为，如土地使用权的转让、抵押等。处分权在这里更多地指法律上的处分。

（5）租赁权。租赁权指所有权人或使用权人对所使用的土地进行出租，并由此获得收益的权利。

（6）抵押权。抵押权指土地使用权人在法律许可的范围内不转移土地占有而将土地使用权作为债权担保，在债务人不履行债务时，债权人有权对土地使用权及其上建筑物、其他附着物依法进行处分，并以处分所得的价款优先受偿的担保性土地他项权利。

（7）继承权。继承权是指合法继承人依法取得被继承人土地资产的权利。

占有、使用、收益、处分、抵押、继承等基本权能，反映了各种土地权利的内涵。在一些情况下，权能之间会发生吸收和竞合。

（二）土地产权的功能

从土地产权内涵出发，结合产权功能，一般认为土地产权具有稳定、激励、约束、土地资源配置、保障等功能。

（1）稳定功能。产权设置的目的在于减小不确定性和降低风险，明晰的土地产权可以确定不同土地资源的不同产权之间的边界，使不同主体对不同的土地资源有着确定性的权利和义务，维持土地利用系统的稳定。

（2）激励功能。激励人们的行为是产权的一个基本功能。不同土地产权内含的不同激励效应，使活动于不同土地制度框架内理性的人会做出不同的行为选择。如果一项土地制度安排使土地权利主体付出的努力程度与他应得的报酬相一致，其努力供给量就大；如果二者之间是离散的，其努力供给程度就小一些。有保障的土地产权使经济活动主体有了界限确定的产权，就界定了其行动的范围，使其行为有了收益保证或稳定的收益预期，从而产生利益刺激或激励。

（3）约束功能。合法的土地产权是受法律保护的，其约束功能主要体现在对非法侵害土地所有权、使用权的行为产生的威慑与约束作用，也就是对利益相关者的机会主义行为进行抑制的功能，即对利益相关者追求利益实现和不遭受损失而设置的警戒线和规范行为的功能。

（4）土地资源配置功能。土地产权在不同地区、不同部门的不同主体之间流转分配，就完全界定了土地资源在不同产权主体之间的配置。其根本目的在于保障土地资源利用程度和利用效益的最大化。

（5）保障功能。土地产权是权利人按照法律的规定直接支配土地的权利，因而土地产权一旦明晰，受到相应法律保障，也就是在防止不法侵害的同时，还应保证土地关系中利益相关者的决策权和经济利益的实现。

三、市场经济条件对土地产权的基本要求

在市场经济的环境下，作为市场主体对土地的需求，需要通过市场来得到满足。土地资源的市场化配置机制形成了市场经济体制下土地产权制度的逻辑基础，市场经济的运行对土地产权具有明确的要求。

（一）土地产权明晰

市场经济条件下，作为重要生产要素的土地资源，其在不同部门不同主体间的配置，主要通过市场机制，由于土地位置固定的特性，土地市场交易具有权利主导性，只有来源合法、权利主体明确、权利客体范围清楚的土地产权才能进入市场进行交易。土地产权明晰，交易才有法可依，分配才有理有据。因而产权明晰是土地资源市场化配置的前提，也是土地收益合理分配的基本依据。土地产权关系越明确，土地产权界定越合理，土地利用就越经济，效率也就越高。反之，产权关系越模糊，土地经营中的利益、责任关系越混乱，土地的使用就越不经济，越没有效率。

产权明晰包括两个方面的要求：一是产权必须有明确的界定，即谁是产权主体及拥有何种权利必须明确，否则会导致产权纠纷。二是任何产权都要限定在一定范围内，即具有明确的数量、时间、空间上的限定。土地产权是由一组权利构成的，其中任何一项产权的利益都有一个数量限度，无论是在产权权能分离还是在产权权能合一的情况下，各产权利益的数量必须明确。

（二）产权排他或专一

土地产权的排他性是指土地产权主体对土地产权客体的垄断性。享有权利的主体，拥有法律赋予的资格和能力，排斥他人进入主体对土地客体的全部权利的范围。马克思认为："土地所有权的前提是，一些人垄断一定数量的土地，把它作为排斥其他一切人的、只服从自己个人意志的领域。"作为消除或降低经济当事人行为预期不确定性的一种工具，土地产权必须是排他的。

土地产权的排他性有强弱之分，产权的排他性既与产权主体的性质构成有关，也与产权客体的自然属性有关。从土地产权主体的角度看，产权的排他性与产权主体成员的数量成反比，数量越多，产权的排他性越弱，责、权、利区分得越具体，行使产权的基本单位越微小，产权的排他性就会越强。从产权的客体来看，由于土地利用存在着一定的外部性，因此土地产权的排他性具有相对性。

（三）产权安全

产权安全即保证土地所有者财产及相关利益的安全，产权的安全性是土地可持续经营和有效管理的重要影响因素，对不安全、不稳定的财产，产权主体缺乏进行长期投资和改善经营管理的积极性。土地产权安全可通过三条路径，即保证效应、抵押效应、实现效应来激励土地投资。产权安全性的基础，一是产权主体界定明确，二是具有严格、独立的法制保障排他性，从根本上说来源于法治，且这样的法治体系必须具有独立性和终极裁决权，屈从资本和某些利益集团的法律不仅难以保证产权安全，还有可能成为"合法"的产权掠夺手段，如违法强征。

（四）产权可转让

产权可转让是指产权主体可以将其对客体（土地）的一切权利全部转让给另一个主体，也可以将某些权能保留，而将占有权、使用权、收益权或处分权中的一项或多项、部分地（如保留部分收益权）或完整地转让给他人。中国实行土地公有制，所有权不能转让，可以将所有权以外的权能转让给他人。

土地产权转让是土地在不同主体之间的转手和让渡。按时限的差异，可将其区分为：土地产权的永久性交易和土地产权的有限期交易。土地所有权交易必然是永久性交易，土地所有权以外的土地产权交易必然是有限期交易。有限期交易的主要特点是：相应的产权只在契约期内让渡，契约期满，又回归原主体。就土地产权交易而言，不论是永久性交易还是有限期交易，其实质就是土地资源在不同主体之间的流动和配置。

产权的可转移性是保证资源配置效率和资产安全的基本前提，与资本一样，产权也只有在流动中才能增值和规避风险。土地产权转让的关键：一是法律法规允许，二是具有健全、有效的产权交易市场。简言之，产权的明确界定和严格中立的法律保护，是产权完整性的关键，也是产权制度效率的基本前提和保证。

（五）权能责任利益对称

权能责任利益对称即土地产权的可分解性，是指对土地的各项产权权能可以分属于不同主体的性质。由于土地产权由权能和利益组成，所以土地产权的可分解性包含两个方面的含义，即权能的分解和利益的分割。土地产权的不同权能由同一主体行使转变为由不同主体分工行使，就是权能的分解。相应的利益分属于不同的权能行使者，就是利益的分割。土地产权的现实分解是在土地产权可分解性的前提下，适应社会经济技术条件而在不同主体之间分割产权，实际上是对原有土地产权关系的调整，是土地产权的重新安排。

产权的权责利对称要求科学设置多种土地权利。对于土地这一特殊的稀缺资源来说，针对不同的用途及权利主体，产权细化十分必要。用地者根据实际土地用途必然提出对相应的土地权利的需求，同时，企业等经营者还会根据土地产权设置及自身需要不断调整土地、资金、劳动力等多种要素之间的匹配关系。所以，科学地细化各类土地权利是市场经济对土地产权的基本要求。

（六）产权可实行

产权可实行即产权的行为性，指土地产权主体在其权利的界区内有权做什么，有权阻止别人做什么等的性质。由于土地产权具有权能的内容，它才表现出行为性。土地产权的运动是依靠主体的行为来驱动的，如果没有主体的行为，就不可能实现土地产权的利益，也只有通过土地产权行为（即权能行使）而获得的利益，才是土地产权利益。

（七）产权行使受到限定

土地产权的行使体现为具体的土地利用。由于土地利用具有很强的外部性，在市场失灵的情况下，国家应基于公平公正原则，以公共权力为基础对其进行干预。特别地，通过土地市场获得的土地产权，将其行使运用于工、商业等开发时，需要大量的基础设施和公共服务设施配套，后者的供给无法通过市场对土地的配置来解决，需要政府限制土地产权的行使。政府的干预主要体现在以下几方面：①在城市公共服务与市政设施建设领域中，存在着市场机制本身无法解决的难题，公共服务与市政设施的享用不具有排他性，存在着"搭便车"现象，从而使公共服务与市政设施所需的资金供给不足。②由于基础设施存在着"外部经济性"，在城市开发建设中社会效益好而经济效益差，若不提供优惠政策很难获得政府以外的投资。③由于公共服务与市政设施建设的投资资金数额巨大，无论国家或地方政府都很难单独完成投资，且投资利润低、回收时间长、未来不确定性强。④大量市政设施配套费用计入房地产开发经营成本，导致商品房价格居高不下，加重了购房者的负担，阻碍了房地产市场的健康发展。

第二节　土地产权体系

一、土地产权体系的一般构成

（一）土地产权体系的概念

土地产权体系是指存在于土地之上的排他性完全权利的各项权利所构成的系统，由土地所有权、土地使用权、土地租赁权、土地抵押权、地役权等多项权利所构成（图3-1），这些权利可以分散拥有，当聚合在一起时代表一个"权利束"。土地产权也像其他财产权一样，必须有法律的认可并得到法律保护才能成立。

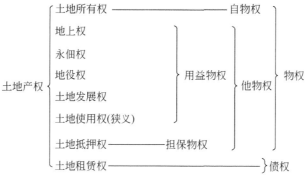

图 3-1 土地产权体系的基本构成

（二）土地产权体系的基本权能

一般土地产权体系中都包含以下各项基本权能。

（1）土地所有权。土地所有权是土地所有者所拥有的、受到国家法律保护的排他性专有权利，是物权中的自物权。这种权利可以细分为：占有权、使用权、收益权、处分权等权能。土地所有权具有全面性、完整性、永续性等特征。土地所有权是土地权利体系中最重要、最基础的土地权利，其他土地权利都是在此基础上派生的。

（2）地上权。地上权是用益物权的一种，是指在他人土地上设定其使用土地的权利，具体指以在他人土地上建设建筑物或其他附着物为目的而使用他人土地的权利。它具有物权的性质和物权的一切法律特征。地上权的设定、丧失和变更，非经登记，不会产生效力。

（3）永佃权。永佃权是用益物权的一种，具体指土地关系中佃方享有长期耕种所租土地的权利。佃农在按租佃契约交纳地租的条件下，可以无限期地耕作所租土地，并世代相承。即使地主的土地所有权发生变化，佃农的耕作权一般仍不受影响。

（4）地役权。地役权是用益物权的一种，具体指为使用自己不动产的便利或提高其效益而按照合同约定利用他人不动产的权利。地役权是按照当事人的约定设立的用益物权。地役权是存在于他人不动产上的用益物权，是为了需役地的便利而设立的用益物权。

（5）土地发展权。土地发展权是用益物权的一种，具体指对土地在利用上进行再发展的权利。土地用途管制促成了土地发展权的产生，土地发展权的设立有利于土地用途管制的实施，同时土地发展权制度的有效实施需要合理的土地用途管制制度的配合。

（6）土地使用权。土地使用权是按照土地的性能和用途利用土地，从而实现利益的权能，是用益物权的一种。按土地所有权与使用权相互关系的不同，土地使用制可以分为"两权"合一与"两权"分离两大类。

（7）土地抵押权。土地抵押权是担保物权，指抵押人以其合法拥有的土地使用权作为履行债务的担保，当债务人到期不履行债务或宣告破产时，抵押权人有权处分土地使用权，并从中优先受偿的权利。

（8）土地租赁权。土地租赁权是指通过契约从土地所有权人或土地使用权人处获得的土地占有权、狭义的土地使用权和部分收益权，与土地使用权相比少了处分权一项权能。它主要包括土地使用权转租、出租转包等。

需要注意的是，人们对上述产权体系的基本权能也有不同的理解。例如，有人认为地上权具有长期稳定的特点。在地上权存续期间，地上权人具有对土地的占有、使用和收益的权利，还具有对地上权本身的处分权，如以地上权设定担保，地上权可以继承，地上权人享有的使用土地的权利，不因建筑物或附着物等的灭失而消失。但另外的观点认为，依据产（物）权法定原则，地上权并不天生具有这些特点，只有法律规定它具有这些特点时，它才具有这些特点。同样，永佃权、地役权、土地发展权、土地抵押权、土地租赁权等，也需要法律来规定。即这些权能的有无，需要依据法律规定的权能种类及各种权能的内容和范围来确定。但对物权法定或产权法定原则的理解也需要不断深化，上述地上权、地役权、土地发展权等各项权能是土地所有权自然派生的，是天赋权利，不需要法律来重新规定。如果法律取消了这些土地所有权自然派生的天赋权利，就应该对取消某项天赋权利导致原权利人利益受损给予补偿，不补偿就是剥夺。当然，即便是天赋权利，也应该随着对其认识的深入，尽可能以法定形式明确天赋权利的种类。

专栏 3-2　关于土地权利分层设立的思考

　　城市向三维空间发展，实行立体化再开发是城市中心区发展的现实可行的路径，是解决"城市综合征"的重要手段，也是城市现代化的重要体现。地下空间是十分巨大而丰富的资源，开发城市地下空间可实现土地的多重利用，扩展城市可供土地总量。关于土地所有权人将地表上空的空间权出售或出租，而保留地表所有权和使用权，国内外已有不少实例，例如，美国芝加哥行政大厦有 40 层是建在伊利诺斯火车站上空；波士顿马萨诸塞大道穿过 52 层的行政大楼；纽约泛美航空公司大楼加建于中央火车站的上空。在日本，大城市向地下发展是合法的。地下 120 英尺（1 英尺 = 0.3048 米）处和现存地面建筑 30 英尺以下的地方，对公共工程项目是完全免费开放的，也不需要得到地面土地所有者的事先同意，其目的是在地下建筑基础设施，在城市内部创造一个地下风景包括人行道、自行车道、花园等自然风景。在我国台湾地区早在 1988 年已创立了立体空间分层使用与分层取得的先例，在相关规定中已规定允许因工程需要穿越公、私有土地上空、地面或地下，并得就该穿越部分，协议让受、收购或强制取得该土地的"分层"所有权，或强制设立"分层"地上权即指土地空间的水平分割。

　　发达国家的经验表明，当人均 GDP 超过 1000 美元，就具备开发地下空间的经济实力。据有关研究成果表明，以目前技术水平达到地下开发深度为 30 米时，我国可提供建筑面积 60000 亿平方米。北京市旧城区（62.5 平方千米）当开发深度为 10 米，合理开发系数为 0.4 时，可供合理开发的地下空间资源总量为 1.64 亿平方米，远远大于现有地面建筑空间容量。对于地下空间的利用，我国《中华人民共和国物权法》和 2008 年 1 月国务院下发《关于促进节约集约用地的通知》等政策文件均明确地提出鼓励开发利用地上、地下空间，这使我国地下空间的合理利用进入了一个新的历史阶段。

二、中国土地产权体系构成

　　现阶段，人们所期望的理想状态、法律规定的情况和客观实际的情况并不完全统一。例如，由于中国存在两种公有制的所有权形式，法律规定必须在公共利益前提下才能通过实施征地方式，实现集体土地所有权向国有土地所有权的转换，但现实中，尚未完全按照公共利益要求才征地，或者征地规模一般超过公共利益需要的项目规模；又如，目前法律规定农村宅基地禁止买卖，但客观实际情况是私下的交易在有些地方并不是个别现象。本章仅就当前法律法规规定的情况介绍中国产权体系的基本构成。

　　土地权利是指权利人按照法律规定，直接支配土地、享受其利益，并排除他人干涉的权利。土地权利是一种财产权，土地权利在《中华人民共和国物权法》（以下简称《物权法》）上就是土地物权，是最重要的不动产物权。《物权法》以基本法的形式对中国土地权利体系进行了明确，将土地权利分别在土地所有权、用益物权和担保物权中作了规定。其中，土地所有权中规定了国家土地所有权和集体土地所有权；用益物权中规定了土地承包经营权、建设用地使用权、宅基地使用权和地役权；担保物权中规定了土地抵押权[①]。根据《物权法》的规定，中国土地权利体系主要划分为土地所有权、土地使用权两类，而他项权利如地役权、土地抵押权等是土地使用权的延伸，这是自己拥有土地所有权或土地使用权后对他人权利应尽的义务。前面已经对土地产权体系的基本权能做了较为详尽的介绍，故此处不再赘述（图 3-2）。

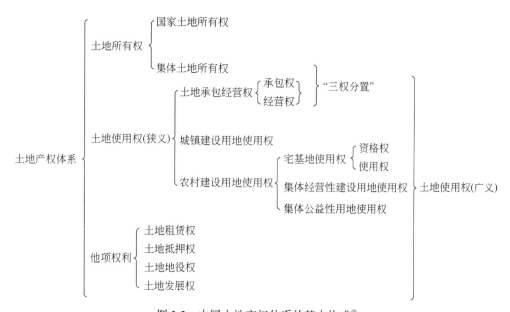

图 3-2　中国土地产权体系的基本构成[②]

（一）土地所有权

　　土地所有权属于财产所有权的范畴，但中国土地所有权相对于一般财产所有权，通常还具有主体特定性、交易禁止性、权属稳定性等特点[③]。土地所有权是由土地所有制决定的，土地所有权是土地所有制在法律上的表现。《中华人民共和国宪法》（以下简称《宪法》）和

---

　　① 由于分类标准的差异，一项土地权能会有多项名称。例如，地役权既属于土地他项权利，也属于用益物权；土地抵押权既属于担保物权，也属于他项权利。
　　② 关于农村土地产权的"三权分置"包括农村承包的"三权分置"和宅基地的"三权分置"。前者指承包地的集体所有权、农户的承包权和经营权，其中经营权可流转、可交易；后者指农村宅基地的集体所有权、农户的宅基地资格权和使用权，其中使用权在一定限度内可流转、可交易。
　　③ 正如前面所述，人们期望的理想状态、法律规定的情况和客观现实在现阶段尚未很好统一，禁止交易和权属稳定等特点具有相对性。

《中华人民共和国土地管理法》（以下简称《土地管理法》）规定中国实行土地的社会主义公有制，即全民所有制和劳动群众集体所有制，故确立了国家所有和农民集体所有这两种土地所有权。国家和农民集体是中国土地所有权的主体，国家和农民集体对自己所有的土地行使权利受法律保护。

1. 国家土地所有权

国家土地所有权是指国家作为土地所有权的权利主体，依法对国家所有的土地享有占有、使用、收益和处分的权利。国家土地所有权是中国土地所有权制度的重要内容，是确定社会主义全民所有制经济占主导地位的经济制度的基础。国有土地的所有权只能由国家统一行使，国家以外的任何社会团体和个人都不得作为国有土地的所有权人。《物权法》第四十五条第二款规定：国有财产由国务院代表国家行使所有权；法律另有规定的，依照其规定。《土地管理法》第二条第二款规定：全民所有，即国家所有土地的所有权由国务院代表国家行使。国务院代表国家依法行使对国有土地的占有、使用、收益和处分的权利。在法律上规定国务院是国家土地所有权的代表，一是明确地方各级人民政府不是国有土地所有权代表，无权擅自处置国有土地，只能依法根据国务院的授权处置国有土地；二是赋予中央人民政府行使国有土地资产经营管理的职能；三是明确国有土地的收益权归中央人民政府，国务院有权决定国有土地收益的分配办法。相关规定最大限度地体现了中国土地公有的性质，同时通过理顺中央政府与地方政府在土地处置上的关系，在减少地方政府寻租行为的同时，强化国家对各类用地的调配，有利于保护耕地。

根据《宪法》《物权法》《土地管理法》等法律法规，中国国有土地的范围包括：城市市区的土地；农村和城市郊区中已经依法没收、征收、征购为国有的土地；国家依法没收、征收的土地；依法属于国家所有的荒地、山岭、滩涂、林地和森林、草原、水域所覆盖的土地；依法属于国家所有的名胜古迹、自然保护区的土地；国有公路、铁路、学校或其他公用事业占用的土地；其他不属于集体所有的土地。这里的城市是指依照《中华人民共和国城乡规划法》规定，国家按行政建制设立的直辖市、县、镇。

2. 集体土地所有权

集体土地所有权，是指农村集体经济组织（土地集体所有权人）对其所有的土地依法享有行使占有、使用、收益和处分的权利。农民集体土地所有权是除国家土地所有权外的另一种土地所有权。农民集体土地所有权的主体有三种：一是村农民集体所有，即原来实行人民公社时期以生产大队为核算单位的农民集体所有；二是村内两个以上农村集体经济组织的农民集体所有，即原来实行人民公社时期以生产队为核算单位的农民集体所有；三是乡（镇）农民集体所有，即原来实行人民公社时期以人民公社为基本核算单位的农民集体所有。

对于集体土地所有权的行使，《物权法》第六十条规定：①属于村农民集体所有的，由村集体经济组织或者村民委员会代表集体行使所有权；②分别属于村内两个以上农民集体所有的，由村内各该集体经济组织或者村民小组代表集体行使所有权；③属于乡镇农民集体所有的，由乡镇集体经济组织代表集体行使所有权。

根据《宪法》《中华人民共和国民法通则》《物权法》《土地管理法》等法律规定，农民集体所有的土地包括：①除由法律规定属于国家所有以外的农村和城市郊区的土地。也就是说，农村和城市郊区的土地原则上属于集体所有。如果法律规定属于国家所有的，则属于国家所有。这里所讲的"法律"应是全国人大及其常委会通过的具有法律约束力的规范性文件，包括《宪法》和其他法律。②宅基地和自留地、自留山。农民集体所有的宅基地，主要是指农民用于建造住房及其附属设施的一定范围内的土地；自留地是指农业合作化以后农民集体经济组织分配给本集体经济组织成员（村民）长期使用的土地。

（二）土地使用权

1. 土地使用权的概念

土地使用权，是指单位和个人按照法律规定，对交由其使用的国有土地和农民集体所有的土地的占有、使用、收益和依法处分的权利。《土地管理法》第九条规定，"国有土地和农民集体所有的土地，可以依法确定给单位或者个人使用。使用土地的单位和个人，有保护、管理和合理利用土地的义务。"

2. 土地使用权的特征

土地使用权具有以下特征。

（1）权利的派生性。土地使用权是在国有土地和集体土地所有权的基础上派生出来的一种权利，这一权利依据土地所有权的存在而存在。

（2）目的的功利性。土地使用权的目的，是获得土地的使用价值，从土地利用活动中获得经济利益或为其他活动提供空间场所。

（3）权利的有限性。土地使用权是对土地的直接占有、支配权和一定范围内的处分权，其行使受到土地所有权的限制。例如，农民集体作为农村承包地的所有权人，有权对承包地发包，也有权对承包地进行调整、收回、征收及监督使用。其中的征收权能指有权就征地补偿安置方案提出意见并依法获得补偿。

（4）权利的稳定性。土地使用权具有一定的稳定性。一方面土地使用权人只要依法使用土地，就不受他人非法干涉，包括不受土地所有权人的干涉。另一方面土地使用权虽有期限，但一般期限比较长。

（5）范围的有限性。土地使用权一般仅仅限于地上、地表和地下的一定空间范围。根据《宪法》和有关法律的规定，地下矿藏、文物、埋藏物等属于国家，土地使用权人不能因为对土地具有使用权，而认为对上述财物具有权利。

3. 主要土地使用权

《物权法》用益物权规定的土地承包经营权、建设用地使用权、宅基地使用权都属于土地使用权。

（1）土地承包经营权。土地承包经营权是在中国农村改革中产生的，在调动农民的积极性、推进生产力发展等方面，显示出巨大的效能。这种承包经营关系反映在法律上，就产生了土地承包经营权这个特定的概念。根据《物权法》《土地管理法》《中华人民共和国农村土地承包法》等法律法规规定，土地承包经营权是指土地承包经营权人依法对其承包经营的耕地、林地、草地等享有占有、使用和收益的权利。土地承包经营权是一项独立的物权，在依法取得后，承包经营权人就有在承包经营的土地上依法占有、使用、收益的权利，这些合法的权益受法律的保护。2016年中共中央办公厅、国务院办公厅印发了《关于完善农村土地所有权承包权经营权分置办法的意见》（以下简称《"三权分置"意见》）中的"三权分置"，明确将原来的承包经营权分别设定为承包权和经营权两项权能，改革的方向是稳定承包权，放活经营权，以便于资本等其他要素更好地结合。《"三权分置"意见》围绕加快放活土地经营权，优化土地资源配置这一重要目标对土地经营权的内涵、权能和创新方式作了明确规定。①土地经营权的内涵。它指土地经营权人对流转土地依法享有一定期限内的占有、耕作并取得相应收益的权利。国家在保护集体所有权、农户承包权的基础上，平等保护经营主体以流转合同取得土地经营权。②经营权的权能。经营主体有权使用流转土地自主从事农业生产经营并获得相应收益，有权在流转合同到期后按照同等条件优先续租承包土地，经过承包农户同意，经营主体可以依法依规，改善土壤、提升地力、建设农业生产附属配套设施。还可以经承包农户同意，向农民集体备案后再流转给其他主体，或者依法依规设定抵押。流转土地被征收时，可以按照合同获得地上的附着物和青苗的补偿费。③土地经营权的创新方式。鼓励采用土地入股、土地托管、代耕代种，通过多种方式来发展适度规模经营，探索更有效的放活经营权的途径[①]。

（2）建设用地使用权。在《物权法》出台前，建设用地使用权是按土地用途划分的一个土地使用权类型，它包括国有建设用地使用权和集体建设用地使用权。《物权法》出台后主要规定了国有建设用地使用权，其第一百三十五条规定，建设用地使用权人依法对国家所有的土地享有占有、使用和收益的权利，有权利用该土地建造建筑物、构筑物及其附属设施。建设用地使用权具有以下特点。

A. 立体空间范围。建设用地使用权可以在土地的地表、地上或者地下分别设立。新设立的建设用地使用权，不得损害已设立的用益物权。随着经济和社会的发展，土地分层利用将是一种趋势，《物权法》对此做出了相应的规定。中国土地所有权属于国家或集体所有的性质，决定了土地上下空间的所有权属于国家或集体，当事人只能通过设定建设用地使用权等取得对地上、地下空间的使用权利。在分层设立建设用地使用权时，不同层次权利人按照同样的规定取得建设用地使用权，在法律上他们的权利和义务相同，地位平等；不同的是各个建设用地使用权的空间范围、位置有区别。

B. 设立方式多样。《物权法》规定，建设用地使用权可以采取出让或者划拨等方式。工业、商业、旅游、娱乐和商品住宅等经营性用地，以及同一土地有两个以上意向用地者的，应当采取招标、拍卖等公开竞价的方式出让，否则建设用地使用权设立行为无效。采取招标、拍卖、协议等出让方式设立建设用地使用权的，当事人应当采取书面形式订立建设用地使用权出让合同。按照《中华人民共和国土地管理法实施条例》（以下简称《土地管理法实施条例》）第二十九条规定，建设用地使用权还可以国有土地使用权租赁、国有土地使用权作价出资或入股的方式设立。在国有企业股份制改革中，还有以国家授权经营的方式设立建设用地使用权。

C. 权利内容丰富。建设用地使用权人有权将建设用地使用权转让、互换、出资、赠予或者抵押，但法律另有规定的除外。因设立方式不同，出让建设用地使用权和划拨建设用地使用权的权利、义务不同。以划拨方式取得的建设用地使用权转让时，应经过行政审批，并缴纳相应的土地出让金或土地收益。建设用地使用权转让、互换、出资或者赠予的，附着于该土地上的建筑物、构筑物及其附属设施一并处分。建筑物、构筑物及其附属设施转让、互换、作价入股或者赠予的，该建筑物、构筑物及其附属设施占用范围内的建设用地使用权一并处分。

D. 使用年期有限。根据《中华人民共和国城镇国有土地使用权出让和转让暂行条例》第十二条规定，土地使用权出让最高年限按下列用途确定：（一）居住用地七十年；（二）工业

---

① 农村土地《"三权分置"意见》政策解读。http://www.scio.gov.cn/34473/34515/Document/1515220/1515220.htm

用地五十年；（三）教育、科技、文化、卫生、体育用地五十年；（四）商业、旅游、娱乐用地四十年；（五）综合或者其他用地五十年。《中华人民共和国农村土地承包法》耕地的承包期为三十年。草地的承包期为三十年至五十年。林地的承包期为三十年至七十年。党的十九大报告中指出，第二轮土地承包期到期后再延长三十年。但无论延长多少年，都有年限限制。《物权法》对住宅建设用地和非住宅建设用地区别对待。住宅建设用地使用权期限届满的，自动续期。非住宅建设用地使用权期限届满后，依照法律规定办理，即建设用地使用权人可以在建设用地使用权期限届满前一年申请续期。

专栏 3-3　商品房的土地年限到期如何续期？（央视新闻网）

近日，温州商品房的土地年限到期如何续期引发普遍关注。根据温州市国土资源局初步摸排，仅在温州市区，土地使用年限在 2017 年 12 月 31 日前到期的房产就有 600 多套，到 2019 年底到期的有 1700 多宗。

针对温州当地 20 年住房土地使用权到期问题，2016 年 12 月 23 日，国土资源部副部长王广华指出，国土资源部和住建部会商后回复，采用过渡性办法处理，不需提出续期申请，不收取费用，正常办理交易和登记手续。依据是《物权法》第一百四十九条第一款已经明确规定，住宅建设用地使用权期限届满的，自动续期。

中国土地勘测规划院副总工程师邹晓云解释说："对于该条款，按照字面理解，当事人不用主动申请续期，可以继续在其房屋中居住，居住权可以确保，但是住宅土地使用权期限，将直接影响房地产住宅的交易和抵押。"也就是说，土地使用权过期不会影响到居住权，但是国有土地使用权过期后对商品房的交易和抵押有可能出现比较大的影响。

（3）农村建设用地使用权。具体包括以下权能。

A. 宅基地使用权。宅基地使用权作为一项独立的土地权利类型，是《物权法》中新规定的。根据《物权法》《土地管理法》等法律规定，宅基地使用权是经依法审批由农村集体经济组织分配给其成员用于建造住宅的、没有使用期限限制的一种土地权利。宅基地使用权人依法对集体所有的土地享有占有和使用的权利，有权依法利用该土地建造住宅及其附属设施。根据《中共中央　国务院关于实施乡村振兴战略的意见》（2018 年中央一号文件），我国将探索宅基地所有权、资格权、使用权"三权分置"改革，落实宅基地集体所有权，保障宅基地农户资格权，适度放活宅基地使用权。这是我国农村宅基地使用制度的一次重大改革。

B. 集体经营性建设用地使用权。农村集体经营性建设用地，是指具有生产经营性质的农村建设用地，包括农村集体经济组织使用乡（镇）土地利用总体规划确定的建设用地兴办企业或者与其他单位、个人以土地使用权入股、联营等形式共同举办工业、商业等所使用的农村集体建设用地，如过去的乡镇企业用地。

C. 集体公益性建设用地使用权。集体公益性建设用地使用权是指集体所有，用于村落基础设施与村公共设施建设的土地，如村文体场所等设施所使用的建设用地。

第三节　马克思的土地产权理论

马克思在其经典著作中，深刻地论述了土地产权的内涵和外延，这些论述共同构成了马克思土地产权的科学、完整的理论体系。其内容由土地产权权能理论、土地产权结合与分离理论、土地产权商品化及土地产权配置市场化理论构成。

一、土地产权权能理论

马克思所讲的"土地产权"概念，与我们对"土地产权"的一般认识有着较大差别，它指的是一个"权利束"，由终极所有权及其衍生出来的占有权、使用权、收益权、处分权等权能组成。土地产权的内涵由单一的土地所有权扩展至既包括土地所有权又包括由土地所有权衍生权利的权利束，是马克思土地产权权能理论的核心和特色。土地终极所有权是一种绝对、最终裁判权的权力。马克思谈到该项权能时说："所有权主体把土地当作他的意志支配领域而加以保持，排斥他人并得到社会公认的权利。""一些人垄断一定量的土地，把它当作排斥其他一切人的、只服从自己私人意志的领域。"土地终极所有权为土地确定了明确的归属关系，具有十分鲜明的排他性，在一些场合，马克思甚至称其为最高所有权。这种权能不仅意味着无论其他权能置于谁手，不管产权权能分散到何种程度或者权能结构产生何种绩效，土地都归终极所有权主体所有，也暗含着土地终极所有者享有对土地的最终裁判权。

（1）土地占有权。马克思认为，土地占有权与土地终极所有权是有显著差异的。土地占有权来自现实中的社会经济关系，而不是来自个人意志，这就决定了它同土地终极所有权是同一产权束内的两项不同权能。在土地公有制社会中，土地终极所有权主体享有绝对的处分权，土地占有权主体只享有土地的使用权。在土地私有制社会中，土地终极所有权主体只是名义上或法律上对土地享有处分权，一般情况下不直接参与对土地的使用。实际占有和使用土地的则是土地占有权主体，其直接参与生产过程。

（2）土地使用权。土地使用权一词在马克思的经典著作中直接提及的地方较少，大都隐藏于字里行间。从一般意义上讲，土地使用权是指土地使用者享有的按照一定的规则对土地直接利用的权利。

（3）土地处分权。土地处分权是指土地所有者在事实上或法律上决定怎样安排、处分土地的权利，它既是土地所有权运行的表现形式，又是土地产权束中较重要的权能。按照马克思的观点，土地处分权又分为最初处分权和最终处分权两个层次。土地的最初处分权是指土地未进入生产过程之前，土地所有者享有决定将自己的土地是用于出租、自用或抵押的权利。土地的最终处分权发生在土地所有者把土地出租给他人使用，并在租约期满之后。马克思在阐述完土地处分权后，还进一步引出了土地的继承权。这里值得注意的是，对于土地继承权的客体，马克思认为应不仅限于土地终极所有权，土地占有权和土地使用权等其他权能也应包含其中。

（4）土地收益权。土地收益权指各土地产权主体都可以依据自己所享有的那部分权能从他人那里获得一定收益的权利。例如，土地终极所有权主体依据其享有的终极土地所有权而享有向土地占有和使用者收取租金的权利；依据其土地占有权和使用权，土地占有、使用者也可以获得相应的收益。

（5）土地出租权。土地出租权作为马克思土地产权权能理论中一个重要的组成部分，在《资本论》《剩余价值学说史》等著作中都有论及，它是指土地占有者和使用者向土地终极所有权人支付租金，获取土地占有和使用的权制。

综上所述，在土地产权的诸多权能中，土地终极所有权处于核心地位，其他权能都由其衍生而来。多种权能的有效组合和运行，使得土地产权在不同主体间流通，发挥了土地的最大效用。土地产权权能理论不但打破了以往人们对土地产权的单一认识，而且在理论层面为土地产权结合与分离理论的提出奠定了理论前提。

二、土地产权结合与分离理论

马克思认为所有的土地产权权能并不是静止不变的而是可以灵活组合，既可以全部归一个主体所享有，又可以从"权能束"中分离出来，归属于不同的主体，独立运行。马克思说："在苏格兰拥有土地所有权的土地所有者，可以在君士坦丁堡度过他的一生"。这段话充分说明了土地所有者并不一定拥有所有的土地产权权能，他可以凭借土地所有者的身份，通过将土地让与他人占有和使用获得收益，无须直接参与生产过程便可衣食无忧。马克思在其著作中进一步对土地产权结合和分离的各种情况作了具体阐述。总结起来，主要有以下三种。

（1）高度统一的权能结构。在这种权能结构中，所有土地权能集中在一起，归一个主体享有。该种结构的特点有三：①土地终极所有权人在身份上同时又是土地占有者、使用者，多种身份集于一体，产权主体只有一个。②个人生产资料的终极所有权是该种结构的核心和基础，土地占有权则为其从事生产提供了直接条件。马克思以小块土地产权为例，对此进行了说明。他指出在小块土地上，农民享有所有的土地产权权能，是土地产权的完全所有者。土地是其最重要的财产，土地的产出是其生活最为主要的来源，失去土地他将一无所有，正因如此他的生产活动也被这小块土地所束缚。③对土地、产出的完全产权是土地产权得以彻底实现的经济形式。不仅在小块地块中，即使在资本主义私有制度下，如果农场主使用自己的土地进行生产，情况也是相同的。农场主从土地产出中获得的收益实际上是其作为土地终极所有者收取的地租再加上作为土地占有者通过直接参与生产活动取得的收益。

（2）土地私有制权能分离结构。即在土地私有制制度下，土地产权其他权能与土地终极所有权分离并独立运行。此结构的特点有：①形成多元产权主体格局。马克思认为在这种格局下，土地占有权、土地使用权等权能实现与土地终极所有权的分离，各由不同的主体所享有，并独立运行。这些不同的权利主体分别被称为土地所有者、占有者和使用者等，他们的经济利益是根本对立的。②各种具体的关系串联起各产权主体间的关系。例如，土地的出租人与承租人通过租赁关系联系起来，出租人即土地的所有者，承租人即土地的实际占有和使用者，两者是两个经济独立的产权主体。与之类似的还有土地抵押，抵押权人与抵押人通过抵押关系联系起来。③地租是实现各产权主体利益的重要手段。土地终极所有权仅是法律上的身份，土地所有者无法从这种静态的身份上直接获得收益。但这种法律上的身份，使土地所有者取得了土地的支配权，他可以支配土地的使用与否及使用主体，当能有利可图时，他就做出决定，使这种法律上的身份转化为经济上的利益。因此，马克思认为"地租的占有是土地所有权借以实现的经济形式，而地租又是以土地所有权，以某些个人对某些地块的所有权为前提"。

（3）土地公有制权能分离结构。这种结构与土地私有制权能结构的区别就在于其是建构在土地公有制之下的。马克思以亚细亚的土地共有产权分离为例对这种结构进行了论述。他发现，在亚细亚制度中，产权分离存在两种情况：一种是土地终极所有权归属于综合的共同体，土地占有权归属于综合共同体内部的小共同体。为此，马克思写道："凌驾于所有这一切小的共同体之上的综合的统一体表现为更高的所有者或唯一的所有者，实际的公社却只不过表现为世袭的占有者"。另一种是在公社内部，土地终极所有权归属于公社整体，土地占有权归属于单个的公社成员。马克思指出，在亚细亚土地公有产权制度下，"不存在个人所有，只有个人占有，公社是真正的实际所有者"。在土地公有制制度下，土地产权是可以分离的，在土地国有制制度下作为土地终极所有权主体的国家，也并不行使其他全部土地产权。马克思认为国家在作为土地终极所有权主体的同时，又是与直接生产者相互对立的最大地主。主权就是在全国范围内集中的土地终极所有权，赋税就是国家作为土地终极所有者收取的地租。因此，在土地国有制制度下，土地终极所有权与土地占有权，土地所有者与占有者的分离依然存在。

三、土地产权商品化及土地产权配置市场化理论

（一）土地产权商品化理论

马克思在其著作中，虽然没有明确提出土地产权是一种商品，但不可否认其实际上将土地产权视为商品对待，尤其是其在商品经济条件下谈到土地产权时。马克思认为，土地产权就像资本一样，"变成了支配无酬劳动，无代价劳动的凭证"。"在这里，社会上一部分人向另一部分人要求一种贡赋，作为后者在地球上居住的权利的代价"。由此可见，一方面，土地是人类最重要的资源，离开土地就无法生产和生活，然而在一定的制度下土地所有权被划给一部分或一个整体，在私有制下土地所有权由少数地主享有，在土地公有制下土地所有权归共同体享有。这就导致没有土地所有权的绝大多数人要想经营土地，必须首先取得土地占有和使用权，与此同时土地所有者也正在寻求转让土地占有和使用权，以便收取租金，坐享其成。正因如此，土地产权相关权能也就有了交易的需要，在交易过程中，土地产权的相关权能就具有了一般商品交换价值。此外，随着商品经济的不断发展，在实践中与土地产权权能相关的交易日趋普遍，实际上土地产权的商品属性已被逐渐认可。

（二）土地产权配置市场化理论

土地产权商品化理论是土地产权配置市场化理论的前提和基础，同时又是土地产权配置市场化理论的必然结果。关于土地产权市场配置，马克思认为有以下两种途径。

（1）土地产权的出租和转让。对于土地产权而言，一方面，作为土地的占有和使用者只有取得最为重要的生产资料——土地产权，资本才能够有效发挥作用，所以其愿意支付地租换取土地的占有权、使用权。另一方面，作为土地所有者，土地终极所有权本身并不能带来收益，其收入来源于将土地产权让与他人时收取的地租，为了获取地租，他愿意将土地转让给他人使用。正因如此，在土地所有者与土地使用者之间出现了资源占有与需求的不平衡，需要通过一定的市场手段进行调节，以达到平衡状态。在众多的市场配置手段中，通过租赁将土地占有权、使用权在一定时期内进行流转，成为双方普遍采用的方式。值得注意的是，土地的出租方不仅限于土地所有者，土地的使用者也可根据土地实际的利

用状况和土地市场的供求情况继续进行转租,如此,土地产权在不同主体间流转,最终到达最需要的主体手中,从而发挥土地的最大效用。

(2)土地产权的买卖。土地产权买卖又可分为两种方式:第一种是土地终极所有权的买卖,又称为土地最高所有权或土地股权的买卖。土地所有权的买卖直接带来了土地的集中,一些机构通过各种途径掌握了大量土地所有权。马克思认为,最初经过土地买卖,银行是主要的土地所有权持有者,后来又转移到交易所手中。第二种是土地产权的直接买卖。马克思说:"土地的买者把这个资本正好是付给出卖土地的人。"由此,在这一买卖过程中,土地所有者让渡了土地产权的部分权能,获得了货币资本;土地使用者付出了货币资本,获得了土地产权的部分权能。对于土地产权价格这个土地产权配置市场化的核心问题,马克思认为,从现实来看土地产权的价格是由谈判达成的,但从价格确定的整体来看,土地产权价格不取决于买卖双方的意志,而是由他没有参与、和他无关的社会劳动的发展决定的。并且,土地产权价格的变动并不像一般商品价格那样遵循市场价值规律,围绕价值上下波动。而是主要取决于特定社会条件下,土地产权在市场上反映的供求状况。当社会中的土地产权供过于求时,土地产权价格就会下降;反之,当社会中的土地产权供不应求时,土地产权价格就会上涨。但从社会发展的长期性来看,鉴于土地的有限性及社会经济发展和人口增长带来的对土地需求的扩大,土地产权的价格将会呈现不断上涨的趋势。伴随着土地产权价格的上涨,土地产权的权利也将不断发展。这一长期性的发展规律被马克思称为土地产权的运动规律。

第四节　土地产权理论对中国农村土地制度改革的
指导作用

始于20世纪70年代末期并延续至今的中国农村土地制度改革与创新,是当前学术界研究的热点。随着工业化和城镇化快速发展,中国城乡人口结构变化对农村土地制度改革提出了新要求,迫切需要加强相关理论探索以更好地指导改革实践。土地产权理论为中国当前的农村土地制度改革提供了较好的指导作用。

一、土地产权理论要求当前农村土地使用权制度改革
创新适应新常态

农村集体土地所有权是国家管理农村社会与经济的一种形式。土地的集体所有并不仅仅反映一种单纯的经济关系,作为一种地权划分方式,它是种种复杂的权利关系的一个集结,反映了国家对于农村启动全面治理的过程。中国农村土地产权包含着占有、使用、收益、处置等多项子权利,但每一项大的权利之下又可细分为多项具体权利。各项权利如何设置,以及在不同主体之间如何科学分配,这对农村集体土地使用权制度的公平与效率都有着重大影响。

当前中国农村土地制度所处的宏观背景和微观基础也在发生深刻变化,特别是以使用权为核心的农村集体土地使用权制度创新的必要性和重要性更加凸显。在农村土地集体所有、

农户家庭承包经营为基本框架的体制下,具体表现为实行农村家庭联产承包责任制的土地经营模式正逐步向"集体所有、农村家庭承包经营、合作社经营、企业化经营"等多种模式并存的方向发展。这种制度上的悄然变迁到一定程度,就需要政策和法律作出积极回应。不少国家在相对完备的土地使用权立法指引下,通过建立土地使用权监管的有效机制,使土地使用权获得充分的法律保障,为土地资源的科学保护与可持续利用提供了法律支撑。

当前,经济增速下滑,农业发展面临诸多困难,市场需求不足是表象,供需错配是实质。因此,以土地使用权为核心的供给侧结构性改革,关键是要充分发挥市场经济的调控、引领和规范作用,努力使市场在农村土地资源配置中发挥决定性作用。因此,应坚持通过土地供给侧结构性改革来促进经济特别是农业经济的结构调整,使要素实现最优配置,不断提升包括农业经济在内的经济增长数量和质量。农村集体土地制度改革创新的核心在于围绕耕地和宅基地"三权分置",探索集体土地所有制的多种实现方式,其前提条件在于土地所有权、使用权和他项权利的确权登记颁证,坚持依法自愿有偿原则,引导农村承包土地的经营权有序流转,鼓励和支持土地经营权向种植养殖专业大户、家庭农场、农民合作社流转,发展多种形式的适度规模经营。坚持在农业领域推进混合所有制经济发展,积极运用 PPP 模式,推进一二三产业融合发展,构建以"双赢"、"多赢"理念下的合作发展机制,通过多措并举实现涉农经济提质增效,增强经济发展动力。

二、土地产权理论要求实行"三权分置"保障农民土地权益

改革开放之初,在农村实行家庭联产承包责任制,将土地所有权和承包经营权分设,所有权归集体,承包经营权归农户,极大地调动了亿万农民积极性,有效解决了温饱问题。现阶段深化农村土地制度改革,将土地承包经营权分设为承包权和经营权,实行所有权、承包权、经营权分置并行,是继"两权分离"家庭承包制后又一重大制度创新。维护集体所有权、保证家庭承包权、放活农户经营权,体现了当前绝大多数农村居民非农就业的基本需求。同时,也为农村发展合作经济铺平道路,为农业享受更多的财政项目资助,扶持发展农业的规模化、专业化、现代化经营奠定基础。实质而言,实行农村集体土地"三权分置"的目的就是为加快发展现代农业提供土地利用条件。"三权分置"既兼顾土地所有者、占有者、经营者各方利益,又有利于农业发展方式转变,是一种有效的产权制度安排。

推行"三权分置",农村土地集体所有的法定属性不会变。但集体所有是一个弹性很大的制度空间。中国区域经济发展差异性明显,农村土地集体所有的意义在不同区域差异很大。在广东南海、浙江温州、江苏昆山等集体经济比较发达的地区,农村土地集体所有权的"产权强度"明显高于其他地区。在承认农村家庭土地承包经营权的前提下,一些地方采取类似"反租倒包"的做法,对农村集体土地使用权的支配能力大大增强,一些地方农村家庭土地的承包经营权事实上仅保留获取租金收益或股份分红的权利。而大部分主要农区和中西部地区,农村集体经济薄弱,拥有的资源和支配力量不足,土地集体所有权大部分情况下处于虚置状态,甚至土地撂荒的情况也较为普遍。

科学分置农户土地承包权和经营权是顺应加快转变农业发展方式的需要。应对农业发展积累集聚的各种风险挑战和结构性矛盾,缓解或有效解决统筹保供给、保安全、保生态、保收入的问题,深化改革已成必然。承包经营权包含诸多权利内涵而且权能还在不断丰富和拓展。土地承包经营权是典型的用益物权,在没有发生权利分离的前提下,拥有法定的占有、经营、收益、处置等完整的权利形态;在承包权与经营权两权分离之后,承包权则

更多表现为占有和处置权，以及在此基础上衍生出的如继承权、退出权等多重权益，相应地经营权更多表现为耕作、经营、收益，以及入股权、抵押权等其他衍生的多重权益，使用的权利特性凸显出来。对国家而言，土地承包经营权的设置直接影响甚至决定农业的规模与绩效，进而影响国家粮食安全与重要农产品的有效供给，乃至农村社会稳定和公平正义。对农民而言，承包经营权的设置不仅关系其经营权利的大小和土地所有权的稳定性，而且将深刻影响其获取土地的财产收益。

实行承包权和经营权分置，承包权主要体现为给农户承包土地所带来财产收益，实现土地承包经营权的财产价值；经营权则通过在更大范围内的土地流转，能够有效提高有限资源的市场配置效率，并由此发展出新型经营主体和多元化的土地经营方式，有利于促进农业生产要素有序自由流动、资源高效配置、市场深度融合，增强农业竞争力。

三、土地产权理论要求积极推进"两权"抵押创新农村土地金融

农村"两权"抵押是指农地经营权和农民住房财产权的抵押贷款，是当前中国创新农村土地金融的一项重要举措。"两权"抵押是因农村抵押物缺失与农民发展资金缺乏矛盾而出现的。中国农业正处于由传统向现代转型升级的关键时期，农户土地经营权流转的速度、规模和频次都显著增加，适度规模经营已是现实的必然选择，农业生产合作社和家庭农场等市场化程度较高的农业经营主体对盘活"两权"存量资产、增强其投融资功能的现实需求比较强烈。积极稳妥有序地推进农村土地"经营权"和农民住房"财产权"等的抵押贷款业务，建立健全"两权"抵押贷款融资的常态化、法治化机制，规范有效地盘活农村资源和农户资产、资金，保障农户有能力及时增加规模化生产经营的中长期投入。

为此，应积极完善法律法规及制度保障措施，确保农村土地制度改革和金融体制改革能积极适应规模化的现代农业发展和新型城镇化建设的现实需要，并依法引领和促进农业现代化加快发展，实现农民不断增收致富。坚持依法赋予"两权"的抵押融资权能。

权能是指权利的要素，包括权利的具体内容、作用、实现方式等。"两权"一旦具有了抵押融资的权能，"两权"的权利人就可以采取规范途径，顺利地实现其抵押融资的目的和利益。这将有助于农村土地资产的盘活、农村土地资源效能的提升、农户资产投融资功能的实现，依法有序地推进农村金融产品和服务方式的创新，便捷有效地提高农民贷款的可获得性，有效解决农业现代化、适度规模化发展的资金瓶颈等问题。因此，赋予"两权"抵押融资权能，是明确农民土地和房产用益物权的财产属性，维护、实现和发展好农民土地承包经营权与住房"财产权"的关键。为此，应坚持从法治层面引领和促进金融机构把保护农民土地与房产权益作为改革的重点之一，依法规范、引领和保障农村金融产品和服务创新与"两权"抵押融资权能的运行相适应，创新和丰富贷款、担保、风险调控及纠纷解决的方式与途径。

专栏 3-4　重庆：农村"三权"抵押贷款累计实现 486 亿元

新华网重庆 2 月 28 日电（记者李松）记者从重庆农村工作会议上获悉，重庆市以"盘活"农民土地财产权为目标，累计实现承包地经营权、宅基地使用权、林权等农村土地"三权"抵押贷款 486 亿元，使农民"沉睡"的资源变为"活资产"。作为统筹城乡综合配套改革的重要内容，重庆市在保障农民土地权益的前提下，允许农村"三权"

作为抵押物向金融机构进行融资。"三权"抵押融资改革实施近4年来，试点范围已覆盖全市所有涉农区县，金融机构呆坏账率控制在安全水平，农民贷款主要用于发展种养业、林业、农副产品加工等，满足其产前、产中、产后资金需求。

为推动"三权"抵押融资平稳进行，重庆建立了抵押贷款风险补偿基金，通过市、县两级财政资金补助，如遇农户无法偿还贷款的情况，由风险基金给予金融机构适当补偿，以降低抵押风险。

从重庆实践来看，"三权"抵押融资主要作用在于：一方面激活了土地财产权能，带动农民土地财产有效流动，解决贷款缺乏抵押物的问题；另一方面，"三权"抵押贷款与传统农户小额信用贷款相比，额度更大、期限相对较长，在一定程度上能满足农村专业大户、经济能人的资金需求。

资料来源：新华网 http://news.xinhuanet.com/local/2014-02/28/c_119549109.htm

复习思考题

1. 解释土地产权的概念，并说明市场经济条件对土地产权的基本要求。

2. 简述土地产权体系的构成，并说明中国土地产权体系构成的特殊性。

3. 试述马克思土地产权理论的要点。

4. 简述"三权分置"的内涵与意义，并应用土地产权理论阐述"三权分置"对保障农民土地权益的作用。

5. 简述"两权"抵押的内涵与意义，并应用土地产权理论阐述"两权"抵押对农村金融发展的促进作用。

参 考 文 献

毕宝德. 2016. 土地经济学 [M]. 7版. 北京：中国人民大学出版社： 143.

杜旭宇. 1996. 外在性、效率与产权——H·德姆塞茨的产权理论及其启示 [J]. 延安大学学报社会（科学版），18（3）：29-32.

段匡. 1997. 德国、法国以及日本法中的物权法定主义//梁慧星. 民商法论丛 [M]. 北京：法律出版社： 262.

顾华详. 2016. 论农村集体土地使用权制度改革创新 [J]. 中共南京市委党校学报，（4）：66-75.

哈罗德·德姆塞茨，银温泉. 1990. 关于产权的理论 [J]. 经济社会体制比较，（06）： 49-55.

贺卫，伍山林. 2003. 制度经济学 [M]. 北京：机械工业出版社：87-91.

洪名勇. 1998. 论马克思的土地产权理论 [J]. 经济学家，1（01）：29-34.

黄泷一. 2017. 物权法定原则的经济分析模型及批判 [J]. 广东财经大学学报，（1）：99-112.

黄泷一. 2017. 英美法系的物权法定原则 [J]. 比较法研究，（3）：84-104.

黄培锋，黄和亮. 2017. 土地产权安全理论与实证研究文献综述 [J]. 世界林业研究，（3）：12-17.

纪坡民. 2001. 产权与法 [M]. 上海：上海三联书店，上海人民出版社.

科斯A，阿尔钦A，诺斯D，等. 1994. 财产权利与制度变迁 [M]. 刘守英，等译. 上海：上海三联书店，上海人民出版社.

雷飞. 2009. 论现行农地产权制度改革研究重心的转移——基于产权理论分析[J]. 现代商贸工业,21(17)：

80-81.

刘成玉. 2013. 中国土地产权制度特征及其效率分析 [J]. 华东经济管理,（5）：134-140.

刘敏. 2015. 马克思农地产权理论与我国农地制度改革研究 [D]. 武汉：华中师范大学.

刘书楷. 2000. 土地经济学 [M]. 北京：地质出版社.

卢栎仁,德姆塞茨. 2009. 在质疑中丰富科斯理论 [J]. 产权导刊,（12）：72-74.

马克思. 2004. 资本论（第三卷）[M]. 北京：人民出版社：714.

马克思,恩格斯. 1979. 马克思恩格斯全集：第46卷 [M]. 北京：人民出版社：695.

斯韦托扎尔·平乔维奇. 1999. 产权经济学 [M]. 北京：经济科学出版社.

王立彬. 2014-1-6. 我国农村土地使用制度改革方向已明确 [N]. 新疆日报.

沃尔夫冈·维甘德. 2007. 物权类型法定原则 [M]. 迟颖,译. 北京：北京大学出版社：91-101.

徐汉明. 2004. 中国农民土地持有产权制度研究 [M]. 北京：社会科学文献出版社：42-43.

约翰·伊特韦尔,等. 1996. 新帕尔格雷夫经济学大词典（第三卷）[M]. 北京：经济科学出版社：1101.

张春霖. 1990. 产权概念和产权研究的方法——读哈·德姆塞茨《关于产权的理论》[J]. 经济社会体制比较,（6）：56-57, 48.

赵晓力. 2000. 通过合同的治理——80年代以来中国基层法院对农村承包合同的处理 [J]. 中国社会科学,（2）：120-132.

郑财贵. 2012. 农地产权制度建设研究 [M]. 重庆：西南师范大学出版社.

Alchian A A, Demsetz H. 2007. Production, information costs, and economic organization[J]. IEEE Engineering Management Review, 3（2）：21-41.

第四章 地租理论

【本章内容要点】地租理论是关于地租形成和变化规律的理论体系，是土地经济学的重要基础理论。本章主要介绍地租的概念、内涵及分类；介绍不同时期地租理论的基本观点；重点阐述马克思主义的地租理论；探讨地租理论在中国的发展及在地价评估中的作用。

第一节 地租概述

一、地租的相关概念

租来源于拉丁文的 *reudita*，意思是指报酬或产出。广义的租金是指使用土地、劳动、设备甚至思想、货币等一切资源所做的支付；狭义的租金指为使用土地、设备所做的支付。租金是为使用供给固定的生产要素所支付的费用。在日常生活中，人们一般认为租是使用他人土地或房屋所支付给所有者的代价。

（一）广义地租（租金）

1. 地租

地租（rent）是指利用土地资源应支付给所有者的经济报酬。它主要包括土地及其改良设施地租、位置地租，以及因土壤肥力或场地质量带来的地租等。

2. 契约地租

契约地租又称商业地租。它主要指租赁双方通过契约（合同）形式，规定承租、承包人为占用物主的土地、不动产所需支付的租赁或承包费用。

3. 经济地租

经济地租（economic rent）又称理论地租。它指利用土地或其他生产资源所得报酬扣除所费成本的余额，或超过成本的纯收入（实际上包括平均利润和超额利润两部分）。

4. 竞标地租

竞标地租或称竞标租金（bid rent）指人们愿意向不同位置的土地支付的最大费用，它是竞标者为了某项用途而利用该地所愿意支付的最高费用。

（二）狭义的地租与土地租金

1. 地租

地租指出租土地所获得的经济报酬，或土地所有者凭借土地所有权向土地使用者索取的经济代价。

2. 土地资本利息与地租

土地资本指对土地物质本身进行开发、改良所形成的土地使用价值，属于固定资本的范畴。土地资本利息则是投入土地的资本及为改良土地所支付的费用的利息。其可能形成租地农场主支付给土地所有者的地租的一部分，但这种地租不构成真正的地租。真正的地租是为使用土地本身而支付的代价，不管这种土地是处于自然状态，还是已被开垦。

3. 土地租金与地租

土地租金是土地使用者为使用土地及其附属设施等付给土地所有者的全部代价。土地租金与地租的共同点：第一，两者都由土地所有权的垄断决定；第二，两者都是土地价格的决定因素。土地租金与地租的区别：在土地租金中，除了真正的地租外，还可能包括土地资本的利息，以及一部分平均利润和工资的扣除。

二、地租的内涵

（一）地租是使用土地的代价

英国古典经济学家亚当·斯密是最早系统研究资本主义地租的人，他认为，地租"作为使用土地必须支付的代价"，即使使用未改良的土地，地主也要求支付地租，因为地租不是投在土地上的资本利息，而是土地所有权所要求的。现代地租理论认为，地租是通过契约方式实现的，契约租金就是出租与承租双方议价同意的租金额度，双方议价就是出租方从承租方获取的使用土地的代价。

（二）地租是土地使用权的价格

从其内涵来看，所谓地租是指一定时期内为使用土地而支付的费用，是在土地使用权与土地所有权发生分离时所形成的一种土地经济关系。在中国，城镇土地所有权属于国家，农村土地所有权归属集体，个人只可拥有土地使用权。土地使用权的出让价格或流转价格就形成了地租。

（三）地租是土地所有权借以实现的经济形式

土地所有者一定要得到地租才肯让人使用他的土地，为了支付这个地租，土地产品的价格就必须涨到生产价格以上才行。土地所有权是地租产生的原因，但地租并不是由土地所有权直接创造出来，而是土地所有权的垄断，迫使农作物产品价格上涨，从而产生超额利润，形成地租。

在中国，个人无法拥有土地所有权，只能通过一定方式获得土地使用权，土地使用权转移的价格就是土地所有权在经济上实现的形式。

（四）地租以所有权垄断为基础和前提

地租是直接生产者在生产中创造的剩余生产物被土地所有者占有的部分。就其本质而言土地所有权在经济上实现的形式，是社会生产关系的反映。可见，没有所有权的垄断就不会产生地租，土地所有权是土地所有权人占有剩余生产物的凭借。

三、地租的类型

按照不同的角度和标准，可以将地租划分为不同的类型。

（一）按土地的基本用途

土地可以分为农业用地和城镇建设用地，由此，地租按土地的基本用途可分为农地地租和建设用地地租两种。由于城市的土地用途以建设用地为主，农村的土地用途以农业用地为主，也以农地地租和市地地租指代农村区域和城市区域的地租。

（二）按地租的生成顺序与性质

由于土地所有权的存在而形成的绝对地租、由于土地肥力与区位差异而形成的级差地租Ⅰ和由于在土地上追加投资所带来的级差地租Ⅱ，以及由于区位或特殊的自然环境等产生超额利润转化成的垄断地租。

（三）按形成级差地租的原因

西方资本主义古典经济学家李嘉图、杜能等与马克思共同创建出级差地租的理论，由土地肥力、土地区位的差异引起的土地生产率不同产生的级差地租称为级差地租Ⅰ，由追加投资引起的土地生产率差异产生的级差地租称为级差地租Ⅱ。

（四）按支付地租的方式

按支付地租的方式，可将地租分为劳动（劳役）地租、实物地租和货币地租，有时也有劳役和实物的混合地租或实物和货币的混合地租。

第二节　地租理论的起源与发展

地租是一个历史范畴，起源于土地所有者与土地使用者相分离的奴隶制社会中，在封建社会中得到普遍化、多样化，在资本主义社会中得以规范化、现代化，在社会主义社会中仍然得到保留并将日益发挥其积极作用。

一、前资本主义时期的地租

前资本主义时期是指奴隶制社会和封建制社会时期，这一时期产生的地租具有两个共同点：一是土地所有者与土地使用者的直接对立；二是土地所有者占有直接生产中的全部剩余生产物。这一时期虽然没有发展形成一定的理论体系，但却极大地丰富了地租的内涵。

（一）奴隶制地租

在奴隶制社会，地租以劳役地租为基本形式。在古希腊斯巴达型的奴隶制中，土地归处于统治地位的斯巴达人所有，由作为奴隶阶级的希洛人耕作并向斯巴达人缴纳实物租税。在罗马奴隶制末期，奴隶主将土地分成小块，交给奴隶或小佃户耕种，收取一定的地租。我国夏、商、周时代，一切土地属于国家，实行井田制。井田分为"私田"和"公田"，都由奴隶耕种，"私田"收获归己；"公田"收获除满足奴隶自身的最低需求外，其余所有剩余皆被奴隶主占用，即奴隶向奴隶主提供劳役地租。由此可见，属于国家的土地不存在买卖和地价，属于奴隶主私有的土地则存在买卖和地价。但这种买卖往往伴随着强权，不能反映土地真实的价格。

（二）封建地租

封建地租是封建地主凭借土地所有权占有农民的全部剩余劳动或剩余产品，甚至一部分必要劳动或必要产品的经济形式，反映地主阶级剥削农民阶级的经济关系。在人身依附和超经济强制下，地租包含了直接生产者的所有剩余生产物和部分必要生产物。封建地租采取了依次占主要地位的劳役地租、实物地租、货币地租三种基本形式。劳役地租，即农民被迫在规定的时间内，用自己的生产工具在地主直接经营的土地上进行无偿劳动，它是直接剥削农民剩余劳动的一种形式。实物地租，即以实物形式占有农民的剩余劳动，它是直接剥削农民剩余产品的一种形式。货币地租，即以货币形式占有农民的剩余劳动，它是剥削农民的剩余产品转化的价值的一种形式。上述封建地租的三种形式都是以超经济强制为手段的。劳役地租出现在生产力低下的封建社会初期，在西欧，劳役地租是长时期存在的主要形式。在我国，实物地租一直是主要形式。货币地租在封建社会末期成为地租的主要形式，它在一定程度上促进了资本主义地租的形成。

二、资本主义时期的地租理论

（一）前古典时期的地租理论

资本主义地租是地租最规范、最完整、最发达的形态。资本主义地租以货币地租为主，资本家不再占有直接生产者的全部剩余劳动，而是占有超过平均利润的那部分超额利润。资本主义的地租也不再是超经济的强制关系，而是土地所有者和产业资本家共同剥削雇佣工人的经济关系。

1. 重商主义者的地租理论

重商主义者的地租理论从 17 世纪后期兴起，持续到 20 世纪 30 年代，主要关注与增强国力有关的货币、财政和国际贸易政策的制定。其中最具代表性的人物是威廉·配第（William Petty，1623—1687）和约翰·洛克（John Locke，1632—1704）。

英国政治经济学家、重商主义学派的代表人物、资产阶级古典政治经济学的威廉·配第在其 1662 年出版的著作《赋税论》中首次提出，地租是劳动产品扣除生产投入维持劳动者生活必需后的余额，其实质是剩余劳动的产物和剩余价值的真正形态。威廉·配第首次解释了差别地租。他认为地租是土地上生产的农作物扣除成本之后的超额利润，他还意识到农业技术、土壤肥沃度及与市区的距离差异会形成不同的地租。但是，威廉·配第没有讨论报酬递减也会造成差别地租。

英国哲学家约翰·洛克认为土地的生产力不是自然产生的，而是人类投入劳动的结果。然而在后期他认为地租是由对农产品的需求和土地的性质共同决定的。

虽然地租理论并不是重商主义理论家研究的重点，但是他们却建立了未来地租分析的基础。其中两个观念值得注意：第一，地租被看作是土地产出或报酬，或是改良土地的报酬；第二，土地是一种特殊的生产因素，地租是由土地的肥沃程度或区位差异而产生的。

2. 重农主义者的地租理论

18 世纪以来，经济理论的研究受到自由放任观念的重要影响，重农学派逐渐兴起。重农学派的地租观是它的"纯产品"学说。在此期间重要的学者包括弗朗斯瓦·魁奈（Francois Quesnay，1694—1774）和安·罗伯特·雅克·杜尔哥（Anne Robert Jacques

Turgot，1727—1781）等法国经济学家。

法国古典政治经济学家弗朗斯瓦·魁奈是重农学派的创始人和首领。他把农业生产中由于自然恩赐而产生的超过生产生活支出的剩余产品称为"纯产品"。土地所有者理应占有这种"纯产品"，因为这部分报酬是其长期改良土壤的补偿。

法国经济学家，重农学派的代表人物之一杜尔哥在1766年发表的《关于财富的形成和分配的考察》一书中指出，由于农业中存在着一种特殊的自然生产力，所以能使劳动者生产出来的产品数量，扣除为自己再生产劳动力所必需的数量还有剩余，这就是自然恩赐的"纯产品"，也就是土地对劳动者的赐予。这种"纯产品"是由农业劳动者用自己的劳动向土地取得的财富，但却为土地所有者所占有，这就是地租。杜尔哥建立了土地和一般资本之间的关系。他认为地租是农民为了使用企业家或地主的土地来建立农场而支付给他们的报酬。企业家对土地的需求多半决定于农产品的价格，而农产品的价格必须高到一定的水平——最少能使其投资回收再加上利润；或者至少等于他用在其他替选的事业上的金钱。总体来说，地租决定于土壤的肥沃程度，企业家对土地的需求及所有权保留的土地的资本水平。重农学派将地租作为要素价格之一，在分配理论中涉及地租，其分配理论的核心内容是生产要素价格决定收入分配。从微观经济角度讲，劳动、土地、资本和企业家是四大生产要素，那么工资、地租、利息和利润就是相应的要素价格。杜尔哥第一个研究了"利润"，将其看作是一个独立的经济范畴。他提出利润是出自纯产品的收入，是节约工资的结果。他由地租引出利息，由利息引出利润，认为出租土地可以取得地租，借出货币可以得到利息，投资开办企业就应该得到利润[①]。杜尔哥虽被认为是讨论农业生产报酬的第一人，但他并没有把报酬递减与地租之间联系起来。

（二）古典时期的地租理论

古典时期是指从1770～1870年，在此期间，对地租理论的分析达到最重要的高点，特别是英国的政治经济学家关于地租理论的研究。古典时期的地租理论通常都从拿破仑战争之后的几位英国经济学家开始。其中亚当·斯密（Adam Smith，1723—1790）奠定了地租理论后来发展的基础；詹姆斯·安德森（James Anderson，1739—1808）被马克思认为是现代地租理论的真正创始人；托马斯·罗伯特·马尔萨斯（Thomas Robert Malthus，1766—1834）、大卫·李嘉图（David Ricardo，1772—1823）与约翰·杜能（Johann Heinrich von Thünen，1783—1850）被称为是现代地租理论最有贡献的三位经济学家。

1. 亚当·斯密的地租理论

亚当·斯密是政治经济学说史上最早系统地研究资本主义地租的英国古典经济学家。他在《国民财富的性质和原因的研究》（*The Wealth of Nations*，1776）（简称《国富论》）一书中把资本主义社会的居民分为工人阶级、资本家阶级和地主阶级，有三种基本收入：工资、利润、地租。他把前人的著作做了综合性的分析，并且把地租与价格的决定、所得的分配与经济发展之间的关系作了分析。他认为，地租"作为土地支付的代价"是"为使用土地支付的价格"，"土地所有权的单纯结果"，是因使用土地而支付给地主阶级的代价，是"一种垄断价格"，其来源是工人的无偿劳动。

亚当·斯密还论述了级差地租问题，他认为"不论土地的衍生物如何，其地租随着土

---

① 高连奎. 法国重农学派对西方经济学的五大贡献. http://www.caogen.com/blog/infor_detail/59794.html.

壤的肥沃程度不同而产生变化；不论土壤的肥沃程度如何，其地租也随着位置的不同而产生变化"。学者普遍认为亚当·斯密已在实际上肯定了绝对地租的存在，只是未明确提出绝对地租的概念；还有学者认为亚当·斯密对级差地租、绝对地租和垄断地租做了考察，是系统研究地租理论的第一个开拓者。

亚当·斯密对地租理论有重要贡献，但其地租理论观点有些是混乱并前后矛盾的。他一方面承认地租是劳动产品；另一方面又说地租和利润不是依赖工人的劳动，而是当作独立源泉由土地和资本产生。因此马克思指出："在斯密那里，最深刻的见解和最荒谬的观念就这样奇怪地交错在一起。"

2. 詹姆斯·安德森的地租理论

英国古典政治经济学家詹姆斯·安德森最早研究了级差地租理论的基本特征，他被马克思称为现代地租理论的真正创始人。他的级差地租理论主要包括三个方面：第一，同一市场价格是形成地租的前提。第二，土壤肥沃程度不同形成级差地租，即级差地租Ⅰ。他发现等量资本投入肥力不同的各级土地，产量不等，但其产品是按照统一市场价格出售的。因此，耕种较肥沃土地所得的超额利润，转化为级差地租。第三，分析了级差地租Ⅱ。他指出，"如果租地农场主直接靠他花费的资本和他的努力得到较大量的产品，那就不能指望他能够把产品中几乎同样大小的份额当作地租来支付；但如果土地肥力在一定时期内稳定在同样高的水平上，尽管这块土地本来是靠他的努力才提高了肥力，他将乐于支付上述数量的地租"。安德森正确把握了地租的性质，即地租与产品价格的关系。他指出"不是地租决定土地产品的价格，而是土地产品的价格决定地租"。

尽管安德森对级差地租理论做出了开拓性贡献，但由于其阶级局限性，他否认资本主义土地私有权垄断的存在，从而否认存在绝对地租。

3. 马尔萨斯的地租理论

英国人口学家和政治经济学家马尔萨斯提出了剩余的观念，而且预示了边际生产力观念的地租理论。他认为"地租是支付了耕种的花费，包括以当时利润水平投入资本的利润，之后留给地主的全部农产品价值的剩余"，"显然地租产生的原因是农产品在市场上出售的价格超出生产成本的部分"。农业的生产力并没有变化，农产品价格的不同导致地主和社会获利的变化，这样看来整个社会的利益并没有增加，只不过是把这些剩余从一个阶级转移到另一个阶级而已。

为了分析地租水平的改变，马尔萨斯引介了四个法则：资本累计的增加会降低资本的利润；人口的增加会降低劳工的工资；农业的改良或者提高生产力的努力，会减少所需要的劳力；农产品价格的提高，会加大农产品的价格与成本之间的差距。

马尔萨斯认为造成高价格与高地租的原因有三个：土地有维持生命所必需的特殊品质；除此之外，土地的产品有所剩余；最肥沃的土地相对稀少。也就是说，土地所产生超过维持人们生存所需的剩余，造成人口的增加，而更增加对农产品的需求。土地是特殊的生产因素，因为它本身创造了对农产品的需求。

马尔萨斯认为地租是"自然对人类的赐予"；劣等地不能提供地租，因而根本否认绝对地租的存在。他在研究人口问题时所重视的是人口与粮食之间的问题。李嘉图对他所谓的"土地本身对农产品的需求"说法有所批判。李嘉图认为"马尔萨斯先生过于强调粮食的供需造成人口的增加，也就是说有了粮食就会鼓励结婚，而不考虑造成人口增加的其他因素，如资本的增加、对劳力需求的增加，以及工资的上升等"。

4. 李嘉图的差别地租理论

英国古典政治经济学家大卫·李嘉图运用劳动价值论研究了地租，被马克思称为在资产阶级视野内把资本主义地租理论推向最高峰的经济学家。李嘉图在 1817 年发表的《政治经济学与赋税原理》一书中，集中阐述了他的地租理论。他认为，土地的占有产生地租，地租是为使用土地而付给土地所有者的部分。他从土地肥沃程度差别的观点来解释地租。他认为，地租是利用土壤的原始不可毁坏的生产力给予地主的一部分产出；也是农民付给地主的报酬，且因地主提供的土地品质不同，报酬也有所差别。他的观点成为日后最为广泛接受的古典地租理论。

李嘉图认为产生地租的原因有两个：一是土地数量的有限性和土壤的肥沃程度及位置的差异性；二是追加的资本和劳动生产率。他认为地租有丰度地租、位置地租及资本地租之分。土地产品的价值是由劣等地的生产条件，即最大的劳动消耗决定的，因而优、中等地的产品价格，除了补偿成本并获得利润外，还有超额利润，因此形成级差地租，这实际上是级差地租 I。

李嘉图对级差地租 II 也做了一定考察。他认为，随着对产品的需要增加，要不断扩充劣等土地，在"土地报酬递减规律"的作用下，新投入耕种的劣等地的产品价格决定市场价格，原耕种的土地就必然出现级差地租。

李嘉图虽然在级差地租理论上有重大贡献，但他未弄清楚产品价值和生产价格的差别及土地所有权的垄断，因而错误地否定了绝对地租的存在。

5. 杜能的区位地租理论

杜能是德国农业经济学家，农业区位理论的创始人，地租边际生产率学说的先驱。杜能独立发展出相对于某一市场的区位不同而产生地租的理论。他首次系统地论证了土地位置与地租的关系，对级差地租理论的形成具有开拓意义。他在《孤立国》(*The Isolated State*，1826) 一书中提到因为土地区位的不同也会产生地租。"有距离中心市场较远和较近的两块地同时种植小麦，小麦的品质假定相同，那么中心市场上小麦的价格应该相同。即无论小麦来自哪块土地，不论其远近，消费者只愿支付相等的价格。于是距中心市场较近的小麦生产者在出售产品后，除去生产成本必有剩余，该剩余成为土地利用的额外收入，遂形成地租"。

他认为，某一种产品的产地价格常与产地至消费市场的距离密切相关，即某种产品的产地价格通常等于中心市场价格与产地至中心市场距离的差额。这个运费实际上是区位地租。当在同品质的土地上生产谷物时，距离城市较近的土地，必然比较远的土地享有地租的优势。优势的大小则与两种产品运输成本高低有关。距离市场越远的土地自然会有较高的运输成本，所产生的地租也会较低。在中心商业区的土地作任何使用都会产生较高的地租。距离市场较远的土地，可以使用的途径就比较少，因而比较适合放牧类用地（图 4-1）。

杜能对土地位置与地租关系的分析是一种完全的静态分析，没有注意到各种条件均在不断变化。然而单纯的静态分析与实际生活往往有很大的差别。

（三）新古典时期的地租理论

新古典时期是指 1870~1935 年。新古典时期的经济学家扬弃了古典时期的价值理论，而采用边际效用学说来分析需求与其他经济效用行为。他们的分析主要着重于个体经济领域，而将关于经济成长、所得分配等问题放在次要地位。在所有新古典的创新方法中，边

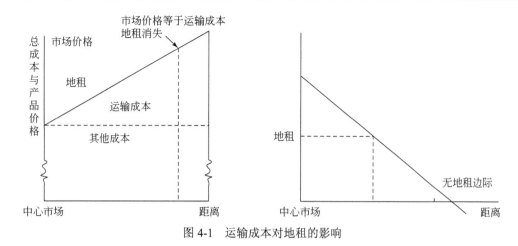

图 4-1 运输成本对地租的影响

际生产力理论对地租理论的影响最深远。新古典时期的重要学者包括美国经济学会的创始人约翰·贝茨·克拉克（John Bates Clark，1847—1938）、阿尔弗雷德·马歇尔（Alfred Marshall，1842—1924）[1]和威廉·阿朗索（William Alonso，1933—1999）。

1. 克拉克的地租理论

克拉克是第一个博得世界声誉的美国经济学家。克拉克批评李嘉图的地租理论没有把交通运输的改善、使土地供给增加、改善土地品质的资本投资纳入考虑等。但是他也认识到正常的地租是决定于因灌溉排水、施肥所增加的肥沃度，交通运输的改善所增进的可达性，以及稀少性价值。前三种价值是劳动力所产生的，第四种效用则是社会成长与独占所产生的。由于土地的自然性，克拉克认为土地数量一定，等级差别难以改变，而资本则容易改变，但是在静态环境中土地的报酬（地租）同资本和劳动等生产要素报酬一样并无不同特性，并由于它和资本提供的劳务相似，故可以合并在资本要素中。这样在研究生产力及其分配时，即可只考虑资本和劳动这两个因素。克拉克认为地租是土地边际生产力决定的，他并非独立的经济范畴，而是利息的派生形式。

2. 马歇尔的地租理论

马歇尔是近代英国最著名的经济学家，新古典学派的创始人。他认为地租的产生是由于大自然的吝啬而未恩赐人们以无限制的土地，若不存在稀少性，任何土地均不会有地租，地租只受土地需求状况影响，地租也是土地的需求价格。且由于土地的自然属性和利用方式不同，所有地租都是级差地租。

马歇尔认为地租的观念应该从土地扩大到各种生产因素，它们在不同优势下生产某种财货所产生的报酬。这种优势又要看时间的长短。在短时间内，因为生产因素有限，又无法由人力在有限的时间内增加，则这种报酬就是租，也就是准租。他在《经济学原理》一书中将准租分为两部分：一是区分短期固定资本与变动资本的报酬；二是稀少性资源的报酬。马歇尔认为，若把时间因素计算在内，差别地租与稀少性地租之间没有根本性的不同。

马歇尔将地租分为原始地租、私有地租和公有地租。另外，他还首先分析了城市地租的问题，并认为城市基地地租和地上建筑物地租混合在一起，即"房租是一种混合地租"，但二者从理论上可以区分开来，城市地租也是基于场地的稀少性，其变化完全取决于需求

的作用。

3. 阿朗索的竞标地租理论

美国区域科学家阿朗索将杜能的关于农业土地利用的分析引申到城市，以解释城市内部的地用与地价的分布。他在《区位和土地利用》一书中集中论述了城市活动的租地竞价曲线的构建和在土地供求平衡中地价和地用的决定。竞标地租是指在城市土地利用中，投标者为了某项用途愿意向不同位置的土地支付的最高额的地租。它的实质是：城市土地的需求由购买者愿意付出的招标租金决定，出价最高的投标者，将获得土地。

阿朗索的研究既包括了对住户的竞价曲线，也包括对厂商的竞价曲线构建。为了构建住户的竞价曲线，阿朗索假设把住户的消费调整成对土地、通勤和其他的一般消费（包括各种物品和劳务以至储蓄）。这样，一个收入为 y 的住户的预算约束为

$$y = P_2 z + P(t)q + k(t)$$

其中，P_2 为一般商品的价格，视为常数；z 为对商品的消费量；$P(t)$ 为距离城市中心 t 千米处的土地租价；q 为对土地的消费量；$k(t)$ 为从城市中心到 t 处的通勤成本，它随距离的延长而增加。也就是说，随交通距离增加，住户的效用在减少。阿朗索的一个极具价值的问题是：如果住户把他的效用水平放在一个固定值上，他对距离城市中心远近不同的各个地块所愿意支付的最高价格是多少？具体地讲，住户要在不同的地段上，在除去交通消费后优化他的一般消费和对土地的消费，以达到他既定的效用水平，住户愿意支付的最高租地价格是多少。

阿朗索的研究中，简化法是提出城市土地价值和土地利用模式的重要方法。为了对一系列问题进行简化，其地租模型是针对理想状态下的选址行为，包括以下几个基本理论假设条件：

（1）城市坐落在一个均质平原上，该平原上的所有土地是同质的，处于不需要改良的备用状态之中，并且可以自由买卖。

（2）买主和卖主都对市场非常了解，而且不会受到法律和社会的各种限制。愿意出赁土地的人希望他们的总收益最大化，购买土地的人则由于其身份的不同而有不同的目的。例如，厂商希望利润最大化，而普通的消费者则是希望效用最大化。

（3）从个人均衡分析出发，得出市场均衡状态，此时，需求与供给价格，以及需求量与供给量相等，并且市场出清。市场解在一个统一的理论中既包括城市土地利用，也包括农业土地利用。

（四）现代西方经济学的地租理论

1. 萨缪尔森的地租理论

保罗·安东尼·萨缪尔森是美国现代西方经济学的权威代表人物之一。他认为地租是使用土地所付出的代价。土地需求数量决定地租量。土地供给数量是固定的，因而土地需求量完全取决于土地需求者之间的竞争（图 4-2）。

图 4-2 中，SS 代表数量固定的土地供给；dd 代表对土地的需求；E 所对应的 R 代表一定需求下的地租量。

2. 巴洛维的地租理论

雷利·巴洛维是美国现代土地经济学家，他在《土地资源经济学——不动产经济学》一书中提出："地租可以简单地看作是一种经济剩余，即总产值或总收益减去总要素成本

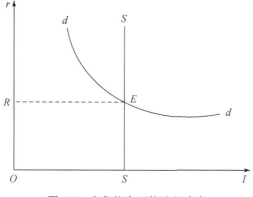

图 4-2 竞争状态下的地租决定

或总成本之后余下的那一部分"。各类土地上的地租额取决于产品价格水平和成本之间的关系（图 4-3）。

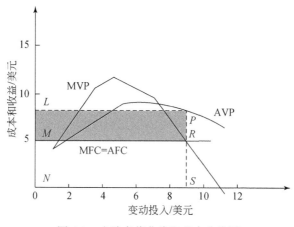

图 4-3 土地产值曲线和成本曲线图

图 4-3 中，长方形 *LNSP* 代表总产值；长方形 *MNSR* 代表投入总成本；阴影长方形 *LMRP* 代表剩余或地租。

第三节 马克思主义地租理论

一、马克思主义地租理论的创立

（一）马克思主义地租理论创立过程

马克思早在 1847 年《哲学的贫困》一书中，在对蒲鲁东的哲学和政治经济学一系列谬论进行严肃批判的同时，精辟地提出了自己有关地租理论的科学论点，创造性地确立了一系列具有根本性意义的地租理论原理。马克思写道："不管地租的起源怎样，只要它存在，它就是土地经营者和土地所有者之间激烈争执的对象。""在农业生产中一切同类产品的价格取决于生产中使用劳动量最多的产品的价格……不能像工业生产中那样随意增加效率相同的生产工具的数量，即肥沃程度相同的土地数量。……由于竞争使市场价格平均化，所以优等地的产品就要同劣等地的产品等价销售。优等地的产品价格中超过生产费用的这一余额就构成地租。"这就是马克思创立科学地租理论一开头就正确提出的纲领性根本原理。马克思在其《剩余价值理论》一书中，以资产阶级各派政治经济学家的地租理论为对象，在批判继承的基础上，逐步创立起自己的科学地租理论体系。《资本论》第三卷第六篇，即"地租篇"成为其地租理论高度成熟的科学著作。在《资本论·地租篇》中，马克思开宗明义地揭示，资本主义生产方式的前提是：实际的耕作者是雇佣工人，他们受雇于一个只是把农业作为资本的特殊使用场所的资本家。作为租地农场主的资本家为了得到这个特殊的生产场所使用自己资本的许可，要在一定期限内（例如每年）按契约规定支付给土地所有者即他们使用土地的所有者一个货币额（和货币资本的借入者要支付一定利息完全一样）。这个货币额，不管是为耕地、建筑地段、矿山、渔场、森林等等支付，统称为地租。

（二）马克思主义地租理论对前人的批判与继承

马克思主义地租理论在继承和改造资产阶级早期地租理论的基础上，科学地揭示了资本主义土地私有制及其地租的本质。

第一，批判了西方经济学认为地租是"自然对人类的赐予"的错误观点，肯定地租的本质是土地经济关系的体现。马克思明确指出："租来自社会，而不是来自土壤。"

第二，批判了西方经济学认为地租造成产品价格上涨的错误看法。马克思指出："产品价格昂贵不是地租的原因，相反，地租倒是产品价格昂贵的原因。"

第三，批判了西方经济学认为级差地租产生于土地自然差异的错误观点，指出级差地租产生的根本原因是土地经营垄断，土地质量差异仅是产生级差地租的自然基础。

第四，批判了西方经济学否定绝对地租的错误观点，阐明了价值和生产价格的区别，明确指出产生绝对地租的根本原因是土地所有权的垄断。

马克思主义地租理论的重要思想可以概括为以下三个方面：①不论地租有什么独特的形式，它的一切类型有一个共同特点，即地租的占有是土地所有权借以实现的经济形式。②地租这种土地所有权在经济上的实现需要一定的社会经济条件，一旦这种条件消失，地租也就不再存在。③地租作为经济现象的本质抽象，说明不同的地租形式具有某种共同性，研究地租必须从地租的一般规定性出发，但同时也不能忽略各种地租形式之间的区别。

二、马克思主义地租理论对资本主义地租本质的阐述

马克思以剩余价值理论为指导，通过考察资本主义土地私有制，详细阐明了资本主义农业三大阶层的阶级属性和地位，从而深刻揭示了资本主义地租的本质。

（一）资本主义土地所有权是马克思研究地租理论的根本前提

马克思在《资本论》中申明："对土地所有权的各种历史形态的分析不属于本书的内容。"在资本主义条件下，土地被少数人所垄断，这是马克思研究地租问题的一个历史前提。马克思说："土地所有权的前提是，一些人垄断一定量的土地，把他当作排斥其他一切人的、只服从自己私人意志的领域。"土地所有者以土地所有权获得地租收益；农业资本家以上缴地租为代价获得土地使用权；农业工人以劳动换得工资并创造出剩余价值的特殊形态——地租。这里，马克思深刻地揭示了地租产生的根源，指出无论地租的形式有多少种，均是

土地所有权在经济形式上的实现。农业工人无论生产多少剩余价值，只要在土地所有权上一无所有，保证基本生存便是最好结果。可见，土地所有权是土地所有者攫取地租的"天然特权"，没有土地所有权也就不会存在地租。只要资本主义土地私有制存在，依靠地权的垄断，资本主义地租必然存在。这是不以人的意志为转移的，是以资本主义经济条件为制约的。

（二）资本主义地租的本质

马克思以地租来源与产生的视角深入剖析资本主义地租的本质属性。他指出，资本主义地租是农业工人创造的剩余价值的一部分，这就否定了资产阶级经济学家提出的地租是土地的产物这一掩盖资本主义剥削工人剩余价值的表述，科学准确地把握了资本主义地租的本质，主要包括以下方面。

1. 地租是劳动者创造的剩余价值的一部分

资本主义地租是雇佣劳动者生产的农产品中剩余价值的一部，即剩余价值里高出平均利润的那个部分。具体而言，雇佣劳动者创造的剩余价值中，农业资本家作为土地经营者，为维护自身利益利用雇佣关系获得了一部分，即平均利润，而另一方面由于租借了土地，必须在平均利润上拿出一部分交给土地所有者，这部分超额利润转化为地租。第一明确了地租来源于剩余价值，揭示了资本主义地租的剥削本质。第二，地租只是剩余价值的一部分，即高出平均利润的那部分。

2. 地租是土地所有者落实其拥有土地权利的经济手段

土地所有者在法律层面上体现其所有权的方式是地契，土地所有者要在经济上落实拥有土地的权利，就应该获得一定的补偿，这个补偿就是地租。根据马克思的研究，出售土地的价格的实质是货币化的地租，所以可以清晰看出，在经济上落实拥有土地的权利的两种途径的本质都是地租的种类。

3. 地租的获取以土地所有权和土地使用权相分离为前提

马克思认为"在资本主义社会，其生产方式带来的伟大变革之一便是对科学的自觉运用。这种自觉运用所产生的效果便是土地所有者拥有土地之权利摆脱了被统治与从属，让土地得以脱离拥有土地之权力和土地主，而地租扮演的只是地租应支付的货币形式的税费。这样土地所有权就取得了纯粹经济的形式。""作为劳动条件的土地同土地所有权和土地所有者完全分离，土地对土地所有者来说只代表一定的货币税，这是他凭他的垄断权，从产业资本家即租地农场主那里征收来的。"也就是说，在资本主义社会，地主占有土地而农业资本家经营土地，地主通过土地所有权出租土地来获得相应收益即地租。可见，只有两权分离才会产生地租。

马克思认为资本主义地租是土地所有者无偿占有的由农业工人创造的超过平均利润的那部分剩余价值，资本主义地租的本质就是农业工人创造的剩余价值的一部分。利润、地租、工资一直被认为是资本主义社会三大财富来源，资本家投入资本获得利润，土地所有者出租土地获得地租，工人出卖劳动获得工资，在资本主义社会被认为是公平合理的，资本主义社会并不承认剥削的存在。马克思创立的具有划时代意义的剩余价值理论，彻底弄清了资本和劳动的关系，揭示了资本主义社会剥削的本质；而马克思创立的地租理论是马克思创立的剩余价值理论中的重要组成部分，揭示的是资本主义土地所有者通过地租的形式对农业工人的剥削。"资本-利润、土地-地租、劳动-工资"这个三位一体的公式是资本主义分配关系的重要体现，马克思通过创立科学的劳动价值论、平均利润理论和地租理论，深刻地揭示了这个"三位一体"公式的实质。

三、马克思主义的级差地租

在马克思之前许多学者也对级差地租理论进行过阐述，但都是原始的、不完整的、不系统的。马克思在前人研究的基础上，全面地、系统地、深刻地阐述了资本主义级差地租问题，形成了完整的理论体系。

（一）资本主义级差地租产生的条件与原因

马克思对资本主义地租的分析是以农业地租为典型的。他认为，资本主义级差地租是经营较优土地的农业资本家获得的，并最终归土地所有者占有的超额利润，其来源是产品个别生产价格与社会生产价格的差额。因为这种地租与土地等级相联系，所以称为级差地租。

在任何情况下，用于农业的土地（首先是耕地），其肥力和位置总是有差别的。农业工人在不同肥力或位置的土地上耕种，其劳动生产率必然有差别。在较优土地上产量高，产品个别生产价格较低；相反，在劣等土地上，产量低，产品个别生产价格就相对较高。然而在资本主义商品经济条件下，同样产品在市场上是按同一价格销售的。

由于土地面积有限，特别是优、中等地面积有限，仅仅把优、中等地投入农业生产，不能满足社会对农产品的需求，因而劣等地也必然要投入农业生产。如果农产品也像工业品一样，由中等生产条件决定市场调节价格（社会生产价格），那么，经营劣等地的农业资本家就得不到平均利润，最终就要退出农业经营。这样，农产品的产量就不能满足社会需求，价格就要上涨。当价格上涨到使劣等地的经营者也能获得平均利润时，劣等地重新投入农业生产。可见，为了满足社会对农产品的需求，必须以劣等地条件决定的个别生产价格作为社会生产价格。综上所述，经营优、中等地的农业资本家的个别生产价格低于社会生产价格，就能获得一定的超额利润。

利用优越的自然条件而产生的超额利润，与利用优越的经济、技术条件（如投资多、设备先进、管理水平高等）而产生的超额利润具有共同点，即它们都不是在产品流通过程中由价格变动引起的，而是在生产过程中，部分企业利用了优越的自然、经济、技术条件，具有较高的劳动生产率，使产品个别生产价格低于社会生产价格而获得的。

利用优越的自然条件所获得的超额利润，同利用优越的经济、技术条件获得的利润又是有区别的。利用优越的经济、技术条件获得的超额利润难以形成垄断，在竞争中各个企业的经营条件很快平衡，少数先进企业的超额利润也就随之消失了。而由于土地的有限性和不可再生性，利用优越的自然条件（土地）的部分企业，就能形成经营上的垄断，因而能够获得持久的、稳定的超额利润。

由此可见，资本主义级差地租产生的条件是自然力，即优越的自然条件。但自然力不是超额利润的源泉，仅是形成超额利润的自然基础，因为它是较高劳动生产率的自然基础。资本主义级差地租产生的原因是由土地有限而产生的资本主义经营垄断。

马克思详细地考察分析了级差地租产生的条件，将其归纳为三种情况：①不同土地肥沃程度的差异；②不同土地位置的差异；③同一块土地上连续追加投资的各个劳动生产率的差异。前两者条件形成的超额利润转化为级差地租第一形态，即级差地租Ⅰ；由后一种条件形成超额利润转化为级差地租第二形态，即级差地租Ⅱ。

（二）级差地租Ⅰ形成的条件

级差地租Ⅰ是由于等量资本和劳动投入不同质量的等量土地上，因土地肥沃程度和位置的优劣不同所获得的超额利润转化而成的地租。

1. 土地肥力的差异是级差地租Ⅰ的形成条件之一

具有不同肥力的土地，首先是自然历史的产物，其面积又是有限的。由于土地肥力的差异，在同等投资的情况下，其产量和收益也会出现差异，肥力较高的土地因其具有较高劳动生产率而获得超额利润。

如表 4-1 所示，假设有面积相同的劣、中、优等三块土地，现对每块土地的投资额各为 100 元，但由于肥沃程度不同，其产量分别为 200 千克、250 千克和 300 千克。均按 20% 的平均利润率计算，其单位产品的个别生产价格分别为 0.60 元、0.48 元和 0.40 元，在市场上如果以劣等地的个别生产价格（0.60 元）为社会生产价格，那么全部产品的社会生产价格就分别为 120 元、150 元和 180 元。由此，中、优等地就可以获得 30 元和 60 元的超额利润，转化为级差地租Ⅰ。

表 4-1　土地肥力不同的级差地租Ⅰ的形成及地租量

土地等级	资本/元	平均利润/元	产量/千克	个别生产价格/元		社会生产价格/元		级差地租/元
				全部产品	单位产品	单位产品	全部产品	
劣等地	100	20	200	120	0.60	0.60	120	0
中等地	100	20	250	120	0.48	0.60	150	30
优等地	100	20	300	120	0.40	0.60	180	60

2. 土地位置（距市场远近）的差异也是级差地租Ⅰ的形成条件之一

即使土地肥力相同、产量相同的地块，由于距市场远近不同，其运费和收益也会出现差异。由于距市场较近地块的运费较少，因而可以获得超额利润。

如表 4-2 所示，甲、乙、丙三块土地，面积和肥沃程度相同，由于距市场远近不同，其运输费用分别为 5 元、7.5 元、10 元。按 20%平均利润率计算，个别生产价格分别为 126 元、129 元、132 元。在市场上按社会生产价格（距市场最远地块丙的个别生产价格）132 元出售，则甲、乙两块土地分别获级差地租 6 元和 3 元。

表 4-2　土地位置不同的级差地租Ⅰ的形成及地租量

地块	距市场里程/千米	生产资本投入/元	运输费用/元	资本总支出/元	平均利润（按20%计算）/元	个别生产价格/元	社会生产价格/元	级差地租Ⅰ/元
甲	10	100	5	105	21	126	132	6
乙	15	100	7.5	107.5	21.5	129	132	3
丙	20	100	10	110	22	132	132	0

（三）级差地租Ⅱ形成的条件

由于在同一块土地上各个连续投资劳动生产率的差异而产生的超额利润转化的地租称为级差地租第二种形态，简称级差地租Ⅱ。

由表4-3可见，在优等地上追加投资100元，由于新投资的劳动生产率提高，每担产品的个别生产价格降为15元。若产品仍按社会生产价格（即劣等地个别生产价格）每担30元出售，全部产品可得240元，其中比劣等地全部产品价格120元多出的120元就是优等地追加投资所得超额利润，它将转化为级差地租Ⅱ。

表4-3　级差地租Ⅱ的形成及地租量

土地等级	资本/元	平均利润/元	产量/担①	个别生产价格/元		社会生产价格/元		级差地租Ⅰ/Ⅱ/元
				全部产品	每担产品	全部产品	每担产品	
劣等	100	20	4	120	30	120	30	0
优等	100	20	6	120	20	180	30	60（Ⅰ）
在优等地上追加投资	100	20	8	120	15	240	30	120（Ⅱ）

①担，市制质量单位，1担=50千克

可见，由追加投资带来的超额利润，是级差地租Ⅱ的实体。不论优等地还是劣等地，只要追加投资所获得的较高劳动生产率形成超额利润，在资本主义土地私有制的条件下，最终都会转化为级差地租Ⅱ，落入土地所有者手中。

（四）级差地租Ⅰ和级差地租Ⅱ的关系

1. 两者的联系

级差地租Ⅱ和级差地租Ⅰ在发展关系上，在很大程度上类似于绝对剩余价值和相对剩余价值的关系，级差地租的两种形式反映着资本主义农耕产业发展的两个不同的历史时期，级差地租Ⅰ反映的是资本主义农业粗放式耕种时期，级差地租Ⅱ反映的是资本主义农业集约式耕种时期。级差地租Ⅰ与级差地租Ⅱ的实质是一致的，它们都是由个别生产价格与社会生产价格之间的差额所形成的超额利润转化而成的。土地肥沃、位置较优和追加投资所具有的较高生产率都是形成级差地租的自然基础，而不是源泉。在二者的关系上，级差地租Ⅱ要以级差地租Ⅰ为前提和基础。马克思指出："级差地租Ⅱ的基础和出发点，不仅从历史上来说，而且就级差地租Ⅱ在任何一个一定时期内的运动来说，都是级差地租Ⅰ。""就级差地租Ⅰ来说，级差结果本身就是可以区别的，因为它们是在不同的、互相分开的、彼此靠近的土地上，在假定每英亩进行标准投资以及与此相应地进行标准耕种的情况下形成的。就级差地租Ⅱ来说，级差结果必须先变成可以区别的，事实上必须再转化为级差地租Ⅰ。"

2. 两者的区别

（1）投资方式不同：级差地租Ⅰ是指等量资本投在条件不同的、等面积的土地上，其劳动生产率不同而产生的超额利润，它的每一个新的投资都与土地面积的扩大相适应；而级差地租Ⅱ则不同，是在同一块土地上，追加投资的劳动生产率高于劣等地的劳动生产率而产生的超额利润。

（2）转化为地租的时期不同：级差地租Ⅰ容易确定，级差地租Ⅱ归谁所有，在租约期内和租约期满时而有差别。

（3）最低限度的投资额不同：与级差地租Ⅰ相适应的粗放经营，最低限度投资额较少；与级差地租Ⅱ相适应的集约化经营，所需要的最低投资额较多。在一定的技术水平条件下，任何一个生产部门，形成特有的最低限度的经营范围，相应地要求最低限度的投资额。在这个限度以下，它的生产条件太差，就会得不到平均利润；相反，资本多，经营条件好，就会得到超额利润。

四、马克思主义的绝对地租

（一）绝对地租产生的条件

在资本主义土地私有制条件下，无论租种优等地还是劣等地，都必须缴纳地租。这种不管租种什么样的土地都必须缴纳的地租，就是绝对地租。级差地租是相对于劣等地而言的，因此又称为相对地租，绝对地租正因为没有这种相对性而得名。

既然不管租种什么样的土地都必须缴纳绝对地租，而在正常情况下农业资本家只能用平均利润以上的超额利润来缴纳绝对地租，那么，租种劣等地的农业资本家获得的超过平均利润以上的超额利润是从哪里来的呢？

对于这个问题的分析，马克思首先排除了绝对地租来源于农产品在流通中的加价或是对农业工人工资扣除的可能性。他认为对绝对地租来源和原因的说明，必须严格遵循价值规律，必须是在产品价值内形成绝对地租，即必须说明农产品价值高于生产价格的可能性。

为了在理论上说明这个问题，马克思首先对平均利润率和生产价格的产生作了分析。当资本主义经济进入较为发达的阶段以后，由于资本在各个产业部门之间的转移和竞争出现了利润平均化的趋势，即一定量的资本无论投入到哪个部门，都能获得大致相同的利润。而由生产成本加平均利润形成的新价格，马克思称为"生产价格"。此后，新产品的市场价格不再是围绕价值摆动，而是围绕生产价格摆动。接着，马克思又对不同产业部门价值与生产价格的关系作了分析。他指出："如果一个生产部门中的资本有机构成低于社会平均资本的有机构成，也就是说，如果该资本中投在工资上的可变部分，和投在物质劳动条件上的不变部分的比率，大于社会平均资本中可变部分和不变部分的比率，那么，它的产品的价值就必然会高于它的生产价格。"这就是说，凡是资本有机构成低的部门，相同的投资可以雇佣较多的工人，在剥削率相等时，将会比资本有机构成高的部门榨取较多的剩余价值，因而其产品价值就高于生产价格。

（二）绝对地租产生的原因

在资本主义经济发展的前期，农业生产技术装备一般落后于工业，农业部门资本有机构成低于工业部门。在这种情况下，农产品的价值就与生产价格之间形成一个差额，正是这个差额形成了绝对地租。所以，绝对地租的来源就是农产品价值与生产价格的差额，它是农业工人创造的剩余价值的一部分。

用公式表示：绝对地租=农产品价值-农产品生产价格

从表 4-4 可见，在工业中尽管几个部门的资本有机构成、利润率和价值不同，但经过竞争和资本的流动形成了相同的平均利润率和生产价格，即 20%的平均利润率和 120 元的生产价格。而在农业部门中，由于资本有机构成（60C+40V）低于工业部门，其剩余价值为 40 元，商品价值为 140 元，比社会生产价格 120 元多 20 元。若农产品按价值 140 元出售，农业资本家就能多得 20 元的超额利润，作为绝对地租转归土地所有者。

表 4-4　绝对地租的形成及地租量

生产部门		资本有机构成 C+V	剩余价值率/%	剩余价值/元	商品价值/元	利润率/%	平均利润率/%	生产价格/元	绝对地租/元
工业	食品	70+30	100	30	130	30↘	↗20	120	
	纺织	80+20	100	20	120	20→平均化→ 20		120	
	机械	90+10	100	10	110	10↗	↘20	120	
农业		60+40	100	40	140	40	20	120	20

农产品为什么能够按价值出卖，而不按生产价格出卖呢？即为什么农业中的超额利润能够保留在农业部门内部，而不参加社会的利润平均化过程呢？ 这是因为，虽然在工业中资本有机构成低的部门（如食品加工业）的商品价值也高于生产价格，如果按照价值出卖，也能获得超额利润，但工业部门的竞争和资本流动，使这种超额利润在利润平均化过程中逐步消失了。然而，在资本主义农业中，由于存在着土地所有权的垄断，成为其他部门向农业转移资本的一个障碍，如果不向土地所有者缴纳绝对地租，资本就不能转向农业部门，即使最劣等的土地也是这样。马克思说：“一定的人们对土地、矿山和水域等的私有权，使他们能够攫取、拦截和扣留在这个特殊生产领域即这个特殊投资领域的商品中包含的剩余价值超过利润（平均利润，由一般利润率决定的利润）的余额，并且阻止这个余额进入形成一般利润率的总过程。”

可见，农业资本有机构成低于社会平均资本有机构成，是农业中能够形成超额利润（绝对地租实体）的条件，而土地私有权的垄断，是使超额利润保留在农业部门内部并使其转化为绝对地租的原因。

（三）影响资本主义绝对地租量的因素

1. 绝对地租量取决于农产品的价值与生产价格之间的差额及其实现程度

既然绝对地租的来源是农产品的价值与生产价格之间的差额所形成的超额利润，那么，这个差额的数量及实现程度，就直接决定着绝对地租的数量。农产品的价值超过生产价格的差额究竟实现多少，这要看农产品的市场供求状况。农产品供过于求，市场价格下降，这个差额就只能部分实现；农产品供不应求，价格上升，就可能使这个差额全部实现。马克思指出：“地租究竟是等于价值和生产价格之间的全部差额，还是仅仅等于这个差额的一个或大或小的部分，这完全取决于供求状况和新耕种的土地面积。”

2. 绝对地租量取决于农业资本有机构成的相对水平

作为绝对地租实体的农产品价值与生产价格的差额，是以农业资本有机构成的相对水平为基础的。当社会平均资本有机构成不变时，农业资本有机构成越低，农产品价值与生产价格的差额就越大；反之，就越小。

3. 绝对地租量还取决于农业投资的总量

当农业资本有机构成相对水平和农产品市场价格不变时，就面积相同的地块来说，投入的资本越多，提供的绝对地租也就越多，土地所有者获得的寄生性收入也就越多。这一点说明，绝对地租的存在，阻碍了农业投资的增加和农业生产的发展。

需要指出的是，马克思主义绝对地租理论具有十分明显的时代特征。马克思的绝对地租的形成有其特定的历史前提，一是以19世纪英国农业部门特有的阶级关系为前提，即存在着土地所有者、产业资本家（租地农场主）和农业雇佣工人组成社会结构。并且农业部门中，资本主义生产关系占据了一定份额，但还未彻底改变封建时代对农业的影响。二是金融资产市场尚未充分发育，地租不能和任何其他资产性收益建立实质意义的耦联关系。地租只能留在农业土地上而不可能进行第二次分配。因此，在19世纪的资本主义发展条件下，马克思的绝对地租理论无疑是正确的，但随着资本主义市场关系特别是资产市场的完善，绝对地租理论的具体形态在当代具有新的发展形式。我们需要用新的视角来发展马克思的绝对地租理论。

五、马克思主义的垄断地租

在资本主义制度下，除了级差地租和绝对地租两种基本地租形式之外，还存在垄断地租。垄断地租是由产品的垄断价格带来的差额利润转化成的地租。这里所说的垄断与土地所有权垄断的存在使农产品按照超过生产价格的价值出售而形成的垄断价格不同。马克思说："当我们说垄断价格时，一般是指这样一种价格，这种价格只由购买者的购买欲和支付能力决定，而与一般生产价格或产品价值所决定的价格无关。"这种垄断价格产生的超额利润，由于土地所有者拥有对这种具有特殊性质的土地所有权，因而转化为垄断地租，落入土地所有者手中。

六、地租的变化趋势

（一）绝对地租的变化趋势

根据前面的分析，影响绝对地租的因素主要包括：土地私有制、农业资本有机构成低于社会平均资本有机构成的程度、农产品的供求状况和新耕地面积。绝对地租量与农业资本有机构成低于社会平均资本有机构成的程度呈正向变化。农产品供小于求，则市场价格上涨，从而扩大市场价格与社会生产价格的差额，并且农产品价格上涨会促使新耕地面积扩大，绝对地租增大；随着农业科技进步，农业资本有机构成会提高，农产品供大于求，导致绝对地租趋于减少。

（二）级差地租Ⅰ的变化趋势

级差地租Ⅰ来源于土地肥力和区位等自然方面的优势，而随着科技的进步，土地的自然属性差异越来越不明显，劣等地可以通过土地改良、施肥、灌溉等手段提高产量，降低生产成本，由土地自然状况差异而产生的超额利润在逐渐下降，因此，级差地租Ⅰ的发展趋势会是下降的。

（三）级差地租Ⅱ的变化趋势

级差地租Ⅱ来源于在同一块土地上各个连续投资劳动生产率的差异而产生的超额利润，在土地上投资越多，产生的超额利润越多。因此，级差地租Ⅱ的变化趋势随着在土地上的投入增多而增加，这种投入包括资金、技术、人力等多方面因素。

第四节　社会主义地租理论在中国的发展

社会主义地租与资本主义地租的概念与范畴一致，但是反映的经济关系不同，社会主义地租反映的是在国家、集体、个人三者根本利益一致的前提下，对土地收益的分配关系；社会主义地租还是国家用于调节社会生产与分配的经济杠杆。中国社会主义市场经济正处于发展的初期，地租的经济运行还不是很完善，要从中国实际出发，借鉴资本主义的地租理论，完善中国的地租制度。

一、社会主义制度下的绝对地租

（一）社会主义绝对地租的成因

中国经济理论界长期流行一种观点：随着土地私有制被消灭，绝对地租已不复存在。然而马克思主义的地租理论和中国社会主义经济发展证明：中国现阶段绝对地租的存在有其客观必然性。

1. 中国目前农业生产力水平与工业相比仍然较低，资本有机构成也大大低于工业

在此条件之下，农产品价值大于其社会生产价格，二者的差额就是构成绝对地租实体的超额利润。虽然中国长期以来工农业产品价格的"剪刀差"将这部分超额利润转移到了工业部门，农业经营者并没有得到这部分超额利润，但不可否认这个超额利润是存在的。由此可见，在现阶段，农业绝对地租具有其存在的客观物质条件和来源。

2. 中国现阶段仍存在着产生绝对地租的社会经济关系

社会主义消灭了土地私有制，但土地所有权及其垄断仍旧存在。恩格斯在《论住宅问题》（1872年）一书中指出："消灭土地私有制并不要求消灭地租，而是要求把地租——虽然是用改变过的形式——转交给社会。所以，由劳动人民实际占有所有土地，无论如何都不排除承租和出租的可能。"中国正处在社会主义初级阶段，土地所有权并未完全归全社会所公有，还存在着土地所有权的垄断，并要求在经济上实现。

3. 中国的社会主义公有制使得土地使用权与所有权分离

土地所有权属于国家和集体，国家通过协议、招标、拍卖、挂牌等方式让渡土地使用权，集体土地承包给农户使用或租赁给单位或个人经营。土地所有者和土地使用者之间的经济利益是相对独立的，土地的有偿使用，使得土地所有权在经济上得以实现，因而形成了绝对地租。

（二）社会主义绝对地租的具体形式

目前在中国，由于土地所有权和使用权"两权分离"状况的差异，因而绝对地租具有不同的形式，反映着不同的土地经济关系。

（1）国有土地出让（或出租）给单位或个人使用，采取土地出让金（或租金）的形式，土地受让者（承租人）向国家缴纳土地出让金或地租（包括绝对地租）。这反映的是国家与单位及个人之间的土地出让（或租赁）关系。

（2）集体土地承包（或租赁）给农户经营使用，集体以"土地承包费"、"土地租赁费"等形式收取地租（包括绝对地租）。这反映的是在集体土地上集体与农户之间的土地承包、租赁关系。

（3）在国有土地上，单位之间相互转让土地使用权，以土地转让费形式支付地租（含绝对地租）。这反映的是在国有土地上，单位之间的土地租赁关系。

（4）集体所有土地出租给单位使用，由单位向集体支付租金（包括绝对地租）。这反映的是集体土地所有者与单位之间的土地租赁关系。

（5）农户之间的土地转包，以土地转包费（包括绝对地租）等形式进行补偿。这反映的是在集体所有土地上农户之间相互转让土地使用权的一种土地租赁关系。

（6）中外合作、中外合资、外商独资企业使用中国国有土地，主要以土地使用费或土地使用权出让金等形式支付地租（包括绝对地租）。这反映的是在国有土地上，国家与外商之间的土地出让与租赁关系。

上述形式各异的土地经济关系，从本质上说都是土地使用权转让关系，其中土地使用者支付的地租（包括绝对地租），都是土地所有权在经济上借以实现的形式。

二、社会主义制度下的级差地租

（一）社会主义级差地租的成因

中华人民共和国成立初期，中国经济学界曾对社会主义制度下是否存在级差地租问题有过争论，一种观点认为：地租是土地私有制条件下，土地使用权与所有权分离的产物。土地公有制实现后，这样的关系已不存在，也就没必要再使用地租（包括级差地租）这个经济范畴。然而，马克思主义地租理论和中国社会主义的发展实践都证明，这种观点是不成立的。

首先，形成级差地租的客观物质条件仍然存在。马克思认为地租的形成与土地自身质量的差异、位置的差异、连续追加投资的各个劳动生产率的差异有关。我国人多地少，农产品需求量大，耕地肥沃程度地区差异大，距离城市中心远近及交通便利与否，这些差异都是形成级差地租的客观物质条件。

其次，形成级差地租的社会经济条件仍然存在。马克思认为土地的经营垄断是产生级差地租的社会经济原因。我国虽然已实现社会主义土地公有制，但土地所有权与使用权存在两权分离。土地所有权存在的前提下，当经营垄断与土地的差异结合在一起时，级差土地收入就必然转化为级差地租。

（二）社会主义级差地租的性质

社会主义级差地租所反映的经济关系，已不再是土地所有者、产业资本家和雇佣工人之间的剥削与被剥削的阶级对抗关系，而是反映在社会主义土地公有制条件下，国家、企业和个人对超额利润的分配关系，它表现为地区间和单位间经济收益的某些差别。地租实体不再是资本主义剩余价值特定部分的转化形式，而是在社会主义经济中由土地条件优越的企业、单位的劳动者创造的超额利润。

（三）社会主义级差地租的分配

社会主义级差地租主要应归土地所有者，但由于级差地租的形成是多种因素共同作用的结果，因而在对这部分社会价值进行分配时，要统筹兼顾，处理好各种利益的关系。这样才符合社会主义原则，有利于调动各利益主体合理利用土地的积极性。

在土地集体所有制条件下，级差地租Ⅰ主要应归土地所有者——集体经济组织所有。级差地租Ⅱ是由实行集约经济、追加投资所形成的，主要应由土地经营者所得，在集体土地由承包农户经营的条件下，主要应由承包农户所得。然而，无论是级差地租Ⅰ还是级差地租Ⅱ，在其形成中国家和社会都给予了一定的投资或进行了各项建设（兴修水利、改良土壤、植树造林、修建铁路等），从而提高了土地质量、土地的通达性、改善了环境等，因此，应把级差地租Ⅰ和级差地租Ⅱ的一部分归于国家和社会。

在土地国有制条件下，国家是土地所有者，级差地租Ⅰ应全部归国家所有。而级差地租Ⅱ，在租期内主要应归土地使用者——企业或者个人所有。但在级差地租Ⅱ的形成中，国家一般也进行了投资和建设，因而国家应得到其中一部分。社会主义制度下，国家可以采取多种方式合理分配与调节级差地租，促进社会经济协调发展。诸如：

（1）价格政策。各种产品价格是调节收入的一种重要形式。国家通过制定市场指导价格或采取必要的价格政策调节不同地区、不同产品的价格差率，将企业的一部分收入（其中包括级差地租）收归国家，或在地区间、企业间进行适当调节、分配。

（2）税收政策。国家通过征收城镇土地使用税、土地增值税、财产税（物业税）和契税等，将级差地租的全部或部分收归国家，以调节地区之间、单位之间的收益水平。

（3）相关收费。国家和集体作为土地所有者可以直接向土地使用者（企业或个人）收取土地使用费，通过土地使用费标准的级差地租的一部分收归国家或集体。

（4）财政与信贷。国家通过对部分地区的财政拨款或信贷支持，平衡地区间的收入差别，促进各地区经济均衡发展。这实质上也是级差地租分配和调节的一种重要形式。

第五节　地租理论在地价评估中的作用

土地估价是科学、艺术和经验的结合，土地估价必须建立在科学的理论基础之上。从地租理论与地价的关系来看，地租理论从质和量两个方面揭示了地价产生的根源，土地价格是地租的资本化。因此，无论是在基本原理还是在具体方法方面，地租理论均是指导土地估价的重要理论。

一、地租理论是形成土地估价方法的理论依据

地租理论是收益还原法评估地价的重要理论基础。所谓地租，就是土地所有者凭借土地所有权取得的收入，是土地所有权借以实现的经济形式，其本质就是所有权的收益。人们购买土地就是购买土地未来的地租收益，土地价格是资本化的地租收入。正是基于上述地租理论，形成了土地估价方法中的收益还原法。

收益还原法的基本原理与土地劳动价值论中地价的含义完全一致，土地物质没有凝结人类劳动，没有价值，但土地有价格，土地价格实质上是地租的资本化。地租高，则

地价高。

二、地租理论是确定地价构成的理论依据

地租是土地成本的构成部分，根据地租理论，地租由绝对地租、级差地租Ⅰ、级差地租Ⅱ和垄断地租四个部分组成。绝对地租是因为土地所有权的存在而形成、级差地租Ⅰ和级差地租Ⅱ则分别由土地肥力、区位差异及在土地上追加投资而形成。绝对地租不为零；级差地租为一般地段所具有；垄断地租为个别地段额外具有。因此，如果从成本的角度评估土地价格，从遵循地租理论出发，在考虑地价计费项目时不仅应将地租纳入地价构成体系，还要考虑地租构成对地价评估的影响。现行土地估价方法中的成本逼近法、基准地价系数修正法等方法遵循了地租理论，在测算中充分体现了地租构成及其空间差异。

在成本逼近法的计费项目中有两项即土地取得费和土地增值与地租有关。土地取得费是指土地使用者为取得土地使用权而支付的各项客观费用，该客观费用不仅包括各种拆迁安置补偿费，还包括土地出让金。土地出让金是指在土地使用权出让时，土地使用权受让人为获得土地使用权而支付给政府的金额。政府（国家）是土地所有权人，政府收取土地出让金是土地所有权在经济上实现的形式，因此，土地出让金实质上是土地所有者出让土地使用权若干年限的地租的总和。将绝对地租和级差地租纳入土地取得费（土地出让金）计费标准，说明成本逼近法考虑了绝对地租和级差地租。

成本逼近法中的土地增值包括两个方面的增值，一是因用途等土地使用条件改变而产生的土地增值，二是进行土地开发而产生的价值增值。成本逼近法中的因进行土地开发而产生的土地增值与地租理论中的级差地租Ⅱ含义基本吻合，说明成本逼近法在评估土地增值时，考虑了级差地租Ⅱ。

成本逼近法中的利润等计费项目虽然没有明确体现地租，但众所周知，在城镇土地中，因位置不同，土地取得费、利润等存在差异，从而导致成本逼近法中的地价出现差异，因此，成本逼近法在一定程度上也考虑了级差地租Ⅰ，只是在具体测算时级差地租Ⅰ体现得没有级差地租Ⅱ明显、充分。鉴于垄断地租只有个别地段才具有，从土地估价方法的普适性出发，成本逼近法未将垄断地租纳入土地成本计费项目。

同理，基准地价系数修正法一定程度上也体现了地租构成及空间差异。基准地价系数修正法是建立在基准地价的基础上，基准地价在城市内部存在空间差异，这种空间差异包含了级差地租的空间差异，地租空间差异是地价空间差异的重要影响因素。

三、地租理论是地价量化的基本依据

（一）地租理论是鉴别地价内涵的重要标准

地租是直接生产者在生产中创造的剩余生产物被土地所有者占有的部分，是土地所有权在经济上实现的形式，是社会生产关系的反映。在土地公有制和所有权与使用权两权分离的情况下，级差地租Ⅰ和级差地租Ⅱ分属于不同的主体，级差地租Ⅰ全部归土地所有者，级差地租Ⅱ主要归土地所有者，但考虑其形成过程中，国家有公共财政的投入（如基础设施投入等），因此理应获得一部分级差地租Ⅱ。上述地租理论为鉴别土地所有权和使用权价格内涵，评估土地所有权和土地使用权价格提供了理论依据。

（二）绝对地租是调节控制城市地价的依据

在城镇土地定级估价中，绝对地租是调节、控制城镇地价最低值的重要基础。土地不是劳动产品，没有价值，但由于土地所有者可以凭借其土地所有权定期取得一定数量的地租，因此土地就像其他商品一样可以买卖，具有价格。土地价格是资本化的地租收入，用公式表示：土地价格=地租/利息率。

按马克思的地租理论，城市的绝对地租由农业绝对地租水平决定，以城市郊区一定区域内的相对劣等地的地租量为基准。因此，绝对地租理论在地价评估中是调节、控制城市地价最低值的重要基础。

（三）级差地租是地价评估的依据

对于城市土地而言，级差地租Ⅰ是由于土地区位的差异产生的超额利润转化形成的地租，而级差地租Ⅱ是指同一地块上的，连续增加投资，由于各次投资的生产率不同而产生的超额利润转换而成的地租。在城镇土地定级估价中，级差地租是地价评估时遵循最佳使用原则和预测原则的依据。

（1）一定区位上的城市土地可以获得的级差地租由土地生产力水平所决定。但由于利用方式不同，具体体现的级差地租也不同。以级差地租为基础评定的地价标准应主要以由不同区位土地生产力的高低得到的级差地租量为依据。从现实看，商业用地最能发挥土地的生产力，因而，以商业用地为对象来测算级差地租，就能体现发挥土地最大生产力的原则，并使地价评估成果成为土地合理利用的一种有效调节机制。

（2）级差地租具有可变性。在现实的地价评估中，要求能体现城市经济的发展过程，也要求评估成果能影响城市用地结构和产业结构的调整。在城市经济水平不断提高，第三产业不断发展，土地利用方式日趋合理的情况下，级差地租的总体水平不断上升，且任意块地的级差地租也都呈上升趋势。因此，地价评估时要遵循评估期日原则。

复习思考题

1. 解释名词：地租、级差地租、绝对地租、垄断地租。
2. 简述地租的本质及地租的分类。
3. 试述级差地租Ⅰ、级差地租Ⅱ及二者的关系。
4. 试述级差地租、绝对地租的形成原理。
5. 分析地租的变化趋势。
6. 试述地租理论对城市土地优化配置的作用。
7. 试述阿朗索地租理论的主要内容。
8. 试述马克思主义地租理论体系的主要内容。
9. 试述社会主义地租主要形式及社会主义级差地租的分配方式。

参 考 文 献

毕宝德. 2016. 土地经济学 [M]. 7 版. 北京：中国人民大学出版社：285.

杜尔哥. 1978. 财富的形成与分配 [M]. 南开大学经济系经济学说史教研组译. 北京：商务印书馆：28-34.

韩乾. 2005. 土地资源经济学 [M]. 2 版. 台中：沧海书局：98.

胡寄窗. 1991. 西方经济学说史 [M]. 上海：立信会计出版社：239.

黄贤金，陈志刚，钟太洋，等. 2009. 土地经济学 [M]. 北京：科学出版社：105.

雷利·巴洛维. 1989. 土地资源经济学——不定产经济学 [M]. 北京：北京农业大学出版社.

李嘉图. 1976. 政治经济学及赋税原理 [M]. 北京：商务印书馆：57.

李铃. 1999. 土地经济学 [M]. 北京：中国大地出版社：145.

马克思. 1975. 资本论 [M]. 3 卷. 北京：人民出版社：697-698.

马克思，恩格斯. 1972. 马克思恩格斯全集：第 26 卷 [M]. 北京：人民出版社：158，161，381，700.

马克思，恩格斯. 1972. 马克思恩格斯选集：第 25 卷. [M]. 北京：人民出版社.

马克思，恩格斯. 2003. 马克思恩格斯全集：46 卷 [M]. 北京：人民出版社：693-695.

马克思，恩格斯. 2012. 马克思恩格斯选集 [M]. 北京：人民出版社.

马歇尔. 2007. 经济学原理 [M]. 北京：中国社会科学出版社：931，1323.

裴宏. 2015. 马克思的绝对地租理论及其在当代的发展形式 [J]. 经济学家，7（7）：13-20.

萨缪尔森. 2008. 经济学 [M]. 18 版. 北京：人民邮电出版社：231.

威廉·阿朗索. 2010. 区位和土地利用 [M]. 北京：商务印书馆：2-3，20-21.

亚当·斯密. 2011. 国民财富的性质和原因的研究 [M]. 郭大力，等译. 江苏：译林出版社：184-185.

周诚. 2007. 土地经济学原理 [M]. 北京：商务印刷馆：306.

朱剑农. 1984. 马克思主义地租理论的创立、发展和当代地租问题 [J]. 经济研究，（1）：54-60.

Keiper J S，Clark C D. 1961. Theory and measurement of rent. Chilton Company，Book Division：11-13.

Malthus T R. 1903. The nature and progress of rent//Hollander J H. A reprint of economic tracts. Baltimore: Johns Hopkins University Press：11-15.

第五章 地价理论

【本章内容要点】在市场经济条件下，当土地权益作为商品进行交换时，必然涉及土地的价值或价格。本章主要介绍土地价值的内涵及类型，土地使用价值的构成，土地价格的内涵、特征及影响因素，土地价格评估的主要方法及我国的地价体系。

第一节 土地价值概论

一、土地价值的基本观点

关于土地价值这一问题，理论界存在四种代表性的观点。①无价值伦。该观点认为，土地没有价值。持此观点的学者从马克思有关土地价值的论述出发，认为土地是自然生成物，不是人类劳动产品，因而土地本身没有价值；土地作为自然产物，没有人类劳动的投入，因此不仅土地本身无价值，也没有以价值为基础而用货币表现出的价格。②土地价值的二元论。该观点认为，土地具有资源和资产双重属性，由此带来了土地价值的二元性。这种二元性要求人们不以其中任何一元代替另一元；土地资源具有使用价值但不具有劳动价值，土地资本的价值与一般商品价值并无任何区别。③城镇土地价值伦。持此观点的学者认为，在城市土地形成的过程中，人类投入了大量的物化劳动和活劳动，正是这些劳动投入，使城市土地的功能得到形成和完善，并使城镇土地具有价值属性；对城镇土地投入的社会必要劳动量的大小，决定了城镇土地价值量的大小。城镇土地是人类劳动的产品，具有价值。④隐含价值论。该观点认为，土地价值隐含于资源价值中，"各种自然资源可以是有价值的，也可以是无价值的。价值的大小有无决定于物质和劳动对某种资源的投入程度"。

综上发现，对于土地价值的认识主要遵从劳动价值论的观点，看是否有劳动和资本对土地的投入。本书认为对于土地价值的界定应包含两方面的内容，一方面，按照劳动价值理论判断土地价值高低，即其价值量决定于人类社会投入的社会必要劳动量的大小。另一方面，按照收益价值理论、效用价值理论等判断土地价值的高低，即价值量的大小取决于土地收益、效用的大小和稀缺的程度。

二、土地的价值类型

（一）土地的劳动价值

按照马克思主义劳动价值理论，价值是劳动的产物，是凝结于商品内的一般人类劳动。土地价值是指进入人类社会后，人类经过长期与自然的相互作用而沉淀凝结在土地或土地产品中的一般人类劳动。从成本核算角度，土地资源开发过程中的成本，包括直接费用、社会成本、时间成本和替代成本。因此，土地价值主要源于为取得土地权益而投入的劳动、为开发利用土地而投入的前期劳动、在土地开发过程中投入的劳动、为保障土地合理开发利用所投入的劳动四个方面。

（二）土地的收益价值

对土地的利用可以产生收益，因此，可以从收益的角度来考察土地价值的大小。土地经济学家伊利认为："土地的收益是确定它的价值的基础。"土地具有不同于其他生产资料的特点之一是，对土地的使用会不断地、年复一年地产生收益，这就是土地年收益系列，或称为地租流。"把预期的土地年收益系列资本化而成为一笔价值基金，在经济学上就称为土地的资本价值，在流行辞汇中则称为土地的售价。"即土地价格就是土地收益的资本化。用公式表示为

$$V = \frac{A}{R}$$

式中，V 为土地价格；A 为土地纯收益；R 为土地还原利率。

同时，伊利还认为，由于"未来的收益不如现在的收益那样受到欢迎，并且，未来的期限越远，就越不受重视……为了求现利，情愿把将来的收益折扣出让……这种折扣率……就是现行的利率。"关于土地收益和土地价格的关系，伊利认为，不是土地价格决定土地收益，而是土地收益决定土地价格。土地估价中收益还原法的产生即基于土地收益。只要有现实或潜在收益产生，就可以采用收益还原法进行估价。收益越高，评估出来的土地价格越高。

（三）土地的效用价值

英国经济学家巴本（1640—1698）最早提出效用价值理论，认为效用是指一件物品能够满足人类需要的能力，只有能够满足人类需要的物品才具有价值，价值的大小取决于人类对物品效用的主观心理评价。效用价值理论认为效用和稀缺性是形成价值的充分条件，物品越稀缺，效用越大，价值也越大，其常用来解释理性的消费者如何将有限的资源分配到能为消费者带来最大满足的商品上。庞巴维克和维塞尔在效用价值理论的基础上，提出了边际效用理论，认为最小效用是衡量物品的价值尺度，人类对物品的需求或渴望程度决定了物品的价格。

基于效用价值理论，土地效用越高，越稀缺，土地价值越高。因此，土地价值是由土地给土地产权人所带来的效用决定的，且效用与价值正相关。

（四）土地的市场价值与非市场价值

土地是有用物，并且稀缺，土地满足商品形成的必要条件，完全可能成为市场的交易对象，从而表现出市场价值。所谓土地市场价值是指可以通过市场交易方式实现的土地使用价值。相应地，不能通过市场交易方式实现的土地使用价值就是土地资源非市场价值。非市场价值是游离于市场之外，无法有效地通过市场交易机制实现而又客观存在的价值部分，是一种远期使用价值。土地非市场价值包括选择价值、存在价值和馈赠价值。

（五）基于土地伦理观的综合土地价值

随着社会经济的发展，生态环境问题日益凸显，如土地荒漠化、沙尘暴加剧、温室效应、生物多样性减少、能源危机等。生态环境恶化的根源很大程度上在于人类对于自然资源的不合理开发与利用，科学、客观地处理人和土地的关系已经成为当务之急。为此，从保护土地的角度，美国著名生态学家奥尔多·利奥波德（Aldo Leopold，1887—1948）提出土地伦理观。

土地伦理观超越传统伦理观念范畴，将土地与人类之间的关系作为道德标准和行为规

范的总和，把人类谋求可持续发展的道德诉求与土地保护利用统一起来，强调土地和人都是平等的利益共同体。土地伦理观超越了土地资源观，认为土地不仅是能给人类创造财富、带来福祉的资源财富，土地还具有满足人类精神和道德需求的价值，即具有文化价值和存在价值。土地伦理观遵循生态和谐、生态公平和可持续发展原则，要求从土地生态系统整体出发，考虑土地开发利用保护的整体利益。

根据土地伦理观，可将土地资源价值划分为生态价值、经济价值和社会价值，但这三种价值形式是不可分割的整体，其中任何一种土地价值形式的下降、丧失都将造成土地其他价值形式乃至土地整体价值的损失。

三、土地的使用价值

（一）土地使用价值的概念

土地使用价值是指土地的有用性，即土地所具有的能够满足人类生产与生活需要的实际经济效用。土地的使用价值是土地所固有的自然属性，是土地作为实物所具有的人们能够感知、能够加以利用的属性，即可满足人们物质和精神需求的性能，简言之指作为实物的土地的用途。土地的使用价值随着人类生产与科学技术的进步而增大或减少，而不会因社会关系的改变而改变，它是土地价值和价格的物质承担者。

但需要指出的是尽管物品效用取决于其使用价值，但效用与使用价值是存在差异的。使用价值是物品本身所具有的属性，它由物品本身的物理或化学性质所决定，使用价值是客观存在的，不以人的感受为转移，而效用是消费者基于商品使用价值的一种主观评价，不同消费者对同一物品效用价值的评价存在差异。

土地的使用价值可以转化为土地的经济价值，土地经济价值包含两层意思：①将土地的使用价值作为生产要素之一投入生产，会产生经济收益、经济效益；②土地的使用价值可作为商品出售，取得经济收益。

（二）土地使用价值的分类

按照土地参与人类活动的方式，土地的使用价值可以分为直接使用价值和间接使用价值。土地的直接使用价值是指土地资源被直接用于人类的生产或生活所表现出来的经济价值。例如，通过土地开发利用为人类提供食物、药材、能源等，就是土地直接使用价值的体现，并且在土地为人类提供这些有价值之物时，土地价值还能够通过市场交易的方式表现出来。间接使用价值是指土地资源被间接用于人类生产或生活所表现出来的经济价值。例如，土地资源具有涵养水源、调节温度等功能，能为人类带来福祉，就是土地资源的间接使用价值。

（三）土地使用价值高低的衡量

土地资源的使用价值体现于多方面，衡量土地使用价值也可以采用多种方法。

对于土地资源的直接使用价值，原则上都必须通过生产资料市场、土地市场、房地产市场等来体现其价值。为此，需建立体系完善、公平、公正、公开的土地交易市场，为科学衡量土地直接使用价值提供有效平台。对于暂时未进入交易市场的土地直接使用价值和间接使用价值部分，可通过评估的方式，先评估其价值，并建立相应的数据库，一旦条件成熟，便通过公开市场展示其价值。

对于不能采用市场方式衡量的土地资源非市场价值，可以采用评估确定价值的方式，如采用条件价值评估法、特征价格法、旅行费用法等方法衡量其价值。根据评估价值，给予产权人相应补偿，确保土地产权人的合法权益。此外，应将土地资源非市场价值转为社会资源进行储备，并建立国家级等不同级别的土地资源储备库，以确保土地资源能够长远发挥作用。

第二节 土地价格及其影响因素

一、土地价格的内涵及特征

（一）土地价格的内涵

价格是价值的外在表现，理论上价值决定价格，但在实践中往往是通过价格来认识价值。从现象上界定，价格是为获得某一商品或服务所付出的代价，通常用货币表示；从本质上界定，价格是商品价值的货币表现，价值决定价格。在市场经济条件下，土地价格就是为获得土地相关权能所付出的代价——货币、实物、无形资产或其他经济利益。土地价格通常用货币表示。土地价格一般为土地所有权价格，但在中国的土地产权制度框架下，土地所有权被严禁交易，交易对象只能是土地使用权或土地所有权以外的其他产权权能形式。

需要指出的是，按照劳动价值论，土地既是资源，也是资产。作为自然物质（土地资源），土地未凝结人类劳动，地价只是地租的资本化；作为资产，土地之上有投入，有劳动价值存在。综合起来，土地价格的内涵包括两个部分：一是土地资源价格，二是土地资产价格。土地资源和土地资产的二元构成决定了土地价格的二元性。

（二）土地价格的特征

土地是一种特殊商品，土地价格有着与一般商品价格不同的特征。

1. 土地价格实质上是土地权益的价格

土地价值体现于土地实物、土地权益和土地区位三方面，三者并重。但土地属于不动产，空间位置不可移动，在土地交易时，土地权益交易胜过土地实物交易。因此，土地价格实质上是土地权益的价格。也正因为如此，同一地块，因不同权利人所拥有的权益形式不同，其名下的土地价格必然存在差异。例如，同一地块，土地所有权和土地使用权人所拥有的土地价格是不同的。

2. 土地价格不由生产成本决定

因土地物质未凝结人类劳动，没有价值，也就无所谓生产成本，所以土地价格本质上不是"劳动价值"的货币表现，而是地租的资本化。即使是土地资产部分，虽有劳动投入，但固化在土地中的劳动不足以表现其价格，现实中的土地开发成本，主要是土地的投资与回收及其应得投资收益，实质是地价的附加。因此，土地价格不由生产成本决定。

3. 土地价格主要由土地需求决定

与其他商品的价格机制一样，土地价格也是由土地市场供给和市场需求所决定，土地市场供给规律、需求规律与一般商品完全一致。但是，从长远的角度来看，土地的自然供给是有限的，缺乏弹性，而对土地的需求在不断增加。因此，土地供需双方的地位、角色决定了土地需求是影响地价的主要方面。

4. 土地价格呈上升趋势

土地价格受制于市场供给和市场需求。从宏观和长远的角度讲，可供人类利用的土地是有限的、一定的，土地供给是刚性的，而人类对土地的需求在不断上升，长期的、特定的土地供需关系决定了土地价格总体呈上升趋势。例如，美国 2002～2016 年草地价格总体呈上升趋势（图 5-1）。据此，土地、房地产具有良好的保值、增值性。

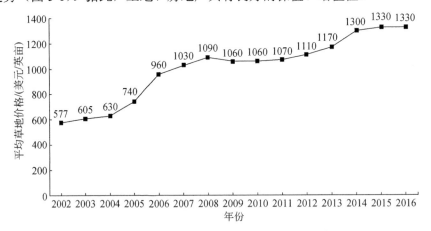

图 5-1　美国 2002～2016 年平均草地价格的变化趋势图

资料来源：https：//www.nass.usda.gov/Charts_and_Maps/graphics/past_value_hist_chart_lv.pdf

5. 土地价格具有明显的地域性

由于空间位置的不可移动性，土地市场在地区间缺乏联动，呈现出明显的地域差异，土地市场是典型的区域性市场。不同区域间的土地市场，因为缺乏有效流动，市场供求状况存在差异，土地价格自然表现不同。因此，土地价格具有明显的地域性。例如，美国 2016 年不同州的牧场用地价格空间差异非常明显（图 5-2）。

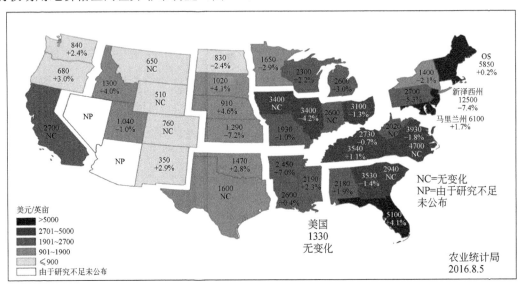

图 5-2　美国（本土）2016 年牧场用地价值的空间分布图

注：图中的百分数为与 2015 年相对单位面积牧场用地价格变化率。图东北角的 OS 包括康涅狄格州、特拉华州、马萨诸塞州、缅因州、新罕布什州、罗得岛州、佛蒙特州

资料来源：https：//www.nass.usda.gov/Charts_and_Maps/graphics/past_value_map.pdf.

由图5-2可以看出，2016年美国牧场每英亩价值除西部沿海地区外，大致呈自东向西逐渐下降的趋势，最高值出现于东北、东南两角，每英亩（1英亩＝4046.864 798平方米）价值超过5000美元。与2015年相比，2016年美国东部大部分地区牧场每英亩价值有所下降，且下降百分数为0.7%～7.4%；中部大部分地区牧场每英亩价值有所上升，且上升百分数为0.4%～7.0%；西部除个别地区未发布数据外，2016年大部分地区牧场每英亩价值与2015年相比无明显变化。

6. 土地价格形成时间较长

土地具有独一无二性，相互之间难以比较；土地市场是不完全市场，信息不对称；土地价值量大，交易者较为慎重，短时间难以达成协议，导致地价形成的时间较长。

二、土地价格影响因素

所谓土地价格影响因素是指对土地价格高低有影响的因素，凡是影响土地供给和土地需求的因素，都是土地价格的影响因素。土地价格影响因素种类多样，通常将其分为自身因素和自身因素以外的因素，主要包括自身因素、人口因素、社会因素、经济因素、法律、制度（行政）因素及其他因素等。

（一）自身因素

自身因素是指土地实物状况、权益状况和区位状况中影响地价的因素。

1. 土地实物因素

土地实物因素包括地质条件、地形、地势、土壤肥力、面积和形状、土地开发程度、气候、水文、土壤、生物，以及地震、洪涝、台风等自然灾害因素。

1）地质条件

地质条件决定着土地的承载力和开发的成本，其好坏优劣在很大程度上决定了该地块建设费用的高低，甚至决定了该地块能否被利用。地质条件较差的地块，建设费用高，地价相对便宜；地质条件极差的地块，甚至有可能被列入禁建区，根本不能利用，地价极低甚至为零。

2）地形、地势

地形、地势会影响土地的开发成本、利用价值、景观，从而影响地价。一般而言，地形、地势越平坦的地块利用价值越高，地价越高；反之，地价越低。在其他条件相同的情况下，地势高的土地价格一般高于地势低的土地价格。

3）土壤肥力

土壤肥力即土壤的肥沃程度，是指土壤提供植物生长、繁殖所需养分的能力。土壤肥力对农业生产极为重要，但对其他产业无关紧要。因此，土壤肥力仅对农地价格有影响。一般而言，土地肥力越高，农地价格越高；反之，则越低。

4）面积和形状

任何土地利用均有最适宜的面积要求，行业不同，对土地面积要求也有差异。土地形状也会影响地价水平，土地形状越规则，如呈长方形或正方形，土地利用价值越高，地价越高；反之，形状越不规则，越不好利用，地价越低。

5）土地开发程度

根据土地开发程度，可以将土地分为生地（毛地）和熟地。生地和毛地均未进行土开发,而熟地是已经完成了土地开发,具备了"三通一平"、"五通一平"或"七通一平"等基础设施建设条件,可以直接在其上进行房屋建设的土地。很显然,土地开发程度不同,地价有较大差异,熟地价格高于生地和毛地价格。

6)自然灾害

如果一个地区频发自然灾害,土地利用会受到很大限制,土地的利用价值会降低,从而影响土地价格。

2. 土地权益因素

尽管土地价格的高低共同体现于土地实物、土地权益和土地区位,但土地价格在很大程度上是土地权益价格,土地权益因素对地价影响非常大。

1)土地权利及其行使的限制

土地权利是指特定的土地权益人所拥有的权利,包括所有权、使用权、抵押权、租赁权、地役权等。一般而言,土地权利人所拥有的土地权利越完整,受限越少,土地价格越高;反之,土地价格越低。例如,土地所有权价格普遍高于土地使用权价格。

土地价格不仅与权益人所拥有的土地权利状况有关,还与该土地权利行使时所受到的限制有关。例如,同一地块是否设置了地役权,地块价格会有差异。如果设置了地役权,供役地在与人方便的同时,于己就是一种约束,土地利用会受限,权利人会遭受一定损失,因此,地役权的存在会降低供役地的价格,设置了地役权的地块价格低于未设置地役权的地块价格。

土地权利所对应的实质内容对地价也有较大影响。例如,中国相关法律规定,地下矿藏、埋藏物等归国家所有,而在美国,土地所有者则拥有地下的一切财富,包括采矿权、地下资源转让权等。很显然,在同等条件下,因中美两国土地权利实质内容规定上的差异,美国地价要高于中国地价。

2)土地使用限制

土地既是资源,也是资产;既是生产资料,也是生活资料,土地使用关系国计民生,世界各国对土地使用都有严格限制。在中国,土地利用总体规划、城乡规划、土地出让年度和中长期发展规划等其中就包含大量有关土地使用限制的内容。

具体而言,土地性质、建筑密度、建筑高度、容积率等规定对地价影响非常大。一般情况下,建设用地价格高于农业用地价格;就普通商品住宅用地而言,容积率高的地块价格高于容积率低的地块价格,建筑密度大的地块价格高于建筑密度小的地块价格。正是因为各种规划指标对土地价格、房地产开发效益影响巨大,比较容易滋生规划领域的腐败现象,因此,国家严控土地规划和城乡规划的调整。

3. 土地区位因素

影响土地价格的区位因素有宏观和微观两方面。

1)宏观区位因素

宏观区位是一种国家大区域尺度的空间区位,反映了在以自然地理条件为基础的,在各种社会、经济条件影响下,城市在经济发展过程中从整体上表现出的城市土地利用效益、城市竞争力水平等的差异。影响城市土地宏观区位的因素主要有城市的地理位置、城市所在地区的经济发展状况、社会稳定程度、市场完善度及社会冲突状况。例如,从国家大区位角度看,与其他区域相比,中国东部及沿海地区、大城市群及一二线城市地区、大交通线"高铁、动车"铁路和国家高速干线网区域,地价整体水平较高。大区域的区位格局基本奠定了地价的大的空间分异格局。城市地价水平在空间上明显受宏观区位的影响。城市区位差异对各个城市经济发展产生深远影响，其地价水平的等级差别也就根据各个城市不同的预期经济效益区分开来。

在宏观上，目前中国地价水平呈现出东高西低、南高北低的整体变化趋势，从东到西呈阶梯状分布。东部沿海开放城市由于其优越的区位条件，经济发展水平、城市化水平及城市综合实力普遍较内地城市高，城市土地市场化程度及价格水平也相对较高。例如，南京、武汉、成都等城市的平均地价水平反映了中国中南部地区自东向西地价由高到低变化的基本特点，而广州、郑州、哈尔滨等城市的地价水平也基本反映了中国城市地价南高北低的趋势。

作为一定地域范围内的政治经济中心，城市总是与其依托的地区保持密切的社会经济联系。城市既需要从外部地区输入原料、能源、副食品和劳动力，又要依靠广大地区作其消费市场。因此，城市周围地区的状况不仅影响其性质规模，也决定城市土地的产出率和地租水平。而城市作为一个流动中心，对外联系强度在很大程度上取决于交通运输条件。交通设施的建设可促进土地的开发，使城市土地增值，所以通达性是土地利用过程中首先要考虑的因素。便捷的交通网络可以缩短物品流通的时间，增强其流通性，减少原料产品的运输成本，增加其交易量，从而使单位城市土地获得更多的超额利润，城市地价升高。交通便利、地理位置优越的城市不仅城市规模和经济发展都优先于其他城市，而且城市土地的利用效益也会明显高出其他城市，其外部表现形式即为那些对外交通条件好的城市土地价格高于其他城市的土地价格。

城市对外交通条件在城市区位形成中的作用主要有：在其他因素恒定的情况下，各类用地都有向公路交通便捷的地方集聚或分化；城市新的土地可开发区现有通达性水平越高，用于投资的土地价格越高；良好的对外交通条件是土地区位优势的重要组成部分。

2）微观区位因素

一个城市内部不同区位对于土地价格影响极大，实物、权益相似的两地块，因土地区位存在差异，土地价格可能会有很大的不同。土地区位之所以对土地价格有影响其原因在于：一是不同区位的土地，单位土地面积产出存在差异，区位好的产出高，区位差的产出低；二是不同区位的土地地租支付能力存在差异，区位好的地租支付能力强，区位差的地租支付能力弱；三是不同区位的土地，生产、生活的舒适性、便利性存在差异，即周边的基础设施、公共设施条件存在差异。基础设施、公共设施、环境景观条件好的地块价格高，反之，地块价格低。土地微观区位对地价的影响具体体现在如下几个方面。

（1）位置。位置包括土地在城市或区域的方位、自然地理位置、经济地理位置、人文社会地理位置等。方位是指处于城市或区域的什么方向。所处方位不同，决定了城市不同区域在风向、河流方向等方面的相邻关系上的差异，从而对人体健康、区域环境产生不同影响。同时，方位不同，在区域规划、城市规划中的定位可能有差异，影响区域发展的前景，从而对地价产生影响。

自然地理位置会影响土地的气候、水文、植被等状况，从大尺度上影响土地价格水平。人文、经济地理位置是指距重大人文经济地物的距离，如距市政府、火车站、汽车站、公交车站等的距离。距离又可分为直线距离、交通线路距离、交通时间距离和经济距离等。从经济学的角度评价，距正的外部性人文经济地物的距离越近，地价越高；距负的外部性人文经济地物的距离越近，地价越低。

专栏 5-1　地形因素等对重庆市、成都市基准地价的影响

　　由图 5-3 可以看出，重庆市、成都市主城区（中心城区）地形条件、城市空间结构不同，导致两市土地级别和基准地价的空间分布呈现差异。重庆市是山地城市，城市土地级别、基准地价的空间分布是非连续的，呈现出明显的多中心特征；成都市是平原城市，城市土地级别、基准地价的空间分布是连续的，由市中心向外呈现出同心圆状递减的特征。

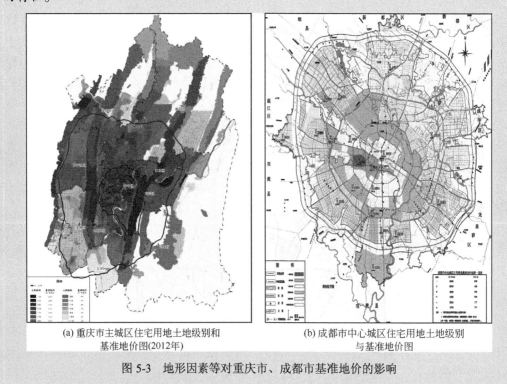

(a) 重庆市主城区住宅用地土地级别和　　　　(b) 成都市中心城区住宅用地土地级别
　　　基准地价图(2012年)　　　　　　　　　　　　与基准地价图

图 5-3　地形因素等对重庆市、成都市基准地价的影响

　　（2）临街状况。土地的临街状况是指地块是否临街，几面临街，所临街道的性质等。在土地估价中，临街的地块称为临街地，不临街的地块称为袋地。

　　土地临街状况对地价影响非常大，这种影响在商业用地中表现得尤为突出。在同等情况下，临街地的价格可能会远远高于非临街地价格，两面临街的土地价格又高于一面临街的土地价格。临街地的价格状况还与临街的宽度、深度即宽深比有关。

　　（3）交通状况。交通状况对地价的影响体现在很多方面，包括距对外交通设施、对内交通设施的距离、交通方式、公共交通线路数、轨道交通线路数、发班频率、早班和晚班发班与收班时间、交通管制状况、区域路网类型、路网密度、路网性质、停车场状况等。例如，距离公交站点较近的地块价格一般高于较远的地块价格，临近轨道、公交线路数量越多的地块价格高于线路数少的地块价格，没有交通管制的道路两侧的地块价格高于有交通管制的道路两侧的地块价格。

专栏 5-2 临街深度价格递减原理

通常情况下，随着距街道距离的加大，临街土地价值呈现出递减的趋势，因为离街道越远，通达性越差，价值就越小。假设将一宗临街土地划分为若干与街道平行的细条，则接近街道的细条土地价值大于远离街道的细条土地价值（图5-4）。

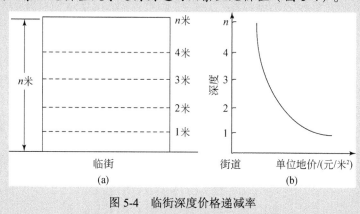

图 5-4 临街深度价格递减率

（4）外部配套设施。外部配套设施包括地块外围的基础设施和公共设施配套条件。基础设施完备齐全、保障水平高的地块价格高于保障水平较低的地块价格，公共设施配套条件好的地块价格高于配套较差的地块价格。

（5）周围环境。周围环境是指对地价有影响的土地周围的物理性状因素和人文状况因素，主要有大气环境、水文环境、声觉环境、视觉环境、卫生环境和人文环境等。

（二）人口因素

人口状况对土地价格的影响主要体现在人口数量、人口结构和人口素质三个方面。

1. 人口数量

从市场需求的角度讲，人口数量对土地价格影响极大。一般而言，人口数量越多，土地价格越高。由于土地市场具有区域性，从大区域尺度层面泛泛而谈人口数量对土地价格的影响意义有限，只有从小尺度角度来考察这一问题才有价值，此时，人口数量的影响则主要体现于人口密度上。

当然，人口数量包括人口密度对地价的影响是双向的，一旦人口数量（人口密度）过大，超过了最适宜范围，甚至出现了城市病，人口数量（人口密度）对地价的影响就变成了负面因素。

2. 人口结构

人口结构包括人口的年龄结构、性别结构、家庭结构、宗教结构、文化结构等多个方面。以人口的年龄结构影响为例，不同年龄阶段的人，对土地、房地产的需求呈现较大差异。刚入职场的年轻人，收入有限，对位于快速干道边的小户型需求大，如果一个城市年轻人数量多，满足上述条件的土地价格就高；而中年人或老年人具有一定的经济实力，对医疗、康体、环境要求高，如果一个城市老年人数量多，满足上述条件的土地价格就高。又例如人口家庭结构对地价的影响，随着社会经济的发展，家庭结构趋于小型化，家庭数量增多，用地需求增加，导致住宅用地地价上涨。

3. 人口素质

人口素质与人口受教育程度和文化素质有关，对住宅地价有较大影响。随着社会文明的不断发展、人口素质的不断提高，对住宅的环境景观、周边的文化、娱乐、健身等配套设施及区域内部的人文环境要求越来越高，满足这些条件的区域地价水平就会上升。反之，如果一个区域居民素质低、构成复杂、社会秩序差，人们多选择离开这一区域，可能导致该区域地价下跌。

（三）社会因素

社会因素主要指人文社会状况及人的心理、行为等对土地价格的影响。

1. 政治安定状况

政治安定状况是指一个国家内部持不同政治观点的党派、团体的冲突情况及政权的稳定状况。政局动荡影响社会稳定、经济发展、房地产投资及置业信心，从而影响土地价格。政治安定状况对地价的影响是大尺度、大范围的，即一个国家政局不稳定，会导致全国地价水平整体低迷。

2. 社会治安状况

人类需求是土地需求的源泉，无论是生产还是生活，人们都需要稳定、安宁的社会环境。同时，因为土地是不动产，土地不可能产生空间移动，一旦社会治安恶化，土地、房地产短时间内难以变现。相对于政治安定状况，社会治安状况对地价的影响是小尺度的，主要体现在城市和社区层面。

3. 城市化

随着社会经济的发展，世界各国的城市化水平在不断提高，一方面，意味着会有越来越多的人口居住在城市，城市人口增加，导致城市用地需求增加，城市地价上涨；另一方面，意味着会有更多的农村空间演变为城市空间，农业空间演变为非农空间，一旦空间性质发生变化，用地性质也将随之发生变化，地价会有较大幅度提高。

4. 房地产投机

房地产投机是指投机者期望利用房地产价格的变动获得超常利润的行为。房地产投机建立在对未来房地产价格上涨预期的基础上。

房地产投机危害众多，不少人认为房地产投机只会引起房地产价格上涨，事实上，这种观点是不全面的。房地产投机对地价、房价的影响可能有三种情况：①引起地价、房价上涨；②引起地价、房价下跌；③起着稳定地价、房价的作用。至于房地产投机到底会产生何种结果，取决于当时的条件，包括投机者的目的、素质和心理等。

5. 教育及社会福利状况

教育及社会福利状况会影响人的终生发展及生活的便利性、舒适性及保障程度等。从大尺度看，地区之间、城乡之间、发达地区与落后地区之间存在着明显的教育、福利等公共服务非均等化现象，从而导致上述地区地价差异明显；从小尺度看，区域内教育资源的分配，也是公共服务非均等化对于地价影响的重要体现。

6. 生活方式

生活方式是指人们对物质文化等多方面的表现和追求。随着社会的发展及生活水平的提高，人们的生活方式在不断发生变化。以居住方式为例，随着经济发展、社会进步，人类的居住要求日趋多元化，对居住面积、居住环境、周边的娱乐、文化、健身配套等要求越来越高，促使该类用地需求总量及结构的不断变化，最终导致地价变化。

（四）经济因素

经济因素主要指经济发展状况、储蓄和投资水平、财政与金融状况、居民收入和消费水平、物价变动、利率水平、技术进步及产业结构状况等对土地价格有影响的因素。

1. 经济发展状况

衡量一个国家经济发展状况的因素主要包括经济总量和人均量、产业结构、社会福利水平、资源利用等。经济发展状况好意味着经济繁荣，生产、生活活跃，财政、金融状况景气，就业机会多，民生事业发达，全社会对土地需求量大，从而引起土地价格上涨；反之，经济发展状况不佳，会抑制地价上涨。

2. 储蓄和投资水平

就土地、房地产储蓄和投资而言，只有长期的储蓄，才会形成短时间的土地、房地产投资。一旦前期的连续高储蓄状况突然转向，很可能意味着土地储蓄已转化为土地投资，预示着该地区不久将出现新一轮房地产开发热潮，推动地价快速上涨。

3. 财政与金融状况

国家的财政、金融状况好，会导致市场上的货币供应量增加、资金流动性增强、全社会的经济活动变得更加活跃，促使用地需求增加、地价上升。如果资金供应量过大，甚至会形成资金过剩，而社会过剩资金在寻求出路时，往往将保值、增值性较强的土地、房地产领域作为其重要选择，使得土地需求量进一步增加，地价进一步上涨；反之，如果国家的财政、金融状况不好，会造成银根紧缩、资金流动性不足，导致土地需求下降、地价下跌。

4. 居民收入和消费水平

居民收入和消费水平是影响市场需求量的重要因素。随着社会经济发展、居民收入水平、消费水平的提高，对土地、房地产的需求在不断发生变化，不仅土地需求总量在增加，而且土地需求质量也在不断提高。例如，随着居民收入水平和消费水平的提高，对改善型住房、享受型住房需求越来越多，从而不断推高此类土地价格，影响土地价格变化。

5. 物价变动

物价变动包括生产资料和生活资料价格的变动。就房地产而言，物价上涨，会导致房地产价格上涨，甚至房价上涨速度会快于物价上涨速度。一般而言，房价上涨会带动地价上涨，间接推高地价。同时，在通货膨胀的局面下，出于保值、增值的考虑，全社会对房地产的需求进一步增加，促使地价进一步上涨。

6. 利率水平

存贷款利率、购房首付款的比例、准备金利率等将对房地产供给、需求产生重大影响，成为房地产宏观调控的重要手段，进而影响土地价格。一般而言，土地价格与利率呈负相关关系，利率下降，导致房地产价格上升，继而带动土地价格上升；反之，利率上升，房地产价格下降，导致土地价格下降。

7. 技术进步及产业结构状况

技术进步会提高生产水平，改变产业结构、产品结构和消费结构。产业结构的变化会引发社会结构、空间结构的变化，继而影响社会经济及生活的方方面面。例如，交通运输技术水平的提高，间接缩短了空间距离，增强了区域同城化，缩小了区域地价差异。又如电子商务的发展，导致社会对实体零售物业需求下降，将极大地影响城市商业用地价格的变化规律。

（五）法律、制度（行政）因素

法律、制度（行政）因素是指法律法规、国家经济制度、政策等对土地价格有影响的因素。土地、房地产事关国计民生，世界各国对土地市场、房地产市场的调控普遍强于其他商品市场，进而影响土地价格。

1. 法律法规

现行的土地、房地产的法律、法规涉及土地开发、利用、保护，房地产开发、经营、管理等方方面面，任何土地行为都必须符合相关法律、法规规定，土地法律、法规深刻影响着土地价格。例如，20世纪90年代土地增值税法出台，对抑制地价、房价过快增长起到了十分显著的作用。2016年国家在部分地区开展农村集体经营性建设用地入市改革试点，部分地区集体经营性建设用地价格已经接近城市边缘区的市地价格。集体建设用地价格的形成及变化均源于法律法规的变化。

2. 土地制度

土地制度包括土地所有制和土地使用制度。土地制度的变化直接导致土地价格的变化。在城市土地使用制度改革之前，因为土地使用制度、住房分配制度、房地产开发制度的制约，中国并不存在严格意义的房地产业，城市建设对土地的需求有限，地价水平低下。城市土地使用制度的改革，使得城市土地价值得以充分体现，伴随城市建设、房地产开发用地需求激增，城市地价水平随之上涨。

3. 住房制度

住房制度是指住房供给、分配及相应的配套制度。中国传统计划经济时期的住房制度是统建统分、低房租、无期限使用的福利分房制度。计划经济时期经济落后、资金缺乏、职工住房建设欠账严重，导致用地需求不旺盛；住房及各业用地行政配置，不存在土地价格。20世纪90年代，中国废除集资建房和福利分房制度，住房供给改为双轨制，主体通过市场渠道，购买商品房，对于中低收入阶层，则由政府提供保障性住房，包括经济适用住房、廉租房和公共租赁房。住房制度改革之后，社会资本大量进入房地产市场，成为房地产市场的主力，住房市场发展迅猛，土地价格也有了大幅度提高。

4. 土地利用规划和城市规划

土地利用规划规定了土地利用的性质、土地利用的规模、土地利用的结构、土地供给的规模和结构等。城市规划规定了城市扩展方向、用地结构、功能分区等，决定了城市不同区域土地开发的价值，尤其是城市详细规划，更是明确了土地用途、土地利用强度（建筑密度、容积率、建筑高度等），直接影响土地价格。土地利用规划和城市规划在很大程度上会影响土地价格的总体水平、未来变化趋势、空间分布等。土地利用规划和城市规划对土地价格的影响主要体现在以下方面。

1）用地性质规定

控制性详细规划规定规划区范围内各类用地的界限，规定各类用地内适建、不适建或者条件允许建设建筑类型。中国实行土地用途管制制度，不同用途用地的地价差异较大，对高收益、低收益及非收益类型土地性质的界定，直接影响该地块的地价水平。

2）用地结构安排

用地结构是指城市规划区内各类用地在总用地中的比例。合理规划城市的商业、工业、居住，以及非经营性的交通、广场、绿地比例，有利于提升城市整体的土地利用效益，从而提升城市整体地价水平。例如，美国加利福尼亚州为满足城市发展和各职能部门相互协调，出台了规划法，规定了城市的商业、工业、居住，以及非经营性的交通、绿地比例，提高了了该区域整体的地价水平。

3）地块使用控制

地块的各项控制指标包括建筑高度、建筑密度、建筑后退红线距离、绿地率等，这些控制指标直接影响地上允许建筑的面积。一般来说，可开发的建筑面积越大，土地利用的收益率越高，地价也相应较高；而当可开发的建筑面积较小时，容易造成土地利用不充分，则会降低地价。

4）城市发展方向

城市的规划发展方向是指城市各项建设规模扩大所引起的城市空间地域扩展的主要方向。处于主要发展方向区域内的土地优先开发，区域内基础设施、公共设施等都将优先于其他区域建设，使得该区域土地利用效益高，土地价值水平也相应较高。

5. 房地产相关税制

房地产税制是指针对不动产取得、保有、流转三个环节所采取的税种设置，包括不同税种对纳税对象、纳税人、税率等的具体规定。考察税制对土地价格的影响主要从两方面着手，一是税负是否发生转移；二是税负如何影响土地供求关系。如果房地产取得环节的税负增加，会抑制购买欲望，降低土地和房地产价格；如果房地产持有环节税负增加，会减少房地产持有人的实际收益，降低房地产市场需求，导致土地及房地产价格下降；如果房地产流转环节税负增加，将抑制房地产流转，减少房地产供给，从而导致土地和房地产价格上涨。

6. 土地政策

土地既是宝贵的资源，又是珍贵的资产，土地利用关系到国计民生，因此，世界各国对土地利用都非常重视，均制定了大量的土地利用管控政策。考察土地政策对地价的影响必须清楚政府出台相关土地政策的目的、初衷，如果是为了抑制土地和房地产开发，出台的土地政策可能会导致地价上涨，如果是为了促进土地和房地产开发，土地政策可能会导致地价下降。

7. 行政隶属关系变更

行政隶属关系变更分为三种情况：一种情况是行政级别的调整，以行政级别提高为主，如县级市升格为地级市，省辖市升格为中央直辖市，会导致行政资源增加，人口吸引力增强，城市化进程加快，经济发展活力增强，用地需求增加，土地价格上涨。例如，重庆直辖前后地价发生了很大变化。二是行政管辖范围的调整，从一个区域管辖调整为另一个区域管辖，尤其是从相对落后的区域划为相对发达的区域管辖，例如，简阳市由四川省资阳市代管划为成都市代管，导致地价飞速上涨。三是某种形式的开发区或管委会的设立，例如，雄安新区的设立，尽管行政级别、管辖范围均未发生变化，但仅仅是在新区设立的短时间内地价、房价出现了大幅度上涨。

专栏 5-3　法律因素、政策因素对美国地价、房价的影响

据《经济观察网》2017 年 4 月 22 日报道，当加利福尼亚州的房价已经数倍于全国平均值时，该州人民的收入增幅甚至低于美国其他地区。而人口增长方面也很难支撑房价的上涨，因为旧金山半岛 20 世纪 70 年代期间的人口增长，与全国增长的幅度大体持平，甚至于像加利福尼亚州帕罗奥图市这样的地区，在这一时期的人口数量还退减了 8%，但房价同期却上涨了近 4 倍。

事实上，造成地区间房价差异的最大因素在于土地的价格。根据美国国民经济调查局的估算，在芝加哥，每 1000 平方米的土地为房屋成本贡献 140 000 美元，在圣地亚哥这一数字为 285 000 美元，在纽约约为 350 000 美元，而在旧金山则接近 700 000 美元！这也就解释了何以在旧金山普普通通却价格不菲的房屋会遍布整个城市。

考察历史可以发现，正是在 20 世纪 70 年代，加利福尼亚州开始广泛制定严格限制土地使用的法律和法规。这些法律和法规普遍禁止在开阔地上建房，目的是"保护空地"、"保护耕地"、"保护环境"、"历史遗迹保护"等政治性口号。在这样的限制下，加利福尼亚州开始出现越来越多的"空地"，土地资源被人为造成一种稀缺状态，这自然就推动了土地价格的上涨，并最终导致普通大小的房屋也成为百万"豪宅"。

同样的土地限制政策，自 20 世纪 70 年代开始，从加利福尼亚州沿海岸各县广泛地传播到全国各地，一直延续到多年以后。而不管土地政策在何年、何地颁布，当地房地产价格都应声飙升，无一例外。针对全美各县的调查证明，那些让"房地产市场变得难以承受"的时刻，往往伴随着"当地政府发展管理措施或限制政策的出台和通过"。

当然，禁止在开阔地上建房并非唯一的限制法律或政策。在美国各地出台的各项限制发展政策中，还包括区块划分、建筑物高度限制、最小地块面积规定、遗迹保护限制、建筑许可限制、农用地保护制度等。而在一些地区的司法体系中，规划委员会拥有绝对权力裁决建筑的许可与否，这也使得该委员会的存在直接导致了房地产成本的增加。

美国房地产市场不平衡的"繁荣"背后的逻辑：出台了由一系列限制政策组成的城市发展管理计划的地方，房价往往格外"繁荣"，通常就是全国平均水平的数倍，而"缺乏管理"的城市的房价，事实上仍可被大多数民众承受。调查显示，在一个位于"缺乏"城市发展管理计划的美国城市的家庭，可以 150 000～200 000 美元的价格购买到一幢面积大约为 200 平方米的优质"中产阶级"住宅，而在那些拥有 10～15 年发展管理计划的城市，同样的房屋将耗资 300 000～400 000 美元，如果发展管理计划延长到 25 年或更久，那么同质的房屋价格将达到 500 000～1 500 000 美元。例如，从没有过任何区块划分法规的休斯敦，市里一幢价格 155 000 美元的房屋，在土地政策"无穷无尽"的圣琼斯价格会超过百万美元。

（六）其他因素

1. 心理因素

相对于一般商品，土地、房地产缺乏可比性，交易时受交易双方个别因素的影响较大。

其中，交易者的心理因素又在交易者的个别因素中占据比较大的份额。如果交易者对交易的土地有特别偏好，交易价格会偏离正常价格；如果是急于购买或急于出售土地，交易价格也会偏离正常土地价格。此外，讲究风水等心理因素也会影响土地价格。

2. 国际政治状况

国际政治状况直接影响国与国之间的经济交往。一方面影响国家之间的外贸进出口，影响外向型企业的供求状况及投资取向；另一方面也影响国家之间人员往来机构的设置及资金流向，影响土地需求，最终影响土地价格。

3. 国际经济状况

随着经济全球化的逐步推进，国家之间的经济联系将日益密切，一个国家的经济状况常常会影响其他国家和地区的发展。例如，自 2010 年以来金融危机的爆发，欧洲等国家、地区经济不景气，导致中国外贸出口受阻，进而影响沿海地区外向型经济发展，外贸企业用地需求减少，地价也因此受到影响。总体而言，土地市场是区域性市场，国际政治、经济状况对国内土地市场的影响小于国内政治、经济状况的影响。

第三节　土地价格评估的主要方法

土地价格复杂、多样、多变，必须是由专业人员，采用专业方法将客观存在的土地价格揭示出来。所谓土地估价是指土地估价专业人员根据估价目的和待估土地状况，遵循估价原则，按照一定的估价程序，在全面调查和综合分析影响地价因素的基础上，选用适宜的估价方法，对待估土地在估价期日的价格进行估算和判定的行为。土地估价分为城市土地估价和农村土地估价，本章主要讲述城市土地估价方法。常见城市土地估价方法有市场比较法、收益还原法、成本逼近法、基准地价系数修正法等。

一、市场比较法

（一）基本概念

市场比较法是根据替代原则，将待估宗地与具有替代性的，且在估价期日近期市场上交易的类似宗地进行比较，并对类似宗地的成交价格进行差异修正，以此估算土地价格的方法。

（二）理论依据和方法

市场比较法的理论依据是土地价格形成的替代原则。尽管土地具有独一无二性，但在现实的土地交易中，任何理性的交易者都会将拟交易地块与市场上相似的地块进行比较，使其成交价格既不能过高，也不能过低，即可用相似土地价格替代待估土地价格。就土地估价而言，替代原则要求在同等条件下评估价值与估价对象类似的土地价值或价格的偏差应控制在合理范围之内。

根据替代原理，如果能够在市场上找到相似成交实例，就可以用相似成交实例的价格来估算待估宗地的价格。

当然，在用比较实例价格估算待估宗地价格时，因为比较实例与待估宗地在交易情况、区域因素、个别因素等方面存在差异，成交日期与估价期日也不尽相同，需要对比较实例进行交易情况、估价期日、区域因素、个别因素等方面的修正。市场比较法的公式如下：

待估宗地价格＝比较实例价格×交易情况修正系数×交易日期修正系数×区域因素
　　　　　修正系数×个别因素修正系数

（三）适用的估价对象

市场比较法适用的估价对象是某一区域内同类数量较多、前期交易数量多且具有一定可比性的土地，主要包括：①住宅用地，如普通住宅用地、公寓用地、别墅用地等。②商业用地，尤其是一般商业用地。③写字楼用地。④标准厂房用地。从理论的角度讲，这些类型的土地满足了市场比较法的评估条件，适宜采用市场比较法估价。但如果某一区域，上述类型的土地数量很少，或者数量多，但市场交易少，仍然不能采用市场比较法评估地价。

下列土地难以采用市场比较法估价：①数量很少的土地类型，如特殊厂房、机场用地、码头用地、博物馆用地、教堂用地、寺庙用地、古建筑用地等。②很少发生交易的土地类型，如学校用地、医院用地、行政办公用地等。

二、收益还原法

（一）基本概念

收益还原法是指将待估宗地未来正常年纯收益（地租），以一定的土地还原率还原，以此估算待估宗地价格的方法。

收益还原法的基本原理与土地劳动价值论中地价的含义相一致，土地物质没有凝结人类劳动，没有价值，但土地有价格，土地价格实质上是地租的资本化。

（二）理论依据和方法

收益还原法以预期原理为基础。根据预期原理，决定土地当前价格的不是基于其过去的价格、开发成本、收益或市场状况，而是基于市场参与者对其未来所能产生的收益或能够获得的满足、乐趣等的预期，即土地未来收益高，当前土地价格就高。土地未来收益与目前地价的关系类似于存款利息与存款本金的关系，利息高，则本金高。

收益还原法的公式：

待估宗地价格＝未来第一年净收益的现值＋未来第二年净收益的现值＋…＋未来
　　　　　第 n 年净收益的现值

假设净收益不变，收益为有限年限，各相关因素不变，收益还原法的公式转变为

$$P=\left(\frac{a}{r}\right)\left[1-\frac{1}{(1+r)^n}\right]$$

式中，P 为待估宗地价格；a 为年纯收益；r 为土地还原利率；n 为未来土地收益年期。

（三）适用的估价对象

收益还原法适用的估价对象是具有现实和潜在收益性的土地。能否采用收益还原法估价，不在于在估价时点，待估宗地是否有收益存在，只要待估宗地具有产生收益的潜质，该待估宗地就可以采用收益还原法估价，包括住宅用地、写字楼用地、商店用地、宾馆用

地、餐馆用地、游乐场用地、影剧院用地、加油站用地、厂房用地、仓库用地、农地等均可采用收益还原法估价。但行政办公用地、学校用地、公园用地等公用、公益性用地不适用收益还原法估价。

三、成本逼近法

（一）基本概念

成本逼近法是以取得开发土地所耗费的各项客观费用之和为主要依据，加上客观的利润、利息、应缴纳的税金和土地增值收益等确定土地价格的方法。

（二）理论依据和方法

成本逼近法的理论依据可以分别从买方和卖方的角度来考察。从卖方的角度来看，成本逼近法的理论依据是生产费用价值论，即卖方所能够接受的最低价格不能低于开发建造该土地所产生的费用，如果低于该费用，卖方则会亏本；从买方的角度来看，成本逼近法的理论依据是替代原理，即买方所愿意付出的最高价格不能高于预期的重新开发建造该土地所产生的费用，如果高于该费用，买方则会自己开发该土地，不会购买。

成本逼近法的基本公式：

$$V = E_a + E_d + T + R_1 + R_2 + R_3$$

式中，V 为土地价格；E_a 为土地取得费；E_d 为土地开发费；T 为税费；R_1 为利息；R_2 为利润；R_3 为土地增值收益。

（三）适用的估价对象

成本逼近法一般适用于新开发土地、工业用地、特殊性土地估价，特别适用于土地市场不发育，缺乏交易案例，无法采用其他方法估价的土地。

四、基准地价系数修正法

（一）基本概念

基准地价系数修正法是指利用城镇基准地价及其地价修正系数表等成果，按照替代原理，将待估宗地的区域条件、个别条件等与基准地价的条件相比较，进而通过修正求取待估宗地在估价期日价格的方法。

（二）理论依据和方法

基准地价系数修正法的理论依据与市场比较法类似，都是替代原理，不同的是比较的对象不一样，市场比较法是将比较实例与待估宗地在交易情况、交易日期、区域因素、个别因素等方面进行比较，而基准地价系数修正法是将基准地价所规定的该土地级别、该用途的区域因素、个别因素与待估宗地进行比较。

基准地价系数修正法的基本公式：

$$P = P_{1b} \times \left(1 + \sum K_i\right) \times K_j + D$$

式中，P 为待估宗地地价；P_{1b} 为某一用途、土地级别（均质区域）的基准地价；$\sum K_i$ 为待估宗地地价修正系数；K_j 为估价期日、容积率、土地使用年期等修正系数；D 为土地开发程度修正值。

（三）适用的估价对象

基准地价系数修正法适用的前提是该城镇已经编制并公布基准地价和基准地价修正系数表，否则无法采用基准地价系数修正法估价。

第四节　中国的地价体系

因为土地实物、权益、区位的差异及交易目的等的不同，土地价格可分为多种类型，从而构成了土地价格体系。

根据土地产权关系的不同，土地价格可分为土地所有权价格和土地使用权价格。中国土地属于国家和集体所有，不存在土地所有权交易和土地所有权价格，只有土地使用权价格。城市土地使用权价格主要有出让土地使用权价格、租赁土地使用权价格、转让土地使用权价格等；农村土地使用权价格主要有农村集体农用地使用权价格、农村集体建设用地使用权价格、农村集体经营性建设用地使用权价格等。按地价的形成方式和目的不同可分为评估价格、交易价格、政策性价格。根据评估的目的和交易的目的，评估价格和交易价格又分为多种价格形式，政策性地价是指土地管理部门为了指导和控制土地市场而编制的价格，中国目前的政策性地价主要有最低限价、标定地价、基准地价等。

目前，在中国的土地价格体系中，较重要的有以下几种价格形式：基准地价、标定地价、交易地价及其他价格形式。

一、基 准 地 价

基准地价是各个土地级别或区域的平均价格，包括城镇基准地价和农用地基准地价。

（一）城镇基准地价

因为城镇、农村土地市场活跃度、管控力度差异的缘故，目前，城镇基准地价是中国基准地价的主要形式。

1. 概念

所谓城镇基准地价是指在土地利用总体规划所确定的城镇建设用地范围内，在平均开发利用条件下，根据估价期日的法定最高土地使用权出让年期，分商服、住宅、工业等不同用途，分不同级别或不同均质区域，由政府主导评估的建设用地土地权利的平均价格。

简单讲，中国的城镇基准地价由政府组织或委托评估，并定期更新，是某一土地级别或某一均质区域某一土地用途的平均价格，是最高土地使用权出让年期的价格，是土地使用权价格，是特定土地开发程度下的价格。

从 20 世纪 90 年代开始至今，中国建制镇以上的城镇基本上都已经完成了基准地价的编制工作，不少城镇还进行了多次更新。城镇基准地价在指导城镇土地出让交易、城镇宗地价格评估等方面起到了重要作用。

2. 表现形式

常见的基准地价表现形式有以下三种。

（1）级别基准地价。级别基准地价是在城镇土地定级的基础上，以城镇土地级别为编制对象，所制定出来的土地级别的平均价格。

（2）区片基准地价。区片基准地价是根据"用途相同、位置相邻、地价相近"的原则，将一个城镇划分为若干个地价均质区域（片区），然后确定各个片区的平均价格，即作为片区基准地价。片区基准地价也可以在级别基准地价的基础上进行细分，将同一土地级别划分为若干均质区域，然后评估出区片的基准地价。

（3）路线价。路线价是附设在街道上的若干标准临街宗地的平均价格。标准临街宗地要满足如下要求：一面临街；土地形状为矩形；临街深度为标准临街深度；临街宽度为标准临街宽度；宽深比适当；用途为所在路线价区段具有代表性的用途；容积率为所在路线价区段具有代表性的容积率。

专栏 5-4　北京市基准地价

表 5-1　北京市基准地价　（单位：元/建筑平方米）

更新时间：2014-01-01

土地用途		商业		办公		居住		工业	
价格类型		基准地价（楼面熟地价）	平均熟地价	基准地价（楼面熟地价）	平均熟地价	基准地价（楼面熟地价）	平均熟地价	基准地价（楼面熟地价）	平均熟地价
土地级别	一级	26 980～32 980	29 980	26 170～31 990	29 080	25 850～31 590	28 720	9 860～13 340	11 600
	二级	21 970～28 730	25 350	21 480～28 080	24 780	21 250～27 790	24 520	6 660～10 000	8 330
	三级	17 430～24 410	20 920	17 140～24 000	20 570	16 990～23 790	20 390	4 530～6 790	5 660
	四级	13 330～19 990	16 660	13 160～19 740	16 450	13 060～19 600	16 330	3 090～4 650	3 870
	五级	10 420～15 620	13 020	10 310～15 470	12 890	10 250～15 370	12 810	2 140～3 200	2 670
	六级	8 130～12 190	10 160	8 060～12 080	10 070	8 010～12 010	10 010	1 490～2 250	1 870
	七级	5 940～8 900	7 420	5 880～8 820	7 350	5 840～8 760	7 300	1 060～1 600	1 330
	八级	3 970～6 330	5 150	3 920～6 260	5 090	3 890～6 210	5 050	780～1 160	970
	九级	2 680～4 280	3 480	2 640～4 220	3 430	2 620～4 180	3 400	580～880	730
	十级	1 700～2 840	2 270	1 670～2 790	2 230	1 650～2 750	2 200	450～670	560
	十一级	1 070～1 790	1 430	1 050～1 750	1 400	1 030～1 730	1 380	350～530	440
	十二级	680～1 120	900	650～1090	870	630～1 070	850	280～420	350

由表 5-1 可以看出，北京市的基准地价体系包含了商业、办公、居住、工业四种用地类型，每种土地类型均划分了十二个土地级别。北京市基准地价的表现形式是土地级别平均价格。

（二）农用地基准地价

农用地基准地价是指依据农用地的自然、社会、经济等条件评估的农用地不同级别、不同地类的平均价格。农用基准地价综合反映了农用地质量的高低与预期收益能力的大小，可作为农用地的承包经营权流转的价格参考。

目前农用地基准地价的评价对象是耕地，林地、草地、荒地等不同用途的农用地，可以以更低基准地价为基准，确定各自的基准地价。

二、标 定 地 价

标定地价是政府根据管理需要评估的，在公开市场和正常经营管理条件下，具体宗地在一定使用年期内的价格。 在已经建立基准地价的城镇，标定地价是指以基准地价为基础确定的标准地块的一定使用年期的价格，是政府根据管理需要，评估的标准宗地在正常市场条件下与某一估价期日的土地使用权价格。它是该类土地在该级别（或区域）的标准指导价格。

标定地价是宗地地价的一种，由政府组织或委托评估并定期公布，作为土地市场管理的依据。标定地价评估方法与一般宗地估价方法相同，可以以基准地价为依据，根据土地使用年限、地块大小、形状、容积率、微观区位等条件通过系数修正进行评估；也可以根据市场交易资料，采用一定方法进行评估。

标定地价的作用主要表现在以下几个方面：是政府出让土地使用权时确定土地出让金的依据；是企业清产核资中核定单位所占用地土地资产和股份制企业改革中土地作价入股的标准；是国家核定土地增值税和税制改革的依据；是划拨土地使用权转让、出租、抵押时，确定补交出让金的标准。

三、交 易 地 价

交易地价是指土地买卖双方按市场交易规则，在土地市场中的实际成交价格。交易价格与基准地价、标定地价不同，是已经实现了的土地价格而非评估价格。根据土地交易的种类，交易价格分为土地使用权出让价格、土地使用权转让价格、土地使用权租赁价格等。

（一）土地使用权出让价格

土地使用权出让价格是指国家将一定年期的土地使用权出让给土地使用者，由土地使用者向国家支付的费用。目前，中国的土地使用权出让有四种方式：协议、招标、拍卖、挂牌，相应地，就有协议出让价格、招标出让价格、拍卖出让价格和挂牌出让价格。根据国家相关规定，经营性用地出让只能采用招标、拍卖、挂牌三种方式，因此，就经营性用地出让价格而言，只存在招标出让价格、拍卖出让价格和挂牌出让价格，没有协议出让价格。在中国，土地使用权出让完全由国家主导、控制，相对于自由市场，土地使用权出让市场竞争不是很充分。

（二）土地使用权转让价格

土地使用权转让价格是指土地使用者在受让土地使用权之后，土地使用者之间依据市场规则转移土地使用权，受让人向转让人支付的代价。因土地转让市场中主体对客体的选择余地较大，交换较为自由，市场竞争较为充分，土地使用权转让价格是一种比较正常的市场价格。

（三）土地使用权租赁价格

土地使用权租赁价格是土地使用权人将土地使用权再转租给他人而获取的报酬。目前，土地租赁和房屋租赁在中国均比较普遍。土地使用权租赁价格由租赁双方自主确定，市场竞争较为充分，因此，土地使用权租赁价格是一种较为正常的市场价格。

四、其 他 价 格

其他价格形式主要有课税价格、抵押价格等。课税价格是专为国家或地方政府征收土地税收而确定的价格。课税价格可以是实际成交价格，也可以是评估价格或申报价格。例如，土地增值税就是以实际成交的土地价格作为税基。

抵押价格是将土地作为信用担保时而确定的价格。目前中国的抵押价格有土地使用权抵押价格和承租土地使用权抵押价格两种。

复习思考题

1. 如何理解土地价值的概念？
2. 马克思主义土地价值理论的主要观点是什么？
3. 如何衡量土地价值？
4. 地价的基本特征有哪些？
5. 影响地价的因素有哪些？
6. 市场比较法的基本原理和适用范围是什么？
7. 收益还原法的基本原理和适用范围是什么？
8. 成本逼近法的基本原理和适用范围是什么？
9. 基准地价、标定地价、交易地价的含义是什么？

参 考 文 献

毕宝德. 2016. 土地经济学 [M] . 7 版. 北京：中国人民大学出版社.

戴星翼. 1995. 环境与发展经济学 [M] . 上海：立信会计出版社：155.

杜亚平. 1994. 尼奥波尔德"土地伦理学说"简介 [J] .地理与地理信息科学，（1）：19-22.

黄贤金. 2009. 土地经济学 [M] . 北京：科学出版社.

李海姣，杨会东，徐霞. 2015. 基于土地伦理的南京市土地资源价值测算 [J] .价值工程，（13）：177-180.

李铃. 1999. 土地经济学 [M] . 北京：中国大地出版社.

刘幼慈，詹诗华，余国培. 1998. 我国城市地价评估模型及其空间分布规律研究 [J] . 中国人口·资源与
　环境，8（1）：20-25.

唐焱. 2006. 城市土地价格及其影响因素的理论与实证研究 [M] . 北京：中国大地出版社.

伊利，莫尔豪斯. 1983. 土地经济学原理 [M] . 北京：商务印书馆：106.

张薰华. 1996. 土地与市场 [M] . 上海：上海远东出版社：155-189.

周诚. 2007. 土地经济学原理 [M] . 北京：商务印书馆.

第六章　土地供给与需求理论

> 【本章内容要点】本章主要阐述土地供给与需求的内涵、特征及影响因素，并在此基础上进一步分析土地供求关系、作用机理，以及供求曲线的变动及均衡。土地供求关系受多种因素的影响，准确理解土地供求关系的变化规律，能为分析土地经济变化的态势提供基础。

第一节　土　地　供　给

一、土地供给的内涵

尽管当前人类活动的空间范围日益广泛，地球表层系统中很少有不受人类影响的地方，但并不是所有的土地现阶段都能够被人类进行经济利用，而且土地具有多用途性、多功能性，因此，土地供给与其他要素的供给有显著区别，其内涵较市场供求关系中的供给要丰富得多。

（一）针对全部土地而言的供给

土地供给是指可以为社会经济系统和自然系统运行服务的土地资源数量，包括可以利用、难以利用及不可直接利用的土地数量。可利用土地，指可以直接服务于社会经济系统和自然系统的土地，即可直接作为生产要素的土地。难以利用及不可直接利用的土地，其本身就是一种利用状态，有特别的生态功能及储备价值，需要进行土地整治、开发或待技术成熟后才可作为生产要素投入生产经营等利用活动。

（二）针对可利用土地的供给

可利用土地的供给指地球可提供给人类利用的各种生产和生活用地的数量。通常定义为：在一定的技术经济条件下，对人类有用的各种土地资源的数量，包括已利用的和未利用的后备土地储量的总和。

土地供给包括自然供给和经济供给。

二、土地自然供给

（一）概念

自然形成的可供人类利用的土地数量称为土地的自然供给，又称土地的物理供给或实质供给。它是地球所能提供给人类利用的土地数量，包括已被利用的土地资源和未来可供利用的土地资源，即后备土地资源。土地的自然供给相对稳定，一般不受人为因素或社会经济因素的影响，因此，它是无弹性的。

（二）主要特征

受土地自然特性的影响，其自然供给具有如下特征。

（1）供给数量的有限性。因受地球表面陆地部分的空间限制，土地自然供给的数量稳定且有限。土地是一种非可再生资源，自然供给的数量是固定不变的，是无弹性的。地球的表面积约 5.1 亿平方千米，其中海洋占 70.8%，约 3.62 亿平方千米，陆地面积仅占地球总面积的 29.2%，约 1.48 亿平方千米，目前真正能供人类使用的土地约 7000 万平方千米。全世界的土地数量是固定的，既非人力所能创造，也不会随价格和其他社会经济因素的变化而增减。人类主要生活在陆地上，但陆地上适于人类利用的或可利用的土地只有 7529 万平方千米，这就是全世界的土地自然供给。

虽然人类可以通过土地整治、围海造田等方式，在一定程度上增加陆地的土地资源自然供给数量，但从总体看，人类只能改变土地的形态，改善或改良土地的生产性能，但不能增加土地的总量，这是由陆地面积占地球面积的有限性所决定的。进一步而言，即使围海造田甚至将土地的内涵延伸到海域，则也会受到地球表面积的有限性所制约。所以人类必须集约利用土地，从而使有限的土地生产出更多的物质财富。

（2）供给数量和质量的区域差异性。由于土地的不可移动性，土地资源数量和质量本身具有区域差异性。土地的一个重要特征就是它的空间地理位置固定不变，并与周围自然条件紧密联系，具体体现为：第一，每一块土地的绝对位置（经纬度）是固定的，包括地面及其以上和以下的空间；第二，各块土地之间的相对位置（水平距离）的固定性，当然，交通条件可在一定程度上改变这种相对固定性，但交通条件改变后土地位置又表现出新的相对固定性；第三，每一块土地所处的环境及其物质构成也是固定的。例如，处于不同水热条件下的农用土地，要想完全改变其环境状况和物质构成几乎是无法实现的。土地位置固定和质量的空间差异性，导致不同国家或地区之间存在自然供给的差异性。例如，相同面积的区域可以利用的土地资源的比例不同，即土地自然供给中数量具有空间差异性；每个区域具有特定的地质地貌和水热条件，导致土地自然供给中质量具有很大的空间差异性。

（3）土地供给质量的可塑性。土地质量是指维持生态系统生产力和动植物健康而不发生土壤退化及其他生态环境问题的能力，包括与人类需求有关的土壤、水及生物特性，关系到以生产、保护及环境管理为目的的土地环境条件。土地质量的可塑性是指可以通过人类活动改变其质量的特性。具体而言，可以通过平整地块、改良土壤、轮作休耕等工程措施和种植制度的改变，提高农业用地质量；可以通过修建道路改善交通条件，以及修建和完善水、电、气、讯等管网基础设施提高建设用地质量。如果利用不当或过度利用，则可能造成土地质量下降，特别是在工业化、城镇化快速发展的今天，许多地方的土地利用已超过其承载力，例如，过量使用化肥、农药或工业废弃物排放造成土壤污染，地下水过度开采造成土地质量下降等。

需要指出的是，土地质量还包括地质环境质量，特别是对于建设用地而言，地质质量尤为重要，所以要求在建筑施工前，要搞好地质评价。例如，三峡大坝建设中有些县城搬迁时未开展地质评价，建在了地质断裂带上导致城市面临极大的地质灾害风险，就是一个教训。

（三）主要影响因素

土地自然供给主要受自然地理特征的影响，包括地形地貌、地质条件、气候条件、土

壤条件等。例如，高山、峭壁、陡峭的山地地貌区域，对人类生产生活限制较多，不适宜
大量的人类活动，土地自然供给较少；平原地貌区域，更适宜人类生产生活，土地自然供
给就多。地震、海啸、火山、滑坡、泥石流等多发区，往往需要限制人类活动，以减少地
质灾害带来的损失，土地自然供给少。气候条件对土地自然供给的影响是全方位的、多层
次的，例如，亚热带季风区，降水丰富、热量充足、土壤发育较好，适宜农业生产；而干
旱半干旱区及高寒区，或降水少或热量不足，对农业用地自然供给产生较大影响。

中国土地总面积约 960 多万平方千米，其中温带约占 25.9%、暖温带和亚热带分别约
占 18.5%和 26.0%，大部分属中纬度地带，拥有优越的热量条件；从降水条件来看，湿润
区占32.2%、半湿润区占17.8%、半干旱区占19.2%、干旱区30.8%。湿润半湿润区，全年
80%以上降水集中在作物生长期，有利于作物生长；干旱半干旱区，在无灌溉条件下，作
物一般为旱生作物，且收成不稳定，因此，该区域大部分为牧业区。我国山地、高原、丘
陵的面积约占土地总面积的69%，平地约占31%。中国的土地自然供给受地形地貌及水热
状况影响较大，东中部地区自然供给区位条件较好，而西北干旱半干旱区、青藏高寒区及
西南山区自然供给区位条件较差。

自然地理特征对土地自然供给的影响较为广泛，例如，耕地只能是水热条件合适、有
一定厚度的土层、坡度不太大的土地；种植橡胶的土地只能在热带；矿产地只能在有矿藏
的地方等。山地一般高差大、坡度陡、土层薄、土地的适宜性单一、宜耕性差，农业发展
受到较大限制，生态系统一般较脆弱，利用不当，极易引起水土流失导致土地退化。对于
一些专门用途的土地（如耕地），其自然供给也不会随价格和其他社会经济因素的变化而增
加，相反，由于其他用途的挤占（如建设占用）和自然损毁（如沙漠化和水土流失），自然
供给会减少；又如，矿产地由于不断采掘，此类土地的自然供给也呈现减少的趋势。

三、土地经济供给

（一）概念

土地经济供给，是指在土地自然供给的基础上，投入劳动进行开发以后，成为人类可
直接用于生产、生活的各种用途土地的有效供给。用地性质、用地结构的改变，资本投入
等的变化都会影响土地的经济供给，因此，土地的经济供给是具有弹性的。

（二）主要特征

（1）自然供给的基础性。土地资源的自然供给为土地经济供给提供了物质基础，尽管
人们可以通过资金、技术等的投入对自然供给的土地资源进行开发、整理，但土地资源自
然供给的地理区位是固定不变的。因此，某种用途的土地自然供给从根本上限定了该用途
土地的经济供给范围，它是经济供给的基础和前提。尽管土地具有多用途性，同一块土地
可作为住宅用地、工业用地、商业用地、交通用地、农业用地，甚至旅游娱乐用地等，也
可能具有共生性，例如，休闲观光农业就使得农业用途与旅游用途之间存在共生性。但土
地的最适宜用途往往只有一种，或少量的几种，特别是具有特殊使用要求的利用方式所能
使用的土地往往有限，如农业生产所需的耕地。因此在土地利用和管理过程中，应对土地
进行合理规划，以保证土地资源的合理、有效使用。

（2）经济杠杆的主导性。土地经济供给的数量受到土地经济杠杆（地价、地租、相关

土地税费等）的影响。地价上涨可导致土地经济供给数量的增加，相反，地价下降则使土地经济供给的数量减少（图6-1）。

（3）不同用途的差异性。不同用途的土地资源，其经济供给变化的驱动因素不一致。对于农业用地而言，其土地经济供给变化的驱动因素主要是农产品价格的变化。农产品价格高低及其变化引起农业土地利用的利润限界和技术限界变化，农产品价格上涨使得在原有利润限界内无利可图的农业土地变得有利可图，即扩展了农业土地利用的利润限界，从而使得原来农业土地利用的技术限界也

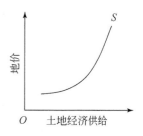

图6-1 地价与土地经济供给

随之拓展。对于工业用地而言，其用地扩张，是工业用地价格高于农业用地价格，从而使得农业用地在利润驱使下转化为工业用地。当然在工业用地内部，由于产业升级及现代工业用地收益的提升，也存在传统工业用地向现代工业用地转变的趋势。

（4）土地制度的限制性。由于中国城乡二元土地制度的影响，农村集体土地流转市场发展缓慢，在土地经济供给中，农村集体土地只限于在同一个村集体内部进行流转，严重阻碍了土地资源的有效配置。随着农村土地制度改革的深入，农村土地配置的市场化程度提高，土地经济供给也将发生变化。例如，尽管中国目前将建立城乡统一的建设用地市场作为土地配置方式改革的重点内容之一，出台了农村土地制度改革的相关政策，在符合规划和用途管制前提下，允许农村集体经营性建设用地出让、租赁、入股，实行与国有土地同等入市、同权同价。但由于农村集体经营性建设用地涉及范围窄，且可入市交易的存量农村集体经营性建设用地数量区域差异大；城市规划圈内与圈外集体建设用地收入差异等因素仍然会影响土地的经济供给。

（5）土地经济供给的稀缺性。它主要包括两层含义：首先，供给人们从事各种活动的土地面积是有限的；其次，特定地区、不同用途的土地面积也是有限的，往往不能完全满足人们对各类用地的需求，从而出现了土地占有的垄断性这一社会问题和地租、地价等经济问题。土地的稀缺性所引起的土地供不应求现象，造成了地租、地价的昂贵，迫使人们节约集约地利用土地，努力提高土地的有效利用率和单位面积产出率。

（三）主要影响因素

影响土地经济供给的因素主要包括自然因素、经济因素、技术因素和制度政策因素。

（1）自然因素在很大程度上决定了土地资源的经济供给。首先体现在土地自然区位无法改变上，其次地形地貌、水热组合、土壤肥力等均能影响土地的经济供给。例如，全球土地中，仅有 46%的土地有优良土壤覆盖；34%的土地有充足的降水；20%的土地水热等条件适宜种植小麦，36%的土地因崎岖不平，自然禀赋较差而无法实现（雷利·巴洛维，1989）。

（2）经济因素对土地经济供给的影响，主要表现为人类对土地资源投入的资本等经济要素的多少。一般来讲，中心城市及重点城镇资本等生产要素投入量最大，土地的经济供给也最多，随着距离的增加各种经济要素的投入不断减少，至边远山区达到最小，土地经济供给也最少。因此，土地经济供给与经济要素的投入总体上呈现出正相关关系。

（3）技术因素主要通过改变土地的可利用性和可利用程度来影响土地经济供给。当土地利用的科学技术发展到一定程度时，原来不能利用的土地变得可以利用，或原利用成本太高的土地，其利用成本降低，从而使土地经济供给远离自然供给限制而增大了扩展的可能性。有时，技术发展还能提供替代品，从而减少对某些土地的需求，也间接增加了某类

土地的经济供给。

（4）制度政策因素主要对土地经济供给的数量、时间和结构产生影响。政府通过法律、法规、规划，以及差别化的税收、投资、信贷和价格政策，可以促进或抑制土地的经济供给。土地政策对土地经济供给的影响尤为明显，在中国，城市土地所有权为国家所有，土地使用者只拥有土地使用权，政府作为土地的唯一供给者，具有垄断的供给权，因此，在土地市场中拥有绝对的话语权，土地政策对中国的土地供给会产生最直接的影响。例如，1979～1986 年中国土地政策的典型特征是将土地无偿使用变为有偿使用。自 1956 年中国社会主义改造完成至 1978 年改革开放之前，中国土地制度为无偿、无限期、无流动的行政划拨制，1979 年中国实行对外开放，三资企业大量涌入国内，中国开始征收土地使用费；1987 中国开始出让城市土地使用权，2002 年国土资源部发布了《招标拍卖挂牌出让国有土地使用权规定》（中华人民共和国国土资源部令第 11 号），土地政策逐步实现由低度竞争向高度竞争过渡。2003 年至今，土地政策的典型特征是将土地调控的重点由总量控制到结构控制，主要体现为通过土地利用总体规划、城市规划和土地年度计划等来调控总量，从限制高档商品房、写字楼积压地区的土地供应量和暂停别墅用地供应等对土地使用结构进行控制。从土地政策的演变可以看出，土地政策对土地供给的方式、数量和结构都产生了较大的影响。

四、土地自然供给与经济供给的关系

（1）土地自然供给是土地经济供给的基础，土地经济供给只能在土地自然供给的范围内变动。土地自然供给是大自然提供给人类可资利用的土地资源总量，而土地经济供给只是土地自然供给中的一部分，土地自然供给从根本上限定了土地经济供给的变化范围，是土地经济供给的基础和前提。但人们可在土地自然供给基础上，通过投入资金、技术和劳动力等进行开发，使其成为人类可直接利用的土地。

（2）土地自然供给针对人类的生产、生活及动植物的生长而言，土地经济供给则主要针对土地具体不同用途而言。土地是一个包括地质、地貌、气候、水文、土壤、植被等多种自然要素的自然综合体，其自然供给能为人类提供生产、生活空间，同时也为动植物繁衍生息提供必要的场所和生长环境。而土地经济供给主要通过投入资金和劳动等，改变土地的用途，如将农业用地、未利用地变为住宅、商服、交通运输、公共建设用地等，也可通过土地综合整治、土地利用结构调整、经济杠杆等方式增加土地经济供给。

（3）土地自然供给在相当长的时间内较稳定，无弹性，而土地经济供给会变化，有弹性，且不同用途土地的供给弹性不同。从短期看，土地的自然供给可以看作是一个固定不变的量，人类难以或无法增加；但从长期来看，一方面可以通过治理沙化土地、移山填海等途径增加土地的自然供给，另一方面也可能因洪涝等自然灾害或污染及不合理的矿产开采等对土地的破坏性使用导致土地有效供给减少。

五、增加土地经济供给的途径

（一）扩大土地利用面积

扩大土地利用面积是增加土地经济供给最直接的办法。目前，在地球赋予人类可利用的土地中，还有少量土地尚未开发利用。通过有计划合理开发这部分土地，可以适当扩大土地的经济供给。

（二）提高土地集约利用水平

提高土地利用集约水平是增加土地经济供给的有效手段。对于农业用地，可以通过中低产田改造、高标准农田建设等土地综合整治项目增加资金、技术等经济要素的投入，提高土地质量和土地利用集约水平进而增加土地经济供给；对于建设用地，同样可以通过增加劳力、资金、技术等经济要素的投入，适当增加容积率，达到间接增加土地经济供给的目的。

（三）建立合理的土地制度

合理的土地制度，尤其是合理的土地使用制度，可以调动人们珍惜土地、合理利用土地和有效开发土地的积极性。例如，实施闲置废弃农村建设用地复垦制度可以增加农业用地的有效供给；集体经营性建设用地入市流转能够盘活农村建设用地资产，增加农村二、三产业发展用地的有效供给。

（四）调整消费结构

因自然、经济条件的不同，某一区域的土地都有其最适宜的用途，即最适宜生产某一种或某几种产品的能力。如果适当调整人们的消费结构，使其与土地的适宜性相符合，那么，土地的最适宜性就能得以充分发挥，用较少量的土地就能提供较多的产品，从而间接增加土地的经济供给。

（五）利用新技术

利用新技术发展新型工业，生产多种农产品的代用品，可以使土地利用转入更迫切需要的方面。例如，发展新型食品工业，提高粮食的利用率和消化率，充分发挥粮食的营养作用，也等于增加粮食生产用地；发展新型建材工业，用煤渣和工业废料制砖，减少对耕地的破坏，这些措施都可间接扩大土地的经济供给。

（六）保护土地资源

保护和恢复土壤的良好理化性状、生态环境和水、温条件，能使现有耕地和其他土地持久地、高效率地为人类服务，永续利用。把拟转为建设用地的表层熟土、肥土剥离搬运至贫瘠的土地上，以提高农地的肥力水平，这也等于增加了耕地的经济供给。

第二节　土　地　需　求

一、土地需求的内涵

土地需求，即人类为了生存和发展利用土地进行各种生产和消费活动对不同用途土地的需要。随着经济社会的不断发展，人口数量不断增加及人们对生活质量要求的提高，人类已不满足于一般的生存条件，对土地的需求也在不断增加。

土地需求不仅在于满足人类本身生存和发展而进行各种生产和消费活动对土地物质和空间的需要，还要满足自然系统自身运行的物质需要，以及人类社会对于土地资源的生态需求和财产需求。土地需求是自然系统和社会经济系统对土地资源的物质支撑、生态维护、生产用途、消费活动、财产增值、国家或民族主权等需要的综合表现。

二、土地需求的特征

土地需求是多种因素综合作用的结果，涉及自然因素、社会经济因素、人口因素、政策、体制等多方面。不同的需求层次，其影响因素有所不同，例如现阶段，在国家层次更多考虑粮食安全、生态安全、主体功能区布局等对土地资源的需求；在区域层次，更多考虑经济社会发展的用地需求；在家庭和企业层次，则更多考虑土地产权保护、土地资产经营增值等问题。虽然不同层次的土地资源需求具有差异性，但总体而言，土地需求具有以下特征。

（一）土地需求的多元性

土地资源是人类一切社会经济活动的物质载体，土地需求的多元性主要表现在人类生存、社会经济发展、生态环境、国家主权等均需要土地资源提供保障。第一，人类个体及家庭的衣食住行等基本需要依赖土地资源提供物质支撑，或依赖其生产出粮食、生长和养育各种动植物、提供各种矿物等，或依赖其建造道路、修建住所等提供空间承载。第二，对于人类社会经济发展而言，或需要将土地作为生产要素投入各生产领域，或将其作为空间资源承载各项建设，或将其作为一种产业成为国民经济的构成部分。第三，为保持和维护良好的生态环境，需要将土地作为树木生长和涵养水源的母体，成为生态系统良性发展的基础。第四，国家、民族的主权需求。在国际政治中，一个国家或一个民族的存在一定是以一定范围的土地作为前提的，体现出一个国家、民族的政治权力，领土、领海和领空神圣不可侵犯。

（二）土地需求的阶段性

在人类社会经济发展的不同阶段，对土地的主要利用方式不同，体现出对某一种或几种土地用途需求的主导性。例如，在原始社会及渔猎游牧时期，人类基本为茹毛饮血的生活方式，尽管有许多肥沃的土地，人类对其亦无需求；在农业社会时期，大量农业种植和驯养开始出现，土地需求以农业用地需求为主导；在工业化初期，工业（如冶铁炼钢、矿产业、油气开采等）发展产生了对大量工业用地的需求，此阶段的土地需求以农业用地需求和工业用地需求占主导地位；在工业化中后期，社会经济已高度发达，除满足人类的衣食住行外，工业化、城市化的发展占主导地位，人类对生态用地需求也不断增加，呈现出人类对土地需求的多元化特征。

土地需求的阶段性也体现出人类对人地关系认识的阶段性。在人类社会形成的早期为崇拜自然阶段；随着社会经济的不断发展和对自然认识水平的提高，进入了征服自然的阶段；随着社会、经济、文化、科技等的快速发展，进入社会经济高度发达阶段，人们开始寻求人与自然和谐发展。人类对土地资源的需求也从强调生产、消费需求逐渐向重视土地资源的生态需求和财产需求转变。

（三）土地需求的增长性

从短期看，与其他需求一样，土地需求可能增长也可能下降；从长期来看，土地需求具有增长性，主要原因有两个方面：①人口增长导致土地需求增长。土地作为人类社会的物质载体，人类的衣食住行都需要土地资源提供保障，人口增长增加了对农产品的需求，引致对农业用地需求的增长；人口增长对居住及公共服务设施需求增加，引致对建设用地需求的增长，因此，人口增长是导致土地需求增长的一个重要因素。②社会经济发展拉动土地需求增长。随着工业化、城市化的发展，对建设用地的需求不断增加；随着人们经济收入和生活水平的提高，对生态用地、休闲产业用地的需求也在不断增长。此外，随着收入水平提高，人均居住面积增加引致对居住用地等建设用地需求的增长。

（四）土地需求的可替代性

资源间的相互配合关系可分为两类：一是互补性。它是指生产某种产品时，一种资源的投入量增加，另一种资源的投入量也必须增加才能使产品数量提高，仅对任何单个资源投入量的增加，不能促进产品数量的提高。二是互竞性，即替代性。它是指维持一定产品数量不变时，当某种资源减少使用量，另一种资源增加使用量，这两种资源间就存在相互替代的关系。对于土地资源而言，不存在完全互补和完全替代的情况，但也具有一定的替代性，因此在土地资源占用成本上涨时，可以通过增加资金、技术等非土地资源的投入实现土地集约利用，如提高建筑密度、增加容积率，以替代对建设用地需求增长带来城市平面扩张等问题。

需要指出的是，土地需求的替代性是一个相对的概念。例如，在人类找到可以不通过土地就能生产食物的途径之前，人类对食物的需求导致对农地的需求就具有不可替代性。只是随着技术的发展，单位面积土地生产能力的提高，可以以较少土地面积生产出较多食物，即技术和资本可以部分替代土地。

三、土地需求的影响因素

土地需求受多种因素的影响，这种影响不是单一的，往往受多种因素的综合作用，主要包括人口因素、经济发展因素、政策因素、国家重大战略因素等。

（一）人口因素

人口因素是影响土地需求的根本因素，其他因素如社会经济因素、政策体制因素都是基于人口因素而产生的。人类对衣食住行的需求及对公共服务和休闲娱乐的需求导致对相关产业用地的需求，集中表现为对农业用地和建设用地的需求。

人口因素对土地需求的影响是多方面的，其中最显著的是人口增长对建设用地需求的增加。从表 6-1 和图 6-2 可以看出，2000～2015 年，中国总人口由 2000 年的 12.67 亿人增长至 2015 年的 13.75 亿人；建设用地则由 2000 年的 3620.6 万公顷增长至 2015 年的 3860.0 万公顷，其中，居民点及工矿用地由 2000 年的 2470.9 万公顷增长到 2015 年的 3140.0 万公顷。可见，随着总人口的增长，建设用地呈现持续增长特征。

表 6-1　2000～2015 年中国人口及建设用地情况

年份	总人口/万人	建设用地/万公顷	居民点及工矿用地/万公顷
2000	126 743	3 620.6	2 470.9
2001	127 627	3 641.3	2 487.6
2002	128 453	3 072.4	2 509.5

续表

年份	总人口/万人	建设用地/万公顷	居民点及工矿用地/万公顷
2003	129 227	3 106.5	2 535.4
2004	129 988	3 155.1	2 572.8
2005	130 756	3 192.2	2 601.5
2006	131 448	3 236.5	2 635.4
2007	132 129	3 272	2 664.7
2008	132 802	3 305.8	2 691.6
2009	133 450	3 500.0	2 873.9
2010	134 091	3 567.9	2 924.4
2011	134 735	3 631.8	2 972.6
2012	135 404	3 690.7	3 019.9
2013	136 072	3 745.6	3 060.7
2014	136 782	3 811.4	3 105.7
2015	137 462	3 860.0	3 140.0

数据来源:《中国统计年鉴 (2001—2016)》

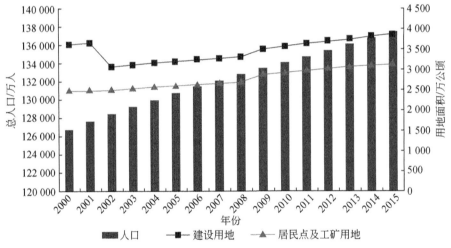

图 6-2　2000～2015 年中国人口及建设用地变化情况

数据来源:《中国统计年鉴 (2001—2016)》

　　需要指出的是,随着城乡总人口的增加,即使人均建设用地面积不变,对建设用地总量的需求也是增长的,即表 6-1 和图 6-2 反映出的总体趋势。但随着工业化和城镇化发展,城乡人口结构变化,城镇化水平提高,城镇人口聚集导致城镇建设用地需求快速增长,农村人口向城镇转移,理论上讲对农村建设用地的需求将减少,但现实中由于人口城镇化的不彻底及制度供给滞后,人口迁移中农村土地没有退出,农村建设用地用途没有转换,而且随着乡村休闲旅游产业发展等原因,产生了城乡建设用地的双增长。有些增长是不合理的,需要通过土地使用制度和土地管理制度的完善来改变,例如,通过城乡建设用地增减挂钩等政策来缓解。

（二）经济发展因素

土地既是自然资源，也是一种资本，将其作为一种生产投入，纳入经济发展要素加以研究，就带来经济发展对土地需求的问题。经济发展包括经济规模的扩大和产业结构的变化，前者将引起土地需求总量的增加，后者将导致土地需求结构的变化。

1. 土地投入变化

经济发展总是以一定投入为基础，从资源经济角度可把投入分为两类：一类是土地资源，另一类是资金、物质、技术等非土地资源。两类投入的一定组合就形成该经济水平下的产出，当一类资源投入减少时，必须增加另一类资源的投入，才能保持产出不变。当经济发展时，社会总产出进入更高的水平，尽管经济效益提高了，但对总需求而言，仍然需要土地资源和非土地资源的相应增加，土地需求总量增加。但因为土地资源有限，需求增加引起其价格增高，因此非土地资源投入的增加往往大于土地资源投入的增加，趋于集约利用土地。另外，经济发展引起产业结构的变化，也会影响土地需求。

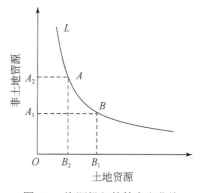

图 6-3 资源投入的等产出曲线

如图 6-3 所示，在一定生产力水平下，土地资源和非土地资源经过多种有机组合，可以拟合出一条等产出曲线 L，产出为 A，需要 A_2 单位的非土地资源和 B_2 单位的土地资源；产出为 B，则需要 A_1 单位的非土地资源和 B_1 单位的土地资源。例如，城市发展过程中，既可以选择低层建筑，多占土地，也可以选择高层建筑，提高容积率，少占土地，后者尽管会使建筑成本增加，但面对土地资源的稀缺性，只能尽量选择后者。又如，在一定区域范围内，要提高粮食产量，要么继续扩大耕地面积，要么在既有耕地面积上，增加非土地资源投入，如增加资金、劳动力等的投入，以提高单位耕地面积的粮食产量。

2. 产业业态变化

随着社会经济的发展和人类生活需求的多样化，产业结构及产业用地也在不断调整。配第-克拉克定理认为"劳动力首先从第一产业向第二产业转移，当人均国民收入水平进一步提高时，劳动力便向第三产业转移"。土地需求受到产业发展和产业结构的影响，并以产业结构为依托，以促进土地资源在各行业间的优化配置，因此，产业业态的变化会影响人们对土地的需求。

例如，美国近年来电子商务的发展引起工业地产、物流等用地需求的增加，消费者对快速配送的需求推高了工业地产的吸纳量，尤其是配送链条末端的小型配送中心物流用地需求大为增加。电子商务的蓬勃发展是造成工业地产需求增加的主要因素。十年前电商销售仅占美国零售业的 3%，如今该比例已经超过 8%。电商发展的背后是实体零售的没落，这是社会经济的结构性变化，在未来还将持续下去，与传统零售商不同，电商为方便及时配送往往在各地持有大量库存，因此，需要庞大的物流体系来将商品及时送达消费者手中，这就极大提高了仓储、转运、配送等工业物流用地的需求。

3. 土地购买者收入变化

当地价和其他因素不变时，土地购买者的收入增加，会引起土地需求量的增加，原因是在原来较低收入水平下，购买较少的土地就能满足需要，当收入增加时，就会扩大土地利用面积增加对土地的需求量。反之，土地购买者的收入下降时他们就会降低对土地的需求。

4. 生产要素或其他物品价格的变化

在地价和其他因素不变时，生产要素和其他物品价格的变动，会引起土地购买者对土地需求量的增减。假设建筑造价随建筑高度增加提高时，房屋建造者就会尽可能多地利用土地，而相应降低房屋容积率，相反如果房屋建筑造价下降时，土地变得相对昂贵，房屋建造者会提高建筑容积率，而相应减少土地的使用量。

（三）政策因素

土地政策往往随着社会经济的发展和产业变化而不断调整。近年来，我国围绕供给侧结构性改革的要求，以提高土地资源保障能力、促进经济稳定协调发展为主线，土地政策着力于做好重大工程和重大基础设施用地保障，支持新产业新业态发展和化解过剩产能，推进新型城镇化建设等方面。例如，2015年国土资源部联合住房城乡建设部、国家旅游局印发《关于支持旅游业发展用地政策的意见》，特别提出加大旅游扶贫用地保障政策要求，同时，明确了乡村旅游的用地政策，因此，旅游用地的需求将进一步加强。中共十八届三中全会明确提出"加快房地产税立法并适时推进改革"，征收房地产税或提高首付比例将减少房地产购买量，进而影响房地产用地的需求。

（四）国家重大战略因素

国家重大发展战略对土地的供求影响与市场经济条件下的土地供求影响不同，与市场供需相比，它具有辐射面广、持续时间长、影响深刻的特征，它的影响涉及社会、经济、生态、政治、文化等多方面，是宏观性的，战略性的。但土地资源是其他要素资源得以发挥作用的载体，因此，国家重大战略对土地需求的影响占有重要地位。

中国的国土开发、经济布局的"T"字形大格局，即沿海地带和沿江（长江）地带作为中国国土开发的战略重点，是中国当今国土空间开发的大格局。随着"一带一路"倡议实施，上海浦东新区、天津滨海新区、河北雄安新区、重庆两江新区、云南滇中新区等19个国家级新区，以及国家级、省级经济技术开发区等的成立，将对涉及地区国土空间开发格局产生重大影响，特别是对土地的需求影响较为显著。

专栏6-1 江西省国土资源厅全力保障赣江新区用地需求

2017年6月14日，江西省国土资源厅出台《关于支持赣江新区发展的意见》，从保障用地需求、国土资源管理机构设立、土地管理改革综合试点等13个方面，全力支持赣江新区加快发展。核定赣江新区规划至2020年可用建设用地规模100平方千米，对新区合理年度新增建设用地计划指标在节约集约前提下应保尽保。

据了解，省国土资源厅将支持配合新区国土资源局尽快落实人员、经费，实现机构正常运转。同意在赣江新区国土资源局设新区不动产登记中心，接受南昌市本级、永修县、共青城市委托，开展赣江新区范围内不动产登记事务性工作，同时争取组建新区土地储备（交易）中心。支持新区开展土地管理改革综合试点，在存量土地、低效用地开发利用管理、总部项目和科研用地类型、土地作价出资或入股等方面进行改革试点，推行弹性出让、长期租赁、先租后让、租让结合等方式供应工业用地，积极探索适合新区土地管理新模式。

项目是支撑赣江新区发展的基石。《关于支持赣江新区发展的意见》提出，每年由省单列下达赣江新区年度新增建设用地计划，新区建设项目符合省重大项目条件的，优先安排省预留新增建设用地计划。采取"行政+市场"的方式，支持解决新区耕地占补平衡。根据赣江新区项目建设需要，每年从省级指标库中调剂5000亩以内的耕地占补平衡指标给赣江新区，超出部分由新区依法自行通过耕地占补平衡交易平台或市场协议方式购买。

资料来源：http://www.jxnews.com.cn/jxrb/system/2017/06/22/016221738.shtml

第三节　土地供求关系

一、一般商品供求关系

（一）需求及需求曲线

按照西方经济学观点，消费者的购买欲望和支付能力是需求的两个条件，仅有购买欲望或仅有支付能力，都不会引来购买行为的发生，都不会对商品供求和价格产生影响。一般商品的需求量，随着商品价格上升而减少，随着商品价格下降而增加。

一般商品的需求量，随商品价格的上升而下降，随商品价格的下降而上升，其需求曲线如图6-4所示，其中，P表示一般商品的价格，Q表示一般商品的数量，D表示需求曲线。

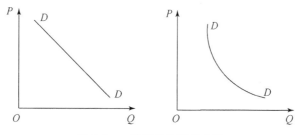

图6-4　一般商品的需求曲线

（二）供给及供给曲线

供给指在一定时间内，生产者所提供的商品数量，生产者能接受的价格及在此价格条件下可供出售的商品数量（包括新提供的商品和已有的存货）是供给的两个条件。一般情况下，价格越高，生产者提供的商品就越多，相反，价格越低，所提供的商品就越少。一般商品的供给曲线如图6-5所示，其中，P表示一般商品的价格，Q表示一般商品的数量，S表示供给曲线。

（三）均衡价格

均衡价格是指一种商品的需求价格与供给价格相对一致时的价格，也就是这种商品的市场需求曲线与市场供给曲线相交时的价格，如图6-6所示。

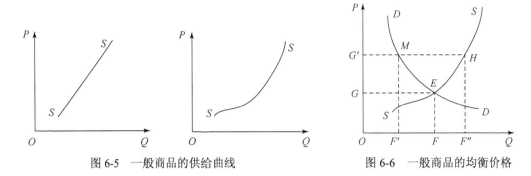

图 6-5　一般商品的供给曲线　　　　　　　图 6-6　一般商品的均衡价格

图 6-6 中 *OP* 表示商品价格，*OQ* 表示商品数量，*SS* 为供给曲线，*DD* 为需求曲线，*E* 点是供求均衡点，*EF* = *OG* 表示均衡价格，*EG* = *OF* 表示均衡数量。商品数量小于 *OF*，如 *OF*′ 时，表示供不应求，这时商品价格上升，供给增加，数量向 *OF* 靠拢。数量大于 *OF*，如 *OF*″ 时，表示供大于求，这时商品价格下降，供给量减少，也会向 *OF* 移动。一般商品的供给和需求围绕着供求均衡点 *E* 左右摇摆。

二、土地的供求关系

土地供求关系是指土地经济供给与人们对相应土地用途需求之间的关系。土地供求关系共同决定了土地资源供求均衡时的数量和价格。事实上，需求和供给就像跷跷板一样，总是呈上下波动的，从而在土地市场发展或者社会经济发展的不同时期，对土地供求关系产生不同的影响。土地的供求关系与一般商品的供求关系一样，在自由竞争情况下，供求关系决定土地的价格，土地价格影响土地的供求关系。但土地的自然特性和经济特性，使得土地供求关系具有特殊性。

（一）耕地的供求关系

耕地供求关系其基点在于人口对粮食的需求及满足程度。耕地买卖频率很低，加上农产品供求弹性不大，耕地投机行为较少发生。因此，对耕地供求关系的研究，主要从实物形态着手，其影响因素主要是人均占有粮食数量的影响，如果人均占有数量超过其需求，则耕地的供给就有可能减少。

保证耕地供求平衡在我国现阶段要解决好耕地不断减少的问题，为此，一是要让农民自觉珍惜现有耕地，尽量提高土地生产率；二是严格执行耕地占补平衡制度，实行占一补一，先补后占，严禁占优补劣、占多补少等原则；三是积极开展土地综合整治以增加耕地面积；四是提高耕地利用率和生产能力，间接增加耕地面积，大力实施中低产田改造和高标准基本农田建设工程；五是加强用地管理，进一步深化土地管理体制改革，管好用好耕地，对于地下水漏斗区、干旱半干旱区、重金属污染区及岩溶石漠化地区实行耕地轮作休耕，加强耕地地力、肥力等的管护与建设；六是净进口农产品，弥补国内农产品种植用地不足；七是鼓励重业到国外购买或租用土地从事农业生产。

（二）非农建设用地的供求关系

1. 一般状态下的供求关系

当社会经济处于稳定状态下，非农建设用地的供求也遵循着商品供求的一般规律，在一定范围内，土地供求都有一定的弹性。一般情况下，地价上升，供给增加，需求减少；地价下降，则供给减少，需求增加（图6-7）。

2. 特殊状态下的供求关系

土地作为一种特殊商品，在许多方面都有其特殊性，土地价格受区域发展状况、社会状况、政治局势、经济繁荣程度等因素的影响很大。非农建设用地的供求有时又表现出特殊性（图6-8和图6-9）。

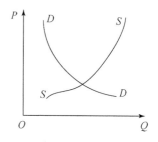

图6-7 一般状态下的土地供求曲线

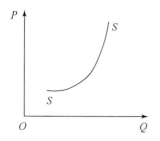

图6-8 特殊状态下的土地供给曲线

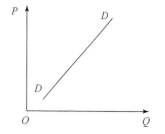

图6-9 特殊状态下的土地需求曲线

图 6-8 表明，在一定范围内，土地供给遵守一般商品供给规律，即价格上升，土地供给增加，但土地的自然供给总量是有限度的，超过这个限度，不管价格如何上涨，也无法增加土地供给。图 6-9 表示特殊的土地需求曲线，当土地市场中投机现象严重时，购买者把土地作为投机对象，购买土地的目的就是为了地价上涨时卖出去，以赚取高额利润。价格降低的土地，短期内难以售出，故买者较少；价格高涨的土地，可能由于其区位条件好，容易卖得好价钱，尽管涨幅高于其他区域，仍有较多买者购买。结果在一段时间内造成随着土地价格的上升，土地需求不是减少，相反会大幅增加。

土地供求关系还存在另外一种特殊形式：有价无市，即只有土地供给及价格，没有需求者；或只有对土地需求及价格，而没有土地供给。这两种情况均不能实现土地正常交易，经济萧条时常会出现此种现象。需要指出的是，供求曲线的实质是市场参与者心理活动的表现。人的心理活动受经济、政治、文化、传统的影响深刻，不同国度人们的心理活动也不相同，表现在供求曲线上也可能有所不同，具体表现有待进一步研究。

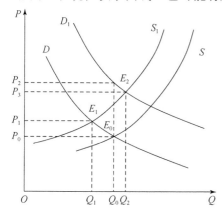

图6-10 土地资源供求变动及均衡

（三）土地供求关系的变动

土地供求关系决定了土地资源供求均衡时的数量和价格。随着社会经济波动，国家及地方相关土地政策因素变化，土地资源的需求与供给也会随之发生波动。当社会经济发展较为稳定，政策、体制因素变化较小的情况下，土地的供求关系也遵循一般商品的供求规律，特别是非农建设用地，在一定范围内，土地的供给和需求具有一定的弹性。

在土地供求变化曲线（图6-10）中，土地供求达到均衡时，土地需求曲线 D 与土地供给曲线 S

相交于 E_0 点，这时均衡数量为 Q_0，均衡价格为 P_0。土地需求者获得了在价格 P_0 上符合其购买能力的土地资源数量 Q_0，土地供给者售出或租出了在价格 P_0 上愿意出售或出租的土地资源数量 Q_0。

土地资源的供给与需求受多种因素的影响且处于不断的变化中，按照引起变动的原因，分为以下几种情况。

（1）供给驱动型变化。即需求曲线没有发生变化，而土地资源供应增加或减少造成土地供应量发生变化，从而导致土地供给曲线发生变化。土地资源宏观调控而导致土地供应数量减少，土地供给曲线由 S 变动至 S_1，则土地资源交易均衡数量将减至 Q_1，这时土地供求均衡点为 E_1，均衡价格为 P_1。

（2）需求引致型变化。即供给曲线没有发生变化，土地需求增加或减少而导致需求曲线的变化。在土地供给量不变，土地资源需求增加时，即需求曲线由 D 变动至 D_1 时，价格将由 P_0 提高到 P_2。

（3）双重驱动型变化。存在四种组合，即需求增加，供给减少；需求减少，供给减少；需求增加，供给增加；需求减少，供给增加，各种变化都有可能出现，也将导致土地资源供求关系的变化产生差异。土地资源需求与供给曲线都发生了变化，从而形成新的土地交易均衡数量 Q_2 和均衡价格 P_3，供求均衡点位于点 E_2 处。

土地供求关系具有复杂性、多样性、易变性，受到多种因素的影响，同时土地市场并非完全竞争市场。供给受到政府行为、土地政策的影响很大，如土地利用总体规划、城市规划、主体功能区划等对所能供应的土地作了数量及空间布局上的安排，特别是永久基本农田一经划定除涉及国家重大战略项目，任何单位和个人不得占用等。

需求也受到各种政策因素的影响，例如，对城镇上山的用地项目，即低丘缓坡土地综合开发利用项目，给予相关财政补贴或优惠，减免相关的交易税费，都会对供求关系产生较大影响，而现实中很少有真正均衡的供求状态。

专栏 6-2 低丘缓坡土地开发利用增加建设用地经济供给

云南省从 2012 年开始实施低丘缓坡土地综合开发利用，通过"三规合一"，解决了"城镇上山"与规划衔接的要求；通过坝子范围界定和坝区面积核实，解决了坝区农田保护和用地上山界线及收取坝区耕地质量补偿费的依据问题；通过制定出台政策措施，初步建立了"城镇上山"政策技术规范体系，初步打造了一批"城镇上山"典型示范项目。

截至 2015 年底，全省已有 15 个州（市）及滇中产业新区共编制低丘缓坡实施方案 234 个，批复 176 个，新增已开发用地 7353.3 公顷。该政策在增加土地经济供给的基础上，进一步促使云南省坝区基本农田保护率从 66.27% 增加到 81.88%，保住了 1 115 820 公顷坝区优质耕地。从全省 2011 年至 2014 年批复的农用地转用土地征收数据来看，实施低丘缓坡以来的 2012 年到 2014 年度，新增建设用地占用耕地的比例分别为 56.76%、55.35%、53.88%，与推进低丘缓坡综合开发利用前 2011 年度的 59.54% 相比，新增建设用地占用耕地的比例分别降低了 2.8、4.2、5.7 个百分点，均未突破国家下达的建设占用耕地指标要求，而且逐年下降。全省批复新增建设用地占用坝区耕地的比例下降，2014 年度全省新增建设用地占用坝区耕地的比例为 33.64%，比 2013 年度的 37.4% 降低了 3.76 个百分点。

三、土地供求的经济机制

（一）一般情况下的土地供求经济机制

在商品经济条件下，一般商品的供给与需求受供给定律的支配，即：当需求大于供给时，价格将会上升；当需求小于供给时，价格将会下降。这就是亚当·斯密所说的"看不见的手"在指挥着经济活动。土地供求，既有别于一般商品的供求形式，又服从一般商品的供给与需求平衡的经济原理。一般情况下，在某一土地市场，某一特定时间段内，当土地价格持续上升，则土地的供给量会增加，同时，土地的需求量会减少，当土地供给量超过需求量时，则出现供过于求，从而使土地价格下降；相反，当土地价格持续下降，则土地需求量会增加，同时，土地供给量会减少，当土地需求量超过供给量时，则会出现土地短缺，从而使土地价格上涨。

（二）价格杠杆下的土地供求机制

土地作为一种特殊商品，在供需方面有其特殊性，具体表现在：①土地的供给是有限度的，超过一定限度后，不管价格如何上涨，土地供给也不能增加。②当土地价格上升时，购买者增加，需求增加；价格下降时，需求减少。在土地投机环境中，表现得尤为突出，购买土地的目的不是为了生产、生活用，而是为了再卖出去赚更多的钱。③土地的供需价格最终又受制于地上建筑物（房屋）供求价格。④土地供过于求或供不应求时会出现有价无市的情况。由于上述土地供需特殊性的存在，政府会采用价格杠杆进行调控，形成价格杠杆调控下的土地供求经济机制，具体如下：①当土地因生产和生活需要而导致地价上涨时，政府可以适当增加土地供应量。②当土地因炒买炒卖而导致地价上升时，则出现虚假繁荣景象，这种高地价从总体上会给当地经济发展带来危害，政府应该审时度势，减少土地供应量。③在考虑土地供应量的同时，也应考虑当地对各类房屋的有效需求和可能吸引来的投资数量。如果投资者只能了解房屋需求，而不了解投资和供应情况，则容易造成房屋供过于求，从而造成房屋积压，因此，资金投入量的多少对土地供求也会产生较大影响。④当地价下降时，土地需求量会减少，此时也应减少土地供应量，其关键在于一级市场中的地价与土地最终进入消费者手中的地价差额，如果这个差额很大，土地可获利性大，反之，如果这个差额小，土地可获利性就小。如果差额过大则容易产生土地投机行为，因此，政府在供应土地时应采用价格杠杆进行调控，不给土地投机提供机会。

（三）中国土地一二级市场的供求机制

在探讨土地供求经济机制时，需在我国特殊土地制度框架下，根据自身特点进行讨论。从城市土地供求关系来看，首先，城市土地需求是一种引致需求，人们对城市土地产品（房地产）的需求而产生对城市土地的需求；其次，城市土地的供需运动一般是由城市土地所有者提供土地给房地产开发商，由房地产开发商将其开发的房地产出售给房地产需求者，因此，城市土地可分解成两个层次，第一层次是土地所有者与房地产开发商之间的市场，可称为一级市场；第二层次是房地产开发商与房地产需求者之间的市场，可称为二级市场。一级市场与二级市场相互联系、相互作用，共同构成了整个城市的土地市场系统。

土地供求的经济机制主要表现在土地价格上，价格的变化反映了土地供需的变动，同时，它又引导着供给方调整土地供给规模和结构，也引导着需求方调整土地需求规模和结构，从而使土地供需总量和结构趋于一致。具体来说：①当一级市场某类用地供过于求，该类用地的价格就会下降；地价下降，又会使供给方减少该类用地的供给，需求方增加该类用地的需求，从而使一级市场土地供需达到平衡。②当一级市场某类用地需求增加，二级市场该类用地的供给就会增加，从而使二级市场该类用地供过于求；二级市场土地供过于求则表现为房地产供过于求，某类房地产供过于求就会导致该类房地产价格下降；房地产价格下降，又会使开发商减少该类房地产的供给，表现为二级市场该类用地的供给减少，使消费者对该类房地产的需求增加，表现为二级市场该类用地的需求增加，从而使二级市场土地供需达到平衡。

复习思考题

1. 什么是土地供给？其特征有哪些？
2. 土地自然供给与经济供给之间有什么联系，如何增加土地经济供给？
3. 什么是土地需求？其特征有哪些？
4. 土地供给和土地需求的影响因素分别有哪些？
5. 土地供求关系与一般商品供求关系有什么异同？
6. 如何理解土地供求关系的变动及均衡。

参 考 文 献

毕宝德. 2016. 土地经济学 [M]. 7版. 北京：中国人民大学出版社.

蔡运龙. 1990. 论土地的供给与需求 [J]. 中国土地科学, (2)：16-23.

曹振凯, 何小敏. 2006. 土地政策对房地产市场的影响 [J]. 国土资源, (2)：28-35.

黄贤金. 2009. 土地经济学 [M]. 北京：科学出版社.

雷利·巴洛维. 1989. 土地资源经济学——不动产经济学 [M]. 谷树忠, 等译. 北京：北京农业大学出版社.

李铃. 1996. 利用地价杠杆控制土地供应总量 [J]. 中国土地, (6)：25-26.

陆大道, 樊杰, 刘卫东, 等. 2001. 中国地域空间、功能及其发展 [M]. 北京：中国大地出版社.

莫恒勇, 蔡哲. 美国工业地产投资为何一枝独秀. 第一财经网. http://www.yicai.com/news/5297531.html.

严金海. 2006. 中国的房价与地价：理论、实证和政策分析 [J]. 数量经济技术经济研究, (01)：17-26.

杨钢桥. 1998. 试论城市土地供需平衡 [J]. 中国土地科学, 12 (4)：21-23.

杨钢桥, 毛泓. 1999. 城市土地供需平衡的市场机制[J]. 华中师范大学学报(自然科学版), 33(4)：605-608.

张凤和. 2003. 城市土地需求的四大决定因素 [J]. 中国房地产, (4)：26-28.

张文新. 2005. 城市土地储备对我国城市土地供求与地价的影响分析 [J]. 资源科学, 27 (6)：58-64.

张学勉. 1996. 土地供求与土地市场 [J]. 云南财贸学院学报, (1)：45-49.

第七章　土地市场理论

【本章内容要点】土地需求和供给相互作用形成了土地市场，有别于其他要素市场，土地市场有其自身的市场特征、运行条件、制度构成及监管措施。本章主要阐述土地市场的内涵、特征、功能及运行条件；土地市场的构成及特殊性；土地市场的模式、运行机制及监管。

第一节　土地市场的内涵、特征、功能及运行条件

一、土地市场的内涵及要素

（一）土地市场的概念

市场起源于古时人类对于固定时段或地点进行交易的场所的称呼，指买卖双方进行交易的场所。现代意义上的市场包括两个方面的含义：一是指交易场所，如传统市场、股票市场、期货市场、产权交易所等；一是交易行为的总称。

土地市场是土地权利买卖双方为确定土地权利交换价格而进行的一切活动或安排，是人们进行土地权利交易所形成的相互关系，它由主体和客体所构成。主体是指从事土地权利交易的各种相关人员或单位，客体是指交易的对象，包括各种土地权利。土地市场包括三个方面的含义：①土地市场是一种制度或机制。根据经典的西方经济理论，市场被界定为一种制度或机制，通过这种机制或制度集合特定商品、服务及资源的买方和卖方。土地市场是一种优化配置土地资源或资产的制度或机制，这种机制不仅要实现土地在不同利益主体间的合理分配，还要实现土地这种生产要素在不同区域间的优化配置。②土地市场是由土地供给方、需求方、交易设施等硬件要素和价格评估、信息服务、交易规则、交易结算等软件要素构成的商务活动平台。③土地市场是土地产权流动中所发生的土地供求双方及整个土地产权交易领域的经济关系总和。只要存在土地产权交易关系，就必然存在土地市场。综上，可以将土地市场作如下定义：土地市场是指土地产权交易的场所，是由土地供求主体、交易设施等硬件要素和交易规则、交易信息服务等软件要素构成的商务活动平台，是优化配置土地资源或资产的一种制度或机制，是土地交易过程中发生的经济关系的总和。

（二）土地市场的内涵

土地市场包括如下方面的内涵。

（1）从本质看，土地市场是一种土地配置利用的调控制度和机制。无论是土地交易的价格机制，还是相关的税收、金融和政府管理制度等都是土地市场不可分割的组成部分。

（2）从范围看，土地市场涵盖了土地交易过程的所有主体、客体及它们各自间的关系。

（3）从功能看，土地市场是一种资源配置手段，无论是有形的交易场所，还是虚拟的买卖市场，都是专门用来调节土地资源或资产在不同主体之间分配的手段或措施。

（三）土地市场的要素

土地市场是由多个要素组合形成的系统，其基本要素包括市场主体、市场客体、交易行为、交易平台、市场信息、运行规则等。

（1）市场主体。市场主体是从事土地交易的各种相关单位或个人，包括土地买卖、租赁、抵押的当事人、经纪人、公证人、银行（贷款人）、政府管理部门和中介机构等。

（2）市场客体。市场客体是用于交易的对象或目标物，外在表现为土地，实质内涵是土地权利。土地权利是一个以土地所有权为核心的权利束，包括土地的所有权、使用权、抵押权、租赁权、地役权等。土地市场上的客体既可能是独立的某项土地权利，也可能是几项土地权能的复合权利，或者土地与其上的建筑物结合在一起的房地产权利，甚至可能是关于土地权利或房地产权利的信息等。不同权利因其内涵不同而所得到的土地收益也不同，土地的未来收益因土地权利的分离可在各权利者之间实现分配。

（3）交易行为。交易行为是交易主体之间发生的实质性的交易活动，一般是以货币为媒介的交换，表现为土地交易价格的大小。

（4）交易平台。交易平台包括为方便交易双方实现交易行为的场所、设备等硬件设施，以及价格评估、信息服务等软件要素共同构成的综合系统。

（5）市场信息。市场信息包括土地市场供求、土地价格、土地政策等有关土地市场各类信息的总和。

（6）运行规则。运行规则指土地市场运行程序的规范化和法制化准则，它将土地市场主体、市场客体、市场信息有机结合形成一种市场运行机制，如交易方式、交易程序等的相关规定。

二、土地市场的特征

土地既是一种特殊的经济资源，地理位置固定，具有永久性、不灭性及不可生产性，又是资源和资产的混合体，它的价格形成机制、市场运行受多种多样的因素干扰，与其他商品或要素市场相比，土地市场具有多方面的特征。

（一）不完全竞争性

土地市场的不完全竞争性主要体现在以下几个方面。

（1）供给主体与需求主体的有限性。土地的有限性、不可再生性和土地所有权的垄断性，导致土地市场的供给主体有限，供应量有限，土地市场垄断性强，市场主体之间竞争不充分、不广泛。土地交易涉及金额巨大，土地产品使用时间长，因此一般居民并不经常参与土地交易活动。即需求主体在数量上有限，从而竞争受到一定限制。

（2）市场竞争范围的有限性。土地具有位置固定性、产品异质性和替代的有限性，不同地域或市场供需圈难于形成统一的市场竞争局面。无论卖方还是买方，都只能在特定地域内展开竞争；与工厂化生产的产品不同，每宗土地都有自己的特点，难以形成统一的竞争格局。

（3）行政干预的强烈性。由于土地具有稀缺性、特殊重要性、利用后果的社会性，无论什么社会制度的国家，政府都会以社会管理者的身份，对地产交易进行宏观调控，限制地产市场自由竞争的展开。

（二）市场交易的非物流性和权利主导性

（1）土地市场交易对象的不可移动性，导致土地商品的非流动性，即形成了以人流和信息流代替物流的现象。与价值流通相伴随的是产权证书的转移，通过土地所有权证书或使用权证书从卖者手中转移到买者手中使流通得以实现。

（2）土地交易既是土地产权的流转或重新界定，又是实物的交易，二者同时并存，密不可分。买方所获得的土地实物和权益必须通过确权等形式才具备法律效力并得到法律的保护。

（三）地域差异性

由于土地位置固定，土地市场具有强烈的地域性，各区域性市场间相互影响小，难以形成全国统一市场，更不可能形成全球市场。

（四）供给滞后性

与其他商品相比，单位面积土地价值较大，且政府管制严格，相关手续烦琐，土地开发周期长，因此，土地供给很难根据市场需求做出快速反应，实现即时供给。

（五）低效率性

交易客体的异质性、地域性，难于形成统一的市场竞争和市场价格；参与者较少，交易受价格以外的因素影响较大，市场竞争不充分，因而，交易效率较低。

（六）供求关系的特殊性

受土地特性及供给与需求特性的影响，土地市场除了遵循一般市场规律外，具有特殊的供求关系，体现在以下方面：①较小的供给弹性。土地资源具有不可再生性，土地的自然供给完全没有弹性，土地的经济供给弹性也相对较小，在同一地域土地市场中，土地价格主要由需求来决定。②需求的引致性。土地需求是一种引致性需求。例如，人们对农产品的需求引致对农业用地的需求；对住房的需求引致对房地产用地的需求；对良好生态环境的需求引致对生态建设用地的需求。③特殊情况下，地价变动和市场供求关系会出现异常，即不遵循供求规律，表现为地价下跌，供给增加；地价上涨，需求增加。

（七）较大的投机性

土地具有永续利用性、保值增值性，且单位面积价值量大、市场竞争不充分，容易导致土地市场投机行为的出现。土地投机是指不以开发建设为目的，而是以转手买卖营利为目的的市场交易活动。投机行为的出现会扰乱市场的正常秩序。

（八）对银行和中介机构的依赖性

（1）土地交易涉及金额大，很难通过自有资金开展交易，对大额资金有需求；地产具有保值、增值性和较小的风险性，银行也愿意开展地产抵押贷款业务。

（2）很少有人经常参与土地市场交易活动，不熟悉土地交易业务；且土地交易的专业性和复杂性较强，供求双方都需要中介机构（经纪人）参与，提供技术咨询、价格评估、地籍测量、业务代理等服务。

（九）政府管制较严

土地是国家重要的资源，开发利用存在外部性，土地资源分配是否公平有效，土地利用是否高效科学对经济发展和社会稳定具有重大影响，因而各国政府都对土地利用、交易等进行严格限制。

三、土地市场的功能

（一）优化配置土地资源

土地资源配置是指对稀缺的土地资源在各种可能的用途之间做出选择，或者说对土地资源在不同使用方向上的分配，以获得最佳使用效率的过程。合理配置土地资源，使其得到充分利用，避免不必要的闲置和浪费，是任何社会经济活动的中心问题。土地资源的配置主要包括行政配置和市场配置两种方式。其中市场配置是市场经济中土地资源配置的主要方式，即土地资源通过市场调节实现与其他资源的组合和再组合。具体表现为，土地资源通过参与市场交换在全社会范围内自由流动；按照市场价格信号反映的供求比例流向最有利的部门和地区；企业作为土地资源配置的利益主体，通过市场竞争实现土地资源与其他资源要素的最佳组合。在市场机制自动配置组合资源的基础上，推动实现产业结构和产品结构的合理化。

（二）调整产业结构，优化空间布局

市场机制就像一只"无形的手"，时刻对一个国家或地区的产业结构和空间布局依市场原则进行调整，以实现最大的经济效益。价格机制是市场机制的核心，地租、地价是土地市场中最重要的经济杠杆，是引导土地资源配置的重要信号，例如，一个城市工业用地供给过多，而商业服务业用地供给过少，则工业用地价格就会下降，商业服务业用地价格就会上升，理性的供给者就会减少其工业用地供给而增加商业服务业用地的供给，以获取更大的利益。这种市场的调节通过对土地在工业与商业服务业之间的合理分配而实现产业结构的合理调整。

（三）合理分配土地收益

土地收益有多种分配方式，市场方式是其中最为有效、最为合理的方式之一。市场主体的经济活动实质上就是受自身利益导向的，哪里获利最多就往哪里去。通过市场，优等地、劣等地的土地收益差异一目了然；通过市场，土地所有者、土地使用者、土地经营者等多方产权人的应得利益也得以充分体现。

（四）健全和完善市场体系

一个完整的市场体系，不但有消费品市场、一般生产资料市场，还应包括金融市场、土地市场、房产市场、劳务市场、技术市场等。市场机制只有在一个完整的市场体系中才能充分发挥作用。土地是人类的基本生产要素，只有实现其市场配置，才能健全市场体系，最大限度地发挥市场机制的作用，实现各类生产要素的最优配置。

四、土地市场的运行条件

土地市场有效配置土地资源等的功能发挥以土地市场正常运行为前提，而土地市场的顺利运行需要具备以下基本条件。

（一）良好的市场经济环境

正如土地市场应该成为整个市场经济体系的构成部分一样，相反，如果其他要素通过行政手段配置，土地资源通过市场配置难于实现资源优化组合。价格机制和风险机制等市场机制是决定经济活动理性参与者的主要因素，是市场运行的内因和原动力；一切非经济的行政、法律、道德等力量，只有通过市场机制才能发挥作用。因此，只有全社会具备良好的市场经济环境，土地供求机制、价格机制、竞争机制等市场机制才能够充分发挥作用，这是土地市场顺利运行的体现。

（二）明晰的土地产权

土地是重要的资产，无论是私有还是公有，明晰的土地产权是建立土地市场的最基本条件。由于土地市场的客体是土地的各种权利，如果权利界定不明、归属不清，权利的交易就无法进行。因此，明晰土地所有权及以所有权为核心的各种派生权利是土地市场运行的基本前提。

（三）发达的土地金融市场

土地开发是一项投资额巨大、回收期很长的投资活动，因此，大多数土地投资者难以靠个人资本进行土地开发，而必须借助银行的资金，仰仗健全和完善的银行信贷、土地抵押、土地债券等土地金融形式，土地市场才能繁荣兴旺。

（四）完善的土地法律法规

法律法规是政府对市场进行干预的基本手段。为了建立正常的土地市场秩序，保护土地投资者利益及交易双方的权益，解决地产纠纷，抑制土地投机，引导土地市场健康发展等，都需要完善和配套的土地法律法规。健全的土地法律法规是土地市场运行的根本保证。

（五）优质的市场中介机构

土地市场是一个不完全市场，专业性强。大多数市场主体不具备土地及其市场交易的专业知识，也无法较好地把握市场走势，需要专门机构和专业人员提供土地价格评估、土地交易法律政策咨询、土地交易经纪等中介服务。中介服务作为土地交易的一种"润滑剂"，现已成为地产业不可缺少的重要组成部分。

第二节　土地市场的构成及特殊性

土地市场表面上是一个土地空间的让渡市场，但本质上是一个有关土地权籍让渡的市场，因而在土地市场上让渡土地时都是以土地权籍作为让渡内容和条件的。中国实行的是社会主义土地公有制，土地不属于任何个人，政府在土地资源市场配置中起到一个公有土地代理人的作用，代为行使土地权利、管理和调控土地市场，因此，使得中国土地市场在构成上具有特殊性。

一、理想化的土地市场构成

　　土地市场是一个有关土地要素供需市场和土地产品供需市场构成的复合市场，在理想状态下，土地市场存在两个市场主体，分别为公众和企业，他们在土地产品市场和土地要素市场中的角色是不同的，且可以互换（图 7-1）。一方面，公众以消费者的身份，通过土地产品市场释放出对土地产品的需求，企业则以土地产品生产供给者的身份，根据公众在土地产品市场中释放出来的需求生产并提供相应的土地产品，以实现土地产品市场的供需平衡；另一方面，企业将公众在土地产品市场中释放出来的有关土地产品的消费需求，转化为企业在土地要素市场中的生产需求，并通过土地要素市场将公众在土地产品市场中的消费需求表达出来，从而形成了土地要素市场中的土地产品生产的需求，公众则根据企业在土地要素市场表达出来的土地要素配置需求，提供相应的土地要素供给，以通过实现土地要素市场的土地供需平衡来满足土地产品市场中土地产品生产的供需平衡，从而实现满足公众对土地产品的需求。在这样一种完全竞争的理想化市场运行中，土地产品市场中释放出来的需求是"有效"的，供给也是"有效"的，企业在实现土地产品市场和土地要素市场角色转变和产品投入产出中，能够准确地传达土地产品市场中的消费需求信号，并且能够通过投入产出的方式满足公众在土地产品市场中的消费需求，结果能够使得土地要素市场供需的平衡满足土地产品市场的供需平衡，最终实现土地市场的总体平衡。

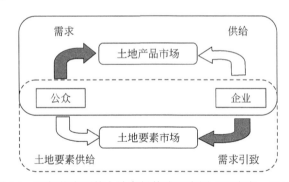

图 7-1　理想状态下的土地市场构成示意图（冯广京，2016）

二、中国土地市场的构成

　　中国实行社会主义土地公有制，土地市场不是完全竞争的理想化市场，其构成有特殊性，政府也是其中一个重要的参与主体。地方政府直接参与到土地市场的运行中，成为土地市场运行链条中一个特殊的环节，无论在土地产品市场还是土地要素市场中，地方政府都承担着对土地市场供需信号的研判和对土地市场供需的调控责任，从而在土地市场中发挥决定性作用，如图 7-2 所示。

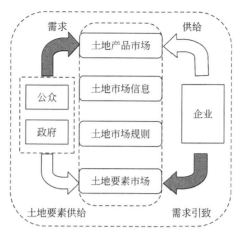

图 7-2　中国的土地市场构成示意图（冯广京等，2017）

当土地市场规则发生变化时，土地要素市场又可细分为土地要素征收市场和土地要素让渡市场（图 7-3），政府成为土地市场的主体之一，并承担土地要素市场的供给责任，成为事实上的土地要素市场中的单一供给方。政府在土地要素征收市场中的角色也进一步转换为需求方，并将其对土地市场供需信号的判断和作为土地要素让渡市场供给方的角色需求带进土地要素征收市场。同时，政府也是土地要素让渡市场中的供给主体，将土地让渡市场中企业的需求转变为土地征收市场中的需求。

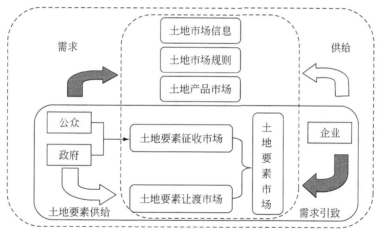

图 7-3　变化的土地市场构成示意图（冯广京等，2017）

三、中国土地市场的特殊性

中国土地市场的特殊性在于，地方政府在土地市场构成中既是市场管理者，也是市场行为的重要参与者，具有多重角色。中国的土地市场与西方经济学理论中完全竞争的理想化市场相比，政府在土地市场中成为参与主体之一，并增加了较多的行政干预。地方政府在土地市场中有时为供给方，有时为需求方，同时也是管理者。如果政府对市场信号研判出现偏差，则会使政府对土地要素市场供需的调控效率降低，使得市场这只"看不见的手"难以发挥自动调节功能，从而导致市场对土地资源配置的效率下降。地方政府是土地市场中的重要参与主体和管理者，也是土地市场交易的受益者，形成"土地财政"就是很好的例证。

第三节　土地市场模式与运行机制

一、土地市场模式

土地市场与一般商品市场不同，有其特殊性：第一，土地不能流动，土地市场具有强烈的地域性；第二，土地经济供给弹性较小，土地不能用其他生产资料代替，人们只能根据客观需要改变土地的用途，通过集约利用提高效率，因此，地价具有上涨的趋势，在土地市场中极易出现投机和垄断现象；第三，土地交易完成后土地权益被重新界定，而权益的界定必须有法可依，才能保证交易双方的权益得到法律保护。土地流通的这些特殊性，决定了土地市场模式与一般商品市场模式不同。这里着重分析不同土地市场运行模式的条件及特点。

（一）完全竞争型模式

该模式主要受到价格机制、供求机制及竞争机制的影响。运用该模式须具备以下两个条件。

（1）市场必须是完全的。①市场上的供给者和需求者对市场供求状况有完全的了解；②土地供给者和需求者完全可以根据市场情况采取行动，自由出入；③土地的供给者和需求者之间有强大的竞争。

（2）土地供求双方必须有充分的决策自主权。即有权根据自己的意愿和利益对对方做出选择。完全竞争型的土地市场模式排除了国家对土地经营的任何干预和任何直接垄断，排除了任何对土地价格的统一控制，土地使用权的流转是完全充分的。该模式只是一种理想化模式，难以得到实施。

（二）完全垄断型模式

该模式具有如下的特征。

（1）只有一个土地经营者和一个土地供应者。由于土地没有替代品，因而垄断经营者有排斥其他竞争者的条件。

（2）行政力量起支配作用。供求双方只有一个全权总代表负责处理双方有关事务，土地供求双方在处理土地供求关系时无实质性的自主权。

（3）自发垄断与自主性垄断并存。这种市场模式除了"自发的"垄断之外，还包括"有目的"的垄断。后者的垄断力量来源主要有：法律禁止新的土地经营者进入；政府建立单一的买卖机构；制定有意排斥竞争者的某些政策。此模式经济杠杆的运用受到很大限制，资源利用效率会由于垄断经营而得不到提高，同时与我国经济体制改革所要达到的目标相脱离，因此该模式也不能成为中国土地市场运行的模式。

（三）垄断竞争型模式

垄断竞争型模式下，计划机制和市场机制都发挥了作用，也就是国家宏观调控和市场引导都得到了应用，市场行为在相关规定下，供求双方存在一定程度的竞争。该模式运行相对平稳，具有以下特征。

（1）运行效率较高。在市场机制作用下，国家从社会目标出发，运用宏观调控手段对土地市场进行调节，使市场机制的运行符合社会的整体利益，从而达到宏观经济效益和微观经济效益的统一。

（2）具有自觉性和可控性。国家可运用宏观经济杠杆对土地市场运行进行调节，使土地市场的运行不再从属于盲目的自发过程，能够有效地保证宏观决策的主客观统一，使土地市场变成可调控的市场。

（3）市场运行相对稳定。这种市场的运行能充分发挥对土地供求的调节功能，达到短期均衡和长期均衡。在由短期均衡向长期均衡过渡中，可避免完全市场调节可能造成的经济波动和土地资源浪费。目前，中国土地市场以此模式为主，但也还存在诸如一级市场的垄断、二级市场交易制度不配套、土地收益分配不合理等问题有待完善。

二、土地市场运行机制

土地市场运行机制就是在土地市场系统各种市场要素之间的相互关系、相互依存、相互作用及市场运动的内在机理。一般来讲土地市场运行机制主要包括：价格机制、供求机制、竞争机制、博弈均衡机制及熔断机制。其中，土地的价格机制和供求机制是土地市场运行机制的内在核心。

（一）价格机制

价格机制是指在土地市场交易的整个过程中，土地市场价格的变动与土地供求关系变动之间的有机联系和相互作用。它通过土地市场价格信息来反映供求关系，并通过市场价格信息来调节土地的供应量和需求量，从而使土地资源达到优化配置状态的过程。

当某区域受到相关政策、区位及外部经济环境变化等因素影响，土地价格不断上升时，土地的供给量就会增加，随着土地饱和需求量减少，出现供过于求时，供给过剩则会出现土地价格下降；相反，当土地价格持续下降，土地需求量就会增加，从而使土地价格回升。土地价格的升降与土地供给和需求相互作用，最终使土地的供给和需求在某一价格上相等，此时的价格就是均衡价格。然而，土地市场并非完全竞争市场，受到诸多其他因素的影响，使市场价格不断偏离均衡价格，土地市场价格机制是一项复杂的、系统的经济机制，并非土地市场本身所能决定的，只有社会经济环境足够稳定，市场信息公开透明，尽量减少政府干预等情况下，才能实现土地价格的合理化。

（二）供求机制

供求机制是指通过商品及各种社会资源的供给和需求的矛盾运动来影响各种生产要素组合的一种机制。供给与需求之间在不平衡状态时形成的各种商品的市场价格，会传递给市场供给双方，并通过价格、市场供给量和需求量等市场信号来调节社会生产和需求，最终实现供求之间的基本平衡。

一般来讲，土地的自然供给无弹性，但土地的经济供给具有一定弹性，即土地用途会随着社会经济发展、政策因素、区位因素、规划等因素的变化而发生变化。但土地开发周期长，资金投入量大，导致土地供给具有滞后性，因此，经济供给的弹性也较小。由于人们对土地的需求是无限的，供给却是有限的，供求机制的核心是解决人们对土地的无限需求与有限供给之间的矛盾，应利用价格机制来约束人们对土地的需求，实现土地供求的相对均衡。

（三）竞争机制

竞争机制是指在市场经济中，各个经济行为主体之间为实现自身利益对市场份额的争夺及由此形成的经济内部的必然联系和影响。它通过价格竞争或非价格竞争，按照优胜劣汰的法则来调节市场运行。

土地市场的竞争主要表现在土地供需双方围绕交易条件展开的讨价还价，也表现在土地需求各方之间和土地供给方之间的竞争。在中国土地一级市场中，供给者为政府，需求方主要为房地产开发商、工业企业及其他用地者，土地供给方的竞争主要体现为各地方政府间的竞争，如以低地价招商引资等。

（四）博弈均衡机制

土地市场运行的结果实际是中央政府、地方政府及土地占有者之间博弈的结果，博弈的过程实质也是中央政府土地政策向下传导的过程，以及作为参与人的地方政府和土地实际占有者多样化的战略选择过程。中央政府的制度创新行动的顺利推进，以博弈过程中利益相关者的妥协为条件，而地方政府在整个博弈过程中，起着承上启下的重要作用，它对上是中央政府强制性制度变迁的直接执行者，对下又是微观经济主体诱致性制度变迁的直接感知者。

土地市场运行中，市场参与者从各自的利益出发进行竞争（博弈）。土地市场存在失灵现象，政府必须对土地市场进行管理，使各竞争者之间在土地市场上进行合作博弈，实现土地市场正常运行；通过不断完善土地市场制度，尽可能实现土地市场信息共享，同时，强化土地市场监管，最终实现各方在土地市场中的利益均衡。

（五）熔断机制

所谓土地熔断机制，是指当地块竞价达到最高限价时，终止土地出让，所有报价无效，目的在于提醒开发商理性竞争。土地拍卖遵循的原则是价高者得，而熔断机制却限制了价格高度。土地需求者竞相抬高地价的根源是房价过快上涨，而且需求者普遍看好未来市场，加之优质地块的稀缺性，地价越来越高，以及部分需求者资金充足，因此导致地价超过正常值范围。实际操作中，也将土地熔断机制界定为限地价竞房价的竞价机制。例如，根据《郑州市国有建设用地（住宅）使用权网上挂牌交易限价竞买暂行办法》中相关调控政策，所谓"熔断机制"，就是在土地出让时，网挂报价超过50%溢价率时，网挂报价中止，采取"限地价，竞房价"，即地价确定，参与网挂的竞买人现场竞综合房价，综合房价报价低者为竞得人。

当土地市场供求失衡时，政府一方面作为土地市场监管者，要制定土地市场的运行规则，规制土地交易行为；另一方面，发现和保证满足土地市场中正常的土地需求，保护国有土地使用权的价值实现，以及所提供土地要素的合理成本及利润。通过权衡上述情况，制定出国有建设用地使用权出让的"熔断机制"。由于"熔断机制"运用到中国的土地市场中还是新生事物，效果如何还有待实践检验。

专栏7-1　土地竞拍"熔断机制"案例

案例1

河南省郑州市2016年10月31日发布《郑州市国有建设用地（住宅）使用权网上挂牌交易限价竞买暂行办法》，开始实施国有建设用地（住宅）使用权出让新政——"熔断机制"。这也是继限购、限贷之后，郑州最新出台的楼市调控政策。

该办法规定，郑州市国有建设用地（住宅）（以下简称住宅用地）使用权出让过程原则上分两个环节进行。第一环节为使用郑州市国土资源网上交易系统进行网上竞价，达到限价时转为第二环节；第二环节为现场一次竞价或转为网上一次竞价。任一竞买人在网挂系统中报（竞）价首次达到住宅用地出让起始价150%时，网挂系统报（竞）价中止，即"网挂熔断"，该时点为熔断点，此时出让起始价的150%为熔断地价，熔断地价的报价竞买人为熔断人。土地拍卖"熔断机制"的出台，意在从原则上保证未来竞拍地块成交楼面价不得高于区域内现有最高楼面价，通过限制土地价格达到抑制过热房价的目的。

2016年12月15日上午，郑州市第二批16宗944亩地块登场竞拍。其中首遭熔断的128号地块，位于郑州市惠济区连霍高速北，规划用途为"城镇住宅"。在自由报价期间，已被多位竞买人出价23轮，最终触发熔断机制。在进入最后一次竞地价环节，以最终地价7706万元，竞地价8538万元被一家置业公司竞得，溢价67.2%。按最大容积率计算，折合楼面价3030元/平方米，约合711.5万元/亩。"熔断机制"被视为是从源头平抑土地市场的高热，进而平抑房价上涨的措施之一。

实施国有建设用地使用权出让"熔断机制"也出现了意外的结果，据新华社报道，2017年1月22日，郑州市郑东新区挂牌出让7宗住宅用地，其中，多宗土地触发"熔断机制"，根据《郑州市国有建设用地（住宅）使用权网上挂牌交易限价竞买暂行办法》，出让郑东新区、郑州经济开发区范围内的住宅用地使用权时，竞买人先竞地价，地价如达到熔断，再竞房价，即竞买人承诺销售房价不得高于规定的所处区域的综合房价，且其所报综合房价最低者为土地竞得人，土地竞得人不得高于竞得房价进行销售。成交记录显示，年政出［2016］198号土地综合房价仅较地价高1元/米²，地价5.4亿元，竞得者为河南好喜地置业有限公司。这意味着如果该地块成功出让，房屋的销售价格仅较地价高1元/平方米。郑东15号地块以23 631元/米²的最低房价报价拍出，这一综合房价仅比楼面价高了2元/平方米。这样的结果大大偏离了郑州市土地新产品市场的实际情况，最终郑州市政府终止了这一国有建设用地使用权的出让。

案例2

2016年12月，山东青岛首次出台了土地市场熔断机制。根据熔断机制规定，国有建设用地使用权拍卖出让按照价高者得原则确定竞得人，如溢价率达100%以上，视为不理性竞拍，系统自动流拍。从12月27号首次出现"熔断"以来，连续四天里的几场拍卖会都触发了"熔断机制"。2016年12月27日，位于新都心的两宗地块全都因触发熔断机制而中止拍卖，其中A地块经过497轮长达3小时的激烈厮杀，最高报价达到11 905元/平方米，超过最高限价11 900元/平方米；B地块则经过288轮竞价后，11 900元/平方米的报价同样达到最高限价，触发"熔断"机制，网上交易终止。2016年12月

28 日，共有 16 宗地块出让，其中位于上马街道龙翔路东侧、育英路北侧地块首轮就因报价超过最高限价触发熔断机制，导致地块流拍。2016 年 12 月 29 日，黄岛一宗地块再次触发熔断机制，该宗地块网上拍卖中止。12 月 30 日，2016 年度最后一场土地拍卖大会，黄岛区出让 7 宗地块，因 6 宗地块触发熔断机制，结果仅成交一宗地块。

案例 3

2016 年 11 月 22 日，武汉市公开出让土地 17 宗，这是武汉市实施新一轮限购后的首次土地拍卖。当日拍卖现场并未出现想象中的冷清，相反，土地拍卖价格再创新高，位于远城区的 5 个地块地价达到挂牌文件限定的最高溢价率，触动 "熔断机制"。

此次拍卖中，武汉市针对 11 宗土地限定了出让最高价，即要求这些地块的最高溢价率不超过 100%。这是武汉市首次启用土地拍卖 "最高限价令"，即 "熔断机制"，而实际操作中，竞拍达最高限价后，这些地块的出让将转为 "竞代建"、"竞降居住比例"、"评比规划方案" 等方式进行评比。所谓竞代建是指开发商拿地后，需出资无偿代建公益设施，开发商通过代建规模或金额来参与土地竞拍。而竞降居住比例，则指开发商通过居住规模比例下降进行竞争。

第四节　土地市场的调控与监管

土地市场调控与监管，就是政府运用经济、法律、行政、技术等手段，从宏观上对土地市场进行状况的监测、调控及管理，微观上以价格机制、供求机制等方式对土地市场进行具体调节，以促进土地市场健康、稳定地运行的系列活动或过程。

一、土地市场调控与监管的目的及内容

（一）土地市场监管的目的

土地市场监管既是土地市场管理的重要构成内容，也是土地市场建设的重要内容。土地市场作为社会的基础资源和财富的配置场所，必须按照法律和法规进行规范，规范和有序的土地市场有利于政府对土地资源和社会资源及经济建设的宏观调控。土地市场监管的目的是通过技术等手段对土地供需及价格、土地利用等变化规律进行分析总结，及时发现土地供应、开发利用、市场交易、收购储备中的问题，及时查找原因，使土地管理者能全面、及时地掌握土地市场动态，制定科学可行的土地利用和市场管理政策，形成土地供需总量基本平衡、土地价格基本合理、运行平稳有序的土地市场，以便其更好地发挥土地资源配置的决定性作用。

（二）土地市场调控与监管的内容

土地市场监管是土地市场管理的核心内容之一，土地市场监管以土地供应调控、土地价格监管为重点，具体包括如下内容。

（1）制定建设用地供地标准和建设用地审查报批管理办法，指导和规范国有建设用地的供应。

（2）制定并组织实施土地使用权出让、转让、出租、抵押、作价出资等管理办法和地

产交易规则，规范土地市场，完善市场体系。

（3）制定地价体系和地价管理制度，开展土地分等定级、基准地价、标定地价和地价指数的评定与监测。

（4）制定划拨建设用地使用权目录并组织实施，制定划拨建设用地使用权转让、出租、抵押及改变用途的政策和管理办法。

（5）制定乡（镇）村用地管理办法，指导集体非农建设用地管理及审批工作，指导各地制定乡镇各类建设用地标准、占地补偿办法及补偿标准，制定和组织实施农村集体土地使用权流转办法，制定鼓励城乡集约利用建设用地的政策和管理办法。

（6）公布土地市场运行动态，预测土地市场发展趋势，研究和提出调控土地市场的措施。

二、土地市场调控与监管的原则

（一）依法原则

中国《宪法》规定："中华人民共和国实行依法治国，建设社会主义法治国家。"土地市场监管过程要始终贯彻法制原则，严格实施法律监督，做到有法可依、有法必依、执法必严、违法必究。

（1）土地市场依法监管首先要做到有法可依。有法可依是土地市场依法监管的前提和基础。到目前为止，在土地市场监管方面我国已经出台了《土地管理法》《中华人民共和国城市房地产管理法》（以下简称《房地产管理法》）等法律法规，对土地的市场行为：交易、转让、租赁、抵押及地产中介服务等都明确了法律责任。基本上解决了土地管理法律法规缺失的问题，但相关法律法规需根据实施情况不断修订完善。

（2）土地市场监管机关及其工作人员应做到有法必依，严格执法，不得滥用职权。

（二）宏观调控原则

中国《宪法》规定："国家实行社会主义市场经济。""国家加强经济立法，完善宏观调控。"这是《宪法》所规定的经济管理原则，土地市场监管也应遵循宏观调控的基本原则。我国是社会主义市场经济国家，在配置土地资源时应该以市场调节为主。但土地资源是全社会最重要的生产资料和生活资料之一，土地市场发展状况事关国计民生，又由于土地市场竞争不充分，寻租行为、投机行为普遍，存在诸多市场失灵的地方。鉴于土地市场的重要性、不完全性，政府土地管理部门必须加强土地市场的宏观调控，引导土地市场向正确的方向发展。土地市场调控与监管在贯彻宏观调控原则时，要做到有所为、有所不为，以土地市场运行的宏观监测和监督为主，以微观管理为辅。

（三）公众参与原则

中国《宪法》规定："人民依照法律规定，通过各种途径和形式，管理国家事务，管理经济和文化事业，管理社会事务。""一切国家机关和国家工作人员必须依靠人民的支持，经常保持同人民的密切联系，倾听人民的意见和建议，接受人民的监督，努力为人民服务。"因此，依据《宪法》，人民有权参与土地市场管理，土地市场监管必须坚持公众参与的原则。

强调公众参与土地市场管理，不是简单地把公众看作土地市场管理的对象而应该看成是土地市场管理的积极行动者；不是只让公众了解决策的结果而是应该让公众参与土地市场管理决策、实施、监督的全过程。公众参与土地市场管理是土地市场管理方式的创新，也能提升土地市场监管水平。公众参与土地市场监管的方式、途径主要有：咨询与交流、听证制度及互动机制等。

（四）多种手段综合运用原则

市场管理的手段主要有行政手段、法律手段和技术手段等，每种手段各有利弊和适用的条件、对象，在处理土地市场监管的具体事项时，需根据具体情况及每种手段的特点，扬长避短，充分发挥各种监管手段的效果。

三、土地市场调控与监管的基本手段

政府对土地市场的监管基本上是综合运用经济、法律及行政等手段。但随着社会经济的发展，科技快速进步，互联网及电子终端的大量使用，使得土地市场监管手段的范围大大扩展，出现了土地市场动态监测和监管平台，以科技为支撑，以制度为保障，大大提高了土地市场的监管能力。

（一）经济手段

土地市场运行调控的经济手段主要包括税收手段和金融手段。

1. 税收手段

税收可以调节土地收益分配，是引导土地利用的重要经济手段。新开征或恢复征收、暂停征收、取消某个土地有关的税种，提高或降低土地税收的税率或税额标准等，均会对土地市场产生影响，从而达到市场监管的目的。一般而言，增加土地开发环节的税收，会增加开发成本，从而会抑制土地市场需求；反之，会促进土地市场发展。增加土地交易环节，无论是针对买方还是卖方，均会导致土地价格上涨，抑制土地市场发展；反之，会活跃土地市场。增加土地持有环节的税收，会抑制土地投资和投机。总之，通过税收手段，可以起到调控和监管土地市场的作用。

2. 金融手段

金融手段也是土地市场监管最为重要的手段之一。无论是土地开发、房地产开发还是房地产消费均需要金融资本的支持，土地市场对金融业的依赖程度远远超过一般行业，用金融手段调控土地市场恰好牵住了土地市场监管的牛鼻子。

2017年央行金融工作会议提出要继续完善差别化住房信贷政策，加强房地产金融宏观审慎管理。综合运用贷款价值比（LTV）、债务收入比（DTI）等工具对房地产信贷市场进行逆周期调节。2016年12月的中央经济工作会议指出，要综合运用金融、土地、财税、投资、立法等手段，加快研究建立符合国情、适应市场规律的基础性制度和长效机制，既抑制房地产泡沫，又防止出现大起大落。贯彻经济工作会议精神，落实好各项制度和机制建设，宏观上管住货币，微观信贷政策要支持合理自主购房，严格限制信贷流向投资投机性购房，更为重要的是从完善财税制度、改进耕地占补平衡等方面入手，从供给侧解决房地产供需错配问题，构建房地产市场健康发展的长效机制。同时，强化土地市场监管的金融手段，也是维护国家金融安全的重要手段。

具体而言，可以采用不同土地开发类型融资条件、企业自有资金的比例、银行存贷款利率、准备金利率、购房（包括首套房、非首套房）首付款比例等金融手段、方式来实施土地市场调控。

（二）法律手段

市场经济是法制经济，土地市场的监管必须充分运用法制手段。所谓法律手段是指国家根据广大人民群众的根本利益，通过立法和司法程序确定市场运行的规范，调整市场主体之间的关系，维护土地市场经济秩序的一种监管方法。具体而言，就是依据《宪法》《土地管理法》《土地管理法实施条例》《中华人民共和国城镇国有土地使用权出让和转让暂行条例》《城市房地产管理法》《招标拍卖挂牌出让国有土地使用权规定》《担保法》《中华人民共和国民事诉讼法》《中华人民共和国企业破产法》等法律法规规定，认真开展交易方式、交易类型、交易许可、交易程序等方面的监管，并对土地市场的违法行为进行坚决惩处。

（三）行政手段

行政手段是指国家行政管理机关依靠其行政权力或权威，通过发布市场监管的政令、条例、文件和其他行政措施，对市场经济活动进行直接干预和控制的一种监管方法。行政手段是市场监管的重要手段。其主要途径有：一是国家通过制定和发布行政命令、政策、规定、条例等来监管市场；二是市场管理部门通过行政监督来督促市场监管对象贯彻执行国家的方针和政策。三是市场行政管理部门通过运用行政手段对市场交易活动中的违法违章行为进行查处，维护市场的正常秩序。

土地市场监管的行政手段主要有：编制土地利用规划、编制土地整治、储备、出让计划、建立不动产统一登记制度、土地储备制度、限地价竞房价制度、土地市场信息公开查询制度、土地利用动态巡查制度等，这些行政手段在土地市场监管中发挥了积极作用。

（四）科技手段

土地市场监管必须不断提高监管技术水平，用最新的科技手段对土地市场实施有效监管。自 2009 年开始，国土资源部在全国范围内部署运行土地市场动态监测与监管系统，实现了由土地来源到土地供应、开发利用和市场交易等过程的动态跟踪监管。以国土资源业务网和互联网为基础，建设全国统一的部省市县四级土地市场动态监测与监管系统，并实现土地收购储备数据、建设用地供应数据、开发利用数据、市场交易数据和集体建设用地数据的编辑、动态报送和接收、数据同步、查询统计、历史数据导入和系统定制等功能。2013 年以来，国土资源部强调，土地市场监测监管工作应实现"三个转变"，即由单纯的监测分析向监测与监管并重转变，由原来的侧重合同填报向供应与供后监管并重转变，由早期的强化数据录入向构建监测监管的长效机制转变。

专栏 7-2　雄安新区房地产投机及其政府调控

2017 年 4 月 1 日，中国又一个具有全国意义的新区——雄安新区成立。此消息公布以后，一些房地产中介和部分外地人员便涌向雄安新区进行炒房，造成房价"虚高"。据报道，在 4 月 1 日晚间仍叫价每平方米 6000 元的雄县某房源，在 4 月 3 日下午已经疯狂上涨到了每平方米 25000 元。为了遏制汹涌的"炒房客洪流"，雄安新区及周边各地政府接连出台多项措施控制房价。自 4 月 2 日起，雄安新区三县（雄县、容城、安新）开始全面暂停房地产交易，大量关停售楼部和房屋中介机构，冻结一切房屋过户手续。截至 4 月 5 日，雄安新区共计关闭售楼部 71 家、中介机构 35 家，清理违规售房广告 1597 条，严厉查处违规网上售房行为 9 起，对 10 家恶意炒作的房地产企业进行约谈。然而，这些疯狂的炒房客像泥石流一般迅速涌向雄安新区的周边区域。

距离雄县县城仅十几分钟车程的白沟镇成为这些炒房客的新去处，一夜之间白沟的很多楼盘价格便成倍上涨。无独有偶，距离雄县大约 40 千米的霸州碧桂园南山郡的房子时隔一周之前开盘均价为每平方米 12 000 元，到 4 月 3 日晚间已涨至每平方米 17 000 元，购房者络绎不绝，并且大多携带重金。

面对不理性的投资者，政府紧急出台措施调控政策。自 4 月 5 日起，紧邻雄安新区的霸州、文安、任丘先后发布了楼市调控新政，均要求非本地户籍居民家庭须自申请购房之日起前 2 年内在该市累计缴纳 12 个月及以上个人所得税或社会保险（城镇社会保险），限购 1 套住房且购房首付款比例不低于 50%，包括新建商品房和二手住房。

资料来源：http://www.jlonline.com/caijing/2017-04-10/266623.shtml

复习思考题

1. 试述土地市场的内涵及主要功能。
2. 试述土地市场的主要特征。
3. 试述中国土地市场的特殊性。
4. 试述土地市场的主要模式及其运行特点。
5. 简述土地市场的运行机制。
6. 试述土地市场监管的目的及主要内容。
7. 试述土地市场监管的基本手段。

参 考 文 献

冯广京. 2016. 土地领域供给侧结构性改革的重心和方向 [J]. 中国土地科学, 30（11）: 4-12.

冯广京, 等. 2017. 土地供给侧结构性改革研究 [M]. 北京: 科学出版社.

李艳红. 2004. 城市土地储备制度与政府干预 [J]. 生产力研究,（9）: 93-94.

刘向南, 单嘉铭. 2017. 我国土地出让制度变迁: 一个制度经济学解释 [J]. 湖南科技大学学报（社会科学版）, 20（2）: 106-112.

骆小春, 高尚. 2015. 城乡统一建设用地市场的法律制度保障研究 [J]. 合肥工业大学学报（社会科学版）, 29（3）: 65-68.

潘石, 董经纬. 2013. 中国土地"招拍挂"制度变迁效应及改进方向 [J]. 理论探讨,（2）: 167-169.

宋艳林. 2007. 我国土地市场发育的三方博弈分析 [J]. 生产力研究,（3）: 61-63.

王贺. 2015. 浅析土地交易程序的法制化 [J]. 北方经贸,（5）: 126-127.

岳小武. 2004. 当前土地资产管理的若干问题 [J]. 中国土地,（7）: 29-33.

张绍良, 侯湖平, 公云龙, 等. 2011. 中国土地市场地价监管新体系构建 [J]. 中国土地科学,（8）: 8-13.

第八章　中国的土地资源配置
与土地市场体系

【本章内容要点】本章在分析中国土地资源配置的内涵、特征与机制，以及土地市场体系的形成及构成基础上，阐述了中国城市土地市场、农村土地流转和城乡统一建设用地市场建设途径，并解析了中国土地资源配置与土地市场体系两者之间的关系。

第一节　中国的土地资源配置

资源是指社会经济活动中人力、物力和财力的总和，是社会经济发展的基本物质条件。资源配置（resource allocation），是指对相对稀缺的资源在各种不同用途上加以比较作出的选择。在社会经济发展的一定阶段上，对于人们的需求而言，资源总是相对稀缺。这就要求人们对有限的、相对稀缺的资源进行合理配置，以最少的资源耗费，生产出最适用的商品和劳务，获取最佳的效益。资源配置合理与否，对一个国家经济发展的成败有着极其重要的影响。

伴随新型城镇化、工业化、农业现代化、信息化的快速推进，各产业、各部门对土地资源的需求呈增长趋势，土地资源数量的有限性和土地需求的持续增长性始终是土地资源配置需要解决的首要问题。土地资源配置是指对于人类所需要并构成生产要素的、稀缺的、具有开发利用选择性的土地资源，在不同时间和空间范围内，在各部门（用途）间的数量分布状态。时间、空间、用途和数量构成土地资源配置的四要素。土地资源合理配置必须达到两个相互关联的目标：一是在各种竞争性用途之间合理分配土地资源；二是提高土地资源利用效益。

土地产权对土地资源配置具有重要影响。在中国农村土地集体所有和城市土地国家所有的严格区分条件下，农村的土地配置利用和城市土地配置利用具有很大差别。

一、中国城市土地资源配置

（一）中国城市土地资源配置的内涵与特征

城市土地资源配置是根据城市各经济部门、各企业单位发展对土地的需求及土地的用途适宜性，合理安排城市土地及与土地利用相关的其他生产要素的过程。其目的是确定土地经济用途，调整土地经济关系。其实质是为解决城市土地资源供给有限性及其需求无限性的矛盾而对土地资源使用做出的理性选择。中国的城市土地资源配置具有如下特征：第一，按满足需要程度的大小选择城市土地资源使用方式和数量；第二，按各产业对土地资源的利用程度选择相匹配的土地资源配置；第三，当资源的使用方向确定后，根据对土地资源利用的水平来选择使用者。

（二）中国城市土地资源配置的原则

合理配置城市土地资源是城市土地经济的核心问题之一。城市土地资源在利用方式、数量规模、土地使用者选择及开发时序与空间布局上，存在多目标性和多方案性，总体上以低投入高产出为目标配置城市土地资源已成为合理发挥其资源特性的关键。因此，城市土地资源配置一般遵循以下原则。

1. 总体配置效益最优原则

城市土地资源以社会效益、经济效益、生态效益三者的综合效益最佳为其优化配置目标，主要表现为城市生态环境良好，城市整体功能最大，城市规模聚集效应最高。

2. 局部配置机会成本最小原则

城市土地需求是引致需求，在土地资源有限的情况下，通过比较机会成本来确定资源配置的方向与数量，按照社会需求的重要性将土地资源安排到不同部门和不同行业中。

3. 使用效率最大化原则

在确定土地用途的基础上，将有限的土地资源配置给能够创造最大经济价值的使用者，实践中应通过资源配置机制选择耗费最少土地资源的企业。

4. 资源替代性原则

土地资源和其他资源存在一定的替代关系，鼓励使用者尽可能用较丰裕的其他资源替代有限的土地资源。

5. 杜绝闲置和无效配置资源原则

土地资源的闲置可分为配置闲置和非流动性闲置。前者指土地资源分配中的闲置，如土地资源实行平均分配供给下的闲置；后者指土地资源在主观、客观因素影响下，由于无流动性使用所带来的闲置。无效资源配置是指所耗费土地资源生产的产品和劳务不为市场需要，这是配置失误造成的资源浪费。

（三）城市土地资源配置的机制

1. 城市土地资源配置的市场机制

城市土地资源配置的市场机制，即遵循价值规律、竞争规律和供求规律等市场法则，使城市土地资源配置自发达到最优的状态。在市场机制作用下，土地权益人按照利润最大化原则利用土地资源，促进土地的集约利用。土地使用权人对任何一宗土地的开发，总是根据市场需求和开发利润对土地用途做出最优选择的方案。同样，开发企业也会综合考虑市场需求的数量、功能、质量，以及开发成本、投资风险和时间周期等因素来拟定其合适的开发强度。

城市土地资源配置中市场机制具有一定的灵活性，其主要的调节方式是通过土地价格及市场竞争控制供求关系的方式实现资源的合理配置。其主要表现为，明晰产权和产权主体，从而形成市场主体与客体；引入反映土地资源真实价值的价格来调节供给和需求；建立健全法规体系和中介服务体系，保证土地市场有序运行。

2. 城市土地资源配置的行政机制

城市土地资源市场配置可能出现市场失灵现象，产生负外部性，此时则需要通过"看得见的手"对城市土地资源的配置进行调节，即政府通过行政机制进行调节。

中国城市土地资源配置的行政机制主要包括国民经济和社会发展规划、土地利用规划和计划、城乡规划、土地行政管理体系等内容。国民经济和社会发展规划在城市土地资源配置中起主导作用，政府根据国民经济和社会发展规划来确定建设项目投资规模和投资方向，再向城市规划部门申请选址和到土地管理部门申请用地；土地利用计划是根据土地利用总体规划和社会经济发展需要，对各类用地数量进行具体安排，以实现城市土地资源的合理配置。城市规划部门根据城市功能划分、城市基础设施支持及项目本身的具体要求确定建设项目选址。中国的土地行政管理体系分为五个层次，即中央、省（直辖市、自治区）、市（或地区行署）、县（县级市）、乡（镇），县级以上土地管理部门负责执行政府征收土地的职责，并代表政府向土地使用者出让土地使用权。

二、中国农村土地资源配置

（一）农村土地资源配置的内涵及存在的问题

农村土地资源配置是指在一定的社会、经济与技术条件下，将农村土地在各种用途之间安排、搭配的过程，这种配置使其利用结构与其他生产要素合理匹配，以满足社会生产和消费的需要，达到农村经济发展、农地可持续利用的目的。与城市土地资源配置相比，农村土地资源配置主要强调土地资源的数量结构、类型结构和空间布局结构，由于尚未建立完善的土地交易市场，土地资源配置多以行政手段为主。当前农村土地资源配置还存在如下问题。

1. 使用主体的作用未得到有效发挥

一方面，广大的农村家庭的土地资源利用主要集中在住宅建设、种植、养殖等方面，一户一宅的建设用地利用方式，占用了大量的土地资源；在种植、养殖等方面，农村家庭往往在生产过程中存在盲目性，部分沿用传统的种植模式，农村土地利用效益最大化目标难于实现。另一方面，虽然近年来农村集体经济组织在组织农户进行合作生产方面做了大量工作，但由于缺乏资金、技术，加上对市场的把握不够灵活，市场调查不够充分，对市场信号的解读不够准确，在生产过程中缺乏指导，很多集体经济组织没能发挥应有的作用。

2. 农村土地资源利用效率低

目前，中国农村存在土地资源利用率低，传统的农业耕作、发展模式不能按照价值规律的要求紧跟市场经济的步伐。土地资源的产出物缺乏技术含量，土地资源的农业生产效率不高，经营规模较小（很多地方仍然是单个的农村家庭作为基本生产单位）。无论从种植还是从养殖方面都不能产生最大的经济效益，不能使地尽其利，无形中造成了土地资源使用上的浪费。

3. 农户土地经营规模与生产效率错配

一般而言，生产效率越高的生产者要素边际产出越高，规模越大，二者呈正相关关系，相关性越强，资源配置效率越高。但在我国当前的土地分配制度下农户的土地经营规模与其生产效率并不相关，土地资源配置是扭曲的。当前中国农村土地资源存在误配情况，并且造成了非常大的效率损失，据测算，如果土地资源能够有效配置，中国农业生产的全要素生产率将提高 1.36 倍，而农业劳动力占比将下降 16.42%，劳动生产效率将提高 1.88 倍。正因为如此，党的十八大以来的诸多文件，如《中共中央　国务院关于加快发展现代农业进一步增强农村发展活力的若干意见》《中共中央　国务院关于全面深化改革若干重大问题的决定》《中共中央　国务院关于全面深化农村改革加快推进农业现代化的若干意见》《关于引导农村土地经营权有序流转发展农业适度规模经营的意见》均鼓励农户进行土地流转，并借此提高农地配置效率。

（二）农村土地资源配置的方式

目前，中国农村土地资源配置的方式主要有两种，即市场配置和非市场配置。

1. 市场配置

2013 年《中共中央关于全面深化改革若干重大问题的决定》提出"使市场在资源配置中起决定性作用"、"赋予农民更多财产权利"、"建立城乡统一的建设用地市场"等目标任务后，市场成为有效配置土地资源的决定性制度，农村土地供应同城市土地供应一样平等进入土地市场交易；而各类土地的需求方，则可以将需求信息登记在土地交易中心挂牌，供给方与需求方通过土地交易中心这个平台，形成价格并完成交易。

2. 非市场配置

非市场配置即行政配置，即政府通过相关规划和用途管制调节农村土地资源配置。中华人民共和国成立以来，中国农村土地资源配置总体上经历了计划配置阶段，以计划配置手段为主、市场配置为辅阶段，正在向以市场配置为主、计划配置为辅的阶段发展。

三、中国城乡土地资源配置改革方向

（一）建立城乡统一的建设用地市场，发挥市场在土地资源配置中的决定性作用

贯彻落实《中共中央关于全面深化改革若干重大问题的决定》，进一步扩大土地的权能，不仅允许土地承包经营权抵押、担保，而且赋予农村集体经营性建设用地与国有建设用地平等的地位和相同的权能；深化征地制度改革，缩小征地范围，规范征地程序，完善对被征地农民合理、规范、多元的保障机制，建立兼顾国家、集体、个人的土地增收分配机制，合理提高个人收益；统筹城镇建设用地与农村集体建设用地和宅基地、增量建设用地与存量建设用地的合理配置，实行统一规划，建设统一平台，强化统一管理，建立城乡统一的建设用地市场，形成统一、开放、竞争、有序的建设用地市场体系。

（二）强化政府对土地市场的宏观调控和监管

政府职能转变是完善土地资源市场配置的重要补充，是实现土地资源优化配置的重要途径。①增强政府的宏观调控能力。明确土地利用总体规划和城乡规划法律地位，提高土地利用总体规划和城乡规划编制水平，为落实土地用途管制提供科学依据，实现两者之间的相互衔接协调；严格控制土地供应总量，既要控制土地利用总体规划的远期总量，又要限制土地供应年度计划的短期总量，同时对增量土地（土地利用年度计划，主要指农用地转为建设用地的计划）和存量土地（已有的建设用地）都要进行严格的控制。②探索土地利用体制创新。完善农村宅基地流转和退出机制，提高宅基地资源配置效率；完善"三权分置"办法，提高农用地资源配置效率；完善城市土地储备制度，有效地防止政府部门以程序的"审批权"取代土地"供应权"，防止土地收益流失，规范市场秩序。

（三）以可持续发展理念引导土地资源配置

可持续发展理念是发展经济学家在对传统工业化道路和经济发展模式进行深刻反思基

础上提出的全新发展理念，它源于人们对土地资源是一切其他资源开发利用的基本资源的认知和关注，逐渐意识到土地在人口、资源、环境和经济发展关系中居于其他资源无法替代的核心地位，其产生背景是人类赖以生存的环境和资源遭到了日趋严重的破坏。土地资源的可持续利用是实现社会、经济、生态效益在一定空间和可预见时间范围内的稳定性，城乡土地资源配置适应经济发展方式转变的要求，摒弃土地资源的粗放利用方式；核算土地资源使用成本和收益，探索将土地资源纳入国民经济核算体系的方式；配套土地资源可持续利用的文化和制度建设，促进开发利用主体的观念更新。

第二节　中国的土地市场体系

中国土地市场体系是由不同结构、功能的市场组成的有机结合体，是相互独立、相互联系、相互制约、相互影响的多类别土地市场形成的整体。在市场经济体制下，土地资源的市场配置是实现其合理利用的基本途径。

一、中国土地市场体系的建立与发展

1949 年中华人民共和国成立以后，城市土地逐渐收归国有，农村土地逐渐实行集体所有，所有土地不准买卖和出租，至 1978 年改革开放前，中国城市仅有隐性市场和某些特殊的土地交易存在，农村不存在土地市场。改革开放之后，中国土地市场体系逐步建立和发展，大致可以划分为三个阶段：萌芽阶段、发展阶段、完善阶段。

（一）土地市场体系的萌芽阶段（1978～1988 年）

1978 年安徽省凤阳县小岗村农民自发将土地包产到户，拉开了农村家庭联产承包责任改革的序幕。1978 年十一届三中全会，确立了以家庭承包经营为核心的农村基本经营制度，高度集中的集体单一经营体制转变为家庭和集体统分结合的双层经营体制，实现了土地所有权和使用权的分离，也使得土地生产率在短期内得到大幅度提高。

与此同时，城市也开始土地使用制度改革，并奏响了城市土地市场萌芽的三部曲。①1979 年《中华人民共和国中外合资经营企业法》规定："中国合营者的投资可包括为合营企业经营期间提供的场地使用权。如果场地使用权未作为中国合营者投资的一部分，合营企业应向中国政府缴纳使用费。"1980 年 10 月，国务院颁布《关于中外合营企业建设用地的暂行规定》，对中外合营企业用地计收场地使用费做出了明确规定。这一政策的出台可以看作是中国城市土地使用制度改革的先兆。②1982 年，深圳经济特区开始按年度向不同等级土地的使用者收取不同标准的土地使用费。此后，城镇土地使用费开始普及，并成为政府收益的一部分，从而实现了土地产权的经济价值。③1987 年下半年，深圳经济特区率先开展土地使用权有偿出让和转让的试点。在 1988 年《宪法》（修正案）颁布之前，中国的土地不能出租和转让，但是在 1987 年深圳政府第一次把土地使用权通过拍卖的方式出让给了一家房地产公司。这一举措产生了非常重要的影响，1988 年 4 月七届全国人大一次会议通过的《宪法》（修正案）中删去了不得出租土地的规定，改为："土地的使用权可以依照法律的规定转让"，这就为土地使用制度改革的全面推开和深入发展铺平了道路。1988 年 12 月，《土地管理法》也作了相应的修改，至此城市土地有偿使用制度开始建立。

（二）土地市场体系的发展阶段（1989～2000 年）

这一阶段，家庭联产承包责任制度得到调整与稳固，允许农村土地承包经营权流转。由于农业，尤其是粮食生产比较效益下降，耕地的细碎化和家庭的小规模经营弊端显现，发达地区农村劳动力转移加速，农村承包地和劳动力等资源配置优化的条件发生了变化，从而孕育出农村土地使用权流转制度。1995 年农业部《关于稳定和完善土地承包关系的意见》提出："建立土地承包经营权流转机制。在坚持土地集体所有和不改变土地农业用途的前提下，经发包方同意，允许承包方在承包期内，对承包标的依法转包、转让、互换、入股，其合法权益受到法律保护。"2000 年中共中央决定农村家庭联产承包责任制再延长 30 年，进一步稳固了家庭承包经营的地位。

1990 年 5 月国务院颁布了《中华人民共和国城镇国有土地使用权出让和转让暂行条例》和《外商投资成片开发经营土地暂行管理办法》，对土地使用权出让、转让、出租、抵押、终止及划拨土地使用权等问题做了明确规定，使得中国土地市场的建立与发展有了法律依据。1992 年中共十四大确立经济体制改革的基本目标是建立社会主义市场经济体制之后，全国土地市场的培育、发展进程大大加快，出现了 1992～1993 年的房地产热，全国各地大搞开发区建设，土地投机、土地炒卖现象盛行。从 1993 年 7 月开始，全国城市土地市场进入调整发展时期，1994 年 7 月全国人大常委会通过的《城市房地产管理法》明确规定"国家依法实行国有土地有偿、有限期使用制度"，此后土地市场的发展逐步走上了正轨，土地使用权出让、转让、出租、抵押、入股等有序地进行。此阶段，土地市场尽管在不断发育完善，但市场机制的作用还没能得到充分发挥。

（三）土地市场体系的完善阶段（2001 年至今）

进入 21 世纪，农村土地制度改革，一方面继续完善并通过立法规范土地承包制度，另一方面探索推进农村土地"三权分置"。2003 年颁布《中华人民共和国农村土地承包法》规定农村土地承包后土地所有权性质不变，承包土地可以转让、转包、出租、交换及其他方式进行流转。2007 年出台的《物权法》确认了土地承包经营权是物权，土地承包经营权人有权将土地承包经营权采取转包、互换、转让等方式流转。特别是党的十八大以来，中央出台了一系列农村土地改革政策，促进了农村土地市场的发展。2013 年 11 月十八届三中全会提出，赋予农民对承包地占有、使用、收益、流转及承包经营权抵押、担保权能，允许农民以承包经营权入股发展农业产业化经营。2014 年 9 月中央全面深化改革领导小组第五次会议提出，要在坚持农村土地集体所有的前提下，促使承包权和经营权分离，形成所有权、承包权、经营权三权分置、经营权流转的格局。2015 年 8 月开始在全国开展"两权"（农村承包土地的经营权和农民住房财产权）抵押贷款试点。2016 年 10 月，中共中央办公厅、国务院办公厅印发《关于完善农村土地所有权承包权经营权分置办法的意见》提出完善"三权分置"。2017 年中央一号文件深化农村集体产权制度改革，落实农村土地"三权分置"办法，加快农村承包地确权登记颁证，统筹协调推进农村土地征收、集体经营性建设用地入市、宅基地制度改革试点。上述一系列规则出台为稳步推进土地经营权有序流转和农村"两权"抵押贷款试点，进而促进农村土地市场发展提供了制度保障。

对于城市土地，这一阶段以招标、拍卖、挂牌出让的建设用地比例逐步提升，土地二级市场得到发展，土地资源市场化配置效率显著提高。2000 年国土资源部下发《关于建立土地有形市场促进土地使用权规范交易的通知》要求各地建立有形市场，推进土地使用权的公开交易。同时，为规范协议出让土地行为，限制划拨土地使用范围，建立完善的招标、拍卖、挂牌制度，2001年国土资源部发布了《划拨用地目录》，对不符合划拨目录的建设用地必须有偿使用。2002年5月国土资源部发布了《招标拍卖挂牌出让国有建设用地使用权规定》，明确规定各类经营性用地必须以招标、拍卖或挂牌方式出让。2003年6月国土资源部颁布了《协议出让建设用地使用权规定》，不符合招标、拍卖或挂牌出让条件的国有土地，方可协议出让。2004年10月，国务院发布《国务院关于深化改革严格土地管理的决定》，除按照现行规定必须实行招标、拍卖、挂牌出让的用地外，工业用地也要创造条件逐步实行招标、拍卖、挂牌出让，推行土地资源的市场化配置。2007年3月全国人大通过的《物权法》规定，工业、商业、旅游、娱乐和商品住宅等经营性用地及同一土地有两个以上用地者的，应采取招标、拍卖等公开竞争的方式出让，至此，中国的城市建设用地除了非经营性用地仍采用划拨方式外，经营性用地采取公开竞价的市场化配置方式出让以法律的形式确定下来。2017年，国土资源部印发《关于完善建设用地使用权转让、出租、抵押二级市场的试点方案》，提出在相关地区建立符合城乡统一建设用地市场要求、产权明晰、市场定价、信息集聚、交易安全的土地二级市场，土地二级市场不断放开，为提高土地资源配置效率提供了更好的市场条件。

二、中国土地市场体系的类型

（一）按土地交易的层次结构划分

中国土地市场体系按照土地交易层次结构可划分为：土地一、二、三级市场。三级市场相互联系，其中一级市场是二、三级市场的前提和基础，起导向作用；二、三级市场是一级市场的延伸和扩大，起促进市场发育和繁荣市场的作用，如图8-1所示。

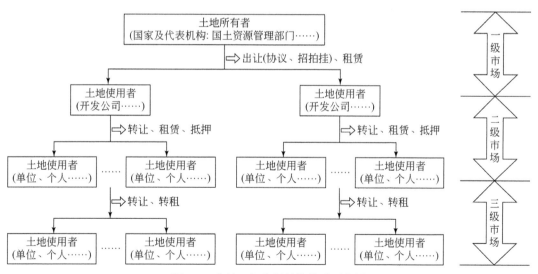

图8-1　土地三级市场结构体系示意图

1. 土地一级市场

土地一级市场又称土地使用权出让市场，指由土地资源管理部门代表国家将土地使用权让与土地使用者，并由土地使用者支付土地出让金，具体包括国有土地使用权招标、拍卖、挂牌、协议出让和租赁等方式。土地一级市场是中国土地市场最为重要的组成部分，为维护公有制的要求，土地一级市场由政府（或政府委托的机构）作为垄断的供给方。

2. 土地二、三级市场

土地二、三级市场具有经营和消费的性质，是土地使用权在不同经济成分的用地单位或个人之间进行的横向转让，表现为土地开发经营者与使用者之间进行交易的市场，体现的是土地使用者之间的关系，是"横向土地市场"。

1）土地二级市场

土地二级市场又称土地使用权转让市场，是城镇土地使用者将土地使用权再转移的行为，主要包括土地使用权的转让、租赁或抵押，即由一个使用者转租给另一个使用者。

2）土地三级市场

土地三级市场是土地使用权再次在使用权人手中转让的市场，是土地使用者将取得一定年限的土地使用权转让出去的市场，表现为使用者之间的交易行为，具有消费性质。市场的主体是土地实际使用者，它属于调剂和重新配置的市场。三级市场是土地市场的"末级神经"，对土地市场具有灵敏的指示性。

从市场运行方式和市场主体与客体的总体情况看，二级市场和三级市场并没有本质区别，因此，通常也将二、三级市场统称为二级市场。此外，中国的土地市场只有一级市场是纯粹的土地市场，二、三级市场多为土地与房屋结合在一起的市场。

（二）按土地市场的城乡地域划分

1. 城市土地市场

中国城市土地所有权不能进行交易，城市土地市场实际上是土地使用权市场，具体又分为土地使用权出让市场、土地使用权转让市场、土地使用权租赁市场和土地使用权抵押市场四种类型（具体内容见本章第三节）。

2. 农村土地市场

农村土地市场即农村集体土地产权流转市场。集体土地产权流转，包括集体所有的土地转为国有土地和集体土地使用权流转两类。集体所有转为国有，即土地征收市场。集体土地使用权流转市场又分为农用地承包经营权流转市场、农村集体建设用地使用权流转市场和农村集体"四荒地"使用权流转市场。农村土地征收市场，指国家根据公共利益的需要而行使公权力，以补偿为条件，依照法律规定的程序和权限将农民集体所有的土地转化为国有土地。农用地承包经营权流转市场，指通过家庭承包取得的土地承包经营权可以依法采取转包、出租、互换、转让或者其他方式流转。农村集体建设用地使用权流转市场，指农村集体经济组织将其拥有的经营性建设所用使用权出售的行为。农村集体"四荒地"使用权流转市场，指农村集体经济组织将其所有的荒山、荒沟、荒丘和荒滩使用权流转给使用者的行为。

三、中国土地市场体系的发展方向

（一）稳定一级市场，盘活二级市场

中国土地市场建立以来，一级市场的交易逐步规范，交易量和交易额与日俱增。应进一步规范土地一级市场的出让行为，完善土地"招、拍、挂"机制，切实维护公开、公平、公正、竞争、有序的土地市场秩序，有效促进土地一级市场平稳健康发展。土地二级市场作为土地市场的重要组成部分,对于优化土地资源配置、健全完善市场体系、盘活利用存量建设用地、促进土地节约集约利用具有重要意义,应进一步开放与盘活二级市场,逐步完善市场交易机制、创新运行模式、健全服务体系等,提高土地二级市场对土地资源的优化配置效率。

(二)稳定农村土地承包关系,建立健全农村土地流转市场

我国农村土地市场应坚持农村土地集体所有权,稳定农户承包权,放活土地经营权。通过健全土地承包经营权登记制度、推进土地承包经营权确权登记颁证工作等稳定农村土地承包关系;同时,应规范引导农村土地经营权有序流转,通过鼓励创新土地流转形式、严格规范土地流转行为、加强土地流转管理和服务等,不断健全流转机制,逐步建立健全农村土地流转市场。

(三)建立城乡统一的建设用地市场

随着城乡统筹、城乡一体化发展逐步深化,要求建立城乡统一的建设用地市场。中国城市土地市场已相对完善和成熟。而农村集体建设用地使用制度改革尚处于起步阶段,应通过探索健全程序规范、补偿合理、保障多元的土地征收制度,同权同价、流转顺畅、收益共享的农村集体经营性建设用地入市制度,依法公平取得、节约集约使用、自愿有偿退出的宅基地制度,逐步实现农村集体建设用地同国有建设用地的"同地、同权、同价"入市,逐步建立城乡统一的建设用地市场体系。

四、中国土地市场体系与土地资源配置的关系

(一)市场体系发育程度与土地资源配置

市场体系的建立、发育和完善是一个渐进的过程,市场机制在资源配置中的作用也是渐进的。从市场的发育角度看,根据资源配置的市场化程度可划分为无市场、不完善市场和完善的市场三种形态,土地资源配置的机制也各不相同(图8-2)。

1. "无市场"与土地资源配置

在计划经济体制下,土地资源的配置处于"无市场"状态,政府的行政计划指令完全替代市场来配置土地资源。在此状态下,政府对土地供求状况的预测缺乏合理机制,中央与地方、宏观与微观经济利益取向不一致等,都会导致计划制定的科学性低、适用性差,且缺乏对土地实际供求关系变化的应变弹性。计划不能反映和满足土地供求真实情况,必然导致对土地资源在不同区域间、不同产业间及不同部门间的低效率配置甚至错配,导致土地资源的粗放利用。

2. 不完善市场与土地资源配置

随着土地市场发展,市场机制在土地资源配置中发挥基础性作用,价格、竞争、供求、利益分配等机制的作用使土地资源相比计划经济条件下得到较优的配置。由于市场的发育尚不成熟,产权模糊、市场体系不健全、市场机制不完善,仅靠市场机制的作用并不能实现资源配置的帕累托最优[①],会出现通常所说的"市场失灵"问题。按照新古典经济学理论,

---

① 帕累托最优(Pareto optimality),也称为帕累托效率(Pareto efficiency),是指资源分配的一种理想状态,假定固有的一群人和可分配的资源,从一种分配状态到另一种状态的变化中,在没有使任何人境况变坏的前提下,使得至少一个人变得更好。帕累托最优状态就是不可能再有更多的帕累托改进的余地;换句话说,帕累托改进是达到帕累托最优的路径和方法。帕累托最优是公平与效率的"理想王国"。

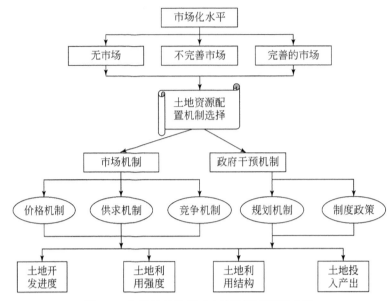

图 8-2　市场体系发育对土地资源配置影响图

资料来源：此图根据吴郁玲. 基于土地市场发育的土地集约利用机制研究——以开发区为例修改

政府的适度干预可以弥补市场失灵，实现资源的优化配置和集约利用。但是，事实上政府的干预行为总是存在"越位"或"缺位"，并非是适度的，即同时存在"政府失灵"，且政府失灵还可能会加重市场失灵，人为扭曲供求、价格、竞争等市场机制的运作方式。双重失灵的结果是土地资源配置的帕累托低效率或无效率。土地资源配置的低效率必然对土地利用结构、土地利用状况、土地投入产出等产生相应的影响，单位土地的产出效率低，土地利用粗放。

3. 完善的市场与土地资源配置

在完善的土地市场条件下，依靠市场机制的自发运作，市场规律充分作用，土地市场实现均衡。发育完善的市场具有完整的市场体系和灵活的市场机制，完全竞争能够自动实现帕累托最优，从而能够实现社会资源的最优配置。根据福利经济学第一、第二定理，完全竞争市场的一般均衡是实现帕累托最优的充要条件。在达到竞争性一般均衡时，市场所实现的资源配置能满足帕累托最优的必要条件，也就是说一般竞争均衡的结果必定导致帕累托最优，而帕累托最优的资源配置也一定与完全竞争市场下的一般均衡状态相对应。

在完善的市场中，价格、供求、竞争等市场机制充分发挥作用，能自发引致资源以最优的数量和结构配置在最佳的用途和方向上；政府的职能定位也由微观经济领域转向宏观决策领域，政府在资源配置中的作用更多的是维护市场机制有效运作，市场为主导、政府为补充的资源配置机制有利于实现资源配置的帕累托最优状态。

（二）市场机制与土地资源优化配置

价格、供求、竞争、利益分配等是促进市场交易主体相互联系和相互约束的一些特殊手段，是市场机制的具体表现。市场机制可以被视为是价格机制、竞争机制、供求机制、利益分配机制等的集合。而市场机制有利于实现资源配置的帕累托最优，资源配置的高效则意味着生产中边际要素资源投入的产出价值最大，也就是实现了资源的合理利用。因此，可以将促进土地资源优化配置的市场机制细分为信号机制（价格机制、供求机制）、动力机制（利益分配机制）和压力机制（竞争机制）（图8-3）。

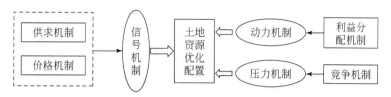

图8-3　土地资源优化配置与市场机制作用机理

在完善的市场中，价格机制、供求机制是土地资源优化配置的信号机制，通过地价的变化来调节土地的供求关系，同时，土地供求关系的变化也影响土地的价格，两者的协同作用激励土地资源优化配置。利益分配机制是促进资源优化配置的动力机制，作为独立的经济个体，不同用地者具有不同的利益取向，其追求自身利益最大化的行为成为提高土地资源优化配置水平的原动力。而竞争机制则是促进资源优化配置的压力机制，在激烈的竞争中取得胜利的基本原则是经济个体投入最小而收益最大化，这无疑也成为促进用地者优化配置土地的重要原因。

现实中，即使发育完全的市场，市场机制也有失灵的时候，出现非市场机制如"资本"对资源配置起主导或决定作用的情况。例如，近年来中国"地王"的出现，巨额资本对大企业、大公司（如大型房地产企业）的并购，对矿产开发权，对零售业、物业的垄断等；国际资本对石油、证券市场的垄断及操控等已完全显现"资本"正迅速和疯狂取代市场对资源配置起决定性作用。因此，需要采取相应对策规范市场机制的作用：①建立健全科学的地价评估体系，及时公布地价信息；②建立健全社会化中介服务体系；③建立完善的市场网络化体系；④强化土地市场的监管。将土地有偿使用制度落实到位，完善土地储备和开发制度，加强对土地行政审批的监管，严格土地执法监察。

第三节　中国城市土地市场

一、中国城市土地市场的内涵及构成

（一）中国城市土地市场的内涵

城市土地市场是指城市土地产权交易的场所及城市土地产权这种特殊商品在流通过程中发生的多种经济关系的总和，体现为供求双方为确定土地交易价格而进行的一切活动。这种市场活动由以下两种方式共同体现：一是城市土地权利的让渡与取得，要经过竞争、协商或讨价还价；二是土地权利的让渡与取得产生的价格和租金等，明显受供求关系的影响。在中国，城市土地市场是出让城市土地使用权和城市土地使用权再转让的交易场所和经济关系。

（二）中国城市土地市场的构成

城市土地市场是一个多层次的、开放的、动态的市场体系，其内部各子市场既相对独立，按照各自的特征、功能和运行方式，形成自我循环运动系统；又相互联系、相互依存，构成整个城市土地市场的大循环系统。城市土地市场按照土地产权类型划分，主要包括土地使用权出让市场、土地使用权转让市场、土地使用权租赁市场和土地使用权抵押市场四种类型。

1. 土地使用权出让市场

土地使用权出让市场，指国家以土地所有者的身份将一定年限的土地使用权让与土地使用者，作为受让方的土地使用者向国家一次性支付土地出让金。市场的主体，土地出让方是受国务院委托的市、县人民政府，受让方是中国境内外的公司、企业、其他组织和个人；市场客体是国有土地使用权。出让方式包括协议出让、招标出让、拍卖出让、挂牌出让等。这一层次的土地市场由代表国家的城市政府垄断，政府控制地价的底价，引进市场竞争机制，市场成交价通过竞争确定（但在实行招标时并不完全是价高者得，而是根据竞投者的综合实力、投建方案等因素决定）。

2. 土地使用权转让市场

土地使用权转让市场，指以出让方式取得的自有土地使用权在民事主体之间再转移的行为，是平等民事主体之间发生的民事法律关系。市场客体是国有土地使用权。其转让的基本形式包括出售、交换和赠予。可以转让的土地使用权主要有：①通过出让方式取得的土地使用权。②原行政划拨土地使用权在补交土地出让金后获得的出让土地使用权。③国家作价出资（入股）或授权经营的土地使用权。④以转让方式取得的土地使用权（使用年限为土地使用权出让合同规定的使用年限减去原土地使用者已使用年限后的剩余年限）。土地使用权转让市场是一个竞争性市场，有多个土地供给者和多个土地需求者，转让方式和转让价格均由市场决定，市场机制的作用较充分。

3. 土地使用权租赁市场

土地使用权租赁市场，指合法取得国有土地使用权的民事主体（出租人）将土地使用权及地上建筑物、其他附着物全部或部分提供给他人（承租人）使用，承租人为此而支付租金的行为。承租人按规定支付土地租金经过出租人同意可以将土地使用权进行转租，因此土地使用权租赁市场根据不同情况可以分属为一级市场、二级市场或三级市场。

4. 土地使用权抵押市场

土地使用权抵押市场，指土地使用权人（抵押人）将其合法的土地使用权以不转移占有的方式向抵押权人提供债务担保的行为。土地使用权人为获得资金，以自己合法取得的土地使用权向抵押权人担保，抵押权人不对设定抵押权的土地使用权直接占有和使用，而是仍由土地使用权人使用并取得收益。当债务人不履行债务时，抵押权人有权依法拍卖抵押的土地使用权，并从拍卖所得价款中优先受偿。土地使用权抵押属于不动产抵押，由此决定了土地使用权抵押有两个重要的特点：一是不转移抵押标的物，也就是土地使用权仍由土地使用权抵押人使用；二是要进行抵押登记，要把土地使用权证书交给债权人，由债权人保管。

专栏 8-1　《关于完善建设用地使用权转让、出租、抵押二级市场的试点方案》

国土资发〔2017〕12 号

国土资源部 2017 年 1 月印发《关于完善建设用地使用权转让、出租、抵押二级市场的试点方案》的通知，通过改革试点，到 2018 年年底，在相关地区建立符合城乡统一建设用地市场要求，产权明晰、市场定价、信息集聚、交易安全的土地二级市场，市场规则基本完善，土地资源配置效率显著提高，形成一批可复制、可推广的改革成果，为构建城乡统一的建设用地市场、形成竞争有序的土地市场体系、修改完善相关法律法规提供支撑。

开展国有土地二级市场试点的 28 个试点地区：北京市房山区、天津市武清区、河北省石家庄市、山西省太原市、内蒙古自治区二连浩特市、辽宁省抚顺市、吉林省长春市、黑龙江省牡丹江市、江苏省南京市、浙江省宁波市、安徽省宿州市、福建省厦门市、江西省南昌市、山东省临沂市、河南省许昌市、湖北省武汉市、湖南省长沙市、广东省东莞市、广西壮族自治区南宁市、海南省三亚市、重庆市主城九区、四川省泸州市、云南省昆明市、陕西省西安市、甘肃省天水市、青海省西宁市、宁夏回族自治区石嘴山市、新疆维吾尔自治区库尔勒市。

同时开展国有和集体土地二级市场试点的地区：上海市松江区、浙江省湖州市德清县、广东省佛山市南海区、四川省成都市郫县、贵州省遵义市湄潭县、甘肃省定西市陇西县。

二、中国城市土地市场的特征

伴随计划经济体制到社会主义市场经济体制的初步建立，中国城市土地市场培育经历了从无到有，从无序到有序并最终形成规范化、有序化、法制化的发展历程。现阶段中国城市土地市场发育相对完善、成熟，其特征主要体现在以下几个方面。

（一）城市土地市场交易层次丰富，市场体系逐渐完善

市场交易层次是市场主体广泛程度和市场客体开发程度的直接反映。按照城市土地使用权的让渡关系，城市土地市场可分为一级市场与二级市场两个层次。其中，一级市场包括有偿出让和租赁两类，是城市土地资源的初次分配，反映的是土地所有者与土地使用者之间的经济关系，政府是城市一级市场唯一的供应者；二级市场包括土地使用权的转让、出租和抵押等，是城市土地资源重新调整和再配置的过程，反映的是土地使用者之间的经济关系，其供应者不是唯一的，因此是国家宏观调控下以市场调节为主的市场。其中，一级市场是否规范直接影响整个土地市场的运行，反过来，二级市场活跃，又可促进一级市场的发展。不同层次的土地市场紧密结合形成一个有机联系的整体，构成城市土地市场的层次体系。

（二）城市土地市场规模逐步扩大，交易方式多元化

随着城市土地市场发展，招拍挂已成为城市土地出让的主要方式，经营性土地通过招标、拍卖、挂牌等方式出让土地使用权的比例不断提高。统计数据显示（表 8-1 和表 8-2），2015 年全国建设用地供应 163 674 宗土地，面积达 540 327.29 公顷，其中出让土地宗数 109 408 宗，占国有土地供应的 66.85%，面积占 41.62%。其中，协议出让 33 881 宗，面积为 17 555.67 公顷，"招拍挂"出让 75 527 宗，面积为 207 330.28 公顷，分别占 2015 年出让总面积的 7.81%、92.19%。从出让土地用途看，主要集中在工矿仓储用地、商服用地及住宅用地，分别占建设用地出让总规模的 50.00%、17.44%、39.06%。此外，还存在土地使用权租赁市场，即国家将

一定年期的土地使用权租赁给土地使用者，每年收取一定的租金，将其称为"年租市场"。例如，雄安新区土地制度改革提出以土地出租代替土地出让，增加政府持续调控土地市场的能力，实现政府、企业双赢。

表 8-1　2013～2015 年全国城市建设用地供应方式一览表

年份	建设用地供应总量		划拨		出让		租赁		其他供地方式	
	宗数/宗	面积/公顷	宗数/宗	面积/公顷	宗数/宗	面积/公顷	宗数/宗	面积/公顷	宗数/宗	面积/公顷
2013	227 109	750 835.48	57 704	373 275.34	168 844	374 804.03	543	2 728.75	18	27.36
2014	182 581	647 995.92	50 028	369 833.12	132 398	277 346.32	148	814.18	7	2.30
2015	163 674	540 327.29	54 001	314 535.83	109 408	224 885.95	244	838.80	21	66.71

数据来源：《中国国土资源年鉴》（2013～2015）

表 8-2　2013～2015 年全国城市建设用地出让方式一览表

年份	出让		协议出让		招拍挂出让	
	宗数/宗	面积/公顷	宗数/宗	面积/公顷	宗数/宗	面积/公顷
2013	168 844	374 804.03	57 408	28 619.41	111 436	346 184.62
2014	132 398	277 346.32	42 068	20 807.07	90 330	256 539.25
2015	109 408	224 885.95	33 881	17 555.67	75 527	207 330.28

数据来源：《中国国土资源年鉴》（2013～2015）

（三）交易信息公开化透明化

土地有形市场是土地市场化运营的基础和载体，也是杜绝"暗箱操作"行为、提高土地出让市场透明度的重要保障。自 2000 年 1 月国土资源部发出《关于建立土地有形市场促进土地使用权规范交易的通知》以来，各省市相继形成了市、县土地交易服务和管理的网络体系——土地交易中心，真正实现了土地交易"有市有场"，"市"、"场"相辅格局，土地交易不断得到规范。同时，政府部门及时公布土地利用规划信息、土地供应数量及价格信息，建立土地市场指数体系，并建立地价监测信息网站，土地使用权登记信息查询网站，有效引导了市场需求，促进城市土地市场的健康有序发展。

（四）城市土地市场管理日趋规范化

土地收购储备制度是城市土地市场制度的创新，实现了国家对城市土地一级市场的垄断，有效地调节了城市土地的供求关系，使政府对城市土地市场的宏观调控能力大大增强。2015 年 6 月出台的《不动产登记暂行条例实施细则》规定："依法取得国有建设用地使用权的，可单独申请国有建设用地使用权登记。依法利用国有建设用地建造房屋的，可申请国有建设用地使用权及房屋所有权登记。"国有建设用地使用权的不动产登记，成为房地产市场步入健康规范管理的前提。

（五）市场与政府职能边界逐步清晰化

伴随城市土地市场的逐步成熟、完善，对政府服务提出新的要求，市场与政府在城市土地市场中的关系也逐渐引起重视。十八届五中全会提出"处理好政府和市场的关系，使市场在资源配置中起决定性作用和更好的发挥政府作用。"在市场经济中，市场经济以价格机制作为高度灵敏性和灵活性的市场调节手段自主发挥调节作用，价格上升刺激供给抑制需求，价格下降刺激需求抑制供给，有效地促进土地供求平衡，而政府在城市土地市场中主要发挥监督、宏观调控及逆周期管理作用，为市场发挥作用提供公平、公正、公开的良好环境。

三、中国城市土地市场对土地资源配置的作用

土地市场作为土地资源配置的基本手段，是市场经济国家市场体系中相当重要的组成部分。

（一）优化城市土地利用结构

资源配置功能是一切市场机制最基本的功能。城市土地市场是分配稀缺的城市土地资源，促进城市土地优化配置的根本途径及重要场所。随着经济的发展，金融业、商服业等第三产业用地的经济效益明显高于工业用地和住宅用地，处于城市优势区位的传统工业用地或住宅用地，在地租、地价不断上涨的压力下，不得不迁离城市中心，让位于金融业、商服业等地租支付能力较强的行业，土地用途置换使城市土地利用结构不断优化。同时，城市土地的区位优劣与产业效益的高低基本耦合，呈正相关的分布与排列组合状态。各种经济活动都能以土地市场的价格变化和自身能从土地上获得的经济利益来决定其最佳区位，因而，土地利用结构便在级差地租规律引导下，有序地实现城市土地资源的优化配置。

（二）调控土地利用规模，提高土地利用强度

城市土地的稀缺性与有限性，决定了地价等对城市土地资源配置影响，通过调节土地利用量，普遍提高土地利用集约化程度，进而促使城市土地利用向立体化方向发展，直接提高了土地利用强度。从经济学角度讲，城市土地资源集约利用程度可直接表现为土地利用强度的高低。在土地开发活动中，随着建筑层数增加，单位面积的工程造价（边际投入量）从减到增，而单位面积的租金收入（边际产出量）反而递减。当单位面积的造价等于单位面积的收益时，土地使用者的边际收益为零，其总收益达到最大。事实上，土地利用强度是土地配置机会成本的反映，其高低取决于建筑物价格和地块价格之间的相对变化关系。如果地块的价格相对上升，则应加大土地开发强度，才能支付相对上升的地价，获得土地的平均收益，反之，当地块的价格相对下降时，则不必提高土地的开发强度，也能获得等量的土地收益。所以随着城市地价的上升，必然导致投资者加大土地的开发强度，以便获得最大利益。

（三）调整土地投入产出，提高土地资源配置效率

土地作为人类活动的场所和载体，具有不可移动性等特征，但因距离、方位各异，从事的产业活动不同，使其在空间上表现出的土地质量及土地利用类型有明显差别，地价也随其变化。以致不同土地区位、不同地价、不同土地利用方式之间相互联系，彼此依存，并具有确定的空间分异特征。但是，级差地租的产生及由此决定的级差地价与用地者的经营管理水平没有直接关系，因而，它应交付给土地所有者。于是，就用地者而言，形成了

一种用地约束机制，即他的赢利必须有支付此处的级差地价的能力。城市土地使用者利用城市地租、地价等市场信号，对资金、土地、劳务等生产要素进行分配，实现生产要素的最佳组合，调整土地投入产出，提高土地单位面积产出，进而提高土地资源配置效率。

第四节　中国农村土地流转

一、中国农村土地流转的内涵与形式

（一）农村土地流转的内涵

农村土地流转包括农用地流转和建设用地流转。农用地流转是指农村家庭将承包土地通过合法的形式，保留承包权，将经营权转让给其他农户或其他经济组织的行为。集体建设用地流转是指农村集体经济组织以土地所有者身份将农村建设用地的使用权以出让、出租等方式让与土地使用者的行为。

（二）农村土地流转的形式

经过多年的实践探索，中国农村已出现了转包、转让、出租或租赁、互换、入股、反租倒包、托管等多种土地流转形式。

1. 转包

转包指农民集体经济组织内部农户之间的土地承包经营权的租赁行为。转包人在保留承包权的前提下，将从集体经济组织承包的农用地使用权转移给同一集体经济组织内其他农户的行为。受转包人享有土地承包经营权的使用权，获取承包土地的收益，并向转包人支付转包费，转包无须发包方许可，但转包合同需向发包方备案。

2. 转让

转让指土地承包经营权人将其拥有的未到期的土地经营权，经发包方许可后，以一定的方式和条件转移给他人的一种行为，并与发包方变更原土地承包合同。

3. 出租或租赁

出租或租赁指承包方作为出租方，将承包期内的部分或全部土地承包经营权以一定期限租赁给他人从事农业生产经营，并收取租金的行为。出租后原土地承包关系不变，原承包方继续履行原土地承包合同规定的权利和义务。

4. 互换

互换指农民为了耕作方便或出于其他考虑，将自己的土地承包经营权交换给本集体经济组织内部的其他人行使，自己行使从本集体经济组织内部的其他人处换来的土地承包经营权，承包方不能与其他集体经济组织的农户互换土地承包经营权。

5. 入股

入股是农户在自愿联合的基础上，将土地承包经营权以作为股份形式组织在一起，从事农业生产，按股分红获取收益，是一种具有合作性质的流转形式。

6. 反租倒包

反租倒包指村委会将承包到户的土地通过租赁形式集中到集体（称为反租），进行统一规划和布局，然后将土地的使用权通过市场的方式承包给农业经营大户或者农业企业（称为倒包）的土地经营方式。

7. 托管

托管指承包方将承包地委托农业服务组织或农户代为经营管理，托管双方签订协议，委托方向受托方支付一定的费用。托管期间原承包合同规定的权利义务可以由承包方履行，也可以在协议中明确由托管方履行。

二、中国农村土地流转市场的产生与发展

改革开放近 40 年来，由于经济发展的不平衡性与制度建设的渐进性，农村土地流转市场呈现出明显的区域性和阶段性。

（一）改革开放初期的发育阶段

随着包产到户制度的激励效应释放，部分农村剩余劳动力到农村以外寻求就业机会，农村也涌现出大量专业种植大户，农地流转开始在全国各地农村出现。总体上，这一时期的土地承包经营权流转主要表现为土地承包经营权转包、转让两种形式，土地流转具有自发、非正式、短期性、规模小等特点。

（二）20 世纪 80 年代至 90 年代依法转让和集体主导阶段

1988 年修订后的《宪法》与《土地管理法》相继出台，不仅消除了土地转包的法律障碍，而且为土地流转提供了法律依据。1998 年十五届三中全会决议要求"土地使用权的合理流转，要坚持自愿、有偿的原则依法进行，不得以任何理由强制农户转让。"这一时期乡镇企业迅速崛起成为吸纳农村劳动力的主要力量，而村集体仍承担上缴公粮的任务。因而该时期逐渐出现村集体将农民承包地集中并辅以一定补贴的规模经营。村集体免租给种植大户提供土地及其他农业生产资料，种田大户替村集体完成给国家上缴粮食的任务。这一阶段，农户因承包土地变成负担而使村集体土地交易成本降低，村集体组织成为土地集中与流转的主体。

（三）20 世纪 90 年代末至 21 世纪初分化发展阶段

这一时期的土地流转出现多样化特征：一是传统农业区的农民自发流转，租出户不收任何地租将承包地供租入户使用，租入户上交土地负担，或是租出户不仅不收地租，还要替租入户承担部分土地负担；二是传统农业区村集体组织将撂荒的土地收回，再转包给其他承租人，承包方直接交地租给村集体；三是位于沿海和大城市郊区的农业受工业化、城镇化影响沦为副业，土地流转给外来者，规模经营户逐步形成，且以经济作物和服务城市的农产品为主；四是政府逐渐允许部分地区进行农村集体经营性建设用地入市的试点探索。

（四）农村税费改革后土地流转的加速发展阶段

2006 年废除延续千年的农业税，标志着中国进入了改革开放转型的新时期。同时，土地流转也步入规范推进、有序发展的阶段。2007 年《物权法》理清了土地承包经营权性质，首次将土地承包经营权确立为物权；2008 年的十七届三中全会审议通过的《中共中央关于推进农村改革发展若干重大问题的决定》指出要按照依法自愿有偿原则，允许农民以转包、出租、互换、转让、股份合作等形式流转土地承包经营权，发展多种形式的适度规模经营。

有条件的地方可以发展专业大户、家庭农场、农民专业合作社等规模经营主体。土地承包经营权流转，不得改变土地集体所有性质，不得改变土地用途，不得损害农民土地承包权益。2009 年《国土资源部关于促进农业稳定发展农民持续增收推动城乡统筹发展的若干意见》强调农村土地确权登记和城乡统一建设用地市场建设。2012 年十八大报告进一步提出坚持和完善农村基本经营制度，依法维护农民土地承包经营权、宅基地使用权、集体收益分配权，壮大集体经济实力，发展农民专业合作和股份合作，培育新型经营主体，发展多种形式的规模经营，构建集约化、专业化、组织化、社会化相结合的新型农业经营体系。2013 年，十八届三中全会《中共中央关于全面深化改革若干重大问题的决定》明确了农村集体经营性建设用地与国有土地"同等入市、同权同价"，放宽了农村集体经营性建设用地的入市限制。这一系列的政策举措和制度供给，促进土地流转加速推进，土地承包经营权流转市场与集体经营性建设用地入市交易市场快速发展。

专栏 8-2　农村土地流转的发展状况

目前，我国农村土地流转的速度、规模与面积均呈逐年增长的趋势。数据显示，2007 年农村土地流转面积约 0.64 亿亩，仅占家庭承包耕地总面积的 5.2%（图 8-4）；截至 2016 年 6 月底，全国承包耕地流转面积达到 4.6 亿亩，超过承包耕地总面积的 1/3。

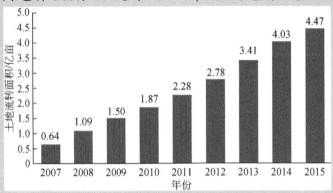

图 8-4　2007～2015 年全国农村土地流转规模变化

（1）农村土地流转的数量与规模不断增长。截至 2015 年底，土地经营权流转面积达到 4.47 亿亩，比 2010 年的 1.87 亿亩增长 1.39 倍，年均增长 19.1%；流转面积占家庭承包耕地面积的比例由 14.7% 提高到 33.3%，年均提高 3.7 个百分点；流转出承包耕地的农户由 3320.9 万户增加到 6329.5 万户，占承包耕地农户数的比例由 14.5% 增加到 27.5%。流转合同签订率由 2010 年的 56.7% 提高到 2015 年的 67.8%，农户承包地规范有序的流转机制初步建立。

（2）农村土地流转形式以转包、出租为主，出租入股互换面积增长较快。从 2010 年到 2015 年，转包面积由 0.96 亿亩增加到 2.10 亿亩，年均增长 16.9%，占比由 51.6% 下降到 47.0%；出租面积由 0.49 亿亩增加到 1.53 亿亩，年均增长 25.5%，占比由 26.4% 增加到 34.3%。转包出租合计 3.63 亿亩，占土地经营权流转面积的 81.3%。同期，入股、互换面积增长较快，入股面积由 1112.0 万亩增加到 2716.9 万亩，年均增长 19.6%，占比由 6.0% 提高到 6.1%；互换面积 958.3 万亩增加到 2407.2 万亩，年均增长 20.2%，占比由 5.1% 提高到 5.4%。出租、入股、互换面积增长较快，是各地区采取土地流转、土地入股、土地托管等多种形式,发展农业适度规模经营政策效果的充分体现(图8-5)。

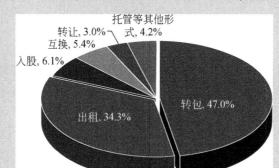

图8-5　2015年全国农村土地流转方式占比图

（3）农村土地流转主体多元化,流转耕地比例不断变化。在农户之间流转的基础上,农业企业、农民合作社等新兴农业经营主体进入农业经营,参与流转的主体日益多元化。从2010年到2015年,流转入合作社的耕地面积由0.22亿亩增加到0.97亿亩,年均增长34.5%,占比由11.9%上升到21.8%;流转入企业的耕地面积由0.15亿亩增加到0.42亿亩,年均增长22.9%,占比由8.1%上升到9.5%;流转入农户的耕地面积由1.29亿亩增加到2.62亿亩,年均增长15.2%,占比由69.2%下降到58.6%。流转入合作社和企业的耕地增加,流转入农户的耕地比例下降。

资料来源:《中国农村经营管理统计年报》(2015年)

三、中国农村土地流转制度改革方向及措施

2017年国家发改委、财政部、农业部等关于农业一系列文件,如关于建设现代农业产业园、田园综合体、产业融合示范园等,强调了壮大集体经济,农民合作社成为田园综合体的主要载体等;强调股份制的作用:鼓励龙头企业入股合作社,鼓励合作社建立龙头企业,合作社进入二、三产业以获取二、三产业增值效益等。适应农村经济社会及新业态发展要求,农地流转改革的总体方向是保障、壮大、发展农民合作社等集体经济;有力促进集约化、绿色化、标准化、机械化现代农业的发展;尽快脱贫、小康和农民持续增收致富;有力促进农村产业融合。

(一)规范引导农村土地经营权有序流转

坚持最严格的耕地保护制度,切实保护基本农田。严禁借土地流转之名违规搞非农建设,强化土地流转用途管制;同时,各地应依据自然经济条件、农村劳动力转移情况、农业机械化水平等因素,确定本地区土地规模经营的适宜标准,合理确定土地流转规模;规范土地流转行为,严禁政府通过定任务、下指标或将流转面积、流转比例纳入绩效考核等方式推动土地流转,切实保障农民的流转收益与意愿;建立健全土地经营权流转市场的运行规范,创新土地流转形式,鼓励承包农户依法采取转包、出租、互换、转让及入股等方式流转承包地,探索土地经营权抵押资产处置机制与集体所有权、农户承包权、土地经营权在土地流转中的相互权利关系与具体实现形式;加强土地流转的服务平台、管理机构的

建设，加强农村土地承包经营纠纷调解仲裁体系建设，妥善化解土地承包经营流转纠纷。

（二）加快培育新型农业经营主体，促进农业适度规模经营

在坚持家庭承包经营基础上，培育从事农业生产和服务的新型农业经营主体是关系我国农业现代化的重大战略。发挥政策对新型农业经营主体发展的引导作用与扶持力度，引导新型农业经营主体多元融合发展。鼓励农民按照依法自愿有偿原则，通过流转土地经营权，提升土地适度规模经营水平；支持新型农业经营主体带动普通农户连片种植、规模饲养，并提供专业服务和生产托管等全程化服务，提升农业服务规模水平与适度规模经营，同时相关部门要加快制定配套措施，为粮食生产规模经营主体提供服务。各地应结合实际不断探索和丰富集体经营的实现形式，发展农户与农户、农户与新型农业经营主体的多种合作经营；构建新型农业经营主体多模式完善利益分享机制，支持新型农业经营主体发展新产业新业态，扩大就业容量；同时，强化对工商企业租赁农户承包地的监管和风险防范，促进农业适度规模经营健康发展。

（三）建立健全农村社会化服务体系

建设和完善农村社会化服务体系是适应深化农村改革，推进农业经营体系创新和农村经济发展的重要举措。进一步加强相关政策法规制定，培育多元社会化服务组织，建立健全政府购买农业公益性服务的标准合同、规范程序和监督机制。积极推广托管服务模式，鼓励种粮大户、农机大户和农机合作社开展全程托管或主要生产环节托管，实现统一耕作，规模化生产；开展新型职业农民教育培训，壮大新型职业农民队伍；扎实推进供销合作社综合改革试点，充分利用供销合作社农资经营渠道，深化行业合作、推进技物结合，为新型农业经营主体提供服务；推动供销合作社农产品流通企业、农副产品批发市场、网络终端与新型农业经营主体对接，开展农产品生产、加工、流通服务；鼓励基层供销合作社针对农业生产重要环节，与农民签订服务协议，开展合作式、订单式服务，提高服务规模化水平。

第五节　城乡统一的建设用地市场

一、建立城乡统一的建设用地市场的必要性与可行性

（一）中国建立城乡统一建设用地市场的必要性

1. 是社会主义市场经济发展的客观要求

随着中国社会主义市场经济体制的建立、发展和完善，市场已经成为资源配置的主要手段，土地作为一种特殊的经济要素，必然受到市场机制和经济规律的调节。城镇国有土地可供量的日益减少，为集体建设用地入市流转提供了机会，而农村土地市场缺失已成为城乡一体化发展的重要制约因素。党的十七届三中全会明确了建立城乡统一的土地市场，允许集体建设用地入市流转，在保证农民的土地所有权的基础上，通过土地出租、使用权转让、作价入股、合作或联营等方式提供建设用地，使农民通过集体建设用地使用权流转取得土地收益和经济收入，实现城乡经济互利双赢。推进城乡统一建设用地市场建设，使

集体建设用地作为一种生产要素参与市场流转，可提高土地资源配置效率，符合市场经济规律，也是社会主义市场经济发展的客观要求。

2. 是确立国有土地与集体土地平等地位的必然要求

20世纪90年代以来，市场经济体制的确立，从根本上改变了中国经济发展面貌，但城乡居民之间收入差距却不断扩大，成了制约我国经济发展的重要因素。城乡收入差距逐步加大的根本原因主要包括两个方面：第一，作为农民最主要财产的土地，由于缺乏市场化配置的通道，其经济价值尚未充分体现，农民从土地上获得的财产性收益非常少；第二，建设用地流转增值收益分配不合理也在一定程度上制约了农民的收入增长。集体土地城市流转过程中，农民只能获得征地补偿，且不由市场定价，对于农民收入水平的持续增长产生了负面影响。缩小城乡收入差距目标追求迫切需要构建城乡统一建设用地市场，打破城乡分割的体制性障碍，消除城乡在资源利用与转化方面的差别，确立国有土地与集体土地所有权主体平等地位，从而保障农村土地产权人的土地权益价值。

（二）中国城乡统一建设用地市场建立的可行性

1. 中央政策文件为城乡统一建设用地市场的建立提供了制度保障

最早关于建立城乡统一建设用地市场的政策文件，可以追溯到《国务院关于深化改革严格土地管理的决定》（国发〔2004〕28号）指出："在符合规划的前提下，村庄、集镇、建制镇中的农民集体所有建设用地使用权可以依法流转"。十七届三中全会通过的《中共中央关于推进农村改革发展若干重大问题的决定》提出："逐步建立城乡统一的建设用地市场，对依法取得的农村集体经营性建设用地，必须通过统一有形的土地市场，以公开规范的方式转让土地使用权，在符合规划的前提下与国有土地享有平等权益"。党的十八届三中全会通过的《中共中央关于全面深化改革若干重大问题的决定》进一步扩大了土地的权能，不仅允许土地承包经营权抵押、担保，而且赋予了农村集体经营性建设用地与国有建设用地平等的地位和相同的权能。《中共中央关于全面深化改革若干重大问题的决定》提出："在符合规划和用途管制前提下，允许农村集体经营性建设用地出让、租赁、入股，实行与国有土地同等入市、同权同价"，"完善土地租赁、转让、抵押二级市场"。国家宏观顶层设计为建立城乡统一的建设用地市场提供了制度保障。

2. 集体经营性建设用地入市流转试点为建立城乡统一建设用地市场奠定了实践基础

建立城乡统一的建设用地市场，其基本要求是统筹城镇建设用地与农村集体建设用地和宅基地，统筹增量建设用地与存量建设用地，实行统一规划，遵循统一规则，建设统一平台，强化统一管理，形成统一开放、竞争有序的建设用地市场体系。随着市场经济的不断发展，地方政府陆续出台了相关文件，如广东、浙江、成都、长沙、无锡、宁波等地均出台了《集体建设用地使用权流转管理暂行办法》，对集体建设用地的依法取得、登记颁证、流转用途和程序、市场交易、基准地价、抵押融资、收益分配等事项做出明确规定，为集体建设用地流转提供制度保障。同时，在重庆、湖州、成都等很多地方都进行了农村经营性建设用地入市流转试点，这些试点为建立城乡统一的建设用地市场奠定了实践基础。

二、城乡统一建设用地市场建设目标

城乡二元分治的建设用地管理制度带来了诸多问题，影响了我国城乡统筹发展的进程。因此，需要规范集体建设用地流转，构建农村集体建设用地市场以对接城市土地市场，从而形成城乡统一的建设用地市场。城乡统一建设用地市场建设是一项系统工程，不能一蹴而就而需分步骤的设计其建设目标，逐步建立起"实行统一规划，遵循统一规则，建设统一平台，强化统一管理，形成统一、开放、竞争、有序"的城乡统一建设用地市场体系。

（一）远期目标

城乡统一建设用地市场建设的远期目标，包括以下四个方面。

（1）构建建设用地退出补偿机制，促进节约集约利用。城市和农村建设用地退出为城乡统一建设用地市场提供物质基础。一方面需要加大城市闲置土地处置力度，拓宽盘活存量途径，积极探索制定二次利用的优惠政策，逐步建立空闲、闲置、低效利用土地的退出机制；另一方面需要加大农村建设用地退出补偿机制，特别是农村宅基地。

（2）强化建设用地市场的服务和监管。强化土地入市交易行为监管，维护土地交易各主体的合法权益，创造公平竞争、依法合规、诚实信用的市场环境。

（3）以"同地、同权、同价"为前提，培育和发展主体平等、产权清晰、规则一致、竞争有序的城乡统一建设用地市场。

（4）城乡统一建设用地市场建设的终极目标为：实现建设用地在全社会范围内的合理、有效配置。

（二）近期目标

当前城市土地市场体系已基本建立，其市场化程度也在不断提高，而农村土地市场的建设却发展缓慢。城市和农村的建设用地之间缺少合理流转途径，割断了城乡土地市场的有机联系。为建立起城乡建设用地之间合理流转的途径，需设定近期目标以分解和逐步实现城乡统一建设用地市场建立的远期目标。

（1）明确农村集体土地的所有权主体，明确农村集体土地的占有权、使用权、收益权、处置权、抵押权及其权利和义务，完善农村集体土地的产权体系。

（2）进行农村建设用地市场调查和细分，实施农村集体建设用地分等、定级和估价，实现市场基本信息发布及更新。

（3）通过改革土地税收制度，调整建设用地流转的收益分配机制，培育集体建设用地流转服务体系，促进农村集体建设用地流转，保障农民权益。

（4）改革征地制度，缩小和细化征地中"公共利益"的范畴，按规划用途的市场价格制定征地补偿标准，建立失地农民的社会保障体系。

三、城乡统一建设用地市场的实践

中国未来一段时期将继续推进以"建立城乡统一建设用地市场，推进城乡要素平等交换"为主要目标的土地制度改革。农村建设用地作为重要的生产要素，长期以来，农村集体土地所有权与国有土地所有权地位不对等、集体建设用地产权不明晰、权能不完整、实现方式单一等问题已经成为统筹城乡发展的制度性障碍。法律规定，农村集体所有土地的使用权不得出让、转让或者出租用于非农建设，农村集体建设用地不能单独设立抵押。除农村集体和村民用于兴办乡镇企业、村民建设住宅及乡（镇）村公共设施和公益事业外，其他任何建设不能直接使用集体土地，都要通过征收程序将集体土地变为国有建设用地。法律限制过多，导致农村集体建设用地财产权利实现渠道受阻，制约了农村集体建设用地市场建设，农民土地权益受到损害。多年来特别是党的十七届三中全会以来，一些地方积极开展集体建设用地和宅基地改革探索，取得了重要进展，如集体经营性建设用地入市、重庆"地票"等探索，为完善农村集体建设用地权能、城乡统一建设用地市场的建立奠定了实践基础。

（一）集体经营性建设用地入市

农村集体经营性建设用地入市指农村集体经济组织经过依法批准取得的、符合规划和用途管制的、具有经营性性质的建设用地作为土地资源要素，以出让、租赁、入股等多种方式进入土地要素市场遵循供求、竞争等多种市场规律进行优化配置。

集体经营性建设用地入市是当前中国农村土地制度三项改革试点之一。2015年1月，中共中央办公厅和国务院办公厅联合印发了《关于农村土地征收、集体经营性建设用地入市、宅基地制度改革试点工作的意见》，标志着我国经营性建设用地入市即将进入试点阶段。2015年2月27日，第十二届全国人民代表大会常务委员会第十三次会议通过了《全国人民代表大会常务委员会关于授权国务院在北京市大兴区等三十三个试点县（市、区）行政区域暂时调整实施有关法律规定的决定》，拟授权国务院在三十三个试点县（市、区）行政区域内，在2017年12月31日前试行暂时调整《土地管理法》第四十三条第一款和六十三条，以及《城市房地产管理法》第九条中关于集体建设用地使用权不得出让的规定（表8-3）。这些政策为农村集体经营性建设用地入市，促进城乡统一建设用地市场发展提供了制度保障。

表8-3　我国集体经营性建设用地入市的政策演进

阶段	时间	文件名称	相关内容
严格控制阶段	1992年11月	《国务院关于发展房地产业若干问题的通知》	规定：集体所有的土地，必须征用转为国有后才能出让
	1997年4月	《中共中央　国务院关于进一步加强土地管理切实保护耕地的通知》	指出：用于非农业建设的集体土地，因与本集体外的单位和个人以土地入股等形式兴办企业，应依法严格审批，要注意保护农民利益
	1999年5月	《国务院办公厅关于加强土地转让管理严禁炒卖土地的通知》	政府对农村集体建设用地进行一刀切管理，个人不得私自流转农村集体建设用地
探索实践阶段	2004年10月	《国务院关于深化改革严格土地管理的决定》	提出：在符合规划的前提下，村庄、集镇、建制镇中的农民集体所有建设用地使用权可以依法流转
	2005年10月	《关于规范城镇建设用地增加与农村集体建设用地减少相挂钩试点工作的意见》	开始在浙江、江苏和四川成都等地试点城镇建设用地增加与农村建设用地减少挂钩，即"增减挂钩"政策
	2006年8月	《国务院关于加强土地调控有关问题的通知》	规定：农民集体建设用地使用权流转，必须符合规划并严格限定在依法取得的建设用地范围内
	2007年12月	《国务院关于严格执行有关农村集体建设用地法律和政策的通知》	指出：严格控制农民集体建设用地使用权流转范围。农民集体所有的土地使用权不得出让、转让或者出租用于非农业建设

阶段	时间	文件名称	相关内容
试点阶段	2008 年 10 月	《中共中央关于农村改革发展若干重大问题的决定》	提出：对依法取得的农村集体经营性建设用地，在符合规划的前提下与国有土地享有平等权益
	2009 年 8 月	《中共中央关于推进农业稳定发展农民持续增收推动城乡统筹发展的若干意见》	提出：加快农村土地确权登记，规范集体建设用地流转并再次提出逐步建立城乡统一的建设用地市场
	2012 年 12 月	《关于加快发展现代农业 进一步增强农村发展活力的若干意见》	提出：要严格规范城乡建设用地增减挂钩试点和集体经营性建设用地流转。农村集体非经营性建设用地不得进入市场
	2013 年 11 月	《中共中央关于全面深化改革若干重大问题的决定》	提出：在符合规划和用途管制前提下，允许农村集体经营性建设用地出让、租赁、入股，实行与国有土地同等入市、同权同价
	2015 年 1 月	《关于农村土地征收、集体经营性建设用地入市、宅基地制度改革试点工作的意见》	决定在全国选出 30 个左右县（市）行政区域进行试点。试点涉及突破《中华人民共和国土地管理法》《中华人民共和国城市房地产管理法》中的相关法律条款，需要提请全国人大常委会授权国务院在试点期间暂停执行
	2015 年 2 月	《全国人民代表大会常务委员会关于授权国务院在北京市大兴区等三十三个试点县（市、区）行政区域暂时调整实施有关法律规定的决定》	决定授权国务院在北京市大兴区等三十三个试点县（市、区）行政区域，暂时调整实施《中华人民共和国土地管理法》《中华人民共和国城市房地产管理法》关于农村土地征收、集体经营性建设用地入市、宅基地管理制度的有关规定

集体经营性建设用地入市为中国土地市场发展开启了新篇章，农村集体经营性建设用地实行同等入市、同权同价。同等入市意味着农村集体经营性建设用地可以与国有建设用地以平等的地位进入市场，可以在更多的市场主体间、在更宽的范围内、在更广的用途中进行市场交易，为完善农村集体经营性建设用地权能指明了方向；同权同价意味着农村集体经营性建设用地享有与国有建设用地相同的权能，在一级市场中可以出让、租赁、入股，在二级市场中可以租赁、转让、抵押等，为完善农村集体经营性建设用地权能提供了具体明确的政策依据，在一定程度上缓解了中国城乡土地价格差异过大与现行土地制度之间的矛盾。集体经营性建设用地入市盘活了农村闲置或低效利用的经营性建设用地，提高了集体经营性建设用地的利用效率，开创了集体经营性建设用地的新局面。同时，经营性建设用地入市也有助于缓解我国城市建设用地指标的紧张局面，改变城乡存量土地的使用结构，助推城乡统一建设用地市场的形成与发展。

（二）地票交易

所谓"地票"，是指包括农村宅基地及其附属设施用地、乡镇企业用地、农村公共设施用地和农村公益事业用地等农村集体建设用地，经过复垦并通过土地管理部门严格验收后所产生的建设用地指标。简言之，指土地权利人自愿将其农村建设用地按规定复垦为合格的耕地等农用地后，减少建设用地形成的在农村土地交易所交易的建设用地指标。"地票"交易模式为重庆首创，作为统筹城乡综合配套改革试验区建设中的重要制度创新举措。2008 年 11 月，重庆市政府出台《重庆农村土地交易所暂行管理办法》，并于 12 月正式成立重庆农村土地交易所，交易第一宗地票，标志着"地票"交易作为一种新型的城乡增减挂钩模式诞生。

在重庆"地票"交易模式下，建设用地指标可以在重庆农村土地交易所进行公开交易，当交易成功后，"地票"指标即从农村拆旧区流入到城镇建新区，从而实现了建设用地的城乡置换。自 2008 年至 2016 年底，重庆市农村土地交易所共完成 59 场次地票交易，累计交易土地面积达 19.79 万亩，成交金额 393.20 亿元，成交均价 19.99 万元/亩（表 8-4）。随着"地票"交易模式在重庆的快速发展，其他试点区域也开始尝试探索这种新型的增减挂钩模式，先后出现了成都"地票"交易模式、宿迁"红票、绿票"交易模式等。

表 8-4　重庆"地票"交易年度统计表

年份	交易面积/亩	交易额/万元	均价/（万元/亩）
2008	1 100	8 980	8.16
2009	12 400	119 935	9.67
2010	22 220	333 008	14.99
2011	52 900	1 291 827	24.42
2012	22 339	466 456	20.88
2013	20 499	452 369	22.07
2014	20 475	391 661	19.13
2015	20 975	392 233	18.70
2016	25 027	475 516	19.00
合计	197 935	3 931 985	19.99

数据来源：重庆农村土地交易所门户网站 http://www.ccle.cn/index.html

重庆地票交易的制度设计，不仅在创新城乡建设用地置换模式、建立城乡统一的建设用地市场提供了实践经验，也在显化农村土地价值、拓宽农民财产性收益渠道及优化国土空间开发格局等方面都产生了显著效益。

1. 实现了城乡统一建设用地市场化配置

地票制度设计运用城乡建设用地增减挂钩原理，突破了现行挂钩项目"拆旧区"和"建新区"在县域内点对点的挂钩方式，采用"跨区县、指标对指标"的模式，实现了城乡建设用地指标远距离、大范围的空间置换。通过置换再经过平台交易，平衡了城乡建设用地的价值差异，显化了边远地区农村零星分散集体建设用地的资产价值，让边远地区的农民分享到大都市工业化、城镇化进程的红利。

2. 促进了耕地保护

地票运行按照"先造地、后用地"的程序，以复垦补充耕地作为城市建设占用耕地的硬性前置条件，有利于落实耕地占补平衡制度。重庆农村闲置建设用地复垦后，95% 以上面积可转变为耕地，而地票使用所占耕地仅占 63% 左右，地票落地后平均可"节余"32% 的耕地，使得重庆在城镇化推进过程中，耕地数量不降反增。

3. 开辟了反哺"三农"的新渠道

复垦宅基地生成的地票，扣除必要成本后，价款按 15：85 的比例分配给集体经济组织和农户。这一制度安排在实践中发挥了"以一拖三"的功效：一是增加了农民收入渠道。重庆农村户均宅基地 0.7 亩，通过地票交易，农户能一次性获得 10 万元左右的净收益，复垦形成的耕地归集体所有，仍交由农民耕种，每年也有上千元的收成。二是推进新农村建设。三是缓解"三农"融资难题。地票作为有价证券，还可用作融资质押物，并为农房贷款的资产抵押评估提供现实参照系。

4. 优化了国土空间开发格局

目前重庆已交易的地票，70%以上来源于渝东北和渝东南经济发展水平较低、生态文明建设任务中的区域。地票的使用 95%以上落在了承担人口、产业聚集功能的主城及周边地区。这种资源配置，符合区域功能开发理念，有利于推进区域发展差异化、资源利用最优化和整体功能最大化。

复习思考题

1. 解释术语：土地资源配置、土地一级市场、土地二级市场、土地使用权出让市场、土地使用权转让市场、土地市场体系、农村土地流转。

2. 简述土地资源配置的内涵及机制。

3. 简述中国城乡土地资源配置的改革方向。

4. 简述中国土地市场的类型。

5. 简述中国土地市场体系的发展方向。

6. 简述土地资源配置与土地市场体系的关系。

7. 简述中国城市土地市场的特点。

8. 简述中国城市土地市场对土地资源配置的作用。

9. 简述中国农村土地流转市场的阶段性特征。

10. 简述建立城乡统一建设用地市场的必要性和可行性。

参 考 文 献

窦钦昊. 2017. 土地市场存在的问题及解决对策［J］. 价值工程，（7）：64-65.

方文. 2012. 中国农村土地流转的制度环境、农户行为和机制创新［M］. 杭州：浙江大学出版社.

盖庆恩，朱喜，程名望，等. 2017. 土地资源配置不当与劳动生产率［J］. 经济研究，（5）：117-130.

靳共元，陈建设. 2004. 中国城市土地使用制度探索［M］. 北京：中国财政经济出版社.

茆荣华. 2012. 我国农村集体土地流转制度研究［M］. 北京：北京大学出版社.

王霞，尤建新. 2004. 城市土地经济学［M］. 上海：复旦大学出版社.

王兴平. 2015. 面向社会发展的城乡规划：规划转型的方向［J］. 城市规划，39（1）：16-21.

吴郁玲. 2007. 基于土地市场发育的土地集约利用机制研究——以开发区为例［D］. 南京：南京农业大学博士学位论文.

徐敬君，汝莹. 1993. 城市土地资源的配置和利用［M］. 昆明：云南人民出版社.

徐万刚. 2016. 城乡统一建设用地市场论［M］. 成都：西南财经大学出版社.

杨庆媛. 2002. 中国城镇土地市场研究［M］. 重庆：西南师范大学出版社.

张丽庆. 2007. 土地资源配置浅析［J］. 商场现代化，（29）：386.

周诚. 2003. 土地经济学原理［M］. 北京：商务印书馆.

第九章 城镇化发展中的土地发展权转移

【本章内容要点】土地城镇化是衡量城镇化水平的重要指标。土地发展权城镇化是土地城镇化的抽象体现，也是实现土地发展权转移的主要形式之一。本章主要分析土地城镇化发展及其存在的问题；介绍土地发展权的概念、类型及配置的主要内容；界定土地发展权城镇化、土地发展权转移的概念，并阐述土地发展权转移的主要实现途径。

第一节 城镇化发展中的土地城镇化

一、城镇化及其发展阶段

（一）城镇化的概念

城镇化是以农业生产为主的传统乡村社会向以工业和服务业为主的现代社会逐渐转变的历史过程，是人类社会经济发展过程中的重要现象，也是人类文明发展的主要标志。城镇化过程包含了人口、地域、文化、生活方式等复杂系统转变。对于城镇化的理解，在不同的学科体系中侧重点不同，从经济学的观点，城镇化是农村经济转变为城镇经济的过程，是人类生产和生活活动在空间上的集聚。一方面大量农村人口迁移到城市就业，意味着社会总体薪酬的增长，进而推动消费增长。另一方面，大量劳动力转移到城市生活，城市面积扩张，住房和水、电、交通等设施投资也进一步增长。

（二）城镇化的发展阶段

人口城镇化是采用最为普遍、运用最为广泛的城镇化衡量指标。城镇化发展程度通常用人口城镇化率来衡量，即城镇人口占总人口的比例。美国城市地理学家诺瑟姆（Ray. M. Northam）在对英、美等西方国家工业化进程中人口城镇化率变化趋势进行分析的基础上，于1979年提出了城镇化发展"S"形曲线规律，即诺瑟姆定律。他以城镇化率30%、70%为分界点，把城镇化过程大致分为三个阶段（图9-1）：城镇化率低于30%，为城镇化的起步阶段或初级阶段，城镇化发展缓慢；城镇化率为

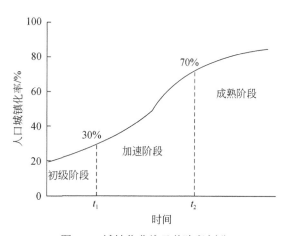

图 9-1 城镇化曲线及其阶段划分

30%～70%是城镇化加速发展阶段，城镇数量增多、规模扩大，并可能产生劳动力过剩、

交通拥挤、住房紧张、环境恶化等"城市病";在城镇化率大于70%的阶段,第二产业比例下降,第三产业蓬勃兴起,城镇化增长速度趋缓甚至停滞,城镇化进入成熟阶段,也被称为后城镇化阶段。

对于大多数国家,城镇化水平并不能达到100%,而是在一定的水平达到平衡。例如,除新加坡等极个别国家城镇化率达到100%外,英国、希腊等许多欧洲国家近30年来城镇化水平变化甚微,可以看作城镇化率达到稳定状态,而这些国家的城镇化水平稳定在80%左右。

2016年,中国常住人口城镇化率达到57.35%,处于城镇化加速发展阶段。近几十年的城镇化发展取得了多方面的成就,但城镇化过程中的资源、环境问题和社会矛盾凸显,大量农业转移人口难以融入城市社会,市民化进程滞后;"土地城镇化"快于人口城镇化,建设用地利用粗放低效;城镇空间分布和规模结构不合理,与资源环境承载能力不匹配;城市管理服务水平不高,"城市病"突出;自然历史文化遗产保护不力,城乡建设缺乏特色;体制机制不健全,阻碍了城镇化健康发展。因此,积极探索并推进新型城镇化发展具有重大意义。

(三) 新型城镇化

1. 中国新型城镇化建设历程

党的十六大期间提出要走中国特色的城镇化道路,党的十七大对此进行进一步补充,指出"推动大中小城市和小城镇协调发展、产业和城镇融合发展"。党的十八届三中全会提出要推进以人为核心的城镇化,促进城镇化和新农村建设协调发展,增强城市综合承载能力。2016年国务院出台文件《国务院关于深入推进新型城镇化建设的若干意见》指出,要按照"五位一体"总体布局和"四个全面"战略布局[①],牢固树立创新、协调、绿色、开放、共享的发展理念,坚持走以人为本、四化同步、优化布局、生态文明、文化传承的中国特色新型城镇化道路,以人的城镇化为核心,以提高质量为关键,以体制机制改革为动力,紧紧围绕新型城镇化目标任务,加快推进户籍制度改革,提升城市综合承载能力,制定完善土地、财政、投融资等配套政策,充分释放新型城镇化蕴藏的巨大内需潜力,为经济持续健康发展提供持久强劲动力。

2. 中国新型城镇化面临的问题

当前中国正处于城镇化进程中的问题多发期,概括起来,新型城镇化主要面临以下问题。

1) 城镇化的驱动力减弱

前期粗放式、低水平城镇化有待进一步消化。产业结构的优化升级,加剧了就业结构和产业结构之间的矛盾,进一步加大了农村转移劳动力落户城镇的难度。随着经济社会的发展,城镇化对农业和农村的支撑作用的要求在逐步提高,农业现代化的滞后在一定程度上正在减弱新型城镇化的驱动力。

2) "半城镇化"问题突出

"半城镇化"是农村人口向城镇人口转换过程中的一种不完全的城镇化状态。大部分农民工在农村与城镇之间长期处于尴尬的"两栖"状态,既不利于推行城镇化,也不利于促

---

① 党的十八大报告提出:"建设中国特色社会主义,总依据是社会主义初级阶段,总布局是"五位一体",总任务是实现社会主义现代化和中华民族伟大复兴……必须更加自觉地把全面协调可持续作为深入贯彻落实科学发展观的基本要求,全面落实经济建设、政治建设、文化建设、社会建设、生态文明建设"五位一体"总体布局,促进现代化建设各方面相协调,促进生产关系与生产力、上层建筑与经济基础相协调,不断开拓生产发展、生活富裕、生态良好的文明发展道路。""四个全面"战略布局是指全面建成小康社会、全面深化改革、全面依法治国、全面从严治党。

进农业现代化。"半城镇化"问题是城镇化的痛点，解决"半城镇化"问题也是新型城镇化的难点和重点。

3）土地利用效率低

部分地方推进城镇化过度依赖土地抵押融资和土地出让收入，导致了土地粗放、低效利用，贪大求新、千城一面，不仅浪费了大量耕地资源，也加大了地方政府债务等财政金融风险。

4）社会矛盾加剧

新进城镇居民和原居民之间不平等，进而导致旧城乡二元结构转化为城镇内部的新二元分割，从而阻滞了城镇化过程中的社会融合。传统粗放式的城镇化，给新进城镇居民的社会融合带来消极效应，在一定程度上也增加了社会矛盾。

5）城镇空间分布和规模结构不合理，"城市病"严重

当前，许多城市"摊大饼"式粗放扩张，长时间只注重经济发展和城市建设，而忽视环境保护和城市管理服务，环境污染严重，交通拥堵且公共服务供给不足，"城市病"问题突出。

6）生态环境问题突出

长时间粗放式的城镇化，使得生态环境问题日益严重，目前已成为新型城镇化所面临的主要问题之一。中国大部分河流、湖泊、近海及地下的水质都有不同程度的下降，有些水域污染已经到了异常严重的地步。

二、土地城镇化及其存在的问题

（一）土地城镇化的概念

土地城镇化是指土地利用方式由以农业生产为主到以工商服务业为主的转变，体现为城乡土地利用空间形态、规模和结构的变化。具体表现为土地利用类型由农业用地转变为城市建设用地，以及土地产权属性由农村集体土地转变为国有土地的过程。

鉴于中国土地城镇化问题的提出是基于土地物质形态的乡城转换与人口就业、生活的乡城转换不匹配的现实，可以将城乡建设用地中城镇建设用地占比作为土地物质形态城镇化的量化标准。

1978～2016 年，中国人口城镇化率从 17.90%提升到 57.35%，年均提高 1.03 个百分点。根据国家统计局网站公布的数据，中国城市数量从 1978 年的 193 个增加到 2016 年的 656 个，同时段建制镇数量从 2173 个增加到 20 515 个。1996～2016 年，全国城镇建设用地年均增加 316 万亩，其中 2010～2012 年，全国城镇建设用地年均增加 515 万亩；2000～2015 年，城镇建成区面积增长 83.80%。

（二）土地城镇化存在问题

1. 西方国家的城市蔓延问题

土地城镇化速度过快造成城市蔓延问题也是西方国家发展中出现的重大问题。西方国家城市低密度扩张，并由此引发严重的社会环境问题激发了对城市规划和空间管制的重视。例如，美国 1982～1997 年城镇用地增长了 40%，是其同期城镇人口增长规模的 2 倍。针对城市中心区空心化、城市贫富隔离、种族隔离、社区破坏、土地浪费等及城市低密度扩张

等问题，美国采用了对土地利用的国家干预。"精明增长"正是针对城市蔓延提出的解决路径。2003 年美国城市规划协会会议的主题就采用了精明增长，指出精明增长的三个要素，即保护城市周边的乡村土地；鼓励嵌入式开发和城市更新；发展公民公共交通，减少汽车依赖。精明增长是美国等市场经济国家面对城市蔓延问题，采取的一系列干预土地城镇化的管理手段，以减少城市空间市场配置产生的负面效应。

2. 中国快速城镇化阶段的土地城镇化问题

中国城市化进程中出现的资源过度消耗、环境问题等开始凸显，盲目扩大城市规模的战略受到质疑，国家开始探索以资源环境承载力为约束，以城市扩展边界为控制的城镇发展新模式。2007 年陆大道等《关于遏制"冒进式"城镇化和空间失控的建议》的报告中，关于中国城镇化过程中空间扩张失控，土地城镇化速度呈"冒进"态势的论述得到高度重视，并由此引发了关于"土地城镇化"的热烈探讨。该报告指出，中国城镇化过程比发达国家的平均速度快一倍多，然而这个城镇化是"虚高"的城镇化。中国城镇人口中包含了相当数量"农民工"和他们的家属。但实际上，这些人与真正意义上的城市居民还有相当大的差别，"土地城镇化"快速推进的同时，人口城镇化却明显滞后。解决中国过度土地城镇化问题，还有赖于深入分析中国土地城镇化的内在机理、动力，从适合中国的经济发展、管理制度、人口政策等方面探寻解决路径。

（三）新型城镇化背景下的土地城镇化

中国在探索新型城镇化建设的过程中对于土地城镇化提出相应的发展机制。

（1）规范推进城乡建设用地增减挂钩。总结完善并推广有关经验模式，全面实行城镇建设用地增加与农村建设用地减少相挂钩的政策。

（2）建立城镇低效用地再开发激励机制。完善城镇存量土地再开发过程中的供应方式，鼓励原土地使用权人自行改造，涉及原划拨土地使用权转让需补办出让手续的，经依法批准，可采取规定方式办理并按市场价缴纳土地出让价款。在国家、改造者、土地权利人之间合理分配"三旧"（旧城镇、旧厂房、旧村庄）改造的土地收益。

（3）因地制宜推进低丘缓坡地开发。坚持最严格的耕地保护制度。通过创新规划计划方式、开展整体整治、土地分批供应等政策措施，合理确定低丘缓坡地开发用途、规模、布局和项目用地准入门槛。

（4）完善土地经营权和宅基地使用权流转机制。深入推进农村土地征收、集体经营性建设用地入市、宅基地制度改革试点，稳步开展农村承包土地的经营权和农民住房财产权抵押贷款试点。

三、土地的乡城转换

（一）土地征收与土地乡城转换

土地征收是指国家为了公共利益需要，强制转移相对人土地所有权，并给予一定补偿的行政行为。征收集体所有土地，应当依法足额支付土地补偿费、安置补助费、地上附着物和青苗补偿费用等，安排被征地农民的社会保障费用，保障被征地农民的生活，维护被征地农民的合法权益。

通过土地征收手段实现土地乡城转换，是基于国家强制性，依靠政府意志，将原属于农民集体所有，主要用于农业生产的土地，转变为国有，并主要用于发展二、三产业的城市土地（图 9-2）。

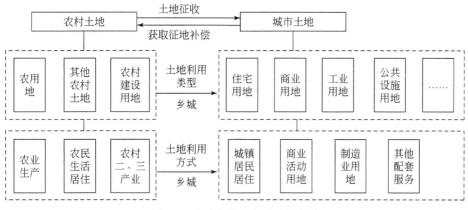

图 9-2　土地征收与土地乡城转换

土地征收实现的土地乡城转换具备以下特点。

（1）以城乡结合地区为重点。城镇化的发展是一个地区经济发展和资源配置的综合反映。城镇化的规模扩张、产业结构转变必然导致土地利用形态、结构的变化。由于城乡结合地区，或者说已建成的城市周边地区受到城市的经济、社会、技术的辐射作用更大，与农村地区相比，具备更加明显的市场优势、资本优势、信息优势等，区内土地的工业、住宅等需求强烈，土地利用形态由乡到城的转移具备更加强烈的驱动力。

（2）具有强制性。由于土地征收由国家使用公共权力进行，原土地权利人无法对征收行为表示异议。土地征收中，国家是土地所有权征收取得的唯一购入主体，基于国家意志，不遵循等价补偿的原则。因此，由土地征收形式实现的土地乡城转换也具备强制特性。

（3）有偿性和公益性。有偿性和公益性是土地征收的两个基本特征。土地征收虽是行使国家权力的行为，但补偿是其必要条件。在这个过程中，伴随土地利用形态由乡向城转换、土地权属由集体向国家转变，原土地权属人按照相关规定获得一定的补偿。土地征收必须以公共利益为前提，为了谋求更多的社会福利，维持社会秩序，保障国家机关用地和军事用地，城市基础设施建设用地，国家重点扶持的能源、交通、水利项目用地等公共利益需要进行土地征收。

（二）集体建设用地入市与土地乡城转换

集体建设用地入市交易目前并没有得到相关法律的认可，但集体建设用地以多样化的方式入市已成客观事实，并以中央文件形式选择多地进行创新试点，由各摸各的石头、各过各的河进入规范化的试点阶段，形成了多种入市模式（图 9-3）。已有的流转实践主要是作为国有土地出让的补充形式，以弥补城镇建设用地的不足，同时集约利用农村土地，提高村集体和农民收益，促进城乡统筹发展。理论界也普遍认同集体建设用地入市流转对于缓解城市用地压力、提高土地利用效率及实现农民土地权益具有重要意义。党的十八届三中全会明确提出"建立城乡统一的建设用地市场，允许农村集体经营性建设用地与国有土地同等入市、同权同价，建立兼顾国家、集体、个人的土地增值收益分配机制，合理提高个人收益"。从集体建设用地入市的实践来看，其实现土地乡城转换具有以下特点。

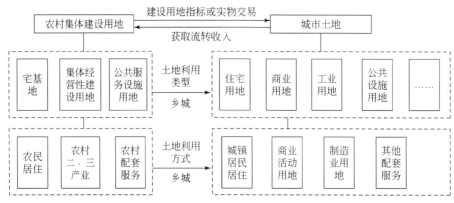

图 9-3　集体建设用地入市与土地乡城转换

1. 城市周边和农村地区共同推进

不同于征地主要集中在城市周边地区的特点，集体建设用地入市的做法在城市周边和偏远农村地区共同推进。

2. 流转过程的集体主导

不同于土地征收的强制执行，集体建设用地通常以集体经济组织为主体，在农民自愿的基础上，采用市场化的方式交易建设用地指标或者实物。

3. 充分体现了农民对土地收益的分享

集体建设用地入市促进的土地城镇化，具备更加灵活的操作方式，一方面使得分享城镇化带来的土地增值收益的农民不仅仅局限于城市周边地区，而是扩展到偏远的农村地区；另一方面，由于集体和农户在其中具有更多的参与权，其分享的增值收益也更多。

当前，国家正在开展农村集体经营性建设用地入市流转试点，为建立城乡统一的建设用地市场探索经验。所谓农村集体经营性建设用地，是指农村集体建设用地中用于生产经营，通过获取经营利润实现土地财产收入的用地范畴，是农村集体建设用地中扣除纯粹居住用途的土地、公共利益用地（即公共设施和公益事业用地）以外的建设用地。

专栏 9-1　我国农村集体建设用地入市的主要模式

模式名称	主要做法	流转方式	收益分配
1.广东南海模式	①进行农田保护区、经济发展区、商住区"三区"分区规划；②将集体财产、土地和农民的土地承包权折价入股；③集体只经营土地，不经营企业	出让、出租、转让、转租和抵押	土地非农化的级差收益保留在集体内部，农民以股权分享级差收益。具体 51%作为集体经济组织的发展基金和福利基金，49%农民分红
2.浙江杭州模式	由乡镇政府或村委会与用地单位签订流转协议，将村集体企业用地建成标准厂房出租给用地单位	农村集体企业用地出租	流转收益部分用于农户社会保障，部分作为发展基金，其余分配给农户个体
3.江苏苏州模式	以乡镇企业集体建设用地使用权流转为主，成立集体土地资产经营公司，负责集体土地资产的经营、管理和收益分配	以出租为主，转让为辅	市、县、镇三级政府30%（市级政府1.5 元/平方米，县和镇按照3：7分成）；集体经济组织和农户70%

续表

模式名称	主要做法	流转方式	收益分配
4.安徽芜湖模式	由乡镇土地发展中心同农村集体签订流转合同,将转入的建设用地进行前期开发,按照"三集中"原则,出让或者租赁给用地者	乡镇政府建立工业小区进行流转	县区、乡镇及集体经济组织的土地流转收益分成比例为1:4:5
5.浙江绍兴模式	乡镇政府和村集体借助当地企业或外来企业"开发运营"村集体经营性用地,帮助开发公共设施。开发完成后,开发企业获得占20%的经营性用地一定年期使用权	农村集体经营性用地招商引资	流转收益原则上三七分成,30%分配给乡镇政府,70%留在集体经济组织
6.浙江宁波模式	国家征收农村集体土地,按实际征收土地面积的一定比例,安排给被征收农村集体用于发展生产的建设用地	征地留地自主经营、租赁、合作开发	收益在集体经济组织和集体成员之间分配
7.福建厦门模式	征地留地用于建设厂房、出租公寓、商业和办公酒店等持有型物业,进行整体经营	征地留地招商引资或集中开发	集体及农户获得经营收益
8.上海模式	①回收农村集体建设用地进行场地平整,对外进行公开出让;②将原有建设用地回收、复垦,腾出的指标公开出让,或在本镇范围内其他地方落地,或对外进行流转	集体建设用地使用权直接入市;集体建设用地指标入市	流转收益主要由集体经济组织获得
9.四川成都模式	①在市域内,以增减挂钩方式进行集体建设用地指标流转;②依法取得的农村集体建设用地直接流转;③远离城镇的山区农民将依法取得的宅基地通过房屋联建、出租等方式进行集体建设用地流转	建设用地指标流转;宅基地联建、出租等	流转收益由集体经济组织和农户获得
10.重庆地票模式	将农村闲置浪费的建设用地复垦腾出的建设用地指标公开竞售指标,可在全市域范围城镇区域落地	集体建设用地指标流转	集体经济组织与农户按照85%:15%的比例分配指标交易收益

专栏9-2　成都市集体经营性建设用地入市交易情况表

区域	交易面积/平方米	交易价格/万元	交易单价/(元/平方米)
崇州市	113 480.87	1 651.54	145.54
大邑县	55 437.79	649.76	117.21
都江堰市	10 021.99	75.00	74.84
和盛镇	1 849.47	42.00	227.09
龙泉驿区	38 577.44	1 032.52	267.65
青白江区	475.97	9.00	189.09
邛崃市	110 548.59	1 381.46	124.96
天府新区	44 290.00	1 753.00	395.80
万春镇	9 382.71	335.00	357.04

续表

区域	交易面积/平方米	交易价格/万元	交易单价/（元/平方米）
温江区	5 452.81	196.30	360.00
新都区	5 082.94	115.00	226.25
新津县	13 906.02	236.00	169.71

注：根据 http://www.cdaee.com/网站内容整理

第二节　土地发展权的分类与配置

一、土地发展权的概念

土地发展权源于对土地用途管制控制。英国在 1947 年的《城乡规划法》中明确，私有土地未来发展权利归国家所有，形成了发展权归公制度。美国创立的发展权转移制度，将其作为一项可转让的财产权，发展权归属土地所有者。中国原国家土地管理局于 1992 年编制的《各国土地制度研究》："所谓土地发展权，就是土地变更为不同性质使用之权，如农地变为城市建设用地，或对土地原有的使用的集约度提升。创设土地发展权后，其他一切土地的财产权或所有权是以目前已经正常使用的价值为限，也即土地所有权的范围，是以现在已经依法取得的既有权利为限。至于此后变更土地使用类别的决定权则属于发展权。"有学者将土地发展权称为土地开发权或农地发展权。例如，周诚教授根据发展权的英文 development right，将其释义为发展、开发、展开、发达四个层面。

土地发展权的概念有狭义和广义两种理解。狭义的土地发展权一般界定为"农地非农化"或"农地转为建设用地"的权利；广义的理解则将土地发展权界定为通过改变土地用途而获利的权利，不仅包含农地开发为建设用地的权利，也包含建设用地再开发、未利用地的开发利用等权利。土地发展权是对土地在利用上进行再发展的权利，即土地所有权人或土地使用权人改变土地用途或改变土地利用方式并获取收益的权利，是一项可与土地所有权分割而单独出让的财产权。

二、土地发展权的分类

（一）按用途划分的土地发展权

根据土地发展权的内涵，凡是设定发展权的土地，其利用均受到限制，本质上，发展权设定的目的从一开始就是为了转移，将土地发展权分为农地发展权、市地发展权、未利用地发展权、生态用地发展权四种类型。

1. 农地发展权

农地发展权指农地转换为其他用途的权利。农地转换为其他用途，包括转为建设用途、闲置、更高收益的农业用途等。中国的农地发展权表现为：①在保持农地农用性质的条件下，进行产业结构调整，转向较高收益的经济作物生产的权利，或将种植业用地转换为养殖业用地的权利；②将农用地转换为集体建设用地的权利，如将农用地转化为农村宅基地、农村公共设施、公益事业用地及集体经营性建设用地的权利;③变更为城镇建设用地及其他性质的国有建设用地的权利,国家为公共利益需要或经济建设需要,通过征收将集体土地变更为国家建设用地的权利。

2. 市地发展权

市地发展权指市地再开发的权利,包括市地内部用途转换、提高建筑密度、增加建筑容积率等。例如,广东实行的"三旧改造"工程,将旧城镇、旧村庄、旧厂房等低密度用地,通过统一的拆除改造,提高容积率、建筑密度等转变为集约水平更高的城市用地的权利。

3. 未利用地发展权

将未利用土地开发为可利用的农用地或建设用地的权利。

4. 生态用地发展权

对生态用地进行开发建设或进行农业利用的权利。随着生态文明建设的推进,生态用地逐渐作为一种用地分类,并在此基础上形成了一定生态价值,因而土地发展权还应包括生态用地发展权。

(二) 按功能划分的土地发展权

按照功能,可将土地发展权分为基本发展权和扩展发展权。

1. 基本发展权

基本发展权指由于农地具有生态功能、粮食安全功能等无法通过交易实现的正外部性,需采用国家强制方式予以实现农地的生态价值、粮食安全价值的权利。基本发展权属国家所有,并由国家对基本发展权的占用行为收取补偿。

2. 扩展发展权

扩展发展权指可以在交易中实现的由农用地用途改变带来收益的权利。根据农用地地块的用途改变是否能够实施,可以将扩展发展权进一步划分为实体发展权和虚拟发展权。实体发展权指在规划的开发建设区域内对现状农用地进行开发建设的权利,是实现土地增值收益的直接来源;虚拟发展权指在开发建设中为了特殊需要,对特定地块设置的限制开发的权利。例如,通过城乡建设用地增减挂钩在建新区域实行开发建设的地块即使用了实体发展权;而拆除原来的建筑恢复为耕地,并提供交易指标的拆旧地块即提供了虚拟发展权。实体发展权和虚拟发展权为互斥关系,若将某地块限定为虚拟发展权,该地块就不能再获得实体发展权。反之,若某地块取得了实体发展权,那么该地块就不能再承担虚拟发展权的职能。换句话说,城乡建设用地增减挂钩中,一个地块只能作为建新地块或者拆旧地块,二者不可能统一在同一个地块上,即一个地块不可能既是拆旧地块,又是建新地块。

三、土地发展权的配置

国家是土地发展权配置的主体,主要包括土地发展权的总量配置、结构配置、区域配置和时序配置四个方面。

(一) 土地发展权的总量配置

依据一定时期国家经济社会发展状况、城镇化和工业化发展水平、生态环境保护状况等,由国家统筹确定土地发展权总量,并由各级政府根据自身实际进行再次分配。国家和省两级政府配置的土地发展权称为跨区域的土地发展权,它的配置应具有战略性特点,对全国和各省域范围内的土地开发利用及国民经济发展具有宏观调控的功能。例如，中国土地利用总体规划中，按全国、省、市、县、乡五级体系，逐级确定了一个地区未来10～15年建设用地总规模、新增建设用地总量、耕地保有量和基本农田保护目标。土地规划确定的用地类型数量，即体现为与其数量大致相同的农用地发展权、市地发展权、生态用地发展权等总量构成。

（二）土地发展权的结构配置

某一块或某一类土地的发展权数量或者价值由该地块或该类土地在社会经济发展中所具有的重要地位来决定。例如，在每个单位发展权具有相同价值的前提下，区位条件好、地势平坦的某一块具有若干个单位的市地发展权，而另一块同等面积的区位条件和地势条件较差的地块可能只具有一个单位的市地发展权。每类农地发展权也可以根据实际需要进一步细分。例如，已经配置农用地发展权的范围内，又可根据需要划分为基本农田发展权、一般农田发展权、园地发展权、林地发展权等。

（三）土地发展权的区域配置

土地发展权的区域配置是与土地资源区域分布状况和区域发展战略紧密联系的。为了实现区域发展战略，根据土地资源的区域分布状况，将各类土地发展权总量在各区域间科学合理地配置，以寻求土地资源总体上的最佳利用和区域间的协调发展。例如，为落实国家西部大开发、东部崛起、长江经济带等区域发展战略，相关区域的建设用地规模应予以扩大，实体发展权总量相应增加。例如，重庆市两江新区等区域是重庆新型工业化、新型城镇化的主战场，其取得了更多的土地发展权，在经济建设中，给予了更多的建设用地指标，即较多的农地等的发展权；而渝东南和渝东北地区为生态建设重点地区，重点实施生态屏障建设，则其取得的建设用地指标，即农地等的发展权较少。

（四）土地发展权的时序配置

土地发展权的时序配置主要体现在两个方面：一是在某类土地发展权总量一定的基础上，根据国民经济发展需求，分近期和远期，甚至以年度释放土地发展权数量，以调整和优化土地利用结构，提高土地利用效益，使土地发展权在经济上得到充分实现，调控宏观经济的作用得到充分发挥。二是根据各类土地在国民经济发展中的供求状况，适时调整各类土地发展权的结构和比例关系，通过各类土地发展权数量或价值大小的调整，来引导土地利用结构的合理调整，实现土地利用目标。例如，为了控制城市无序扩张，国家采取一系列措施严控建设用地增量，划定城市开发边界，将城市开发的规模在一定时期内严格限定在一定范围内。

第三节　土地发展权城镇化

一、土地发展权城镇化的概念

土地发展权城镇化是指土地发展权由乡村土地转移到城市土地的过程或现象，与土地实物形态的空间城镇化相比，土地发展权的城镇化具有抽象性。即通过建设用地指标区域间、城乡间交易，将一个区域进行城镇开发的权利，通过市场化的机制，转移到另一个区域或者另一个地块。以征地为主要手段实现的土地乡城转换是中国土地城镇化的主要形式。土地发展权作为一项权利，在中国法律系统中尚未有明确表述。但在实践中有较多通过土地发展权交易促进城镇化的案例。土地用途管制制度是土地发展权城镇化的制度基础，通过土地发展权的交易满足城镇化发展的用地指标需求。

二、土地发展权城镇化的条件

实现土地发展权城镇化需要满足以下两个条件。

第一，土地发展权城镇化不仅需要依据城乡规划和土地规划确定的城镇用地规模和布局，还需要国家对计划指标的控制。只有同时符合规划，并拥有计划指标，才能将农用地合法转为城市建设用地。中国的农用地转为建设用地受到规划和计划双重指标约束，通过编制土地利用总体规划和土地利用年度供应计划，将全国的建设用地供应量自上而下层级分解，以确定每块土地的用途。土地利用总体规划将土地用途在空间上具体落实到地块，在满足规划控制的条件下，土地利用年度计划确定当年的新增建设用地占用耕地数量，即农用地转为建设用地的年度计划指标。

第二，中国的农用地转用还同时受到基本农田保护任务和补充耕地数量等严格的耕地保护要求的约束。一个地区的建设用地指标、基本农田保护任务、补充耕地任务三个指标确定了当地新增建设用地总量和空间布局，即土地利用规划确定了中国土地发展权的初始配置。在实际中，这些指标的分配往往遵循地区内数量平衡的原则，造成一些发达地区无法获取足够的建设用地指标来满足当地的发展需求，而一些欠发达地区又有一些富余指标可用于交易，这就产生了跨地区的建设用地、基本农田等指标的交易需求。除地区之间的交易需求外，城市建设用地供不应求的同时，农村建设用地闲置量多、利用率低，这就产生了城乡之间建设用地指标的交易需求。

三、土地发展权城镇化的途径

（1）行政区内城乡间指标交易。在同一地区，农村土地发展权转移到城市。即 A 区域农村土地发展权转移到 A 区域城市。

（2）跨区域的指标交易。在不同地区，农村土地发展权转移到城市。即 A 区域农村土地发展权转移到 B 区域城市。

第四节　土地发展权转移

一、土地发展权转移概述

土地发展权转移的构想及移转发展权办法的实施始于英国。20 世纪 30 年代后期和 40 年代初期，英国国会为了疏散工业和工业人口，对拥挤的都市地区进行再发展，同时为了减少人口及工业遭受空中攻击的威胁等问题，特设立三个委员会进行专题研究。其研究报告中提出应在国家的层面上编制土地利用规划，并建议私有土地所有人在使用土地时，应以公共福利作为限制条件。在 1947 年英国《城乡规划法》中明确，一切私有土地将来的发展权移转归国家所有。

美国在分区（zoning）制度基础上，创立了可转让的发展权（transferable development rights，TDR），1968 年《地标保护法》（*landmark preservation law*）规定具有历史意义的界标禁止改变或拆毁，但允许地标的所有人将地标所在地的土地发展权转移给邻近的土地，该法律首次提出了土地发展权转移的适用政策。荷兰政府启用了"空间换空间"（space for space）的土地发展权计划，将废弃的农业区中有碍观瞻的牛棚等建筑进行拆除，一部分建造高档的住宅，一部分转换为洁净生产的农地。日本也认识到土地发展权对于开发的调控作用，东京的初台淀桥特定街区原为东京工业实验所，而由于城市化水平的提升，该处土地的利用程度不足，需要进行土地置换；而东京中心城区内又需要建设新的国立剧场，因此采用土地发展权转移制度，将原东京工业实验所的土地进行置换，用于国立剧场的建设。中国台湾地区的土地发展权转移则主要用于古迹保存，将古迹区的开发容积率转移附加至其他地区进行更高密度的开发。其中代表性案例有台湾大稻埕历史性店屋的保存中，有 84 座申请进行容积率的转移，截至 2007 年，有 68 座通过审核批准进行容积率转移，20 座全部移转完毕。

土地发展权转移是指土地发展权在不同区域或不同地块上的流转和迁移，实质是土地发展权在不同区域或不同地块上的增减，即重新界定。将 A 地块的发展权转移出去，增加到 B 地块上，A 地块的土地发展权消失，B 地块获得 A 地块的等量发展权。

二、土地发展权转移的层次

土地发展权转移可以分为宏观、中观和微观三个层次的转移。

1. 宏观层次的土地发展权转移

宏观层次的土地发展权转移是指发生在中央政府与省级地方政府之间、省市地方政府之间的土地发展权转移。例如，有的省在省内实行基本农田跨区域异地代保或者异地补划制度，经济发达地区购买异地土地发展权，在异地划定基本农田，从而增加了本地建设用地发展权。又如，建设用地指标跨区域的市场交易，建设用地指标有节余的地区可以按照该指标的紧缺程度与建设用地指标不足地区进行市场交易，从而实现建设用地发展权的跨区域流转。

2. 中观层次的土地发展权转移

中观层次的土地发展权转移，是指发生在县、乡级政府之间的土地发展权转移。土地利用总体规划确定的用途分区划分了中观层次的土地发展权。按照经济补偿方式，通过地票交易或城乡建设用地增减挂钩方式实现的土地发展权转移即为中观层次的土地发展权转移。

3. 微观层次的土地发展权转移

特定地块土地开发的具体条件是微观层次的土地发展权配置。如土地用途管制规则、建筑容积率、建筑密度、地上或地下空间利用方式等，这些条件的变化将会导致土地发展权价值的变化。中国目前实行的土地收购储备交易制度实际体现了微观尺度的土地发展权转移，即通过改变收购储备土地的具体利用条件，再进行交易时，土地价格比收购储备前可能有大幅度上涨。

三、城乡建设用地增减挂钩中的土地发展权转移

从 2000 年开始，国家基本上每年均会出台与城乡建设用地增减挂钩制度试点的相关政策文件。其中，国土资发〔2005〕207 号和国土资发〔2008〕138 号文件对挂钩制度的规定

较为全面、详细，构成了现行挂钩制度的主要内容。

（一）城乡建设用地增减挂钩的定义

城乡建设用地增减挂钩是指依据土地利用总体规划，将若干拟整理复垦为耕地的农村建设用地地块（即拆旧地块）和拟用于城镇建设的地块（即建新地块）等面积共同组成建新拆旧项目区（以下简称项目区），通过建新拆旧和土地整理复垦等措施，在保证项目区内各类土地面积平衡的基础上，最终实现增加耕地有效面积、提高耕地质量、节约集约利用建设用地、城乡用地布局更合理的目标。

（二）城乡建设用地增减挂钩政策基本原理

从产权的角度来看，城乡建设用地增减挂钩的基本原理是城乡土地发展权的转移。城乡建设用地增减挂钩中的土地发展权转移与中国现行土地利用总体规划中的空间管制规则紧密相关。通过土地利用总体规划划定建设用地规模边界、扩展边界和禁止边界（三界），形成允许建设区、有条件建设区、禁止建设区和限制建设区四类管制分区（四区）。根据"三界四区"划定结果，限制建设区以农用地为主导用途，其中闲散分布的低效利用农村建设用地一般作为拆旧地块。而在土地利用总体规划确定作为城镇开发扩展区域的有条件建设区一般是建新地块的选址区域。在用途管制制度体系下，城乡建设用地增减挂钩通过城乡土地发展权的转移，实现城乡土地资源优化配置。其原理如图 9-4 所示：将拆旧区农村建设用地复垦后的耕地发展权转移到建新区城镇发展需要占用的耕地上，使得发展权转出区发展受限而接受区得以开发建设，最终达到促进农村建设用地的集约利用与满足城镇建设用地需求，实现城乡土地优化配置的过程，在形式上表现为挂钩指标的生产与配置。从权利配置关系来看，城乡建设用地增减挂钩系统围绕土地发展权及其可能带来的利益而开展。围绕发展权的配置，各个参与挂钩的主体产生不同的行为选择和利益关注点。

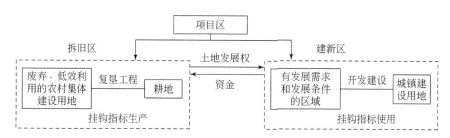

图 9-4 城乡建设用地增减挂钩运行原理

农民和农村集体经济组织是土地发展权的转让人，在挂钩指标生产环节他们提供土地发展权并将其转让给政府。企业、机构等用地单位是挂钩周转指标的受让人，一般是在建新区域进行开发建设的用地者，在挂钩指标落地时使用土地发展权。此外，在挂钩指标落地区域的农民和农村集体经济组织通过土地征用并获取征地补偿的方式将土地所有权和土地发展权转让给地方政府。与拆旧区农民和集体让出的土地发展权相比，建新区或指标落地区域的农民和集体让出的是实体发展权，而拆旧区农民和集体让出的是虚拟发展权。为保证挂钩开展的规范有序性，国家制定相应政策措施对挂钩的开展进行整体规划、宏观指导与监督检查，并委托各级地方政府及其土地行政主管部门负责挂钩过程的组织、实施与管理。

四、地票交易制度中的土地发展权转移

地票交易实质上是土地发展权的交易，地票落地后土地的利用强度、用途和区位等都发生了改变。地票生产后，原集体建设用地用途转变为耕地，地票产生的地块将承担国家粮食安全和生态安全的责任，其转变为建设用地的用途受到限制，体现的是地票生产地块的虚拟发展权。地票落地后，落地区域获得了对现状农用地进行开发建设的功能，实现土地用途转变增值，体现地票落地地块的实体发展权，转移原理如图 9-5 所示。

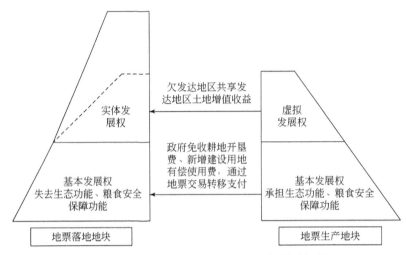

图 9-5　地票交易制度中的土地发展权转移机制

当然，在中国，农地转用的管理采用规划计划双重管理的方式，一块耕地有无土地发展权，首先取决于规划。现在是耕地，只要把它规划成了建设用地，在理论上就有了土地发展权；但只有实施规划，即下达用地计划指标，才能转为非农建设用地，将理论上的土地发展权转变为现实的土地发展权。因此，地票落地区耕地的土地发展权，首先来自于规划，其次才是所购买的地票落地，地票代行国家下达的计划指标的功能。

根据地票制度的设计原理，农户和农村集体经济组织将其拥有的集体建设用地复垦为耕地后，失去了将农用地开发建设取得增值收益的权利。农户将复垦后形成的耕地继续承包，承担了农用地保护的生态功能和社会功能。因此，对生产地票的农户和农村集体经济组织而言，其承担了农用地的外部性且丧失了土地的开发建设权，是以虚拟发展权的方式转移了开发建设的权利。购得地票的用地单位取得了在规划允许的范围内将农地开发为建设用地的权利，获得了农用地转为建设用地带来的价值增值，即在地票落地的区域获得了实体发展权，同时挤占了地块作为农用地所产生的粮食安全价值和生态价值，需要对占用的基本发展权支付补偿价格。因此，对于地票购得者而言，应当支付实体发展权和基本发展权的价格。由于基本发展权的职能由复垦为耕地的地块承担，因此应当由政府通过转移支付的方式为复垦区域提供基本发展权的职能补偿。虚拟发展权归土地所有者和使用者共同所有，因此应当由农户和农村集体经济组织分享虚拟发展权的补偿。按照实体发展权权益共享的原则，落地地块的实体发展权收益应当由国家、土地产权人共同分享。其中，国家让渡的土地增值收益是对其获得实体发展权收益的让渡，让渡量等同于地票生产地块获得的虚拟发展权价值量。

复习思考题

1. 解释土地城镇化、土地发展权、城乡建设用地增减挂钩
2. 试述中国现阶段土地城镇化的主要特点。
3. 试述土地发展权的概念、类型及土地发展权配置的途径。
4. 阐述城乡建设用地增减挂钩和地票市场中土地发展权转移的基本原理。

参 考 文 献

段潇潇，张占录. 2012. 城市化过程中的土地发展权 [J]. 中国地产市场，（09）：86-87.

顾汉龙，冯淑怡，张志林，等. 2015. 我国城乡建设用地增减挂钩政策与美国土地发展权转移政策的比较研究 [J]. 经济地理，（06）：143-148.

国务院发展研究中心课题组. 2010. 中国城镇化：前景、战略与政策 [M]. 北京：中国发展出版社.

季禾禾，周生路，冯昌中. 2005. 试论我国农地发展权定位及农民分享实现[J]. 经济地理，（02）：149-151，155.

李强，杨开忠. 2006. 城市蔓延 [M]. 北京：机械工业出版社.

刘国臻. 2011. 论我国地方土地权力配置体制创新——以土地发展权配置为视角 [J]. 学术研究，（09）：46-50.

龙开胜. 2015. 集体建设用地指标交易能否增加农民收入——一个整体性框架及初步经验证据 [J]. 南京农业大学学报（社会科学版），（05）：87-94.

陆大道，叶大年，等. 采取综合措施遏制冒进式城镇化和空间失控趋势 [OL]. http：//www. igsnrr. ac. cn/xwzx/zhxw/ 200705/t20070511_1815675. html.

吕萍，周滔，张正峰，等. 2008. 土地城镇化及其度量指标体系的构建与应用 [J]. 中国土地科学，22（8）：24-28，42.

谭明智. 2014. 严控与激励并存：土地增减挂钩的政策脉络及地方实施[J]. 中国社会科学，（07）：125-142.

唐健，谭荣. 2013. 农村集体建设用地价值"释放"的新思路——基于成都和无锡农村集体建设用地流转模式的比较 [J]. 华中农业大学学报（社会科学版），（03）：10-15.

汪晖，陶然. 2009. 论土地发展权转移与交易的"浙江模式"——制度起源、操作模式及其重要含义 [J]. 管理世界，（08）：39-52.

王敏，诸培新，张志林. 2016. 集体建设用地流转增值收益共享机制研究——以昆山市为例 [J]. 中国土地科学，（02）：51-57.

新华网. 中共中央关于全面深化改革若干重大问题的决定[OL]. http://news. xinhuanet. com/2013-11/15/c_118164235. htm.

张引，杨庆媛. 2014. 农村集体建设用地流转改革实践与反思——上海市经验分析[J]. 求索，（08）：32-36.

张友安，陈莹. 2005. 土地发展权的配置与流转 [J]. 中国土地科学，（05）：10-14.

周诚. 1994. 论土地增值及其政策取向 [J]. 经济研究，（11）：50-57.

朱鹏华，刘学侠. 2017. 新型城镇化：基础、问题与路径 [J]. 中共中央党校学报，21（1）：114-122.

第十章　土地集约利用的经济原理

【本章内容要点】本章主要概述土地集约利用的一般原理，包括土地集约利用的内涵与特征、土地集约利用的类型及土地集约利用的影响因素；阐述土地报酬规律的概念、内涵和定量分析；分析中国土地集约利用的问题并提出提高土地集约利用水平的对策。

第一节　土地集约利用概述

一、土地集约利用的内涵及特征

（一）土地集约利用的内涵

自人类在地球上活动以来，一直依赖于对土地的开发利用。无论是早期的刀耕火种、农耕文明，还是近代的跨海商贸、工业文明，直至现代的科技兴邦、生态文明，均依赖对土地资源的开发利用。整个人类对土地开发利用的历史，是一个从无序到有序、从小规模到大规模、从低投入到高投入、从粗放经营到集约经营的演变过程。

土地集约利用的概念最早来自于李嘉图等古典经济学家在地租理论中对农业用地的研究。认为农地集约利用是指在一定面积土地上，集中投入较多的生产资料和活劳动、使用先进的技术和管理方法，以求在较小面积土地上获取高额收入的一种农业经营方式。其基本含义是指增加土地投入，获得土地最高报酬。马克思曾这样界定："在经济学上，所谓耕地集约化，无非是指资本集中在同一片土地上，而不是分散在若干毗连的土地。"由于受土地利用报酬递减规律的影响，土地利用集约的程度不能无限制地提高，当在土地上投入的资本、技术和劳动达到经济报酬递减点时，此时土地边际效益等于边际产出，这一临界点就是土地利用集约边界，这时的土地利用为理论上的集约利用，没有达到集约边界的土地利用为理论上的粗放利用。简而言之，土地集约利用即土地集约经营，是指在一定土地面积上投入较多的生产资料和劳动，以提高土地收益的经营方式。

1. 农业土地集约利用的内涵

农业土地集约利用也称为农业土地集约经营。即在一定面积的土地上，集中投入较多的农业生产资料和劳动，使用先进的农业技术和管理方法，以求在较小的农业用地面积上获得更高农产品产量或高额农业收入的一种土地经营方式。农业土地集约利用的内涵包括以下几个方面：一是单位面积土地上生产要素投入的增加，包括资本、劳动与技术投入，但不包括土地量的投入；二是土地耕种方法的改进，包括土地利用结构调整、生产方式更新、农业生产管理革新；三是单位土地面积的产出增加，土地利用效率提高。

2. 城市土地集约利用的内涵

城市土地集约利用原指在城市土地上增加相关投入，以期获得土地的最高报酬，一般用单位面积土地上的资本和劳动投入量来衡量土地与资本、劳动的结合程度。但随着城市土地资源利用实践的不断深入和有关研究的逐步深化，对城市土地集约利用的内涵和外延的认识也在不断深化和拓展。城市土地集约利用是一个动态概念，意指当前和可以预见条件下，在满足城市发展适度规模、获得城市最大规模效益和集聚效益基础上，以城市空间布局、用地结构合理和可持续发展为前提，通过适度增加存量土地投入、改善经营管理等途径，不断提高城市土地资源利用效率，以期取得更高综合效益的城市土地利用方式或土地利用过程。其内涵主要包括以下几个方面：一是单位土地面积上投入大量资金和劳动，形成更高密度的建筑物，即提高土地容积率；二是单位土地面积上能够容纳更多、更大规模的经济活动；三是城市土地利用结构更加合理，土地功能更加完善；四是单位面积土地利用效益显著提高。

（二）土地集约利用的特征

1. 综合性

一方面，土地集约利用过程中的投入是一个综合投入，不仅仅是直接生产物资的投入，也需要为改善生产环境而投入，如抗洪排涝、灌溉农田、修筑梯田、休养土地、改良土壤、提高地力等；另一方面，通过增加综合投入，不断提高土地的使用效率和利用效益，实现土地的经济效益、社会效益和生态效益协调统一，促进城乡土地利用结构优化和功能提升的动态过程与状态。

2. 动态性

土地集约利用的动态性也就是相对性。土地集约利用是相对于一定的生产力水平而言的，从人类对土地的利用强度差异看，利用强度可分为三种：粗放利用、集约利用和过度利用。随着土地利用强度达到土地生产能力的最大值甚至超过最大值，土地逐渐从粗放利用到集约利用，再到过度利用演变，三种利用方式的关系如图 10-1 所示。这种相对关系随着时代的进步而改变，随着生产力水平的不断提高，土地集约利用的水平要求随之提高，原来的集约利用则降低为粗放利用。也就是说土地资源集约利用的判别标准随着社会、经济、技术水平和人类的认知水平发生变化，土地粗放利用、集约利用和过度利用的内涵随着时代的变化而变化。在当时属于过度利用的方式，现在可能成为集约利用的方式，现在的土地集约利用沿用到将来，也会成为一种粗放利用。

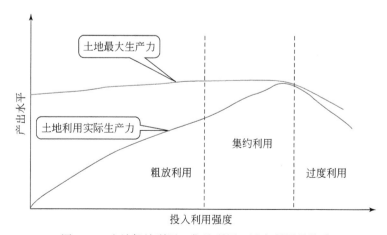

图 10-1 土地粗放利用、集约利用、过度利用的关系

3. 地域性

土地集约利用还具有地域性特征，在不同自然环境的地域对土地集约利用的要求是不同的。例如，我国南方城市土地的建筑密度大于北方，原因是南方的住宅对光照要求不强；北方则相反，为了使每个居住单元都尽可能地获得更多的阳光，楼间距必然要大于南方。

4. 客观规律性

人们在生产活动过程中，对土地、劳动和资本等必不可少的生产要素的各种利用方式，获得相应的物质产品或精神享受。一般把土地作为固定要素，而把劳动、资本等其他要素作为可变要素，生产过程就是将一定数量的劳动和资本等可变要素合乎比例地投入到固定要素——土地当中，这便是其客观规律性的直接体现。

5. 利用可持续性

土地集约利用不应简单地局限于经济投入和产出效益提高，还应综合体现社会效益、生态效益，是在追求经济效益的同时，实现经济效益、社会效益、生态效益有机统一的可持续利用。人类经济活动是多元化的，土地集约利用和土地可持续利用有可能是同步的，也有可能是不同步的。同步则互相辅助，效益递增，不同步则两败俱伤，既不能持续，也不能集约。土地集约利用和生态环境之间的关系应是双向的，互为反馈的，土地集约利用不当可能会产生一些环境问题导致不可持续利用。土地集约利用是在实现土地最大产出的同时不降低土地生产能力，即让土地持续保持最高产出水平的一种利用方式。

二、土地利用集约度与土地集约利用的类型

（一）土地利用集约度

土地利用集约度是指在生产过程中，单位面积土地上投放的资本和劳动等生产要素的数量。在其他条件不变的情况下，单位面积土地上投放的资本和劳动等生产要素的数量越多，则土地利用的集约度越高；反之，集约度就越低。集约度直接反映了土地利用的水平。西方经济学家把集约度的最高限度称为利用的集约边际，指一定面积土地上投入的最高限度；把集约度的最低限度称为利用的粗放边际，指一定投入所能覆盖的最大面积。粗放经营在生产函数上就是边际投入处于递增阶段，在这一阶段，尽管投入少，收效大（即单位投入的边际利润高），但总利润额不是最高。因此，在投入能力（包括资金、劳动）有限，而土地资源相对较多的情况下，人们容易走粗放经营的道路。人们一旦具有增加投入的能力时，就会改变原来的那种浪费资源的粗放经营，而以集约经营代替。

（二）土地集约利用的类型

土地集约利用的类型具有不同的划分方式，主要有投入生产要素的密集程度、土地集约利用的时空状态及土地利用类型三种划分方式。

1. 根据投入生产要素的密集程度划分

根据投入生产要素的密集程度可划分为劳动集约型、资金集约型、技术集约型三种形式。

（1）劳动集约型。劳动集约型指在单位面积土地上投入较多的劳动去获得较多的产量和收入的方式。这比较适合中国农业剩余劳动力较多而资本、土地相对较少的国情，它可以通过加大劳动投入获得更多收益。具体可以实行精耕细作，提高复种指数和土地利用率，也可以兴修农田水利，改良土壤，提高土地质量，改善土地利用条件。

（2）资金集约型。资金集约型指通过在单位面积土地上投入较多的生产资料代替劳动，或是较少的劳动力拥有较多的生产资料，进行高度现代化的生产。它通常适合在经济比较发达，农业投资较为宽裕，农业劳动力工资水平较高的条件下采用，如机械化农业、大棚农业等。

（3）技术集约型。技术集约型指在单位面积土地上采用较多先进的科学技术来获取产品的增加，提高土地生产率。技术集约型又分为基础技术集约、应用技术集约和管理技术集约等。基础技术集约既包括农业基础技术如遗传育种、生物工程等投入的增加，也包括对农民进行的技术知识和理论培训等智力投资活动的增加。应用技术集约则是采用更先进的实用技术，如综合防治病虫害、节水灌溉等技术投入增加。管理技术集约是采用更先进的经营管理制度和方法，加强经济管理，节约成本支出，获得更高的纯收益。一般来说，这是一种投资较少，而经济效益较高的方式，如科技农业园等。

2. 根据土地集约利用的时空状态划分

按照土地集约利用的时空状态可划分为平面型、立体型、时间紧凑型、价值附加型及综合型土地集约利用。

（1）平面型土地集约利用。它指在同一利用空间上，对土地投入更多的物化劳动和活劳动，以此来提高土地生产率。

（2）立体型土地集约利用。将农业生产活动向空中发展，在同一面积的土地上同时利用几个处于不同空间的生产项目，从而多层次地增加土地投入和产出。此种集约利用主要是利用不同农业生产项目在空间利用上的层次性差别，通过提高空间利用率来提高土地投入和产出水平。

（3）时间紧凑型集约利用。通过优化安排在同一土地上的不同时间的生产项目的衔接时间，使前后茬衔接紧凑，安排更多茬次来增加土地投入和产出。

（4）价值附加型土地集约利用。即对土地产品进行进一步的加工、转化，在土地产品中追加更多的劳动投入，实现土地产出的价值增值。

（5）综合型土地集约利用。它指综合采取上述措施，即追加每一利用层次的生产项目的劳动投入和产品产出，同时又增加利用层次的优化前后茬生产项目的衔接时间，使其更紧凑，另外还对各种农产品沿食物链及物质、能量、价值循环方向增加饲养、加工等环节，增加产值。

3. 根据土地利用类型划分

从土地利用类型的角度来看，土地有农业用地和非农建设用地，相应的土地集约利用称为农业土地集约利用和非农建设用地集约利用。

三、土地集约利用的影响因素

影响土地集约利用的因素很多，首先土地集约利用必然受到土地本身自然属性的影响，不能超过土地自然生态属性的极限；其次，受当时土地利用的社会、技术、环境等的影响。归纳起来主要有以下几个方面。

1. 社会对土地产品的需要程度

如果社会对土地生产的产品需要不能得到满足，意味着人口相对产品来说比较多，土地稀缺，产品的价格会不断提高，而土地面积相对来说不变，生产者在固定面积土地上加大劳动投入或资金投入仍有利可图，那么他们肯定会加大投入，即提高土地利用集约度。事实也证明社会对产品的需求与土地集约利用水平呈现正相关。

2. 科学技术发展水平和投入的能力

如果有提高土地集约利用的现实需求，而劳动价格又比较高时，只能采用技术集约利用。前提是具备相应的科学技术发展水平和经济实力。否则，如果没有相应的技术，想提高集约水平也实现不了。

3. 土地本身的质量、位置条件和交通状况

土地的质量是有差异的，一般来说，土壤肥沃的、位置与交通条件好的土地把投入转化为收益的能力更强。也就是说土地集约利用受到土地转化力的影响。所谓转化力，就是指在一定技术经济条件下，土地对人类给予的各种投入的承受能力和产出能力。如果土地的转化力达不到集约利用的要求，强制性增加单位面积土地上的技术、劳动投入，其产量不会得到提高，还有可能下降。

4. 土地利用类型

根据土地利用的类型，通常城市土地利用集约度高，农业用地次之，牧业用地最低。农业用地的集约度低于城市用地的集约度，主要是由于土地利用的方式和目的不一样，农业用地是用土地的肥力来种植农作物从而收获农产品；而城市用地主要是利用土地的承载功能，在城市土地上建造房屋等建筑物，其单位土地面积上的投入远远高于农业用地上的投入，尤其在人口密度很高的发达城市建设高层建筑时集约度的差距更大，因此城市用地的集约度一般高于农业用地的集约度。

总的来说，土地集约利用水平是由多种影响因素互相作用的结果，而有时候某一因素又会起着比平时更大的作用。例如，粮食紧缺时会让贫瘠的土地集约利用，而当粮食宽裕时会让肥沃的土地处于开发利用不充分的状态，轮休甚至抛荒。

第二节　土地报酬规律

一、土地报酬规律的定义

（一）土地报酬递减现象

在土地经济学的范畴内，报酬递减规律一般这样定义：当在某块土地上投入的劳动力与资本逐渐增加时，最终会出现产品的增加比率低于劳动力与资本投入的增加比率。

土地报酬递减规律使土地成为稀缺资源。当今世界的现实是：土地的经济供给是稀缺的。所谓经济供给的稀缺，指的是适合与急需的土地相对缺乏。例如，要在上海市的远郊区建设一座五十层的办公大楼，在物质上和技术上是可能的。但是，建成之后，也许并没有足够的人去租用，这样投资收益必然急剧减少。然而在上海市的中心区，急需要办公处所，建设高楼大厦能够很快取得投资收益。城市土地的作用是为城市居民提供安身之处，因此，凡是人烟稠密的地方就有住房紧缺、供不应求的现象。市中心区土地的相对缺乏，是房屋越变越高和商业用地涨价的主要原因。相对的紧缺也同样会出现在农业土地中。例如，位于城市近郊区的肥沃耕地，需求量大，但其面积有限，租金和价格自然就高。

（二）土地报酬规律的定义

在一定发展阶段内，土地利用的科学技术水平相对来说是稳定的，当对一定面积的土地连续追加劳动力和资金投入时，起初，追加部分所得的报酬逐渐增多，在投入的劳动和资金超过一定界限时，追加部分所得的报酬则逐渐减少，从而使土地总报酬的增加也呈递减趋势，这就是现代所说的"土地报酬递减规律"。

中国学者对土地报酬递减规律的看法基本一致。例如，周诚认为土地报酬递减规律是"在一定的自然、技术、管理条件下，在一定面积的土地上不断追加物化劳动和活劳动的投入量，则土地收益（表现为边际产量、平均产量和总产量）便不可避免地会经历由增加、不变到降低的变动过程"。黄贤金认为土地报酬递减规律是"在一定时期内，土地利用的科学技术水平相对来说是稳定的，当对一定面积的土地连续追加劳动和资金时，起初，追加部分所得的报酬逐渐增多，在投入的劳动和资金超过一定界限时，追加部分所得的报酬则逐渐减少，从而使土地总报酬的增加也呈递减趋势，这就是现代所说的'报酬递减规律'"。"土地本身不能生产，只有当劳动和资本与土地结合时，土地才能生产小麦、林产品和提供用房的空间"。结合前人研究认为要正确认识土地报酬规律应该注意以下几方面。

（1）承认土地报酬的递增率。土地报酬的递增率，指在一定条件下，对一定面积土地追加投入，在未达到临界限之前，土地报酬呈递增趋势。

（2）不否认土地报酬的递减率。土地报酬的递减率，指在一定条件下，对一定面积土地追加投入，在达到临界限之后，土地报酬呈递减趋势。

（3）明确临界限的动态率。临界限的动态率，指对一定面积土地追加投入，土地报酬从递增转为递减的临界限，是不断变化的，长期看呈现为上升的趋势。

从以上三条土地报酬规律可以看出，土地报酬在一定条件下是存在递减率的，所以对土地的投入不应盲目乐观，但也不能将只在一定条件下存在的递减率扩大化、绝对化，进而"因噎废食"，不敢对土地追加投入。事实证明，要想提高土地产出，对土地追加投入是必不可少的，只要土地的追加投入没有超过临界限，起作用的是土地报酬的递增率；为了避免土地报酬递减率的发生，对土地的投入应以科技投入为主，科技的广泛应用可以改变土地报酬静态曲线的变动频率，增加土地报酬递增区间，科技进展程度的提高可以改变土地报酬动态曲线的变动频率，使土地报酬由递增转为递减的临界限上升。

二、土地报酬及其形态

（一）土地报酬

在土地经济学中，研究土地报酬递减规律时，就把"报酬"只定义为"对一定面积土地投入中某项变动要素的生产率"，这样便于对问题进行研究。

（二）土地报酬的形态

报酬的形态有三种：实物形态、价值形态和价格形态的报酬。在自然经济条件下，只需研究实物形态（即使用价值）的报酬就可以了，但在商品经济条件下，除了要研究实物形态的报酬，还需要研究价值形态和价格形态的报酬。这三种形态的报酬用公式表示为

$$报酬(实物形态) = \frac{产出的实物量}{某单项变动生产要素的实物量}$$

$$报酬(价值形态) = \frac{产出物的价值量}{某单项变动生产要素的价值量}$$

$$报酬(价格形态) = \frac{产出物的价格(或货币额)}{某单项变动生产要素的价格(或货币额)}$$

1. 实物形态的报酬

实物形态的报酬指一定数量的实物产品，是由变动生产要素和不变生产要素共同决定的。一方面，它们与各生产要素的使用价值有关；另一方面，还与生产中不可缺少的其他生产要素有关。在实际生产过程中，仅一项要素是生产不出产品的，例如，在农业生产中只有肥料而没有土地、种子和人工劳动，是生产不出粮食的。研究某项生产要素的生产率，则预先假定其他生产要素不变，来计算该生产要素的最佳投入量。

2. 价值形态的报酬

价值形态的报酬其含义则更为复杂。在一定的生产过程中，如果把劳动力作为变动要素，一般来讲，其报酬是递增的，而其他（如肥料）不变资本类的变动生产要素的报酬则是不变的。从人类生产历史来看，如果工业部门的生产率比农业部门的生产率增长得快，则农业中变动生产要素的报酬是增加的；反之，则是下降的。价值形态的报酬，理论上是存在的，但实际经济活动中无法度量，通常采用与价值形态大致相当的价格形态的报酬来分析。

3. 价格形态的报酬

价格形态的报酬指在一定经济技术水平的生产过程中，因生产要素和产出物的单价都是一定的，故价格形态的报酬也遵循报酬递减规律。从人类生产历史来看，粮食越来越紧张，故其价格上涨；而生产资料的价格会因工业劳动生产率的提高而下降，因此，长期看价格形态的报酬是递增的。

综上所述，土地报酬规律存在报酬递增和报酬递减两个趋势，它们的存在条件是不同的。一般而言，在经济技术水平一定的条件下，实物形态和价格形态的报酬都遵循报酬递减规律，在较长期的历史阶段看，技术进步、经济增长促使生产率提高，则实物形态和价格形态的报酬遵循报酬递增规律。

三、土地报酬规律思想的发展

（一）土地报酬规律的提出和早期描述

对土地报酬递减规律的认识和实践发源于农业领域。最早注意到土地报酬递减现象的学者是威廉·配第，他发现土地生产力存在最大限度，超过这一限度土地产量就不再随着劳动投入的增加而增加。18 世纪 70 年代，法国重农学派代表人物杜尔阁（A. R. J. Turgot）首先提出了报酬递减规律的思想。不过，杜尔阁没有把这些表述的内容明确定义为规律。英国农场主安德森（J. Anderson，1739—1804）在 1777 年发表的《谷物法性质的研究》中，认为对土地追加劳动和资本可使土地肥力不断递增。同时首先注意到了科学技术因素的影响作用。英国古典经济学家爱德华·威斯特（Edward West，1782—1828）在 1815 年所著《资本用于土地》一书中认为农业中投入土地的每一份资本增量所带来的收益增量与投入资本之比，是越来越少的。英国经济学家马尔萨斯 1803 年在其著作《论人口原理》（第二版）中，将人口理论与土地报酬递减规律联系起来，认为在报酬递减规律作用下，农业产量的增长速度赶不上人口增长速度，技术进步对土地产出能力的提高有限，因而越来越多的人口生活资料将无法得到足够的供应，人口压力增大。古典经济学家大卫·李嘉图在 1817 年出版的著作《政治经济学及赋税原理》一书中，把级差地租与土地报酬递减规律联系起来，并用于解释级差地租的产生原因。

（二）近代土地报酬规律内涵的扩展

19 世纪以前，西方经济学者对报酬递减规律的研究还主要局限在农业范围内，再加上当时的实验手段和认识手段有限，对土地报酬递减规律的认识是比较片面的。19 世纪中叶以后，随着其他领域科学技术的迅猛发展，为全面认识这一规律提供了实验、数学、经济学上的条件。至 20 世纪中叶，一些科学家、数学家和经济学家已从五个方面进一步丰富和完善了土地报酬递减规律思想。

（1）西尼尔（N. W. Senior）在 1836 年给这个规律的内涵添加了"农业生产技术保持不变"这一重要条件。这一条件可以说是土地报酬递减规律得以成立的最基本条件。因为从长期来看，农业生产技术不断发展提高，土地报酬会不断增加。土地报酬递减规律不适合用于解释长期土地经济现象。

（2）引入了"若干生产要素投入量保持不变"作为报酬递减规律发生作用的前提条件。美国经济学家克拉克（J. B. Clark）在其 1900 年出版的《财富的分配》一书中把生产中的要素分为不变类和可变类，而可变类只有一种（这样便于分析问题）。在边际报酬达到最高点以前，不变要素多而变动要素少，此时变动要素的功能全发挥出来了，而不变要素的功能尚未完全发挥。因此，随着变动要素投入的增加，变动要素的总体生产率就呈上升状态，其边际生产率是递增的，直到边际生产率达到最高。边际生产率达到最高点后，变动要素和不变要素的比例就趋于平衡，此时不变要素的功能逐渐发挥殆尽，因而总产量是上升的，但变动要素的边际产量是递减的。当边际产量减为零时，总产量也正好达到最高点。如果继续增加变动要素，因变动要素增加过多，与不变要素不成比例，妨碍不变要素发挥作用，总产量下降。

要理解上述思想，就需要重新认识不变要素。从表面上看不变要素自身没有变化，但其内部能真正对生产发挥作用的成分或部分却由于可变要素投入量的变化而变化。这才是辩证唯物主义的观点，变是绝对的，不变是相对的。从上述分析还可得出一个新结论，即土地报酬一直是增加的，变动因素的报酬才有递增和递减过程。

（3）研究报酬的领域从农业生产部门回到了农业生产单位。最先从农业生产单位来研究土地报酬递减律的是配第和杜尔阁，后来的斯密（A. Smith）、马尔萨斯（T. R. Malthus）和威斯特都是从部门生产的角度来研究报酬或肥力递减规律的。到 19 世纪末，坎南（E. Cannan）挖掘出杜尔阁的报酬递减规律思想，克拉克和马歇尔（A. Marshall）引进生产函数后，才又把农业生产单位视作研究报酬变化的基点。

（4）把报酬作为不变要素的生产率（如单位面积产量），演变成不变要素的生产率。在相当长的时间里，人们说到报酬递增或递减时，都是指总产量或者单位面积产量而言。当时，研究者还没有意识到研究可变生产要素的生产率的重要意义。后来，布赖克（J. D. Black）在其《生产经济学导论》一书中，提出了总产量曲线、平均产量曲线，特别是边际产量曲线的概念和图解，突出了变动要素生产率曲线，使报酬运动曲线趋于完整，为合理配置资源提供了理论依据。

（5）把报酬递减规律从农业领域推广到一般生产领域。美国经济学家克拉克在他 1900 年出版的《财富的分配》一书中说："这个规律是无所不包的，整个经济生活都受他的支配。在古典著作中对于所谓农业报酬的研究，给我们指出了有关这个规律的一个狭小部分……这个原则有广泛应用的范围。"现代西方经济学已把土地报酬递减规律扩大到一切生产事业和消费活动的几乎无所不包的领域，而统称为报酬（收益）递减规律。

（三）马克思主义对土地报酬递减规律的批判

马克思批判庸俗资产阶级经济学家和修正主义者时指出了土地肥力和土地报酬的差别。土地肥力，实际上指的是土地的经济肥力。土地经济肥力是由土地自然肥力和人工肥力构成的综合体。对土地肥力的研究，马克思具有独到的见解。在一定的土地面积上投入一定量的劳动和资本所获得的收益大小称为土地报酬。报酬的形态有物质自然形态和价值形态两种。土地报酬是土地这一生产要素与其他资本、劳动、技术等生产要素属性相互配合的产物。其递增和递减是以生产要素的投入与物质产品的数量大小来衡量的，不以产品的价值来衡量。因此，产品价值量大小受人为制定的产品价值比例高低的影响较大，故而在分析土地报酬运动规律时，所采用的生产要素投入量和产品的产出量都是事物的实际数量，并非实物数量的货币表现。"土地报酬"和"土地肥力"不是同一概念，土地报酬是指土地的产出与土地投入的对比关系；而土地肥力是指土地生产某种产品的潜在能力。

马克思主义经济学派认为，土地报酬在科学技术的投入下，是不断递增的。恩格斯指出："要是土地的生产率不经常提高，耕种土地就会无利可图。"并指出"我们可以假定耕地面积是有限的，但是在这个面积上使用的劳动力却随着人口的增加而增加，即使假定收获量并不是永远和花费的劳动量同比例增加，但是我们还有第三个要素，……科学……。而对于科学来说，又有什么是做不到的呢？……当地球上的土地只耕种了三分之一，而这三分之一的土地只要采用现在已经是人所共知的改良耕作方法，就能使产量提高五倍，甚至五倍以上。"马克思在其早期著作《哲学与贫困》中阐述了合理投资利用土地可以带来土地报酬持续增加的变化规律。

（四）几点启示

以上分析给我们如下启示。

（1）"土地报酬递减规律"命题并没有准确表达该规律的本质。该规律的本质应是变动要素的报酬变化规律。该理论反映的是，土地作为生产要素之一的不变要素，与可变要素之间的关系。即在技术水平不变的条件下，在同一等级土地上连续追加劳动和资本，会带来收益上的差别和增减变化。

（2）"土地报酬递减规律"不是针对人类生产的历史过程而言的，而是就某一个生产单位、在一定不变要素的条件下，因投入变动要素（如劳动力）的数量不同，而导致的总产出量和变量要素的边际产量不同。

（3）"土地报酬递减规律"应属于与生产关系无关的生产力范畴，它为人们找出土地、资本与劳动力资源的最佳组合及最佳投入量提供了理论依据，不能将其与生产关系、社会制度简单联系起来，用来解释资本主义社会穷人受穷的问题。

（4）工业和科学技术发展了，并不能说土地肥力就提高了。土地单产的提高，也并不完全是由于土地肥力的提高。从近代和现代的农业生产情况来看，土地单产的提高，重要的一条是由于生物技术革命培育出了光合能力强、耐病能力高的新品种。况且，这些已不在"土地报酬递减规律"的研究之列。当然，也就不能用这些科技成果来批驳"土地报酬递减规律"了。

四、土地报酬规律的定量分析

（一）生产要素配合原理和生产函数

1. 生产要素

生产要素，又称生产因素，是生产活动所必需的资源条件，一般包括生产过程中的各种投入物品和劳务，通常可归纳为土地、劳动、资本和管理四大类资源，统称为四大生产要素。其中，土地要素不仅指土地本身，还包括地上和地下的一切自然资源，如森林、江河湖泊、海洋和矿藏等。

2. 生产函数

投入与产出之间的数量关系称为生产函数。具体而言，生产函数可以定义为：一定技术条件下投入与产出之间的关系，用数理模型、图表或图形来表示，用来描述生产的要素投入量与产品的最大产出量之间的物质数量关系。生产函数不仅是表示投入与产出之间关系的对应，更是一种生产技术的制约。

生产函数的投入产出一般是用物质数量而不是货币量参与计算。假定 x_1, x_2, x_3, …, x_n 顺次表示某产品生产过程中所使用的 n 种生产要素的投入数量，Q 表示所能生产的最大产量，则生产函数可以写成以下的形式：

$$Q=f(x_1, x_2, x_3, …, x_n)$$

该生产函数表示在既定的生产技术水平下生产要素组合（x_1, x_2, …, x_n）在每一时期所能生产的最大产量为 Q。根据上述四大类生产要素，生产函数可以写成：

$$Q=f(L, K, N, E)$$

式中，各变量从左向右依次为产量、投入的劳动、资本、土地、企业家才能。其中 N 是固定的，E 难以估算，所以一般生产函数可简化为 $Q=f(L, K)$。

（二）土地报酬变化阶段的物质数量关系分析

土地报酬可采用总报酬、平均报酬和边际报酬三种形式计量。

总报酬（TPP）指一定数量的生产资源（如肥料、劳动、资金等）投入土地后，所得的总产品量或总效益。

平均报酬（APP）指所获得产品量与生产资源投入量之比，它表示平均每单位生产资源所生产出来的产品量，用公式表示为

$$平均报酬（APP）=\frac{y}{x}$$

式中，y 为总报酬；x 为生产资源投入量。

边际报酬（MPP）指每增加一单位变动资源投入量所产生的产量变化的数量，用公式表示为

$$边际报酬（MPP）=\frac{\Delta y}{\Delta x}$$

式中，Δy 为总报酬的增量；Δx 为变动资源投入量的增量。

生产弹性表示报酬变化的强弱和方向，用下式表示：

$$EPP=\frac{MPP}{APP}=\frac{\Delta y}{\Delta x}\square\frac{x}{y}，或 EPP=\frac{dy}{dx}\square\frac{x}{y}$$

总报酬、平均报酬、边际报酬的变化如图 10-2 所示。

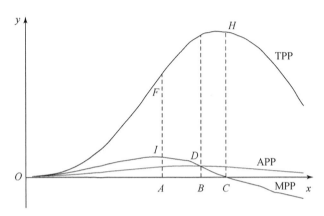

图 10-2　土地投入产出阶段分析

从图 10-2 可以看出总报酬、平均报酬、边际报酬之间的关系：

（1）总报酬和边际报酬的关系：MPP＞O，TPP 增加；MPP＝O，TPP 最大；MPP＜O，TPP 减少。

（2）平均报酬与边际报酬的关系：MPP＞APP，APP 增加；MPP＝APP，APP 最大；MPP＜APP，APP 减少。

图 10-2 所表示的土地投入产出阶段显示，土地资源利用收益呈现一个从递增到递减的明显变化趋势。如果从总产出、平均产出和边际产出角度考察，土地资源利用集约化程度也存在从不集约到集约再到过度集约的变化过程，并可划分出以下四个阶段。

（1）当生产要素 x 在从零增加至 A 点这段区域内，边际报酬递增，且增加的速度越来越快；总报酬也递增，且增加的速度越来越快；平均报酬递增。当投入量到 A 点时边际报酬达到最高点 I，总报酬达到拐点 F，平均报酬未达到最高点。所以，在这一区域内，如果有需要提高平均报酬或总报酬，可以不断加大变量资源的投入。此阶段的关系用数学公式表示为

$$当 0<x<A 时\begin{cases}\dfrac{dy}{dx}>0\\[2mm]\dfrac{d^2y}{dx^2}>0\end{cases}；当 x=A 时\begin{cases}\dfrac{dy}{dx}>0\\[2mm]\dfrac{d^2y}{dx^2}=0\end{cases}$$

在这个阶段，边际产出递增，每增加一单位可变要素投入，都能使产出急剧增加，属于土地生产潜力远没有挖掘出来，土地粗放利用的阶段。

（2）当投入的生产要素从 A 点继续增加至 B 点这段区域内，边际报酬递减；总报酬递增，不过递增的速度越来越慢；平均报酬递增。当投入量增到 B 点时，平均报酬与边际报酬相等。两曲线相交于 D 点，平均报酬达到最高点；总报酬未达到最高点。

所以，在这一区域内，如果有需要提高平均报酬或总报酬，可以不断加大变量资源的投入。如果想让平均报酬最大化，则可以投入到 B 点，即平均报酬与边际报酬相等时。

这一阶段，边际产出逐渐转为递减但高于平均产出，故可变要素投入的平均产出和总产出继续递增。这一阶段所投可变要素投入相对于土地资源来说仍略有不足，因此土地生产潜力没有被充分发掘出来，土地资源利用未达到集约利用状态。

（3）当投入量从 B 点继续增加至 C 点这段区域内，边际报酬递减，平均报酬递减，但总报酬递增。当投入量增至 C 点时，边际报酬减至零，而总报酬达到最高点 H，平均报酬未达到最低点。所以，在这一区域内，如果有需要提高产品的总产量，可以不断加大变量资源的投入，直到投入到 C 点，总报酬达到最大化。此阶段的关系用数学公式表示为

$$当 A < x < C 时 \begin{cases} \dfrac{dy}{dx} > 0 \\ \dfrac{d^2 y}{dx^2} > 0 \end{cases} ; \quad 当 x = C 时 \begin{cases} \dfrac{dy}{dx} = 0 \\ y_{max} = \phi(C) \end{cases}$$

这一阶段，可变要素投入的边际产出低于平均产出且继续递减直至边际产出为零。这一阶段总产出继续增加直至达到最高点，因此可变要素投入达到了最集约状态。

（4）在一定时期土地生产科技水平稳定情况下，超过 C 点以后，再追加投资，边际报酬可能为零，也可能为负数；总报酬的绝对数可能不变，也可能减少，但二者都不可能再增加。平均报酬不断递减。所以，投入量不应超过 C 点。这一阶段，可变要素投入的增加，不仅导致边际产出的负增长和平均产出的进一步递减，而且导致总产出递减。反映在投入产出效果上，早已无利可图，就集约利用程度而言，出现了过度集约利用现象。

土地报酬递减规律为合理进行土地集约利用，选择土地利用的集约度提供了重要的理论依据与现实途径。在集约度达到最佳点之前，增加的投入会引起报酬递增，如果已经达到最佳点，就不应该再增加投入，否则会引起报酬递减。在现实土地生产活动中，应该把所有生产投入纳入考虑范围，按照土地报酬递减规律，求得这些投入的最适量，找到最佳的集约度。

第三节　我国土地集约利用的问题与对策

一、我国土地集约利用存在的问题

（一）我国农业用地集约利用存在的问题

1. 大量土地被圈占、耕地数量急剧减少

据有关资料统计，我国耕地以每年 45 万公顷的数量锐减（表 10-1）。引起耕地数量减少的原因主要有三个方面：一是各类建设占地行为造成的减少。主要有农民收入水平提高后攀比盖新房占用农村居民点周围耕地、各类砖瓦厂取土破坏优质耕地、农村盛行的土葬与活人争地、乡镇各类企业随意建厂盖房圈占地理位置优越的耕地、乡镇一些政府机构圈占了远远大于自己实际所需的土地、城市化加速扩张造成大量占用耕地。二是农业产业结构调整与生态退耕造成的耕地减少。三是自然灾害造成的耕地损毁。截至 2016 年末，全国

耕地面积为 13495.66 万公顷（20.24 万亩），2015 年全国因建设占用、灾毁、生态退耕、农业结构调整等原因减少耕地面积 33.65 万公顷，通过土地整治、农业结构调整等增加耕地面积 29.30 万公顷，年内净减少耕地面积 4.35 万公顷。

表 10-1　1996～2016 年全国耕地面积变化

年份	1996	1997	1998	1999	2000	2001	2002
耕地面积/万公顷	14 362.6	14 349.0	14 322.9	14 279.2	14 183.0	14 120.3	13 951.7
年份	2003	2004	2005	2006	2007	2008	2009
耕地面积/万公顷	13 697.9	13 603.1	13 567.0	13 536.3	13 532.2	13 530.3	13 538.5
年份	2010	2011	2012	2013	2014	2015	2016
耕地面积/万公顷	13 526.8	13 523.9	13 515.9	13 516.3	13 505.7	13 499.9	13 495.7

注：表中数据来源于《中华人民共和国 1997～2017 年国土资源公报》

2. 农业用地超负荷利用，耕地质量受损严重

人们长期重用轻养，重产出轻投入，重化肥轻有机肥，进行掠夺式农业经营，造成耕地氮、磷、钾等元素比例严重失调，耕地质量日益下降。现在大部分耕地，如果不使用化肥，产量将大幅度下降。为保持同样的产量，每年使用的化肥、农药在递增，据统计，2015 年我国农用化肥使用折纯量达到 6022.6 万吨，比 2005 年增加 26.4%，2015 年农药施用量为 180.7 万吨，是 2005 年的 1.24 倍，大量使用农药化肥导致土壤面源污染，耕地质量下降。

（二）农村建设用地集约利用存在的问题

1. 农村建设用地总量大且人均量超标

宅基地是农村建设用地最主要的组成部分，容积率远低于城市居住用地。据国土资源部发布的统计数据，2015 年我国村庄建设用地 28 673.7 万亩，是城市与建制镇建设用地合计数的 2.1 倍。村庄的人均建设用地面积普遍超出了标准人均建设用地面积。

2. 农村建设用地规模趋增且利用率不高

20 世纪 80 年代中后期，随着农村经济的飞速发展和农民生活水平的不断提高，各地掀起了建房热潮，农村居民点用地需求量呈强劲增长态势。由于农民建房大多弃旧建新，且选址多围绕原村庄周边及道路扩展，并占用良田危及耕地保护。即使是近年来城市化加速，农村人口大量进入城市，乡村人口从 2009 年的 6.89 亿人减少到 2015 年的 6.03 亿人，农村居民点用地面积依然成增加态势。据国土资源部统计，2009 年至 2015 年期间，我国年均增加 150 万亩村庄建设用地，年增加率为 0.6%。

3. 住宅建筑楼层低且质量不高

大部分农村居民的住宅以木、竹、砖瓦结构为主，而且绝大部分住宅是一层简易结构，占地面积很大，三层以上楼房已相当少见。这样的建筑自然是建筑容积率低且房屋质量差，因而建设用地的集约利用水平很差。据第一次地理国情普查数据显示，全国房屋建筑占地面积 1531 万公顷，其中四层以下低矮房屋建筑占地面积占 90.14%，绝大部分是农村居民点建筑区域。

4. 缺乏有序的规划布局导致土地浪费严重

受传统生产方式和居住观念影响，农户长期习惯于以自然院落的形式分散居住，由此形成了村民住宅"满天星"式的分布格局。农村居民用地方式大多是外延式扩展为主，而忽视对原有居民点的内部挖潜，从而导致"空心村"出现，严重浪费农村建设用地。刘彦随等对山东省禹城市的调查结果显示，农村居民点用地面积占各类建设用地总面积的58.5%，可以通过多种整治模式提高"空心村"建设用地的利用效率。

（三）城市土地集约利用存在的问题

1. 城市用地规模过度膨胀，浪费现象严重

在我国城市土地利用中，建设用地粗放利用十分普遍，许多城市注重外延扩张，不考虑实际的需求，重复建设，盲目设立各类工业园区、开发区。各开发区普遍存在"开而不发""先圈地，后立项"等土地闲置现象。一些城市形成了"摊大饼"式的发展模式，盲目追求城市规模的扩大，忽略城市的土地利用效率和单位面积土地的产出率，造成土地资源的大量浪费。有资料表明，我国城市土地4%～5%处于闲置状态，40%左右被低效利用。

在人均城市用地上我国显著低于发达国家水平，仅能与部分发展中国家水平相当（表10-2）。人均城市土地少的现实更需要精打细算、充分利用好每一块城市土地。各地盲目追求城市规模扩张，仿西式城市规划布局，将房地产推入投资品市场，房价地价相互推涨，导致许多城市新建城区、居住区实际入住率长期在低水平上，土地利用效率低下。

表 10-2　世界部分国家的城市人均用地　　　　　　　　（单位：平方米/人）

国家	人均用地	国家	人均用地	国家	人均用地	国家	人均用地
中国	155	德国	338	加拿大	692	意大利	379
印度	80	波兰	266	菲律宾	76	墨西哥	160
西班牙	204	俄罗斯	262	日本	249	英国	241
美国	931	韩国	94	法国	713	荷兰	374
巴西	197	埃及	78	澳大利亚	834	丹麦	425

数据来源：谈明洪，李秀彬. 2010. 世界主要国家城市人均用地研究及其对我国的启示[J]. 自然资源学报，25(11):1813-1822

从表10-2可知，不同国家城市人均用地面积差异较大，总体而言，发达国家人均用地面积大，如美国和澳大利亚；发展中国家人均用地面积小，如印度和中国。印度、菲律宾等亚洲国家人均用地面积小，欧洲国家人均用地面积大。

2. 城市用地结构和布局不合理，土地利用效率低

合理的城市用地结构和空间布局有利于发挥城市土地资源的生产潜力、区位效益及聚集经济效果，从而达到城市土地利用的综合效益最优化。由于历史原因，我国城市土地利用结构长期处于不合理的状态，表现为工业用地比例偏大，城市住宅、交通、环境绿化和第三产业用地比例过低。另外，城市用地空间布局不合理、优地没有得到优用，行政办公和工业用地占据城市的黄金地段，以致城市中心商务区（CBD）不明显，商务活动的集聚效率未得到充分发挥，致使土地经济效率低下，土地价值得不到充分体现。

据国土资源部《全国城镇土地利用数据汇总成果分析报告》，截至 2014 年 12 月 31 日，全国城镇土地总面积达到 890 万公顷（13350 万亩），比 2013 年 858.1 万公顷增长近 32 万公顷。2013 年，全国城镇土地总面积 858.1 万公顷（12872 万亩），按地类分（图 10-3），住宅用地面积 285.2 万公顷；工矿仓储用地 237.3 万公顷；公共管理与公共服务用地 108.8 万公顷；交通运输用地 104.9 万公顷；商服用地 60.2 万公顷；其他土地 61.7 万公顷。其中商服用地和工矿仓储用地、住宅用地的增幅最大；公共管理与公共服务用地占比超大。

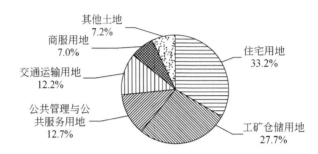

图 10-3　2013 年全国城镇土地利用情况

资料来源：国土资源部. 全国城镇土地利用数据汇总成果分析报告，2014

3. 区域城市总体发展的规模效应尚未充分发挥

国外研究表明，相近城市间的距离大于 100 千米，通过城市间的协作，可达到集聚效应的最大化。我国行政强制下的社会发展模式，使城市化进程的区域分治特征显著，各城市过分强调自身功能的完善与发展，忽视与周边地区的功能互补，常常是两个甚至几个城市毗连，却各自为政，自成体系，产业结构趋同，基础设施重复建设，城市协作集聚效应无法发挥到最优。近年来各地区大力推进城市群、城市圈发展规划，使区域城市功能分工协作增强，在全国乃至世界的影响力显著上升。著名的城市群有长江三角洲城市群、珠江三角洲城市群等。

4. 城市土地利用的方向错位

在 20 世纪末 21 世纪初，城市土地利用的方向错位主要表现在房地产开发中，高档宾馆、酒店、大型商场、人造景点、高尔夫球场等设施的开发过热，而城市居民迫切需要的经济适用房的开发建设不足，与之相配套的绿地、体育场地、停车场等公共设施的建设更显得不足，造成土地利用结构新的不平衡。城市土地利用存在超强度开发的倾向，表现为高容积率、高密度地进行开发，不仅城市整体效益不高，而且造成基础设施不堪重负和严重的环境问题。在城市繁华地段的高密度开发区域建设人口容量低的高档住宅区，降低了富人的居住质量；而在城市边缘地段低密度开发区域则建设高容纳量的中低档住宅区，致使大量工薪人员每天为上下班使用远程城市交通，过多消费城市交通资源，加重交通拥挤。近年来国家层面通过调控房地产市场、严管公共经费开支等措施，制止了这些问题的继续恶化。但是不少城市仍然面临解决用地方向错位问题的困境。主要困境是：如何盘活过热开发的高档房地产存量，如何补足所欠缺的公共设施、公共休闲场所，如何为高密度开发的小区解决交通拥堵问题等。

5. 土地市场机制不健全，土地配置不合理

我国现行体制下实行的是国家对土地一级市场的垄断。根据我国现行法律规定，土地使用权的出让，由地方政府负责，这就决定土地的出让市场有区域性。由于土地市场具有不完全的市场属性，虽然不同区域间的土地供给从宏观上看是统一的，但从微观上看，激烈的市场竞争和地方自身利益会使一些地方政府为追求自身利益而不惜采取一切正当或不正当的手段招商引资。由于土地一级市场国家垄断，政府既充当运动员又充当裁判员，这为地方保护甚至腐败现象提供了基础。土地出让金成为地方政府重要的财政收入来源，更提升了地方政府出让土地的积极性，使一些发展动力不足的城市用地扩张快速而开发滞后，导致土地利用效率下降。土地市场机制不健全，市场不能真正合理地配置土地资源，必然严重影响城市土地资源的利用效率，影响城市土地资源的集约利用。

二、我国土地集约利用的对策

我国人口众多和人均土地资源占有量少的基本国情决定了保护耕地、节约集约利用土地是我国政府宏观调控的战略问题，也是我国土地利用和土地管理的永恒主题。土地集约利用是一个多目标、多主体的整合集约的过程，也是一个动态的过程，必须由政府控制与市场调节相互配合、共同作用。因此，土地节约集约利用，首先需要建立和完善宏观层面的机制；其次是寻找适合不同类型、不同经济发展水平的区域实现集约利用的途径和方法；最后是探索微观区域不同地块土地集约利用的技术。开展土地节约集约利用既要充分发挥市场机制的作用，也要充分发挥政府的宏观调控作用。这里着重谈建立和完善促进土地节约集约利用的政府调控机制问题。

（一）完善政府调控机制

1. 强化引导机制

强化以主体功能区划为控制基准的引导机制。从国家层面制定和实行差异化的发展战略，引导土地资源在空间上的优化配置，确定不同功能区的土地开发利用方向、强度，制定相应的耕地保护政策。例如，在生态脆弱区，其发展的主要任务是生态保护，中央政府有责任通过财政转移支付使当地百姓享受到公共服务，安心地、自觉地开展生态环境保护和建设。

强化以城市规划、土地利用总体规划、国民经济和社会发展规划、生态环境规划于一体的"四规叠合"规划体系为控制基准的引导机制。建立层次分明、边界清晰、衔接协调的规划体系。完善基于统筹城乡综合配套改革框架的农村居民点集约利用土地规划编制工作和有关管理政策的制定。引导更多资金参与国土综合整治，建设高标准基本农田，发挥土地整治的规模效益。

强化以土地利用总体规划和城市规划为龙头的引导机制。规划的科学性是引导土地节约集约利用的关键因素。合理利用土地的问题也是土地利用合法性、合规性的问题，这也成为集约用地的前提条件；土地集约利用与规模利用密切相关，城市建设用地也不例外。因此在合理的城市边界内根据区域发展定位，划分功能区，优化土地利用结构，充分发挥其土地利用的功能和效益。

强化以先进理念为指导的土地集约利用引导机制。重视土地利用观念创新，如从传统的"以土地换发展"转变到"向发展要地"、"从用地中找地"，从只注重在土地表面上进行规划转变到注重土地立体空间，在城市核心区提倡以资金换资源来优化土地利用结构和布局等。

2. 强化准入机制，促进工业园区土地集约利用

强化准入机制，设置企业准入门槛，促进工业园区土地集约利用。集约化发展就是物质要素在空间上集聚程度的提高，即提高土地使用强度和土地利用的投入产出综合效益是集约用地的主要特点。充分吸取和借鉴国际国内有关用地标准的精华，考虑地区社会经济发展阶段和自然条件的差异性，制定出体现本地特色的用地标准，并设定投资强度和产出强度的门槛，引导企业集约节约利用土地。应根据园区的发展定位精心挑选跟踪拟引入企业，根据园区的长远发展设置和调整企业的进入门槛。

3. 建立利益保障机制，促进农地的规模化、集约化经营

建立农业风险基金保障机制。政府及农业发展政策性金融机构应联合成立农业风险投资基金，对一些带动性较大，发展前景较好，示范效果较强的农业项目按照一定比例进行风险投资，提高资金扶持力度，完善农业保障机制。

建立农村社会保障机制。完善农村教育、医疗、养老等一系列社会保障制度，促进农村人口向城镇有序转移。制定相应的鼓励政策，给以补偿、补助及其他方面的奖励等，促进农村人口有序非农转移，促进农村土地向农业种植大户集中，为农业用地集约利用创造良好的外部环境。

建立农村经济合作保障机制。扶持农村合作经济组织，提高农民的组织化程度，增强农民与市场、与龙头企业等打交道的能力。实践证明政府扶持和引导力度大的地方，农村合作经济组织发达，土地规模化集约化搞得好。

建立农业基础设施投入保障机制。设立土地开发整理专项资金，优先支持规模经营区域（项目），将土地开发整理与促进农业产业化、规模化经营有机结合。引导其他"支农、惠农"资金参与规模化经营区域（项目）的综合改造，支持农业集约经营项目的基础设施建设，改善农业生态环境，减少经营成本，增强盈利能力。

4. 建立激励机制，促进土地节约集约利用

通过政策的、精神的及物质的奖励鼓励节约集约用地。根据国家及地方有关节约集约用地政策，按照节约集约用地有关标准，对节约集约用地情况进行评选活动，对一些执行情况好的区县进行奖励，对执行情况差的区县进行惩罚，以此来调动全社会对节约集约用地的重视。同时，通过各大报纸、媒体进行舆论上的引导和对典型企业进行宣传鼓励，对占地少、投入高、产出高、缴税多的企业进行重奖；鼓励存量土地盘活利用，鼓励企业自退闲置土地。

（二）农业用地集约利用的具体措施

我国农业用地的集约利用水平近年来得到了很大提高，但还落后于国际平均水平，提高农业用地的集约度还有很大的潜力可挖。对单位农业用地面积加大技术、资金、劳动等投入的具体措施有以下四点。

（1）加大农业基础设施建设的资金投入力度，形成合理的投资结构。不仅要大力开展土地整治，建设高标准农田，建设农业生产基础设施如兴修和维护排灌工程设施，改善农业生态条件。通过土地整治，把零星闲散的土地，形状不规则的耕地整治成更好作业的土地；改良土壤，提高土壤肥力；维修排灌设施，确保土地稳产；保护农业生态，促进农业可持续发展。

（2）提高农业生产科学技术水平。一是配置具有先进作业能力的新技术装备，建设可以集约化生产的农业设施，增加有机肥料数量，提高肥料质量，用污染少的生态型农药或生物技术防治病虫害和杂草等；二是培训一批能熟练使用新技术的农业生产者，建立农业科技生产基地，提高区域农业生产技术水平。

（3）适度扩大复种面积，提高土地重复利用率。提高耕地复种指数，禁止闲置、荒芜、破坏耕地，可以增加农业生产在一年内的用地面积，通过增加同一块耕地的种植次数以提高耕地的产出水平。

（4）深化改革，提高农业经营管理的科学化水平。一是要加强农业供给侧结构性改革，合理设置生产结构，从宏观上调整农业产业结构，提高农业商品经济生产效率；二是改革与完善土地制度，科学界定土地产权，稳定农民土地承包权，放活土地经营权调动农业经营主体，促进工商资本与农地的有效结合；三是建立区域农产品专业市场，提高经营主体把握市场的能力，降低农业经营风险。

（三）城市土地集约利用的具体措施

随着经济的发展，我国城市在规模和数量上都得以迅速增长，而农业用地则急剧减少，集约利用城市土地是我国城市发展的必由之路。影响城市土地集约利用的因素包括自然地理与环境、城市区域空间发展、城市经济模式、城市人口与规模、土地使用制度与市场，还包括土地利用结构和布局的优化等。城市土地集约利用应通过改变这些影响因素来实现，具体措施有以下三点。

1. 多措施提高土地利用效率

控制城市增量建设用地，盘活存量建设用地，挖掘旧城区土地利用潜力，做好旧城区改造建设，清查和充分利用闲置土地，提高土地利用率。我国人均土地资源低于世界平均水平，城市用地定额低于大多数发达国家水平，仅比少数人口稠密国家的城市定额指标高。这说明我国城市建设需要更多地挖掘内部存量土地的开发潜力。主要措施有三个方面：实施旧城改造，对城市建成区内的低层、低密度旧房屋地段进行重点改造，完善配套设施，改善居民居住环境，以提高建筑容积率和居住人口密度；对城市建成区内的闲置、废弃地，及时由政府收回进行储备或另行安排使用；对濒临破产或资不抵债的企业，应结合企业改革、改组，实行企业兼并、联合、转让等形式，盘活土地资产，充分挖掘城市用地潜力，发挥存量土地资产效益，走城市用地内涵式挖潜的发展道路。

2. 科学合理地利用城市空间，提高城市土地产出水平

一是严格控制城市中心区的规划和建设。在城市中心区不能过度开发住宅而应重点发展金融、商贸、旅游业等新兴第三产业和高新技术产业，以拓展中心城市功能，改善城市环境，提高城市的品位和地价，避免造成存量国有土地资产的浪费。

二是合理设计城市立体空间，提高土地容积率。城市化还可通过提高容积率，在有限的用地面积上增加更多的城市活动空间来提高土地的相对供给能力。积极采用先进的规划、设计、施工技术，科学布局城市功能区，设计资源节约型建筑，提高建筑物容积率。地上空间方面，主要是通过建造高层建筑物，特别是临街、城市中心区位、繁华地段的高层建筑物来实现城市公用设施、工商业用地、绿化的立体化。地下空间方面，可以开发地下停车场、地下交通网、地铁、地下公路隧道、地下步行系统和地下街道、地下商场及综合服务设施等来提高土地容积率，其在节约能源和资源等方面明显优于地上空间开发，前景乐观。

三是科学布局城市交通网络，构建节约土地、节约能源、节约时间的城市交通体系。重点建设城市功能区间快速主干道和人口活动密集区域的快速疏散道，构建城市交通骨干网络；均衡联通城市支线交通网络，构建多联出入通道；尽可能建设立体交通网络以节约土地。

3. 优化城市土地利用结构和布局

积极推进城市产业空间结构"退二进三"调整战略，将处于市中心区的工业用地和一些非经营性用地置换到郊区，在退出的市中心土地上集约投资为商业用地、房地产等。

（四）遵循土地报酬递减规律合理利用土地

土地集约利用是社会经济发展的必然趋势，土地报酬递减规律为选择土地利用的最佳集约度提供了重要的理论依据与现实途径。这一规律对于农业土地和非农业土地的集约利用均具有一定的指导作用。

1. 正确把握土地与其他要素投入的关系

实行集约经营，要正确把握生产过程中投入土地与资本、技术和劳动等各种要素的关系，充分分析在一定面积的土地上投入的资金与劳动的比例、资金的结构和劳动的结构，以及所使用的技术资源，通过合理的要素投入比例来提高土地单产水平。

2. 正确掌握农业土地利用的集约度

实行集约经营，是农业经营的世界性趋势，是人类需求增长的必然要求，确定合理的农业土地利用集约度要兼顾社会经济发展与自然基础。

充分考虑当时社会对农产品的需求程度、农业技术发展水平和经济投入的能力，并结合土地本身的肥力，包括土壤理化性状、有机质含量，以及土地位置、交通条件等合理规划土地利用结构、布局及利用强度等。

确定土地经营集约度，要依据土地经营目标。如果经营目标仅是获取最大利润，则以"边际成本=边际收入"或"边际收入=价格反比"来确定最佳投入点；如果经营目标是获得最多的物质产品，并且又有充足的、廉价的投入，则应以"边际报酬等于零"为投入的最佳点。

3. 正确认识和把握非农业用地的集约度

非农业用地（如城市用地、农村集镇用地、厂矿企业用地及交通用地等）的效益可分为两类：用于住宅建设的是单位土地面积上所建房屋的面积；用于工业、商业和交通运输的，在于单位土地面积上所获得的经营利润。前一类是实物性指标，后一类是价值性指标。但二者的共同点是力争获取单位土地面积上的最大经济效益。

反映城镇土地利用集约度的指标之一是人口密度，即单位土地面积所居住的人口。人口密度与城市的大小呈正相关，也就是说，城市越小，人口密度越小；城市越大，人口密度越大。城市规模过小，土地利用效率和基础设施投资效益就难以发挥。但是城市规模过大，又有许多"大城市病"妨碍土地利用效益的正常发挥。因此，就城市建设用地利用来说，也有一个城市规模效益问题。

反映城镇土地利用集约度的指标之二是投资强度，即在单位土地面积上投入的资本量。现在有关政府部门已经用这一指标来引导提高工业用地的集约度。根据行业的性质，规定相应的工业项目用地必须达到一定的投资强度，否则不予批地。

反映城镇土地利用集约度的指标之三是容积率，即单位土地面积上的建筑面积。不论是从一个城市，还是从一个独立小区来看，容积率都有一个合理的限度。在确定小区的容积率时，既要有全局观点，又要有长远眼光。

全面提高城镇土地利用的集约度，就是要从适当提高上述三个指标入手。此外，城市土地利用还应向地下空间发展，实行立体利用，如修筑地下铁道、地下隧道、地下商场、地下车库等。我国城市建设土地集约利用潜力巨大，提高建设用地集约度，要科学规划地块的功能，合理配置为实现其功能而必需的各类辅助设施，如交通设施、休闲绿化设施、公共服务设施等，科学分配地块的用途、比例及空间布局。

复习思考题

1. 解释如下基本概念：土地报酬、土地集约利用、土地利用集约度、土地受容力。
2. 试述土地报酬递减规律。
3. 试述土地集约利用的类型和影响土地集约利用的因素。
4. 试述中国土地集约利用存在的问题。
5. 试述中国土地集约利用的途径与对策

参 考 文 献

毕宝德. 2016. 土地经济学 [M]. 7 版. 北京：中国人民大学出版社，2016.

陈印军，易小燕，方琳娜，等. 2016. 中国耕地资源与粮食增产潜力分析 [J]. 中国农业科学，49（6）：1117-1131.

陈玉福，孙虎，刘彦随. 2010. 中国典型农区空心村综合整治模式 [J]. 地理学报，（06）：727-735.

国家测绘地理信息局，国家土资源部，国家统计局，国务院第一次全国地理国情普查领导小组办公室. 第一次全国地理国情普查公报，2017 年 4 月.

黄贤金. 2008. 土地经济学 [M]. 北京：中国农业大学出版社：11.

克拉克. 1959. 财富的分配 [M]. 北京：商务印书馆：157.

李嘉图. 1976. 政治经济学及赋税原理 [M]. 北京：商务印书馆：59.

马克思. 1975. 资本论：三卷 [M]. 北京：人民出版社：621-622，880.

马克思，恩格斯. 1972. 马克思恩格斯选集：一卷 [M]. 北京：人民出版社：616.

马歇尔. 1981. 经济学原理 [M]. 北京：商务印书馆.

曲福田. 2011. 土地经济学 [M]. 北京：中国农业出版社.

萨缪尔森. 1979. 经济学（上册）[M]. 北京：商务印书馆.

谈明洪，李秀彬. 2010. 世界主要国家城市人均用地研究及其对我国的启示 [J]. 自然资源学报，11：1813-1822.

许善达. 1990. 马克思主义与报酬递减律 [M]. 北京：农业出版社：13.

伊利，莫尔豪斯. 1982. 土地经济学原理 [M]. 腾维藻，译. 北京：商务印书馆.

第十一章　土地规模利用的经济原理

【本章内容要点】土地规模利用是提高土地利用效率的重要途径。本章主要阐述土地规模利用的基本原理；农业土地规模利用的一般原理、实现条件、形式和途径；城市土地规模利用的基本特征，城市房地产开发的规模效益，城市与农村土地优化配置和规模利用的主要途径。

第一节　土地规模利用原理

一、土地规模利用的概念及其特征

（一）土地规模利用的概念

土地规模利用是指为了提高土地利用效益而采取的一种土地利用方式，它是以增加一定面积的土地来追求用地效益最大化的土地利用方式。这种土地利用方式是以增加（用地规模过小时）或减少（用地规模过大时）土地利用规模，来达到最佳利用效益。达到此种状态的土地利用规模被称为土地利用的适度规模。

（二）土地规模利用的特征

1. 立足于土地利用面积而言的规模利用

土地规模利用是针对社会经济活动中土地投入要素的量的变化而言的，即根据区域发展状况，土地利用者追加土地投入量，从而使生产中土地要素的总利用规模扩大，土地利用成本和生产总收益发生变化，最终获得总收入增加的过程。

2. 以追求土地利用效益最大化为目标

土地利用者追加土地投入使土地利用规模扩大的主要经济原因是收入增加。只有预期土地利用综合效益，特别是经济效益的提高，才使土地利用者愿意投入更多成本，用于增加土地利用规模的直接动因。增加土地投入对提高土地利用规模效益不是无限的。在土地投入达到一定规模后，土地利用规模效益达到最优，超过这一规模后，土地利用规模效益不再同步增加，甚至呈减少的趋势，这就是土地利用的适度规模。通常所说的规模利用，即是指土地利用达到适度规模的状态。

3. 土地适度规模利用存在地域差异

各个地区的土地利用条件千差万别，土地规模利用状态也因此各不相同。一般而言，一个地区的土地资源越丰富，越容易形成适度规模经营；在土地自然条件良好的地区，同量的资本与劳动力要素能够作用于更大面积的土地，因而更容易形成适度规模经营；经济发达地区比经济落后地区更容易形成适度规模经营；拥有先进技术设备的地区比没有先进技术设备的地区更容易形成适度规模经营。

4. 存在多层次的适度经营规模

不同层次生产要素投入的整体性对土地利用规模要求不同。在单个经济主体内部，土地适度经营规模与投资规模、劳动力投入规模密切相关。大型生产设备的投资额大且与生产过程不可分割，需要匹配大规模的土地才能取得最佳效益；在多个经济活动主体构成的经济协作区域，需要各相关产业的协调共赢，其协作范围越广泛，对土地利用规模的需求层次越高；在广阔的区域范围内，区域生产活动演变为面向全球市场的专业化生产，其对土地规模利用的要求达到更高层次。

5. 土地适度经营规模具有动态性

土地规模利用的动态性受自然条件和社会经济条件的综合作用。随着时间的推移，各种条件的变化也必然会使土地利用规模随之变化。从经济发展条件的变化来看，工业化与城市化水平的提高、农业劳动力向非农产业转移及农业科技的更新，一方面会影响农业土地经营规模使其向规模增加的方向变化；另一方面还会影响非农产业对土地的规模利用，体现为单位面积土地产出率提高，同样的产出需要的土地面积更小。

二、土地规模利用的表现形式

（一）农业土地规模利用的表现形式

土地是农业生产不可缺少的重要生产资料，土地利用规模是决定农业经营规模大小的关键要素。首先，农业生产必须在具有一定肥力的土地空间上进行。土地参与农业生产的关键过程，农业（种植业）的规模只有在足够大的土地规模上体现。其次，土地利用规模是其他生产要素规模的基础。单位面积土地上的劳动力与资金投入是有限的，只有在增大土地利用规模的基础上，才能继续追加劳动力和资金的投入。因此，土地利用规模在农业中通常成为农业经营规模的标志。世界上许多国家（如日本、法国、苏联、德国等）都把土地利用规模作为衡量农业经营规模最重要的指标。

1. 传统农业时代的土地规模利用形式

不同的生产力发展阶段具有不同的农业土地利用规模。传统农业时代，农业生产主要是利用土地自然肥力和凭借劳动者的经验而进行，因此，农业生产单位的最佳经营规模，基本上受劳动者的劳动能力和组织管理能力所制约，经营规模较小。传统农业生产是土地、人力和畜力、资本要素的合理配置，是以三者的投入比例体现出来的，每一不可分作业单位人畜力"满负荷"耕种对土地规模的需求是关键，因人力和畜力"满负荷"耕种的土地面积较小，所以传统农业生产的合理规模所需要的土地面积不大。我国 20 世纪 80 年代的联产承包责任制下形成的小规模农业生产之所以取得成效，主要原因是农村处于传统农业阶段，以户为单位的土地适度经营规模小。

2. 资本主导农业生产的土地规模利用形式

农业生产要素的合理利用是农业土地规模利用的前提。随着农业技术的进步和市场经济的发展，大规模资本投入和市场需求的增加，使单位土地面积上的劳动和资本投入量显著增加，现代农业的最佳经营规模，也就随着土地利用规模、资本与劳动投入规模的迅速扩大而扩大。现代农业生产是通过土地、农业机械、资本、劳动力生产要素的合理配置来实现。大型农业机械的不可拆分性决定了现代农业生产的一个不可分作业单位需要匹配的土地面积要比传统农业时代大得多，因此需要大面积土地构成的农业生产才能实现规模经营效益。中国人民大学的周诚教授在 20 世纪 80 年代即阐述了上述观点。

3. 科学技术主导的土地规模利用形式

随着全球化的大规模推进，日益发达的物流业，使大规模运输和农产品专业市场迅速发展，这极大地推动了地区专业化大规模农业生产的发展，日益国际化的农产品市场将区域农业生产置于国际竞争环境中，迫使单个农业生产单位大规模利用土地以扩大农业生产规模，降低农产品的平均成本，提高农产品在国际市场中的竞争力。

（二）非农业土地规模利用的表现形式

1. 若干具有产业关联的经济活动集聚所形成的土地规模利用

在非农业建设当中，土地只是承载空间，它不参与生产过程，因此，土地利用规模对单个非农业经济活动单位的经营规模来说并不具有决定性的意义。在现代社会经济条件下，若干非农业经济活动的单位集聚在一起可以带来规模经济效益，在用地上表现为非农业用地规模的整体扩大。各种产业园区的形成是这类土地规模利用的主要形式。

2. 城市扩张形成的土地规模利用

城市产业的集聚在显著提高土地利用效益的同时，城市土地的面积也相应增加，因此，土地利用规模效益实质上是非农产业的集聚经济效益，是各类非农产业按照适当的比例和空间组合所取得的集聚经济效益。换言之，城市土地规模利用问题，是合理确定城市居住空间规模、城市生产空间规模和城市消费空间规模，并进行合理的功能组合与分区的用地规模问题。

三、土地规模利用的一般原理

在经济学中，所有的生产要素以相同的比例，同时增加或减少，才是严格意义上的规模变化，称为"纯粹规模"的变动。由纯粹规模变动而引起的企业经济效益的变化，称为规模报酬，在现实中，"纯粹规模"变动是很少见的[①]。

随着土地利用规模的扩大，规模报酬的变化趋势可分为递增、固定和递减三种趋势，即：①当土地规模扩大的幅度小于规模报酬的增长幅度时，称为递增土地规模报酬；②当土地规模扩大的幅度等于规模报酬的增长幅度时，称为固定土地规模报酬；③当土地规模扩大的幅度大于规模报酬的增长幅度时，称为递减土地规模报酬。

土地规模利用，遵循土地规模报酬递减规律，要获得最佳土地规模利用效益则需要进行土地的适度规模经营，就是应尽可能地使土地利用处于报酬递增阶段或固定报酬阶段，而不是处于报酬递减阶段。因此，扩大土地利用规模应根据当时当地的客观条件，尽可能将土地利用规模扩大到平均生产成本最低的固定报酬水平，此时所能获得的经济利益，就是土地规模经济。与土地规模经济相对的是土地规模不经济。如图 11-1 所示，LAC 曲线是一条随着土地经营规模变动而变动的长期平均成本曲线，在 AM 阶段曲线向右下方倾斜，说明平均成本随着土地经营规模的扩大而下降，属于规模经济阶段；在 MB 阶段曲线向右上方倾斜，说明平均成本随着土地经营规模的扩大而上升，属于规模不经济阶段。显然，当规模小于 OM' 时，应当通过扩大土地经营规模来提高收益水平；当规模大于 OM' 时，则

---

① 规模的变动除了各生产要素规模的扩大外，各生产要素之间的比例关系也会发生变化。

应当适当缩小土地经营规模才能获得更高的用地效率。因此，经常把与产品平均成本最低点 M 相对应的经营规模 OM'，称为最佳土地经营规模或者适度土地经营规模。

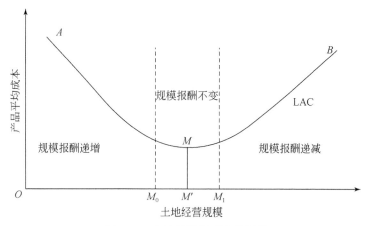

图 11-1　土地规模报酬变化规律

　　土地利用规模经济问题比经济学中的纯粹规模报酬问题更复杂。其一，土地利用的规模经济问题，是多层次经济的问题，不仅存在于微观的企业层次，也存在于多个企业土地利用整体格局所构成的协作层次，还存在于大量企业构成的土地综合开发、城市用地规模扩大等区域层次。其二，土地利用规模扩大所带来的经济利益，是多样化收益的综合，它包括利润增加、劳动生产率提高、土地生产率提高、宏观经济效益提高和社会效益提高等多种效益。其三，土地利用规模扩大所带来的经济利益，是企业内部效益和外部效益的综合，包括企业利润增加、行业景气值上升、地区经济环境改善、产业结构优化、居民生活消费水平提高等。

四、土地利用规模经济的来源及影响因素

　　根据西方经济学理论，规模经济来源于企业内部与外部两个方面，分别称为内部规模经济和外部规模经济。

（一）内部规模经济和内部规模不经济

　　内部规模经济，是指因企业经营实体规模扩大而在企业内部产生的效益。这个内部效益是企业经营过程中的以下因素所致。

　　（1）单个生产要素的不可分性，使得大规模生产能够提高生产设备的利用率和设备使用效率。生产设备的生产能力越大，对土地等其他要素的匹配要求量越大，越需要经营更大规模的土地才能获得最佳的经济效益。

　　（2）各生产要素间相互联系的不可分性，在整体生产过程中产生经济节约。这包括：①大规模生产有利于进行分工协作，从而提高劳动效率；②大规模生产可以减少管理人员的比例，从而降低管理成本；③大规模生产为充分利用生产的互补性、副产品的综合利用等创造条件，从而提高效益。

　　（3）现代流通领域能够使规模扩大的企业降低平均流通成本。①降低平均交易成本，大规模企业在与对手进行谈判时，可以凭借规模优势获得相对有利的交易价格；②大规模

企业可以在收集市场信息、监督合同执行等方面，节约平均交易费用；③大规模企业的物资可以使用低成本的大宗货物运输，使产品平均运费降低，销售范围显著扩大；④大规模企业更容易建立品牌效应而被消费者接受，使其在市场中能够以高于同类产品均价的价格出售，品牌优势带来的垄断利益增加，从而获得更高经济效益。

与内部规模经济相对的是内部规模不经济。内部规模不经济是指一个生产经营单位在规模扩大时由自身内部原因导致的收益下降。导致内部规模不经济的主要原因有：①因规模过大而使得管理不便，管理效率降低；②规模扩大造成的内部通信费用、交通费用的增加；③规模扩大后需要设立专门的管理机构以管理更加复杂的经营业务，致使管理成本增加；④规模扩大后增加固定资产投入导致经营风险增大。

（二）外部规模经济和外部规模不经济

1. 外部规模经济

外部规模经济，是指整个行业的规模扩大和产量增加而使得行业内单个生产经营单位得到的经济利益。行业规模扩大为单个企业带来的利益主要通过以下途径来实现：①行业的发展，可以使得此行业内的生产经营单位获得修理、服务、运输、人才供给、科技情报等方面的有利条件，从而行业内单个生产经营单位可以减少成本支出；②行业的发展，从整体上提高该行业在市场中的经济影响力，单个生产经营者通过这个品牌效应获得更高收益；③行业的发展，土地利用规模扩大，单个经营者在其他经营者土地利用规模扩大的基础上获得收益增加。外部规模经济以单个经营单位与外部经济环境之间的良好互动为基础。

2. 外部规模不经济

外部规模不经济，是指因整个行业或者整个区域的规模扩大和产量增加而使得个别生产经营单位成本增加、利润减少。行业规模扩大造成单个企业的利益减少主要通过以下途径来实现：①整个行业的过度发展，可能使得招工困难、动力不足、交通运输紧张、地价上涨、引起严重的环境污染、产能过剩等，从而带来个别生产经营单位的收益下降；②具有替代关系行业的规模扩张，导致个别生产单位竞争力下降，市场被挤占，因而收益减少；③行业的发展，土地利用规模扩大，单个经营单位在其他经营企业土地利用规模扩大时收益减少。外部规模不经济是经营者与外部环境之间存在不利的经济关系所导致的收益减少。例如，20世纪90年代我国南方多个省份发展栽桑养蚕，几年时间规模成倍增加，最后因国际市场上丝绸供大于求价格大跌而损失巨大；工业扩张导致工厂区周围农业用地质量下降等。

（三）土地规模经济的空间集聚因子

单个经营单位的规模扩大而获得的规模经济，是企业层次的规模经济问题，多个经营单位集中在一起所获得的效益，则是产业集群层次的规模经济问题。现代社会经济体系中，多个经营单位集聚形成经济中心已成为常态。这是因为，无论两种经济活动是否存在投入产出关系，只要不存在互害关系，都可以从集聚布局中获得成本节约、资源共享、品牌共塑、风险分担等利益，这些利益就是将生产经营活动集中在某一地点、促使城市形成的空间意义上的规模经济，即集聚经济。集聚经济理论是分析城市土地规模利用的重要依据。

1. 产生集聚经济的主要原因

（1）规模扩大中大数规则的作用。所谓大数规则又称为"平均规则"，是指在随机现象的大量重复出现中，往往呈现几乎必然的规律。因为季节、景气循环及其他的随机原因所引起的企业生产量和投入量的经常变动，会增加库存等企业成本和失业等社会成本。然而，根据大数规则，在存在大量企业，且企业之间随机变动相互独立的情况下，随机变动的平均影响会相互抵消。因此，在大量企业共存的大城市里，企业总体经济活动指标的变动一般会变小，因此对生产投入资源的需求、原料与产品的库存需求更加稳定，可提高经济效益。

（2）劳动力供给的互补性和生产的互补性。如同男女比例基本稳定一样，各种类型劳动力的比例也应当稳定。每个地区的产业发展，不仅要平衡男女劳动力比例关系，也要平衡主导产业、关联产业与基础产业间的劳动力比例关系。大城市中各种类型劳动力的共存，使企业可以享受容易募集到所需人才和劳动力的好处。此外，同时生产两种以上具有互补性的产品可以降低成本，生产的互补性也会促使这些产品的需求者趋向集中于同一地域。

（3）企业间沟通成本的节约。没有一家企业能够独立于经济活动整体之外，企业与其他经济活动单位之间存在大量的交通、通信等沟通需求。如果沟通成本与空间距离呈正相关的话，集聚就能大大节约企业间的沟通成本，从而获得可观的集聚效益。仅当企业在所有生产环节的沟通成本达到非常小的情况下，企业的空间布局才不需要考虑集聚效益，现实中几乎不存在完全没有沟通成本的经济活动。在交通、通信日益发达的现代生产体系中，企业在逐渐摆脱因投入产出关系，主要依赖交通运输而形成的产业集聚，进入由新兴的物流产业所构建的，主要依赖信息、产业政策和技术体系而形成的新集聚形态，即企业-物流业-企业的形态，各地逐渐形成以物流园区为核心的新集聚生产空间。

（4）消费的多样性。大城市人口众多，消费需求旺盛，在大城市中存在着丰富多样的消费市场，是中小城市所不能达到的，它能够满足众多消费者复杂多样的消费需求。这种消费的丰富与多样性，为生产与生活提供了便利，能持续地促使企业和人口向大城市集中，大城市也因此继续扩大用地规模；反之，扩大用地规模集聚的生产活动又能构建大规模多样化的消费市场，吸引更多消费者向大城市集聚。

（5）公共产品服务规模经济。学校、医院、公园、美术馆、大剧院、交通设施、通信设施、供水排水设施等公共设施的建设与运行，都存在规模经济，城市越大越有利于经营，也就越能提供良好的服务。这种公共服务质量的差距，促使人口向大城市集中。同时，由于中央政府或者地方政府的存在，可以接受更便利的政府服务，也是集聚的原因。

2. 产生集聚不经济的主要原因

经济活动的过度集聚或不适当集聚会导致集聚不经济，集聚不经济产生的原因主要有以下几个方面。

（1）交通成本增加。过度集聚使城市占地面积扩大，从而使市民生产生活活动空间距离增大，交通流空间结构的复杂程度成倍上升，交通拥挤发生率迅速升高，使生产生活所需城市交通平均时间与距离延长，使得交通成本显著增加，以及整个城市经济活动成本急剧增大。

（2）生活环境恶化导致的生活成本增加。非农产业集聚使地表微生态环境显著变化，大气污染、噪声危害等环境恶化降低了城市生活质量，整个城市必然增加环境治理的投入，导致生活成本增加。

（3）过度集聚所导致的学校、医院、公园等公共设施的拥挤等问题，城市必须追加投入来解决这些问题，因此增大了城市运行成本，导致集聚不经济。

第二节 农业土地规模利用

一、农业土地规模利用的发展趋势及其影响因素

（一）农业土地规模利用的发展趋势

1. 国外农业经营规模的发展趋势

第二次世界大战之后，西方国家迅速实现工业化，从农村吸收了大量的劳动力，使得农业劳动力在总劳动力中所占的比例迅速下降。农场的土地经营规模则呈现迅速扩大的趋势，然而农场的数量却大大减少。

20 世纪 40 年代以后，美国农场数量大量减少，平均土地面积迅速增大。农场平均土地规模在 1890 年为 59.1 公顷，1940 年为 67.6 公顷，1960 年为 120.2 公顷，1980 年为 173.7 公顷。在加拿大，从 1951 年到 1976 年，农场平均土地面积由 112.9 公顷增加到 202.0 公顷，农场数目大约减少了一半左右。

土地面积较多的法国，1955 年农场平均土地面积只有 14.3 公顷，到 1977 年增至 23.0 公顷以上。人多地少的德国，农户土地经营面积也由战后的 7.0 公顷扩大到 1980 年的 16.0 公顷。

在一些人多地少的国家，农业土地经营规模的扩大虽然要缓慢得多，但是扩大的趋势同样存在。例如，日本 1960 年全国经营 1 公顷以下土地的农户占 71.8%，2 公顷以上土地的农户占 4.03%；到 1987 年，前者减少 2.19 个百分点（为 69.61%），后者增加 4.87 个百分点（为 8.90%）。

在土地经营规模扩大的同时，农业家庭经营制度却相对稳定。家庭农场不仅没有逐步被以雇工经营为主的资本主义大农场所代替，相反，在一些国家，一些土地经营规模过大、雇用大量工人的大型农业公司，反而因不适应农业生产（尤其是种植业）的特点而退出经营。

由此可见，在市场经济条件下，土地经营规模随着工业化和市场经济的发展而逐步扩大。农业土地经营规模的扩大，加速了农业现代化，促进了现代技术生产要素的投入，实现了农业的高速增长，也显著提高了农民的收入水平。

2. 我国农业经营规模的发展趋势

我国的情况与西方国家完全不同。20 世纪 50～70 年代，我国通过土地改革、农业合作化和人民公社化运动，建立起了集体经济组织和国有农场，实行了大规模的农业经营，我国从农业合作化至 1978 年的各阶段集体生产单位平均土地经营规模为：高级农业社（1956 年）200 公顷左右；人民公社（1958 年）4000 公顷左右；人民公社基本核算单位（生产队）20 公顷左右。但是，实践证明，这种建立在平均分配基础上的大规模集体经营，不利于调动农民的生产积极性，效益并不好。

1978 年农村经济开始体制改革之后，我国普遍实行了家庭承包责任制，确立了以家庭经营为基础的双层经营形式。就农业土地经营规模而言，由于人多地少的实际国情和土地承包中的平均化倾向，形成了一种以农户为经营实体的普遍的超小规模状况。早在 1990 年，

邓小平同志就明确指出我国农业要经过"两次飞跃"才能实现现代化的战略构想："第一个飞跃，是废除人民公社，实行家庭联产承包为主的责任制。这是一个很大的前进，要长期坚持不变。第二个飞跃，是适应科学种田和生产社会化的需要，发展适度规模经营，发展集体经济。这又是一个很大的前进，当然这是很长的过程。"在充分肯定家庭联产承包责任制历史功绩的基础上，如何发展适度规模经营、实现农业的集约化和专业化，如何逐步推动和实现农业的第二次飞跃，是当前所面临的主要问题。

1991 年，国务院发布了《关于加强农业社会化服务体系建设的通知》；党的十七届三中全会指出，要"加快构建以公共服务机构为依托、合作经济组织为基础、龙头企业为骨干、其他社会力量为补充，公益性服务与经营性服务相结合、专项服务与综合服务相协调的新型农业社会化服务体系"。在扶持农业龙头企业政策方面，除了近几年的中央"一号文件"外，还有 2000 年出台的《关于扶持农业产业化经营重点龙头企业的意见》、2012 年出台的《国务院关于支持农业产业化龙头企业发展的意见》等。在促进农民专业合作社发展方面，经过部门扶持、地方试点阶段后，我国于 2007 年实施了《中华人民共和国农民专业合作社法》；党的十七届三中全会指出，要"按照服务农民、进退自由、权利平等、管理民主的要求，扶持农民专业合作社加快发展，使之成为引领农民参与国内外市场竞争的现代农业经营组织"。近年来，全国各地土地流转加速，规模经营开始覆盖农业生产及产前、产中、产后服务的各个环节，以家庭农场、农民专业合作社和农业企业为代表的新型农业规模经营主体逐步发展起来。

（二）农业土地规模利用的原因

1. 农业土地规模利用的经济原因

（1）生产率差异导致的经济效益驱动。随着工业化的推进，小规模农业经营与非农产业之间的劳动生产率差距越来越大，造成农民的收入显著低于非农产业的从业者，农民为了缩小收入差距，提高农业劳动生产率而扩大土地经营规模。

（2）商品经济发展的驱动。随着工业化的推进，农产品的商品率大大提高，农产品的市场竞争变得越来越激烈，大规模经营的农民在市场竞争中处于有利地位，成为农业生产的主力留下来，小规模经营的农民在市场竞争中处于不利地位，逐渐被淘汰出局，其劳动力向非农产业转移。

（3）劳动成本上升的驱动。随着工业化的推进，非农产业较高的劳动报酬使农业劳动力加速转移到非农产业，农业劳动力逐渐稀缺，劳动成本开始上涨，劳动相对于资本变得越来越昂贵，促使农业转向以资本替代劳动的机械化，农业生产中不可分割的生产要素投入量迅速增大，农民为了充分利用农业机械，获得生产阶段的规模经济而扩大土地经营规模。

2. 农业土地规模利用的技术原因

（1）科技进步提高了农机化水平。更多农业生产机械投入使用，需要通过扩大土地经营面积来达到充分利用机械，同时也为投入少量家庭劳动力经营较大规模的土地提供技术支持。

（2）管理技术进步加强了农业社会化服务功能。一方面，完善的农业社会化服务将农业生产前、中、后的各个环节分别交给专业的服务公司完成，这种服务的项目越多，规模越大，服务公司的技术提高越快，服务质量越高，农业土地适度经营规模实现的可能性也就越大。另一方面，农业专业协会等合作组织的兴起，为区域性大规模农业经营活动提供产前、产中、产后技术咨询，极大地增强了大规模农业生产的抗风险能力。

（3）农业经营者素质的提高。新一代农民在新技术环境下长大，具有较强的学习能力，能够较快地获得大规模农业经营所需要的基本素质。这些素质包括经营者科技知识、经营管理能力等。国内外的实践都证明，在其他条件相同时，经营者素质的差别，对规模经营的成功影响很大。

3. 农业土地规模利用的市场原因

（1）改革开放带来的宏观市场环境变化。改革开放把我国的农产品市场逐步推向全球市场，国内农产品的供需关系、价格受世界农产品市场的影响越来越强。世界大农业发展、农产品市场竞争背景下，我国农业只有走规模化经营、降低生产成本的路，才能在国际国内市场上取得足够的经济利益。

（2）区域市场需求的差异。从空间上讲，农业土地适度经营规模实现条件的形成是不平衡的。沿海地区是改革开放的最早发生地，我国扩大农业土地经营规模的实践，首先在沿海地区或大城市郊区出现，就是因为这些地区非农产业发展迅速，工业化的进展快于其他地区，经济发展对农产品的需求，无论在数量上、质量上，还是在种类上都大幅度提升，农业必须转变经营模式、提高土地产出效率才能满足快速增长的市场需求。

（3）专业农产品市场的大规模需求。商品经济社会下的农业规模经营是建立在发达的农产品贸易基础上的。大规模农产品物流与农产品专业市场的出现，需要大规模的农业生产保障其物资供应。有需求就可以刺激生产，专业农产品市场成为农业规模化经营的重要保障，也是各个地方打造农产品品牌的基本保证。

4. 农业土地规模利用的制度原因

（1）土地管理制度的调整。农村土地承包经营权是我国法定的农民享有的权利，其权益是农民从事农业生产的重要资产，土地管理制度应能够清晰地理顺土地权属关系。承包地"三权分置"改革为规模利用提供了条件。2016年，中共中央办公厅、国务院办公厅印发的《关于完善农村土地所有权承包权经营权分置办法的意见》（以下简称《"三权分置"意见》）明确实行土地集体所有权、农户承包权和土地经营权"三权分置"并行，这一制度安排，以坚持土地集体所有权，稳定农户承包权，放活土地经营权的思路，为引导土地经营权有序流转，发展农业适度规模经营，推动现代农业发展奠定了制度基础。

（2）农村社会保障体系逐步完善。中国农业土地既具有作为生产要素的经济功能，也承担着作为农村社会保障手段的社会功能，这是以农地承包经营权的形式保障农民拥有耕种农地的权利。这种特殊状况说明，农村社会保障体系的建立，也是影响中国农业土地经营规模扩大的重要因素之一。

二、农业用地适度经营规模的确定

（一）确定农业用地适度经营规模的定性方法

根据规模经济理论，在农业经营其他条件基本相同的情况下，土地经营规模不同，经营的经济效益也不相同。这种由于土地经营规模不同产生的经济效益的差别，就是农业土地规模效益。农业土地适度经营规模就是能取得最佳土地规模效益的农业土地经营规模。定性确定农业土地适度经营规模通常用经验法、专家评价法、比较法等。经验法是经营者根据现有的生产经验，依据自身所拥有的资本、劳动力和技术水平来判断可以利用并能取得最佳效益的土地利用规模；专家评价法则是通过向多名同行业专业人士提出问题，由专业人士根据自己的从业经验，对经营者所拥有的农业生产投入要素进行评估，来确定最佳用地规模；比较法是通过与条件类似的农业经营单位进行比较而确定最佳用地规模，进一步确定农业适度经营规模。

（二）确定农业用地适度经营规模的定量评价方法

1. 生产函数法

在西方市场经济国家，规模经济效益主要来源于固定成本分摊的节约，其直接的效果表现为单位产品成本的降低。因此常采用生产函数分析来判断规模经济是否存在。例如，使用柯布-道格拉斯型生产函数时，可以根据各投入要素的生产弹性值之和是大于、等于还是小于1，来判断规模报酬属于递增、不变还是递减。通常情况下，可根据不同规模经营单位的成本和产量数据，推导出长期成本的规模弹性值。例如，规模不同的两个经营单位 i，j 的长期成本为 C_i 和 C_j，生产量为 Q_i 和 Q_j，那么规模经济性就可表示为

$$\frac{C_i}{C_j} = \left(\frac{Q_i}{Q_j}\right)^a \text{ 或 } \mathrm{dlg}\,C = a\mathrm{dlg}\,Q \qquad （11\text{-}1）$$

这里，a 就是成本的规模弹性值，a<1 表示规模效益递增，a>1 表示规模效益递减。但在我国，由于农业土地规模效益的多样性和复杂性，以及各经济主体由于其本身的政治经济地位所决定的对规模效益的不同偏好，决定了农业土地适度经营规模标准的多元性和评价方法的多样性。

当把土地规模效益限定为纯收入（或盈利）时，适度经营规模就是指在一定时期内能够取得最大纯收入（或盈利）的规模。此时，既可以通过建立土地经营规模与纯收入（或者盈利）之间的函数关系，以函数求极值的办法得到纯收入（或者盈利）最大时的土地经营规模；也可以将不同土地规模的经营单位进行分组，比较各组之间的纯收入（或者盈利），选择纯收入（或者盈利）最大组的土地经营规模为土地适度经营规模。

2. 综合分析法

当把土地规模效益确定为经济效益、社会效益和生态效益的综合时，土地适度经营规模的评价，往往就需要一个由多个相互联系、相互补充的指标构成的指标体系。该指标体系由体现经济、社会、生态效益的三组指标构成。具体指标如，以商品率指标反映农业商品生产发展状况；以劳均年产量指标或劳均年纯收入指标反映劳动生产率状况；以单位面积产量指标或单位面积纯收入指标反映土地生产率状况；以单位产品成本指标或者单位面积纯收入指标反映资金生产率状况；以土地肥力的变化和自然资源利用效率指标反映生态效益状况等。评价方法则多用分组比较法，即根据土地经营规模分组，比较各组的各项指标的数值，选择综合最优组的规模为适度经营规模。也可以用多元模型分析法研究各个指标与农业土地经营规模效益的综合关系。

3. 规模经营"度"

选取农村土地规模化经营的主要指标，对农村土地规模化经营的"度"进行理论分析，从经济学视角研究农村土地适度经营规模。

首先是农村土地规模化经营的指标选取。基本分析框架：假设在一定耕作周期、一定

劳动力水平、国家对农村投入一定且其耕作环境处于正常水平的前提下，在同等规模的同质土地上进行同种作物的规模化经营和非规模化经营，可以用如下指标进行描述（表 11-1）。

表 11-1　农村土地规模经营指标简化

经营模式	生产效益	保障功能		释放人口红利
		农民生活保障	生态保障	
规模经营	粮食生产总价值（V）-粮食生产总成本（C）	农民既有保障水平（P）+转移人口保障（Q）	农作物生产的生态效益（E）	I
非规模经营	粮食生产总价值（V_1）-粮食生产总成本（C_1）	农民既有保障水平（P）	农作物生产的生态效益（E_1）	I_1

指标的具体含义：粮食生产总价值是指一定规模土地在一定的耕作周期内，该规模土地产生的经济价值；规模经营粮食生产总成本（C）=机械投入+人力投入+种子、肥料等+土地成本；非规模经营粮食生产总成本（C_1）=粮食生产总成本（C）-土地成本；农村既有保障水平（P）=农民医疗保障+生活保障+种植补贴等；转移人口保障（Q）=解决农民在土地流转后就业成本+后继生活保障；生态保障功能是指农作物对生态环境所产生的正效益；I 为土地规模化经营释放的人口红利；I_1 为非规模经营释放的人口红利。

其次是土地规模化经营"度"的分析。由于分析指标之间存在交互性，在分析时考虑农村土地规模化经营所带来的边际效益，这可以用规模经营效益≥非规模经营效益来判定土地规模化经营是否可行。判定公式如下：

$$[V-C-(P+Q)+E+I] \geq [V_1-C_1-P+E_1+I_1] \tag{11-2}$$

在这个前提与上述假定条件的双重约束下，根据农村土地规模化经营的实际情况，式（11-2）中 $E=E_1$，所以只要保证土地规模化经营时粮食的增加值与人口红利的增加值能弥补增加的土地生产成本和解决转移人口的社会保障成本，就能使式（11-2）成立。公式简化如下：

$$[V-C-(P+Q)+I] \geq [V_1-C_1-P+I_1] \tag{11-3}$$

土地经营规模与成本、效益之间的对应关系如图 11-2 所示。P_1 点为土地生产的平均成本和平均效益第一次交汇点，土地经营的规模小于 P_1 点，土地经营将会缺乏生产动力，此点也是土地经营的初始点；P_2 点是土地生产的净效益达到最大，但此时土地的经营规模处于非稳定状态，原因是土地生产的边际效益大于边际成本；P_3 点是土地生产的边际成本与边际效益相等同点，此时土地生产的社会总效益达到最大；P_4 点为土地生产的平均成本与平均效益第二次交汇点，是土地经营的最大规模，超出此点的土地经营将会处于规模不经济状态。

农业土地规模效益的多样性和复杂性是客观存在的，判断农业土地规模效益的依据不同，则结果会有差异。一般而言，适度经营规模是土地、劳动力、资本、技术的合理匹配，即：①经营规模应与劳动者的经营能力相适应，即一个劳动力尽其能力所能经营的土地量，才是适度规模；②劳动生产率和土地生产率同时提高，即不能以降低经营集约度来提高劳动生产率，而应该在实现合理经营集约度的同时实现合理的经营规模；③在生产水平提高的同时，经营者的收入也必须达到相当的水平，否则在机会成本的作用下，会影响农民的生产积极性，使农业发展缺乏后劲；④土地经营规模要与经营者所拥有的生产设备相匹配，土地利用规模应达到不可分生产要素满负荷工作的面积。各地具体情况的不同，以及各经济主体所代表的集团利益差别的存在，提出的评价方法也各不相同。

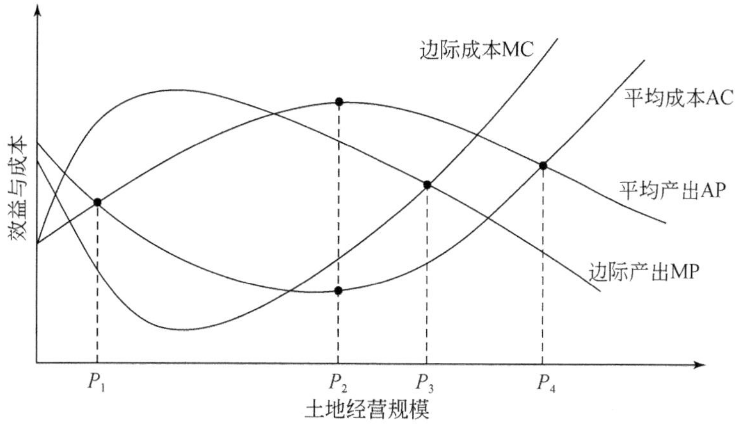

图 11-2 土地经营规模与成本效益的关系

三、农业用地适度规模经营的组织形式

农业用地适度规模经营的组织形式，是指以土地为基础的农业生产力诸要素的具体结合形式，它是能够进行独立经济核算的农业经营主体对资本、劳动与土地等生产要素进行有效调配的组织形式。

（一）农业经营主导力量来源不同的组织形式

根据农村土地规模化经营主导力量来源可分为市场主导型和政府主导型。

1. 市场主导的经营组织形式

市场主导的土地规模化经营组织形式主要指土地承包经营权的流转平台由农民集体自发进行搭建，其目的是对土地进行规模化经营，进而提升土地的经济效益。这种组织形式更加注重土地规模化经营的效率。现阶段有许多地方按市场规律开展土地规模化经营，典型的有上海农村集体土地股份合作制模式、河南省沁阳市"西万村"模式、甘肃省宁县民生农民专业合作社及安徽省宿州市埇桥区"夏刘寨"模式等。这些地区土地规模化经营的规模相对较小，容易构建市场化土地流转平台，政府对农民自发进行的土地规模化经营不进行过多政策干预，更多是进行监督和引导，参见表 11-2。

表 11-2 市场主导型农业用地规模化经营组织形式的主要特点

区域	组织形式	主要特点
甘肃省	宁县民生农民专业合作社	（1）成立土地股份合作社，制定全村的总体发展规划，将土地分十个发展区块进行统一规划； （2）合作社有规范的入社程序，坚持"入社自愿、退社自由"的原则，农民以土地和现金两块入股； （3）市农牧部门加强对合作社的指导服务以引导合作社规范发展
安徽省	宿州市"夏刘寨"模式	（1）集中土地，集约经营，全部土地由公司统一经营，发展优质高效农业； （2）主动与农业、科研部门联姻，走"公司+基地+科研"的生产模式，并先后成立夏刘寨村蔬菜专业合作社、农民科技协会等，实现全村农业生产从粗放到集约、从低效到高效的方向发展

续表

区域	组织形式	主要特点
河南省	沁阳市"西万村"模式	（1）聚零为整、统一管理、规模经营，对全村土地承包经营权进行流转，实行集中使用，适度规模经营； （2）制定《转变土地承包经营方式的实施意见》，发放《土地流转表决表》，全村2096户村民同意将土地承包经营权收归集体进行规模经营； （3）给同意土地流转的农户以适当补贴； （4）对于收归集体的土地开发利用，请省农科院、河南农业大学的专家做出详细规划，统一布局，划分出林业生态区、林果区、观光园区和传统农业区，由村集体统一经营，实行企业化承包管理，村民、承包人和集体三方共同受益
上海市	上海农村集体土地股份合作制模式	（1）农民以土地使用权入股给村集体（或村小组），然后由村集体再入股到乡（镇）或更高级的特定组织，由这个特定组织运作入股土地并以固定的报酬返还给集体，集体再将所得的收益分配给入股的农民； （2）该模式需要特定经济组织、集体、农民之间签订规范，构建可操作性强的农民保障机制，并衔接好土地股份制与征地制的关系问题

注：表中内容依据以下参考文献整理得到：①黄凌翔，郝建民，卢静.2016.农村土地规模化经营的模式、困境与路径[J].地域研究与开发，（05）:138-142；②河南省人民政.http://www.henan.gov.cn/ztzl/system/2008/04/21/010068613.shtml；③姜爱林，陈海秋.2007.中国农村土地股份合作制发展模式[J].吉林农业，（04）:8-9

2. 政府主导的经营组织形式

政府主导的土地规模经营组织形式主要指农村集体组织将农民散户的土地承包经营权集中起来，由集体组织（乡镇、村、生产组）作为土地承包经营权的持有主体，将土地发包给种粮大户、家庭农场、农民合作社、农业企业，政府在土地流转平台的建设过程占据主导作用。代表性的政府主导的土地规模化经营组织形式有重庆市江津区土地规模化经营模式、四川省邛崃市"汤营"模式、浙江省绍兴市"土地信托"模式、江苏省扬州市土地规模化经营模式。这些地区在进行土地流转平台搭建时，由地方政府统一协调，进行土地承包经营权的流转，使原本低收益土地产生规模效益。由于政府在这个过程中占据主导地位，支撑土地规模化经营的各项政策相对完善，经营规模也相对较大。政府主导型农业用地规模化经营组织形式的主要特点参见表11-3。

表11-3　政府主导型农业用地规模化经营组织形式及其特点

区域	经营模式	主要特点
江苏省	扬州模式	（1）政府引导和推进土地股份合作制改革，但不包办代替； （2）建立健全监管机制，明确对入股土地、股权设置、收益分配等关键环节必须征求农民意见
四川省	邛崃市"汤营"模式	（1）政府支持，村民自愿，承包权入股，村企合一的管理模式； （2）规模化经营，项目化运作，将村里新增土地统一经营，农户以土地承包经营权入股，组建成立农业有限公司，实行股份合作经营，更高效率地利用土地； （3）农民以土地入股公司，保底分红； （4）公司利润一半分红，另一半作为发展资金
浙江省	绍兴市"土地信托"模式	（1）设立服务于土地信托流转的相关机构，类似于土地流转中介； （2）农户自主登记需要流转的土地，村统一进行反租，镇统一进行土地供需配对，并组织供需方协商谈判、签订协议，进行管理跟踪，信托期截止时分配土地经营收益； （3）土地流转合同签订程序需要进一步规范

续表

区域	经营模式	主要特点
重庆市	江津模式	（1）积极扶持龙头企业、农业大户，培育农业生产主体； （2）出台农业特色产业扶持政策，控制适度规模； （3）组建农业担保公司，从金融上保证农业公司的融资需求； （4）建设现代农业园区，提高农业发展的整体实力； （5）设立农村土地交易所，进一步规范土地市场交易过程； （6）规范合同及流转程序，加强事中监管，严格防控风险

注：表中内容根据以下参考文献整理得到：①黄凌翔，郝建民，卢静.2016.农村土地规模化经营的模式、困境与路径 [J]. 地域研究与开发，(05):138-142；②牛新宇.2016.农村土地信托流转的运行机制与模式研究——以浙江省绍兴为例 [J]. 经济研究导刊，(15):34-35, 64；③毛飞，孔祥智.2011.农村土地流转的政府支持和模式创新——来自重庆市江津区的经验与启示 [J].西南大学学报（社会科学版），(06):126-131, 203

（二）农业经营主体不同的组织形式

根据经营主体的不同，我国农业土地规模经营的组织形式可以划分为家庭经营型、联合经营型、企业经营型、规模服务型四类。

1. 家庭经营型

家庭经营型土地规模相对较小，包括两种类型。一是家庭承包经营型，是农民依靠自家成员的力量经营土地，规模大的成为种植专业户；二是家庭农场经营型，主要依靠自家成员或亲属耕种土地，从事农业规模化、集约化、商品化生产经营。家庭经营型是通过合同形式，接包其他农户转让的土地或承包由村集体经济组织发包的土地而形成的，其特点是仍以家庭为单位进行生产、经营、核算，集体在产前、产中、产后提供一定的服务。种植专业户和家庭农场之间没有严格的区别，从各地的实践看，通常只是以土地经营面积多少和农机化程度高低加以区分。

2. 联合经营型

由多个具备独立经济核算能力的生产单位通过一定契约形式构成生产联合体，所形成的农业经营组织形式。根据独立核算个体的不同，该组织形式有以下三种。

（1）农户联合经营。独立经济核算个体为农户，其特点是以农户为基础，根据自愿互利的原则，以集中利用承包土地为纽带，优化资本、劳动力等投入要素，最终获得生产效率提高的新型联合体。该模式中农户间合作形式多样，既有土地要素的分区利用，也有劳动力要素的分工协作，也有资本要素（包括农业生产设备）的协调共享；农户一般在银行建立账户，实行独立核算、风险共担、利益共享；农户间依据签署的（或不成文的）协议，处理生产要素共享所产生的利益分配问题。在分配上采取按劳与按股分红相结合的方法。

（2）土地股份合作经营。土地股份合作经营是指在村集体范围内把农民承包的所有土地折成股份，由村股份合作经济组织统一规划，采取统一经营或招标经营的形式。土地作价折股的方法一般按照农户承包土地的规模，结合考虑承包土地的质量和位置来确定，也有直接按照人口的数量、年龄等确定的。在股权结构上，一般是集体股和个人股并存。集体股是归集体经济组织所有的股份，持有者为村委会或经济联合社。个人股是归农民个人所有的股份，其中包括农民承包的土地折成的股份，也包括集体组织分配给个人的股份。个人股一般不能转让、抵押。

（3）土地流转合作社。土地流转合作社主要运作方式是农民将承包地的经营权以股份形式加入合作社，由合作社统一经营土地，经营成果的红利按照协议的股份比例分配给农户，它与第二种形式的主要区别在于经营权人与承包权人完全分离。这种联合经营形式以股权体现土地的价值，既保障了农民的承包权益，又能保障经营者持续使用土地的权益。

3. 企业经营型

企业经营型是非农业经济主体和资本介入农业生产活动所构建的农业经营形式，主要经营投资规模大、土地集约化利用程度高、易于标准化管理的农业生产活动。企业经营型的经营主体来源包括本村非农业企业、村外非农业企业、省外非农业企业乃至国外非农业企业。从经营管理的土地取得方式看，企业经营可分为自有土地经营型、租入土地经营型、土地经营权入股型三种类型。

（1）自有土地经营型。自有土地经营型指自有土地经营权农业企业拥有完整的承包经营权。这种经营企业的优点是可以持续追加投入改良土地，从而提高土地单产水平；缺点是经营管理者、土地、资本和劳动力要素的组合自由度小，不利于形成最高效的土地利用要素结构。

（2）租入土地经营型。租入土地经营型指农业企业通过租赁方式获得土地经营权开展农业经营。这种租赁方式的优点是不改变农业土地的社会保障功能，也能够进行土地规模化经营；缺点是经营企业对土地的处置权限缩小，对土地追加的投入有限，不利于土地持续利用。此种形式多出现在花卉、水果等相对高附加值的农业经营领域。

（3）土地经营权入股型。土地经营权入股型指农业企业是通过村民承包土地折算成股份而取得经营权。这种经营方式的优点是减少了企业初始投资压力和农业经营风险，增强了农民参与经营管理的积极性；缺点是企业经营管理复杂性增加，独立性减弱，经营利润分配结构复杂。

4. 规模服务型

规模服务型的特点是在保持分户承包、经济核算不变的前提下，通过在生产和流通的主要环节，如种子供应、机械耕作、排灌和收获、产品销售等方面的合作经营或集体的统一服务，使分散经营的农户达到规模经营的效果。根据提供统一服务的主体不同，可以分为"公司+农户"和"合作社+农户"①等主要形式。特别是随着农业产业化经营的发展，"公司+农户"的形式发展较为迅速。

上述经营组织形式，各有其存在、发展的条件。为加快农业发展，中共中央办公厅、国务院办公厅出台《关于加快构建政策体系培育新型农业经营主体的意见》文件，进一步提出坚持农村土地集体所有，坚持家庭经营基础性地位。既支持新型农业经营主体发展，又不忽视普通农户尤其是贫困农户，发挥新型农业经营主体对普通农户的辐射带动作用，推进家庭经营、集体经营、合作经营、企业经营共同发展。鼓励农户家庭农场使用规范的生产记录和财务收支记录，提升标准化生产和经营管理水平。引导农民合作社依照章程加强民主管理、民主监督，发挥成员积极性，共同办好合作社。鼓励龙头企业通过兼并重组，建立现代企业制度，加大科技创新，优化产品结构，强化品牌建设，提升农产品质量安全水平和市场竞争力。鼓励各类社会化服务组织按照生产作业标准或服务标准，提高服务质

---

① 该合作社不同于合作社经营型中的合作社，通常是指不存在土地入股而以供销合作为主的合作社。就农业土地经营而言，规模服务型不是一种严格意义上的经营组织形式，但是会对土地经营组织形式产生影响，影响农业土地经营组织的某些方面或者某些环节。

量。深入推进示范家庭农场、农民合作社示范社、农业产业化示范基地、农业示范服务组织、一村一品示范村镇创建，发挥示范带动作用。专业大户、家庭农场、农民合作社、龙头企业等新型农业经营主体将逐步成为推动我国农业规模化经营的重要组织形式。

四、实现农业用地适度规模经营的途径

无论是土地私有制国家，还是土地公有制国家，经济利益驱动的土地规模经营需求，必须要土地管理制度的匹配才能实现。发达国家大多制定了相关政策鼓励土地集中以扩大经营规模。例如，法国政府在 1960 年颁布法令，建立了"土地整治和乡村企业公司"，其职责主要是收购土地。美国政府为了鼓励农场扩大规模，对农业的价格补贴全部依据土地面积和产量来确定，农场越大，得到的补贴就越多。

中国农村实行土地公有制，不能通过土地所有权买卖集中土地。扩大农业用地经营规模，重点是在完善土地集体所有制的前提下，建立起合理有效的土地使用权流转制度，通过农户之间的土地转包，实现土地使用权的转移和集中。制度革新是实现农业用地适度规模经营的关键条件。

（一）细化落实土地经营权流转制度

认真落实农业土地所有权、承包权和经营权"三权分置"改革，加快放活土地经营权，优化土地资源配置。按照《"三权分置"意见》对土地经营权内涵及权能的相关规定，探索有效的放活经营权的途径，促进土地流转与集中，发展适度规模经营。

发展农业用地规模经营，必须注意实现农业用地经营规模的条件和经营形式，顺应社会经济发展趋势推进土地"三权分置"，促进土地经营权稳妥有序地转移和集中。

（二）支持发展新型农业经营主体，构建现代农业经营体系

具体措施包括：一是重点发展家庭农场。家庭农场是农业种植大户的进一步发展，营利性是其与自给自足的传统农户生产方式相区别的主要特征，收益一般高于他们经营非农产业的收入或持平，可以重点发展。二是发展壮大农地股份合作社。加强农地股份合作社立法建设，明晰产权关系；健全合作社内部管理机制；合理评估土地价值，健全利益分配机制、风险抵御机制和合作社社员退出机制，促进合作社规范发展和提升服务能力。

（三）严格农业用地承包经营权流转管理

土地市场一直是生产要素市场中的复杂市场，大数据产业为监管这一复杂市场提供了技术支持。农村土地承包经营权承载的多项功能，是否能在土地市场中得到保障，需要从法制层面进行规范的管理。中共中央办公厅、国务院办公厅出台了《关于引导农村土地经营权有序流转发展农业适度规模经营的意见》，指出要规范引导农村土地经营权有序流转：鼓励创新土地流转形式；严格规范土地流转行为；加强土地流转管理和服务；合理确定土地经营规模；扶持粮食规模化生产；加强土地流转用途管制。

（1）明确土地经营权流转市场的流转对象的界定。包括：农村土地经营权的权属性质、权益范围的固化——参与市场交易的土地权益范围必须明确才能合理定价；农村土地经营权的权益人身份限定——必须是直接利用该土地从事农业生产的个人、农户或法人机构；土地经营权流转市场主体的身份限定——以便确保土地流转到真正利用农地从事农业生产

的主体。

（2）规范土地经营权流转市场的交易过程。包括：土地交易信息公开化——明码标价有利于通过市场竞争机制来合理评估土地价值；土地用途明细化——公布土地用途有利于实现大众协助监管以降低土地监督成本；土地交易行为网络化——充分利用大数据平台实现全国范围的交易行为数据共享，以实现全国范围对土地交易主体行为合法性的实时监管。

（3）加强土地经营权流转市场交易结果的监管。包括：土地权益受让方监管——确保受让方身份符合土地经营权流转市场准入限制；土地权益让出方监管——确保让出方不再以其他理由干扰受让方的正常利用土地；土地利用效果评估——对交易地块的利用情况进行定期测算，用于核算土地流转效益。

（四）建立农业用地规模化经营的激励机制

（1）促进财税体制、金融政策支持农村的激励机制。农村土地规模化经营需要大量资金，在市场机制作用下，财税体制、金融政策必定倾斜投入到非农产业，对农村经济发展的定向支持力度不强，农业产业化与规模化经营缺乏外部有力支撑。从国家到地方各个层面建立一套相对稳定的投资制度，为农业用地规模化经营持续注入资金，则可保证农业发展得到足够的经费。

（2）促进人才、技术支持农村的激励机制。城市化和工业化使大量技术人才向城市集聚，农村技术人才日益缺乏。可通过建立一套稳定的奖励制度，给予在农村服务多年且有显著成效的技术人员以奖金、升职、延长假期等丰厚的奖励，稳定农村服务人才队伍。

（3）农民流转土地的激励机制。农民不愿流转土地的原因较多，其中土地的社保功能是重要原因。若能从土地流转过程解决农民的社会保障问题，则农民参与流转土地的积极性将提高。社会保障机制分为两个方面，一是土地规模化经营的社会保障，即农业生产的产前、产中、产后保障；二是农民的生活保障，即农村社会的医疗、养老、教育、保险等保障。生产方面的保障主要是土地流入方的需求，通过完善农村社会化服务体系等措施，激励农业经营者积极扩大土地利用规模；生活方面的保障主要是土地流出方的需求，通过给予进入城市的农民以城市社会生活保障和就业保障等方式，激励农民流转土地经营权。

第三节　城市土地规模利用

一、城市规模与土地利用

城市的发展必然要占用大量土地，但是城市并非占用土地越多越好，而是需要占用适度规模的土地才能最有效地利用土地，获得最大的城市规模效益。

（一）城市规模与城市经济效益的关系

城市化的核心力量是集聚经济。由于集聚经济的存在，在一定限度内，城市规模越大，经济效益就越高。表 11-4 反映了 2010 年我国不同规模城市的经济效益。我国城市规模体系发生显著变化，城市规模用地的最佳点，从 1991 年的 200 万人规模上升至 400～1000 万人规模级别的超级大城市，其他级别的城市规模效益依次递减。

表 11-4 2010 年我国不同规模城市的经济效益比较

城市人口规模/万人	城市数	城市人口密度/（人/平方千米）	人均 GDP/（元/人）	地均 GDP/（万元/平方千米）
大于 1000	4	2 346	150 935.2	13 255.7
400～1000	8	2 660	141 077.5	15 570.4
200～400	18	2 705	118 447.6	11 327.0
100～200	41	1 886	108 731.1	9 225.4
50～100	97	2 002	61 389.3	3 698.8
20～50	105	1 995	51 695.5	1 649.4
20 以下	16	2 116	43 992.6	449.5

注：表中数据根据《中国城市统计年鉴（2016）》《中国城市建设统计年鉴 2016》有关数据计算得出，数据为市辖区行政范围的统计值，不含市辖县

　　城市规模增大除了城市集聚经济所带来的经济效益，还有城市集聚不经济所造成的外部成本。一般直接享受集聚经济效益的是企业，而直接负担集聚不经济成本的是消费者。因此，与经济效益相比，对外部成本的估计要困难得多。根据王小鲁等的研究，规模过小的城市，规模收益很低而由政府负担的外部成本很高，经济效益较差，在城市的总规模效益和外部成本两相抵后，大致在 20 万～1000 万人规模区间都有正的净规模收益。城市规模在 100 万～400 万人时，都可以获得较大的净规模效益，约占城市 GDP 的 17%；城市规模为 200 万人时，净规模效益最大，大约相当于城市 GDP 的 19%；城市规模小于 200 万人时，则净规模效益随着城市规模的扩大而递增，超过 200 万人之后，净规模效益则随着城市规模的扩大而递减，如表 11-5 所示。可见，中国城市规模效益，并不是城市越大，规模效益就越高，而是存在城市适度规模效益。

表 11-5 我国城市的规模效益和外部成本

城市规模/万人	规模总效益/%	外部总成本/%	政府负担外部成本/%	居民负担外部成本/%	净规模效益/%
10	11.25	11.79	4.87	6.92	-0.54
20	18.28	12.94	4.30	8.74	5.35
30	22.92	14.14	4.18	9.96	8.77
50	29.13	16.32	4.24	12.08	12.81
100	37.95	20.77	4.72	16.05	17.17
200	46.83	27.66	5.75	21.91	19.17
300	51.91	33.31	6.70	26.61	18.60
400	55.41	38.29	7.58	30.71	17.12
600	60.18	47.07	9.18	37.89	13.11
800	63.41	54.87	10.65	44.22	8.54
1000	65.82	62.04	12.04	50.00	3.78
1200	67.73	68.76	13.36	55.40	-1.03
1500	69.98	78.23	15.26	62.97	-8.24

数据来源：王小鲁，夏小林. 1999. 优化城市规模推动经济增长 [J]. 经济研究，（09）：22-29

需要注意的是，每个城市的情况千差万别，不能一概而论。例如，上海和北京同样是超过 2000 万人的超大城市，但有迹象表明，上海的净收益相对北京更高一些，可能仍然处于正效益的区间。

（二）适度城市规模的确定

集聚经济的存在使城市规模趋向于扩大，而随着城市规模的扩大，又会产生集聚不经济。在市场经济条件下，现实的城市规模，就是由集聚经济和集聚不经济的平衡关系所决定的。如图 11-3 所示，用城市人均效用水平的变化来反映集聚经济和集聚不经济的综合作用的结果。在其他条件完全相同的情况下，城市居民的人均效用水平 U 就会随着城市规模 P 的扩大而呈现如下的变化：开始时随着城市规模的增大而增加，到达一定城市规模 P_0 后，城市人均效用水平随着城市规模的增加而下降。城市人均效用水平 U 达到最高点 B 时的规模为 P_0，就是适度城市规模，或称最佳城市规模。

当城市规模扩大到超过适度城市规模时，增加城市的数量，使现有城市人口分流到其他城市，无疑可以提高现有城市人口的效用水平。但在市场经济的条件下，存在城市规模过大化的趋向。假设所有的城市规模与城市人均效用水平之间的关系都如图 11-3 所示，当城市规模小于 P_0 时，随着城市规模扩大，城市人均效用水平会升高，此时人口以流入城市为主；当城市规模大于 P_0 时，再增加人口，城市人均效用水平会下降，相反，城市规模缩小城市人均效用水平会上升，此时以人口流出城市为主。即在市场经济条件下，人口在追求效用最大化的自动机制作用下，会趋向于达到 P_0 规模的稳定状态。所以，当城市规模超大时，人口流入城市，会进一步降低城市人均效用水平，城市人口应当向其他城市流出，使得城市规模回到原来的均衡水平。然而，大于适度城市规模的城市人口向外流出存在滞后性，大城市凭借其中心地的控制权力优势，投入更多资源改善城市条件，提高城市效率，使城市适度人口规模增大，在更高水平上形成稳定的市场均衡。市场经济机制和行政管理机制对城市建设的交替作用，使得中心城市在适度—超大—适度的循环中逐渐膨胀，难以自我修正到稳定的均衡状态。所以，在城市建设中，采取控制大城市的做法，具有经济合理性。

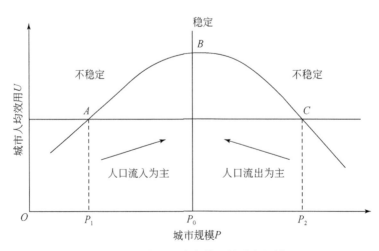

图 11-3　市场经济条件下的城市规模

减少过大城市的另一个方法是建设新城市。但是，建设巨大的新城市必须同时集中许多的企业。实际上这非常困难，因为成百上千的企业要在短时间内同时集中建设所需要的交易费用，将会大得无法想象。在不可能集中很多企业的情况下，新城市就只能从少数企业开始，新建城市的规模将比现有城市的规模小得多。当城市规模小于 P_0 时，城市规模是一种不稳定的市场均衡。如图 11-3 所示，因为某一原因，在新城市新增一个企业时，流入人口的城市因为人口的增加，居民的城市人均效用水平上升，此时会有更多的人口流入；与此相反，因为城市人口的流出使得城市人均效用水平下降，就会使得更多的人进一步流出。越是小规模城市，因为其城市人均效用水平较低，所以也就越容易成为人口流出城市。特别是当城市规模小于 P_1 时，因为城市人均效用水平明显低于规模在 P_0 和 P_2 之间的大城市，所以人口还可能流向已经超过适度规模的大城市，从而使得大城市越来越拥挤。因此，在控制大城市发展的同时，迅速使小城市的规模扩大，达到适度城市规模，也必须同样引起关注。

（三）城市规模与土地集约利用的关系

从人均用地面积来看，城市规模的扩大同样存在明显的规模效益。这是因为，城市规模的扩大和人口的集中造成对土地需求的增加，使城市土地的价格上升。在市场机制的作用下，企业会做出尽可能节约集约利用土地的经营决策。城市规模扩大与城市土地集约利用存在相互促进的关系，这种关系是经济利益驱动、社会利益引导和生态压力约束的综合作用结果。

1. 经济利益驱动

城市规模扩大必然导致城市生产生活对土地的需求增加，土地的经济价值能更加充分地体现出来。城市经济活动出于对集聚经济的追求，存在高价购买具有优越区位的土地趋势，最优区位土地价格上升，这意味着相对于资金、劳动力等其他生产要素而言，土地变得越来越昂贵。为了追求利润最大化，经营者就会选择最优技术方案，注入更大规模的资本与劳动力，高密度开发利用土地资源，将城市经济活动高度集聚在面积不大的城市土地空间之内。

2. 社会利益引导

城市土地集约利用促使城市人口高度集中在较小范围的城市空间，这大幅度缩小了城市经济活动的服务半径，使城市服务变得更有效率；集约利用也能集聚大规模、更多样化的城市经济活动，因而能够提供更加丰富多样的城市服务，提供更加便利的城市生活条件。这些优势促使人口不断向城市集聚，使城市人口规模继续扩大。城市人口规模的扩大则增大了城市经济活动的服务市场，使城市服务能够取得更大的规模效益。

3. 生态压力约束

城市规模扩大对土地资源的需求，受城市所处区域的生态环境容量的限制，城市空间不可能自由地向外蔓延，当城市空间被生态压力限制在相对稳定的土地空间范围内，在城市人口继续增加的情况下，城市发展只有选择挖掘土地利用潜力、提高土地集约利用水平的方式，来扩大城市人口容量、发展城市经济。

进入 21 世纪，我国城市数量增加到一个相对稳定的状态，2000～2015 年，我国城镇人口从 4.59 亿人增加到 7.71 亿人，但地县级城市数量从 659 个减为 652 个，其中地级市数量增加 32 个，县级市数量减少 39 个（表 11-6），显然，15 年间城市化进程的两个重要特征：一是城市平均规模显著扩大，总体上从平均 69.7 万人/市增大到 118.3 万人/市，高等级城市数量呈增加趋势；二是城市数量达到国土空间容纳的最高值，全国陆地面积 947.8 万平方千米，其中已利用土地 684.0 万平方千米，即大约平均 10 000 平方千米土地有一座城市，15 年来这个城市密度仅有轻微变化。

我国城市发展的数据显示，城市规模扩大已成为城市发展的必然趋势。因此，下一步的城市发展重点，在于调整城市建设战略，以提高城市土地利用规模效益，扩大城市适度规模容量。这一方面需要在城市规划时合理设置城市功能区，以构建协调发展的城市空间结构；另一方面需要在城市建设中集约利用土地资源，提高城市土地空间的人口容纳密度。此外，城市轨道交通、城际快速交通网络的发展，为进一步扩大城市容量提供技术支持。

表 11-6　2000～2015 年我国城市数量与城镇人口变化

年份	城镇人口/亿人	地级市/个	县级市/个	年份	城镇人口/亿人	地级市/个	县级市/个
2000	4.59	259	400	2008	6.24	283	368
2001	4.81	265	393	2009	6.45	283	367
2002	5.02	275	381	2010	6.70	283	370
2003	5.24	282	374	2011	6.91	284	369
2004	5.42	283	374	2012	7.12	285	368
2005	5.62	283	374	2013	7.31	286	368
2006	5.83	283	369	2014	7.49	288	361
2007	6.06	283	368	2015	7.71	291	361

数据来源：国家统计局.《中国统计年鉴（2001—2016）》. 北京：中国统计出版社

二、房地产开发和土地规模利用

（一）公共设施的不可分性与土地规模利用

房地产开发项目投资内容多样，每一项内容的可分程度是不同的，一些内容可以细分到一个家庭使用即可取得适度的经济效益，如市民购买的商品房；一些内容则需要一定量的家庭使用才能取得适度的经济效益，如小区的小型商店；一些内容则需要较多的家庭使用才能取得适度的经济效益，如小区的大型商店、公共休闲娱乐设施；一些内容则需要大量家庭使用才能取得适度的规模经济效益，如大型医院、学校等。正是这些不可细分的城市公共服务设施的存在，使得在房地产开发中土地规模的扩大可以获得规模效益。

公共投资部分所完成的一般都是开发项目中的公共设施。在居住小区，它们可能是商店、医院，也可能是学校。在科技小区，它可能是一个科研单位共同使用的科技情报中心。如果一个房地产开发项目用地规模过小，没有土地建设必需的公共设施，或者不能使建成的公共设施获得最大限度的利用，那么扩大土地利用规模就可以通过建设必需的公共设施或增加公共设施的消费者来增加开发的经济效益。以居住小区的开发为例，在附近没有可以共用的公共设施的情况下，如果一个新建的居住小区，没有土地来建设商业、医疗、娱乐等最基本的公共设施，那么小区的住房价格必然会降低，从而影响开发的经济效益。同样，如果虽然在小区内建设了商业、医疗、娱乐等最基本的公共设施，但是因为小区规模过小，提供服务的收益不能维持公共设施自身的正常运转，那么就会因为公共设施投资和维持费用的分摊成本过高而影响开发的经济效益。

因此，在房地产开发中，存在一个能够满足开发项目功能发挥所需的基本公共设施建设的要求，并使得基本公共设施得以充分利用的最低的合理用地规模。以居住小区开发为例，其合理用地规模主要受以下三个方面因素的制约。

（1）所设置的居住区级商业、文化娱乐、医疗公共设施的经济性和合理的服务半径。所谓合理的服务半径，是指居住区内居民到达居住区公共服务设施的最大步行距离，一般为800～1000米，在地形起伏大的地区还应适当减少。

（2）城市道路交通方面的条件。为了适应现代城市交通发展的需要，城市干道的合理间距一般应在700～1000米，因而城市干道所包围的用地往往是决定居住区用地规模的一个重要条件。

（3）居民社区活动和管理方面的影响。居民在居住区里不仅仅是一个居住的问题，还要满足他们参加社区文化生活、得到社区服务、接受社区行政管理的要求，这要求居住区的用地规模应该与最基层的社区管理机构的管理能力相适应。

此外，开发土地规模的扩大，使新的或者更好的公共设施的建设成为可能，从而增加开发项目的价值，也可以提高开发的经济效益。例如，一个居住小区原本因为开发用地规模小，不可能建设学校这样的公共设施。现在用地规模扩大了，可以建设学校，这就极大地方便了小区的居民，市民愿意以更高的价格购买该小区房产，因此小区的房产随着便利程度的提高而增值。

（二）房地产开发过程中的外部性与土地规模利用

由于房地产具有区位上的差异、与特定土地固定相连、一旦建成无法移动等特点，房地产开发必须与整个城市形态的规划、设计、城市改造及城市基本建设相结合，由此决定了房地产开发过程中存在着外部性。房地产开发项目可以通过扩大土地利用规模使许多外部性问题"内部化"，从而提高房地产开发的经济效益。

（1）外部经济"内部化"带来的经济效益。城市公园、商业街、大型医院、学校等公共设施附近的房地产项目，常常因为这种邻接关系而获得外部经济效益，其房地产因此而升值。一些房地产项目的开发用地规模扩大到能够将一部分土地用于建设小区公园、商业区、医院、学校等公共设施，或者房地产开发将原有的公共设施纳入改造建设项目，则原来不属于开发商的这部分外部经济，自然就成为房地产开发的内部经济而提高了开发商的经济效益。

（2）外部不经济"内部化"带来的经济效益。城市交通拥挤、环境污染、影响周围建筑物的采光、日照等因素，势必使得开发项目及其周围地区的房地产贬值，使得整个地区的价值档次下降，导致房地产开发的外部不经济。增加土地开发规模，由于可以合理规划利用土地、降低拥挤程度、减轻环境污染，从而改善开发项目及其周围区域的环境品位，使开发项目的房地产增值，提高开发的经济效益。在一些因为外部性的存在使得单独开发的效益很低的旧城区，把本来独立的棚户、破落住宅和工厂圈定在同一个改造区内进行大规模的综合开发，更是一个通过外部性问题的"内部化"实现规模经济效益的行之有效的方法。

房地产的价值不仅取决于其建筑结构状况，也取决于邻近房地产的状况。在城市旧区中，如果周围的环境不利于房地产价值增值，那么房主单独地采取建造、改善或修理房屋也将得不到合理的市场报酬。为了打破这种恶性循环，必须采取集体行动，通过扩大开发规模使外部性问题"内部化"。政府的措施是确定特定的城市区为"被改造旧区"，进行整个城市旧区的综合改造和开发。有了较高的经济效益，就可以把具体的综合改造和开发交由一个大型开发企业来执行，政府自然也就不必为旧区改造进行巨大的财政投入了。

（三）商业与住宅地产的规模利用

1. 商业地产的规模利用

商业是城市主要的经济活动之一，它除了强势竞争城市最佳区位的土地空间，还需要密集布局以获得高度集聚的经济效益。现代城市的快速扩张和规模经济的普遍存在，使城市商业经济不仅需要高度集聚，也需要高度专业化、综合化，他们无一例外地集中了大量商业活动而成为大规模商业区域。第一，高度专业化的商业活动，其设施为专业市场而建设，占地规模大、影响力强，多位于城市外围的交通主干线沿线，形成专业商品批发或零售市场；第二，消费的多样性促使大规模商业投资在城市繁华地段建设大型商业综合体，在商业综合体内，其通过为消费者完善的商业服务提升了竞争力，因此能够提高该商业用地的土地利用效益。

2. 住宅地产的规模利用

住宅是城市内分布最为广泛的建筑设施，它必须与其他城市功能设施配合使用，才能发挥其应有的价值。现代城市的住宅建筑种类繁多，不同类住宅地产的适度规模效益是不同的。一般高档住宅区域的住房密度小，公共服务、商业服务以高消费、高质量的服务内容为主；中低档住宅区域则住房密度大，公共服务、商业服务以中低端消费、一般质量水平的服务内容为主；休闲度假类住宅地产，则大多附加休闲主题，以独特的休闲主题吸引外来的短期入住消费者，故这类地产的一部分被用于建设能够体现其休闲主题公共服务与商业服务设施，服务质量水平根据消费市场的需求而变化。

三、城市增长边界对城市土地规模利用的影响

城市增长边界（urban growth boundary，UGB），是为了遏制城市蔓延，由美国首先采用的一种城市用地管理政策工具，其概念最早在 1976 年由美国的塞勒姆市（Salem）提出，是指"城市土地和农村土地之间的分界线"。

城市增长边界受诸多因素影响：不同的国家、不同的地区因其自然与社会经济条件的差异，在划定城市增长边界时所面对的主导因子是不同的。随着社会经济发展和科学技术水平的提高，社会对城市建设的需求在逐步增加，城市用地扩张压力增大；城市建设技术水平的提高，又会促使一些难利用的土地可以纳入到城市建设中，故城市增长的边界有向外延展的趋势。为了城市的可持续发展，城市增长边界必须相对稳定在为保护生态设置的禁止建设区外。

城市增长边界是城市在区域发展中实现其功能的体现，城市具有哪一层次的功能，相应的应该有对应于同等层次的适宜的发展空间。即，如果一座城市属于大区域的中心城市，该城市应具备地方级和大区级的多层次功能，其内部包含多层级的城市化空间范围。科学划定城市增长边界，能够合理界定城市空间扩展的范围，不仅使城市发展规模能够在可预

期、可调控的范围内处于相对稳定的状态，而且使城市建设者能够主动地探索土地与资本、劳动力等多种经济要素的最优组合，实现城市经济效益的最优化；能够还城市规划区范围以本来的面目，解决"规划区范围"划定不科学、不实用、缺乏操作性的实际问题。美国波特兰市的实践证明，划定城市增长边界可以显著控制城市的无序蔓延，增加城市土地的资产价值，提高了城市土地和公共设施的集约利用水平。

划定城市增长边界的目的是为了科学界定城市的空间范围，使其能够阻止城市无序蔓延至周围的农村，以解决城市土地低效率利用和农村土地被加速占用的双重问题。划定城市增长边界其实质是限定城市用地空间范围，而不是限制城市经济增长和人口增长，因此在城市持续发展过程中，地均 GDP 和人口密度必然持续提高，从而在城市用地规模不再过快增大的同时，显著提高土地集约利用水平。

划定城市增长边界应根据城镇化发展进程对城市用地需求的预期和城市所处区域的生态环境承载力，综合现有多项规划的分区方案划定。一般可依据有经验的专业人士进行现场划定，也可以采用多因子综合评价法、模糊综合评价法、元胞自动机模型分析法、情景分析法、增长与限制因子分析法等进行边界划定。

划定城市增长边界对城市用地规模进行控制，并不是要限制城市经济主体的规模经营，实质是限制城市经济主体对土地的粗放经营，它迫使经营者充分利用有限的土地资源，发展更具有经济效益的产业，实现在土地利用规模不增加的前提下的经济发展。

划定城市增长边界明确了城市郊区农业用地的预期用途，使未划入城市扩张范围的农业用地减少了转为非农业用地的机会，这对于农业经营者来说，则可以更加稳定地投入资本与劳动力来保持和提高农业用地的生产力水平，促进城市郊区农业的规模经营及对农业用地的集约利用。

复习思考题

1. 说明土地规模利用的内涵和影响因素。
2. 阐述实施农业用地规模利用的原因。
3. 说明如何确定农业用地的适度经营规模。
4. 总结农业用地适度规模经营的组织形式。
5. 解释适度城市规模的内涵，并说明如何确定适度城市规模。
6. 分析城市土地规模利用的基本原理。
7. 阐述划定城市增长边界的意义和作用。

参 考 文 献

毕宝德. 2016. 土地经济学 [M]. 7 版. 北京：中国人民大学出版社：1.

国家统计局. 2016. 中国统计年鉴 [M]. 北京：中国统计出版社.

黄凌翔，郝建民，卢静. 2016. 农村土地规模化经营的模式、困境与路径 [J]. 地域研究与开发，（05）：138-142.

姜爱林，陈海秋. 2007. 中国农村土地股份合作制发展模式 [J]. 吉林农业，（04）：8-9.

罗鉴宇. 1998. 土地适度规模经营——浙江的实践与启示 [M]. 杭州：浙江人民出版社：13-14.

牛新宇. 2016. 农村土地信托流转的运行机制与模式研究——以浙江省绍兴为例[J]. 经济研究导刊,（15）：34-35，64.

王洪芬，刘锡明.1995. 城市规划与管理 [M]. 北京：经济日报出版社：144-145.

王小鲁.2015. 城市规模不是越大越好 [J]. 中国房地产业，（Z1）：74-77.

王小鲁，夏小林.1999. 优化城市规模推动经济增长 [J]. 经济研究，（09）：22-29.

张备．2012. 论我国农业规模化经营的法律保障 [J]. 农业经济，（5）：24-25.

张润朋，周春山.2010. 美国城市增长边界研究进展与述评 [J]. 规划师，（11）：89-96.

周诚．1989. 关于农业规模经营的几个问题 [C] //农业规模经营研究文集. 北京：科学技术文献出版社：181-182.

周诚.2003. 土地经济学原理 [M]. 北京：商务印书馆：146-149.

第十二章　城市土地利用的区位原理

> 【本章内容要点】本章着重分析城市体系中不同等级城市的土地利用结构；阐述城市土地利用区位理论与土地利用形态；分析城市各个不同功能分区的土地利用区位变化及其影响因素。

第一节　城市体系与土地利用结构

一、现代城市体系的形成

（一）现代城市体系的含义

　　城市体系是在一定区域范围内，以中心城市为核心，各种不同性质、规模和类型的城市相互联系、相互作用的城市群体组织，是一定地域范围内，相互关联、起各种职能作用的不同等级城镇的空间布局总况。现代城市体系是指在现代工业化、信息化深入发展，非农产业和人口大规模集聚，城市间经济联系日益广泛而紧密的时代背景下，形成的具有复杂产业联系、区际联系，等级层次清晰、分工协作的城市群体系统。现代城市体系是历史的过程，是社会经济长期发展的必然结果，是区域发展中人口逐渐向城市集聚的结果，是城市产业布局趋向合理化的结果。现代城市体系是经济发展的过程，经济发展对效率的追求是现代城市体系形成的根本动力。现代城市体系是空间的过程，区域间社会经济要素流动、扩散与聚集最终形成相对稳定的城市空间结构。

（二）现代城市体系的特征

　　现代城市体系具有规模庞大、结构复杂、用地紧凑、经济活跃的特征。

1. 现代城市体系规模庞大

　　工业革命以后，世界城市规模增长加速，大量城市进入 100 万人口规模级别，且城市人口上限不断刷新，19 世纪伦敦突破 500 万人规模，20 世纪 60 年代，伦敦、纽约、东京突破 1000 万人口规模，进入 21 世纪，人口规模超过 1000 万人的超大城市已超过 20 个[①]，最大规模的东京-横滨大都市区达到 3000 万人以上。随着城市间经济联系日趋紧密，出现超巨型城市群或大都市连绵区。例如，美国东海岸、五大湖和西海岸三大典型都市连绵区；中国的环渤海、长江三角洲和珠江三角洲正在形成具有全球影响力的大都市连绵区（带）。长江经济带是中国最为重要的大都市连绵区，区域内包括一批创新引领示范作用显著、产业体系完整的城市群（长三角城市群、长株潭城市群、武汉城市群、成渝城市群等）。

---

　　① 根据 2016 世界城市人口报告，全球超过 1000 万人口的超大城市有 36 个，包括中国的上海、北京、广州、深圳、天津和成都。报告对城区（urban area）的定义更接近于都市圈的概念。

2. 现代城市体系结构复杂

现代城市的结构复杂性主要体现为：大量新兴的二、三产业使现代经济活动类型结构复杂，大量人口聚集到城市使其人口社会结构复杂，与经济活动和社会活动的复杂性相适应形成复杂的城市土地利用结构。同时，城市之间通过复杂而密切的联系将众多城市联结为整体，使城市体系的结构更加复杂。

3. 现代城市体系用地紧凑

现代城市建设采用全新科学技术，建筑容积率大幅度提高，因而可以在同等面积土地上集聚更大规模、更多数量的经济活动和更多的人口，从而形成更加紧凑的用地格局。高度集聚的城市经济和人口又反过来对更大区域产生影响，促使人口与经济进一步向城市集聚，从而扩大城市规模，强化用地紧凑布局。

4. 现代城市体系经济活跃

现代城市是区域社会生产力的核心，它通过不断创新生产技术来提高对区域发展的影响力。城市不仅仅是集聚了区域的多种多样的经济活动，还通过科技创新提升工业制造能力，促进服务业技术变革，从而使城市二、三产业具有更强的市场竞争力和区域影响力，使城市成为区域内经济活动最为活跃的部分。

二、城市土地利用的特性及其意义

（一）城市土地利用的特性

城市土地利用特性是相对于农业土地利用而言的。具体说，城市土地利用的特性主要表现在以下几个方面。

1. 区位在城市土地利用中的特殊重要性

城市土地的区位差异会形成较大的级差收益，直接影响产业的经营。对工业企业而言，交通便利与否会对制成品的生产成本与销售价格产生重要影响，因而直接影响其纯收益。对商业企业而言，是否接近人口密集区域，交通是否便利，会直接影响商品销售额，从而影响其商业利润。对于住宅用地而言，其位置是否适宜居住直接影响居民工作生活的方便程度及其健康水平，从而影响劳动力的使用成本。

2. 土地用途的复杂性

相对于农村经济而言，城市经济是一个更为复杂的、庞大的经济体系，存在高度发达的分工和专业化协作，生产社会化程度更高，这就使得城市土地利用方式更为多样，土地利用结构更加复杂，利用途径更加广泛。

3. 土地利用面积对城市经济活动具有较小的限制作用

与农业土地利用不同，在城市土地利用中，单位面积土地可以吸收巨大的投资，从而形成高度集约的土地利用模式。城市土地利用技术发展迅猛，使劳动、资金的利用集约度所受限制减小，更多的经济活动可以高度集聚到狭小的土地空间范围，因而在考察经济活动布局因素时，一般不受土地面积大小制约。

4. 交通用地的重要性更为显著

就一座城市而言，其内部交通运输的畅通性，直接影响城市总体功能的发挥。整个城市的社会经济文化生活，是一个流动性极强的有机整体，交通事业十分发达的城市，人流、物流、信息流畅通，城市发展就极具活力。因此，城市建设中对交通用地的安排极其关键。

5. 改变土地用途要付出巨大代价

按照某种用途进行土地投资，一旦固定在土地上，其具体的使用价值得以体现，其利用方式便已确定下来。若要加以改变，十分费时费力，要付出巨大的代价。土地投资与使用价值一般呈正相关，因此土地投资量越大，改变其使用价值的表现形态-利用方式的困难性也就越大，远不如农业中改变农作物的种植种类来得容易。

（二）土地利用在城市建设中的作用

城市土地是指城市经济圈中用于非农业用途的土地。城市经济是由工业、商业、服务业、交通运输、教育卫生、文化科技等经济系统组成的多层次的经济大系统。在城市经济大系统中，土地扮演着重要的角色，起着多方面的作用。

（1）土地是城市各种经济活动与居民生活的基本空间。城市中的各项经济活动必定是在土地空间中运行的。也是居民衣食住行的基本保障，教育、文化、卫生、商业和居民住宅等要占据城市土地相当大的比例。

（2）城市土地是国民经济宏观大系统中各个地域分系统的中心，同时也是影响其周围经济区的辐射源。城市发展对城市土地利用提出较高的要求，合理、有效利用城市土地，协调好各业用地的关系，不仅有利于城市经济的发展，也会带动和促进周围农村地区的发展。处理好各业用地和城乡用地的矛盾，对于整个国民经济的发展十分重要。

（3）城市土地用途竞争，体现了地租分布的空间规律，也实现了城市产业的升级与城市功能在空间上的重构。市场竞争机制决定了具有更高经济效率的城市经济活动能够竞买到最佳区位的土地，故市场竞争的结果是经过市场的优胜劣汰，在城市最佳区位必然集聚最具有经济效率的城市经济活动，城市地租随土地区位和经济活动效率差异而出现空间分异规律。

（4）交通用地是发挥城市承接及转运功能的基础。城市一般都是交通枢纽，在整个交通网络中，城市交通用地的规模一般与交通枢纽的地位是对应的，城市承接及转运功能的发挥，需要足够的交通用地来保障。

（5）土地利用结构与布局是否合理，能反映出城市生态是否良好。在城市土地上进行的一切经济活动，都在城市生态经济链上相互联结、相互影响，因此城市土地利用必须遵循生态经济规律。合理城市土地利用结构与布局，就为城市建立良好生态系统创造了基本的前提条件。

三、不同等级城市的土地利用结构

城市土地利用结构是城市经济活动的必然要求，城市规模越大，其经济活动影响范围越广，高级经济活动的占地比例越高，各类用地的专业化分工需求越旺盛，土地利用功能分区越显著。

（一）中小规模城市土地利用结构

小城市（含小城镇）人口规模小，因而城市市场规模小，对城市产品、城市功能服务的需求远不及大城市旺盛，因此城市的各类产品与服务的供应量小，难以实现规模效益。同时，小规模的城市服务对土地的需求量也小，不需要大规模城市用地建设专业的服务功能区，因此城市功能分区不明显。例如，小城市一般只有一个商业中心，这个商业中心提供了全市绝大部分的商业服务，商品供应种类多、布局随机，其间还间杂布局城市市政服务、公共服务类单位和城市住宅单元。

中等规模的城市有一定规模的市场需求，城市功能服务能够达到一定规模，一些基本服务开始向专业化、规模化方向发展，出现基本的功能分区。中等城市的商业中心，更显著的出现较大规模商场、专业商业街区，占地较大的城市市政、公共服务设施退出到城市的外围，例如，市政府一般会迁到城市新区。

中小城市是区域城市发展的基础，是区域发展和大城市发展中相互衔接的中介。中小城市是远离大城市区域获得地方城市功能服务的中心，补充大城市功能服务的不足。中小城市吸取大城市发展的经验教训，随着发展规模的扩大，城市规划的地位更加重要，中小城市也必须充分重视土地的分区利用。即，中小城市的发展规划，要以土地利用的区位原理为基础，在分析土地利用区位效益的基础上，从微观角度安排好各业用地；在分析研究城市各功能区之间关系的基础上，从宏观角度规划好功能区的空间组合。中小城市的发展规划，还需要充分研究各中小城市的形成过程特点与定位，分析城市在区域城市体系中的地位，并根据不同的形成过程及其城市定位，确定与其相适应的合理规划。

（二）大城市土地利用结构

大城市是较大范围的区域发展中心，向区域提供更多的高级经济服务功能，服务的人口多、市场规模大。因此大城市可以提供规模化、专业化的服务功能，形成明显的专业化功能分区。这些专业化功能区除了商业区、工业区、住宅区外，还有教育科研园区、物流园区等。

尽管中国长期实施"严格控制大城市规模、合理发展中等城市和小城市"的城市发展总体方针，但是许多大城市是区域发展的中心，区域人口因大城市的经济优势而向大城市集聚，城市规模持续扩大已无法阻挡，并产生了人口拥挤、交通拥堵、住房紧张、环境恶化等"城市病"。因此探讨怎样优化大城市土地利用结构，消除城市病，发挥大城市应具有的规模经济"大效益"，是大城市发展必须重视的问题。

一般来讲，伴随城市规模的迅速扩大，人流物流急剧增加，城市各公用设施不堪重负，这种情况在城市中心商业区尤其严重。在 20 世纪中国许多大城市及特大城市中，由于土地分区利用不尽合理，交通堵塞现象十分严重。改善交通网络的呼声日渐高涨，大城市需要付出高昂的代价来解决交通问题。因此，在微观区位利用不合理的情况下，要求我们首先从城市土地利用的区位调整入手，借鉴西方城市布局原理，优化城市空间各项用地，特别是各功能区占地的组合关系。

具体来说，可借鉴西方多中心城市布局设想的思维方法，在调整企业土地利用的基础上，逐步调整各功能区的结构组合关系，然后再依功能区组合把大城市或特大城市划分为几个大区，在每个大区内，根据人口发展趋势逐步建设一些能对中心商业区起分流作用的商业、服务业等，形成城市次中心，对城市基本服务进行分流疏导，以缓解中心商业区的交通压力，同时在各大区之间组织好相应的交通网络，引导城市交通向有序化方向发展。

（三）超级大城市土地利用结构

超大规模城市的庞大市场足以支持城市高级服务功能（如国际金融服务），形成专业化功能区，足以形成具有广泛影响力的中心商务区。同时中低级城市服务功能体系更加复杂，必须分片区建设多个服务基地来实现。例如，垃圾处理、供水、供电都将布局多个基地来完成。一些需要高度集聚的功能（如商业活动）则必然在各个片区的中心地带集聚而形成该超级大城市的次中心。城市功能的这种空间布局需求，促进了超级大城市在土地利用上的结构调整。

总之，城市规模等级不同，其城市功能与空间结构也不同，相应的土地利用结构不同，并产生不同的规模效益。一般而言，随着城市规模的增大，城市的各类功能逐步分化而趋向于形成强大的城市功能区，通过专业化的城市服务取得更高的效益。但当城市规模扩张到超过某些城市功能服务能力的上限，则该城市功能将在城市内多个区域形成并提供城市服务，城市功能分区、城市组团等新的结构形态陆续出现（表 12-1）。例如，一般的中小城市仅有一个县级区政府，当城市规模达到 50 万人以上时，城市将陆续划分出多个县级区，并设置多个区政府。

表 12-1　不同规模等级的城市功能及其用地结构

城市类型	主要城市功能	城市用地结构
小城市	小区域政治、交通、商业中心，城市功能分区不明	有明确的城市中心，但中心用地类型多元、规模小，其他用地在中心区基础上延展
中等城市	中等区域政治、交通、经济、文化中心	城市中心的用地目标更加明晰，开始出现少量的专业化功能区，如某专业工业区、旅游区、仓储区等
大城市	省级区域政治、交通、经济、文化中心	除了明确的城市中心外，开始出现次中心，城市功能分区增多，专业化的土地利用地块面积增大
超级大城市	国家区域和国际区域的政治、交通、经济、文化中心	城市功能分区进一步发展为具有较完整城市服务功能的城市组团，除了少数高级服务功能外，大多数城市基本服务功能均在各组团有发展并提供完善的服务

专栏 12-1　中国城市规模分类

2014 年 10 月，《国务院关于调整城市规模划分标准的通知》（〔2014〕51 号）对城市规模划分标准进行了调整：以城区常住人口为统计口径，将城市划分为五类七档。城区常住人口 50 万以下的城市为小城市，其中 20 万以上 50 万以下的城市为 I 型小城市，20 万以下的城市为 II 型小城市；城区常住人口 50 万以上 100 万以下的城市为中等城市；城区常住人口 100 万以上 500 万以下的城市为大城市，其中 300 万以上 500 万以下的城市为 I 型大城市，100 万以上 300 万以下的城市为 II 型大城市；城区常住人口 500 万以上 1000 万以下的城市为特大城市；城区常住人口 1000 万以上的城市为超大城市（表 12-2）。

表 12-2　城市规模划分标准人口土地对照分析表

| 常住人口/万人 | >1 000 | 500～1 000 | 100～500 | | 50～100 | <50 | |
			300～500	100～300		20～50	<20
城市面积/平方千米	>7 000	2 000～7 000	4 000～7 000	2 000～4 000	100～2 000	10～100	<10
城市类型	超大城市	特大城市	I 型大城市	II 型大城市	中等城市	I 型小城市	II 型小城市
档次	1	2	3	4	5	6	7
城市数量	14	74	86	105	12	4	2

常住人口/万人	>1000	500~1000	100~500		50~100	<50	
			300~500	100~300		20~50	<20
代表城市	北京 天津 上海 广州 深圳 重庆 苏州 成都 武汉 哈尔滨	西安 南京 温州 杭州 青岛 长沙 佛山 大连 宁波 郑州	衡水 太原 长春 嘉兴 宜昌 惠州 贵阳 淮安 株洲 廊坊	延安 珠海 厦门 湖州 日照 莆田 曲靖 宁德 银川 呼伦贝尔	七台河 吐鲁番 昌都 乌海 石嘴山 三亚 儋州 哈密 拉萨 铜川	嘉峪关 金昌 克拉玛依 山南	三沙 林芝

数据来源：2016 中国城市 GDP:297 个地级以上城市 GDP 排行榜-国内财经-至诚财经网 http://www.zhicheng.com/n/20170203/120903_5.html

第二节　区位理论与城市土地利用形态

一、区位理论概述

（一）区位及区位理论的含义

区位，是地理事物在相互之间关系的综合下而产生的空间位置属性。区位一方面指某事物的位置，另一方面指论事物与其他事物的空间联系。如指某系房地产与其他房地产或事物在空间方位和距离上的关系，除了其地理坐标位置，还包括它与重要场所（如市中心、机场轨道交通站点等）的距离，到达该房地产的便捷性以及该房地产周围的环境景观等。区位理论则是关于地理事物与人类活动的空间分布及其在空间中的相互关系的学说，是指导土地分区利用的基本原理。1987 年比利时经济地理学家蒂斯（J. F. Thisse）认为，区位理论是区域科学的基础，是解决空间经济问题的有力工具。

（二）区位理论的发展

区位理论的产生可以追溯到 19 世纪初，并于 20 世纪得到全面的发展。区位理论的发展可以分为以下几个阶段。

1. 古典区位理论

古典区位理论的代表是德国经济学家杜能的农业区位理论和韦伯的工业区位理论。

1826 年德国农业经济和农业地理学家杜能在其出版的著作《孤立国同农业和国民经济的关系》（后人简称为《孤立国》）中，提出了农业区位理论。继杜能之后，1909 年，韦伯的《论工业的区位》发表，标志着工业区位论的问世。

2. 近代区位理论

近代区位理论始于 20 世纪 30 年代。近代区位理论的代表人物是德国的经济地理学家克里斯塔勒（W. Christaller）和廖什（A. Losch）。20 世纪 30 年代，德国地理学家克里斯塔勒提出了中心地理论，即城市区位论。几年后，德国经济学家廖什从市场区位的角度研究城市问题，提出与克里斯塔勒的城市区位论相似的理论。为与前者相区别，后人将其称为市场区位论。区位理论对城市选址布局、城镇体系构建具有积极的指导作用，在宏观上影响区域土地利用格局。

3. 现代区位理论

20 世纪 50 年代，区位论获得迅速发展。以"区域科学之父"——美国经济学家艾萨德（W. Isard）为代表的新古典区位论的兴起和繁荣标志着现代区位理论的逐渐形成。1956 年和1960 年，艾萨德分别出版了《区位与空间经济》和《区域分析方法》。艾萨德在新古典微观区位论的基础上，利用宏观均衡方法将局部静态均衡的微观区位论动态化、综合化。20 世纪70 年代，结构学派的代表人物英国经济学家玛西（D. Massey）认为，空间作用离不开社会作用，根本不存在纯空间动因、空间规律、空间相互作用。20 世纪 80 年代，斯科特（A. Scott）将交易成本理论引入城市和区域规划领域。20 世纪 90 年代至今，区位理论最突出的成就当属美国经济学家克鲁格曼（P. Krugman）、日本空间经济学家藤田昌久（F. Masahisa）、英国经济学家维纳布尔斯（A. J. Venables）等为代表的新经济地理学家的成果。

现代区位理论的核心观点：①规模经济。最大限度地降低成本、提高效率，并形成相关产业的核心竞争优势。②外部性。先来的企业给后到的企业创造了基础设施、劳动力市场、中间产品、原材料的供应渠道、专业知识的扩散等正面的外部效益（或称正外部性，positive externality）。③向心力和离心力。正外部性产生对相关企业的吸引力（向心力、集中力），使产业集聚地吸引更多相关企业进入。但企业过密、过多，就会产生一系列问题，使产业集群的规模经济效益下降，导致部分企业迁出，体现出产业集聚地的离心力。④区位竞争。地区主体（即有意吸引投资的土地所有人，包括政府机构）积极改善投资环境与潜在对手开展积极的区位竞争，力争本地区成为集聚性投资行为的首选地点，以造福当地人民。

（三）战略区位理论

随着经济活动的空间联系范围扩大，人们对区位的内涵认识也在扩展。强调从宏观、长远的大区位视角，分析探寻城市的战略区位，以战略区位导向引导城市土地集约利用并形成合理的土地利用形态。从全国范围看，当前一带一路沿线、长江经济带，环渤海、长三角、珠三角三大都市连绵区等区域具有战略区位优势，每个大区域内部城市群，如长江经济带的成渝城镇群，成渝两市战略区位优势在相向方向；一般城市的战略区位优势方向指向大城市、中心城市及主干交通干线方向。一个区域的区位首先是战略区位，其次才是不同功能区的区位。

二、城市空间结构理论概述

（一）早期的城市空间结构理论

城市空间结构是影响城市土地利用的关键因素。国外对城市空间结构的研究从 19 世纪早期已经开始，研究范围广泛，跨越了多个学科专业，其中城市规划、区域经济、人文地理和社会学等领域研究居多。20 世纪 20 年代前城市空间结构的研究主要集中在城市理想模式的探讨上。早期西方社会城市空间的道路规划为希波丹姆（Hippodamus）棋盘式框架结构和维特鲁威（Vitruvius）八角形蛛网式城市空间结构形态模式为特征。后来为了解决中心城区过度拥挤的"大城市病"，1882 年马塔（Mata）提出带型城市理论，为城市规划注入了新鲜思维。1898 年英国学者埃比尼泽·霍华德（Ebenezer Howard）在其著作《明日：一条通往真正改革的和平道路》（1902 年更名为《明日的田园城市》中提出了对现代城市建设影响重大的"田园城市"思想，建议围绕大城市建设分散、独立、自足的田园城市。1903 年赫德（R. M. Hurd）发表了"城市土地价值原理"，将城市活动的选址与土地价值相连，首次建立了城市空间结构经济模型。1920～1950 年研究主要集中在城市内部空间的功能研究和模式探讨上。工业革命使世界经济结构发生重大调整。城市经济重新振兴，城市发展进入工业化阶段，日益恶化的城市环境使人们更加关注城市空间结构的更新和调整。当时美国芝加哥城市社会学派总结出三种典型的城市空间结构模式。1925 年伯吉斯（E. W. Burgess）提出了城市空间结构的同心圆模式，该理论认为城市围绕单一核心，有规则地按照用地功能划分蔓延向外形成若干个同心圆，结果形成中心商务区、过渡带、工人住宅带、中产阶级住宅带、通勤带五个功能圆形地带。1939 年霍伊特（Homer Hoyt）基于对美国多个城市的实证研究提出了城市空间结构的扇形模式，指出同一社会阶层的居民习惯于居住在由道路交通线路形成的扇形居住带中。1945 年哈里斯（C. D. Harris）、厄尔曼（E. L. Ullman）基于对多数城市成长历程的研究，提出了多中心城市空间结构模式，他发现有些城市不是围绕单一的中央商务区（CBD）展开活动，而是在多个中心作用下扩展城市空间活动。

（二）城市空间结构理论的发展

1950～1990 年研究主要集中在定量的动态研究和高科技、人文生态方面的探讨。这一时期空间分析学派的代表人物布莱恩·贝里（Brian J. L. Berry）利用数理统计方法建立了动态的城市空间结构模型，对中心地学说进行了许多实证研究，是城市空间定量研究的转折点。1964 年劳瑞（I. S. Lowry）建立了体现城市人口、就业、交通网络空间相互作用的劳瑞模型。1966 年格瑞（R. A. Grain）应用经济方法修改了劳瑞模型，使其成为广泛应用的城市定量分析模型，结束了只靠简单描述的研究模式。涉及人文生态方面的研究主要有凯文林奇（K. Lynch）城市意象五要素，雅各布斯提出的城市交织功能，麦克哈格提出的自然生态城市、反磁力空间结构理论、多中心功能复合空间结构理论等。新古典主义经济学派主要研究城市土地利用模式与空间布局的关系，代表人物有阿朗索（William Alonso）1964 年在《区位和土地利用——地租的一般理论》一书中采用数学方法提出了竞价曲线，系统完善了城市空间结构模型，1950 年佩鲁（Francois Perroux）提出了增长极理论，一个城市应选定合理地理空间作为增长极，以带动经济发展，它很好地分析了城市与区域的关系，对城市规划的理念起到启发引导作用。20 世纪 90 年代以后研究主要集中在信息化、区域化等领域。一些学者认为城市群、大都市带是城市空间演进的方向和趋势，演化模式体现人类对自然资源的集约利用，并由此提出了世界连绵城市结构理论，代表人物杜克西亚迪斯（Doxiadis）、戈特曼（Gottanman）在此方面进行了深入探讨。穆勒（Muller）通过对日益郊区化的大都市地区的研究，建立了一种新的大都市空间结构模式。随着信息化的深入，卡斯特尔思（M. Castells）提出信息城市理论，指出未来的世界城市就是信息化城市，信息技术使得地理空间大大缩小。肯尼斯·科里（Kenneth E. Corey）提出智能走廊概念，指出由 IT 技术和远程通信技术所推动的城市走廊正在形成。

三、不同区位理论的土地利用形态

（一）同心圆理论的土地利用形态

最初，芝加哥学派代表人物伯吉斯提出的同心圆理论是建立在"人类生态学"的基础上，后来人们为该理论赋予了地租的理论解释。伯吉斯根据 19 世纪 20 年代芝加哥城市化的过程发现城市的空间格局呈现出同心圆的形状。其形成背后的机理主要在于竞争和共生。其形成过程如图 12-1 所示。

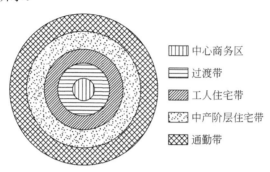

图 12-1 同心圆圈层布局模型

城市化的初期，只有一个圈层，所有的城市功能与不同的社会阶层都聚集在该圈层内。随着人口不断涌入该城市，新增人口逐渐占据了城市的外围而形成第二圈。人口增加导致对生产生活服务功能需求的增加，城市中心区的商业服务功能逐渐增强，形成 CBD，而工业则外迁至第二圈。随着城市人口的不断涌入，居住环境的恶化，中心圈的人口开始依照不同的阶层向外迁出。工人阶层迁至离工厂所在第二圈最近的地区，形成第三圈。土地利用形式为节约集约的公寓式住宅。收入更高的中产阶级为寻找更优的居住环境，向更外围的地方迁移，形成第四圈。土地利用形式为独户住宅、高级公寓和上等旅馆。上层与中上层人士则选择迁往中产阶级的外围，形成通勤带，土地利用形式为独栋别墅，并成为一些小型的卫星城。随着人口向外迁移，最后剩下的是环境恶劣的第二圈，即移民所在的圈层，形成了所谓的唐人街、贫民窟与腐化区。该模型说明了欧美大城市城市化过程中土地利用变化的普遍形式，其机理在于不同收入阶层对优质生活环境的竞争，并形成相互共生的五个圈层。

后来，人们为该模型赋予了地租的解释，指出各个产业付租意愿的不同斜率会导致同心圆的出现。如图 12-2 所示：商业付租意愿在城市中心区最高，并随着离中心区距离递增而下降得最为迅速，其次是住宅，最后为工业。图中三条线（除空地外）付租意愿最高的线段投影至水平面则形成该类型土地利用的圈层。由于现代城市体系发展过

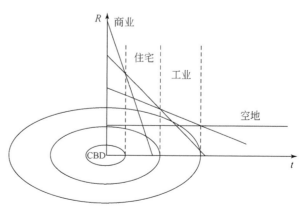

图 12-2 城市土地利用的同心圆模式

程中形成了多中心的组团土地利用模式，因此同心圆的模型不再适宜于解释整座城市，而更适用于对单个组团的地租空间形式进行解释。

（二）扇形理论与土地利用形态

当考虑到城市对外联系的主要交通干线多是由市中心向四周辐射，而且各功能区之间存在着不同程度的吸引与排斥的关系时，就会发现城市的功能区不可能按同心圆成圈层分布，而是按扇形发射分布的。1939年，霍伊特在同心圆的启发下融入交通因素进而提出了城市土地利用的扇形模式（图 12-3）。该模式同样展示了不同收入阶层在对最优环境的竞争下，形成的相互共生的五种土地利用的自然区。其规律可以概括为：中等收入住宅区位于高等收入住宅区的两侧，低收入住宅区位于中等收入住宅区与工业区之间，或位于高收入住宅区的相反方向。即高收入住宅区与低收入住宅区不会相邻为伴，总是隔着中等收入住宅区。

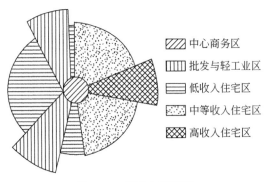

图 12-3　扇形布局模型

（三）多核心理论与土地利用形态

1945 年哈里斯、厄尔曼在同心圆与扇形模式的启发下，进一步提出了城市土地利用的多核心模式（图 12-4）。该模式展示出更贴近于现实状况的土地利用形式。但其原理与同心圆一样，即工人区离工业区最近，中产阶级区将富人区与工人区隔开。由于富人区离市中心较远，通勤不便，故在郊外形成了次级商务区，抑或卫星城。同时，该模式还展示出轻工业区、重工业区与郊外工业区的分布特征。重工业区因污染较大，故远离市中心，而轻工业区则临近市中心。

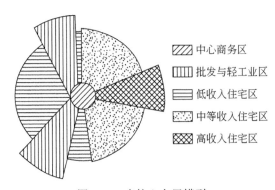

图 12-4　多核心布局模型

（四）田园城市理论与土地利用形态

霍华德设想的田园城市实质上是城市和乡村的结合体（图 12-5），他认为城市的规模必须加以限制，使每户居民都能极为方便地接近乡村自然空间。这一思想对现代城市土地利用规划思想产生了重要影响，特别是在城市密度、空间布局、绿色植被等关键城市用地问题上，具有划时代意义的见解，对后来的"有机疏散理论"、"卫星城镇理论"影响较大。田园城市思想首次提到了城乡一体融合发展的新模式，田园城市应该是兼有城、乡的有利条件而没有两者的不利条件，城市只有和乡村融为一体才能彻底解决严峻复杂的社会环境问题，目前中国一些城市的建设融入了田园城市的发展理念，如成都市。田园城市思想实质是在当时社会背景下西方社会生活的一次革命，它从区域整体的视角将城市土地利用问题分解为城市功能区用地问题，对合理组织城市功能分区、安排各类功能区用地具有指导作用，霍华德也因此成为西方近代具有重要影响的城市规划思想家之一。

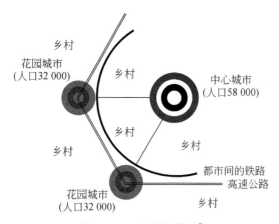

图 12-5　田园城市模型①

（五）紧凑城市开发模式与土地利用

该模式的思想来源于 20 世纪 30 年代城市建设集中论的高密度利用城市土地的观点。其先驱者勒·柯布西耶提出提高城市密度解决城市问题，其后继者简·雅各布斯更是支持高密度的城市造就了城市的多样性，以及丰富多彩的城市生活的观点。中国城市建设界也在不断探索城市发展的紧凑用地模式。董国良于 2006 年提出城市建设的节地模式。该模式将城市空间整体建设在一个架空层上，将城市机动车道路、非机动车道路和人行道路完全隔离在不同层，既提高了道路的利用率，也大幅度提高了交通畅通程度，并更好地解决城市停车难问题，同时使城市用地规模大幅度缩减，市民出行交通使用量显著减少。因此，该节地模式能够使同规模大小的城市交通能耗大幅度下降，人均资源消耗水平明显减少，其第一个实践案例为总面积 78.5 公顷经营性用地的长沙新河三角洲，采用节地发展模式已经获得显著的效益，土地开发强度提高了 40%，相当于节约土地 58.62 公顷。

---

① 根据霍华德《明日的田园城市》绘制。

（六）极核式空间开发模式与土地利用

该模式源于法国经济学家弗朗索瓦·佩鲁提出的增长极理论，认为经济增长是在非均匀空间中的特定增长点或增长极上优先发展起来，并对整个经济空间产生不同的影响；经济发展的主要动力源自创新区域主导产业，这是增长极高创新能力、高关联度和高增长性特征的根本；增长极通过支配效应、连锁效应和乘数效应将创新逐级传递至整个区域，最终实现区域经济的均衡发展。依据极核式空间开发模式，在区域极核地带重点集聚高创新能力、高带动能力的产业，土地高度集约利用，包括两个方面：一是从区域内各个产业、行业来看在区域发展过程中，各个产业、行业的增长是非均衡的，增长的势头往往相对集中在主导产业和创新产业上，然后波及其他产业、行业；二是从空间上看，区域经济在某些城镇优先发展然后向外围扩散，这种集中了主导产业和创新企业的中心地就是区域增长极。城市作为区域的增长极，其土地利用结构应为区域中最有效率的部分，城市土地应优先保证用于创新能力、带动能力强的产业，并在此基础上形成合理的用地结构。

（七）点轴式空间开发模式与土地利用

地理学家陆大道提出点轴开发模式，认为区域成长性产业总是首先集中在少数条件较好的城市或企业的优势区位，呈点状分布。随着经济的发展，这些点及有较好的位置、资源和经济基础条件的交通干线、动力供应线、水供应线沿途，逐步建设成区域重点发展轴，轴线开发与不同等级的中心城市紧密联系形成"点-轴"系统，"点-轴"系统通过扩散效应带动区域整体发展。在1986年编制的《全国国土总体规划纲要》中，提出的"沿海和沿长江T字形一级开发轴线"国土空间开发主体构架，体现了"点-轴"模式的应用。点-轴开发模式的发展焦点在交通线沿线，点和轴线上是区域土地利用效益最高点，是集约利用土地的示范地。区域中具有带动能力、高创新能力的产业集中在点-轴上，点-轴上具有区域中最完善的产业系统，因此土地利用结构最为复杂，也最需要形成有序的用地结构。

（八）Alonso-Mills-Muth 模型与土地利用

阿朗索（Alonso）于1964年将杜能模型应用于城市研究，提出了单中心的城市模型，后来米尔斯（Mills，1972）、穆斯（Muth，1969，1973）发展了阿朗索（1964）的工作，建立了城市经济研究中单中心的 Alonso-Mills-Muth 模型（即 AMM 模型）。

AMM 模型假定：①经济活动是在一个完全均质的大平原上进行的，城市坐落在这个大平原上，它的中心是商品交换的唯一场所；②土地经过自由接触而买卖，没有任何制度限制地面上建筑物的固定特征；③税率在这个城市处处同价，并且地主和土地使用者对市场都有完备的知识和了解；④使用土地的目的各不相同，厂商和农场主选择土地是为了获得最大利润，住户是为满足最大的效用，而地主则是通过出租他们的土地谋取最大的收益。这些假设可以归并为两条：一是完全竞争的假设；二是单一城市单一中心假设。一个简化的 Alonso-Mills-Muth 模型如下：

设家庭消费两种商品：住房（q）和其他消费品（x）。其他消费品的价格单位化为1；住房租金为 $R(t)$；交通成本为 T 元/千米；与 CBD 的距离为 t 千米；家庭收入为 y。

$$\max \mu(x, q)$$
$$\text{s.t. } y = x + Tt + Rq$$

构造拉格朗日函数

$$L=\mu\ (x,\ q)\ +\lambda\ (x+T_t+R_q)$$

一阶条件为

$$\frac{\delta\mu}{\delta x}-\lambda=0$$

$$\frac{\delta\mu}{\delta q}-\lambda R=0$$

整理得

$$\frac{\mu_q}{\mu_x}=R(t)$$

租金水平 $R(t)$ 等于住房的边际替代率，如果租金增加，则消费的住房下降，一种土地用途的阿朗索竞租曲线可以描述如图 12-6 所示。如果出于不同行业的消费者则其竞租曲线为图 12-2，与杜能模型类似，一个基于 CBD 的同心圆结构形成。丁成日（2008）拓展了基本模型，他认为城市增长有两个动力机制，第一是城市化，城市居民的收入增加而导致的城市竞价地租向外平移，如图 12-7 所示的城市地租曲线从 A 移向 B；第二是交通运输的发展，交通运输费用的降低而使城市地租曲线逆时针旋转，即图 12-7 中的 C。

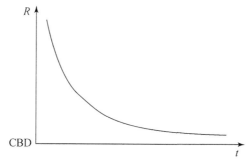

图 12-6　城市竞价地租曲线

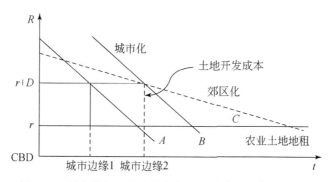

图 12-7　城市化与运输成本的变化而导致竞租曲线的位移

第三节　城市土地利用区位变化及其影响因素

人类的生产和生活水平与土地利用程度密切相关。随着生产力的不断进步和人们生活水平的日益提高，土地的利用程度也必然不断提高。土地利用程度的提高体现为在不同方向上的利用有不同的区位过程。人们总结各类用地区位过程的特点，掌握土地利用区位选择规律，就可以避免盲目利用土地，实现自觉的区位选择。

　　城市形成与发展的经济学解释模式认为，在历史上，生产的发展使得交换日益频繁，逐步形成了固定的交易场所——市场，出现了专营商品交易的商人。这些商人为了经商之便，逐步在市场区内定居下来，由此又吸引附近一些手工业者为节约运输费用，也到市场区来定居并开业生产，于是形成了初具规模的居住、工业、商业区，这就是城市的雏形。这一居住、工业、商业区是以商业为主导行业的，商业的进一步发展，中心商业区的萌芽，吸引了更多的手工业者来此生产和生活，于是在中心商业区周围形成了混合居住区。生产和交换此时都更兴盛，一些富余人员和手工业者寻求更好的居住环境，从混合居住中迁出，形成了独立的居住区，这是城市的一般发展过程。工业的进一步发展，使许多工业企业逐渐游离出商业和混合居住区，形成了独立的近郊工业区。至此，城市内各业用地分化基本上已经完毕，城市内各区职能分异明显，中心商业区职能更为突出。随着郊区工业区的进一步发展，出现了分担中心商业区部分职能的城市副中心，城市的发展走向其成熟形态。城市的形成和发展全过程可用图 12-8 表示。城市产业发展过程也伴随着城市土地利用结构演变的过程。

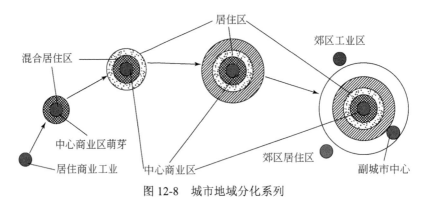

图 12-8　城市地域分化系列

一、城市土地利用的区位变化趋势

（一）向心与离心并存

　　城市社会经济功能复杂多样，各类功能实现过程所需条件不同，按照用地需求空间变化的方向可分为向心型与离心型。向心型城市功能服务具有很高的市场接近需求，需要直接与消费者接触，在人口密集的城市中心区能够获得更大的经济效益，尽快占领市场是这类功能服务布局必须首先考虑的因素，一般是零售商业、休闲娱乐业等服务行业，对应的用地类型是商业服务用地。离心型城市功能服务一般不直接与消费者接触，或者通过某种设施远距离提供城市服务，降低资源利用成本是这类功能服务的首要考虑因素，一般是工业生产、市政服务等。例如，占地较大的工厂，在城市发展中向郊区搬迁、供水供电设施在郊区选址建设等。

（二）分化与综合同在

新的社会经济环境需要城市功能做出相应调整，一些功能需要分化为若干专业功能，一些需要将多样化服务功能集聚以形成规模效应。在经历了传统的以主导产业为核心的工业布局模式后，新技术、信息化将工业布局推进到专业化工业园区布局模式，一个园区甚至一座城市的工业发展转向专业化、规模化，有的城市甚至只完成工业生产过程中的部分环节。城市以专业化工业园区为核心组织土地资源，构建特定的功能区，土地利用结构与工业化时代的用地结构不同。城市商业服务在信息时代逐渐走向个性化和综合化，一方面是城市个体商户努力寻找个性化经营点，众多同类服务的商户集聚布局形成特色商业街区；另一方面，是大型公司整体建设商业综合体，构造集购物、休闲、娱乐于一体的城市空间，形成特殊的综合型城市服务功能区。

（三）短期与长期兼顾

市场经济形势瞬息万变，城市发展进程加速，城市功能区布局更新周期缩短，这些因素影响着城市建设者的抉择，在城市用地规划过程中，必然要对各个区域进行深入分析，确定哪些是长期用于某种功能、哪些是短期用于某种功能的土地。一般而言，城市最基础的公共服务设施是长期运营的，应该在城市内首先确定其空间位置，但不一定占据有利地理位置；而零售商业服务设施的更新周期短，却需要占据有利的地理位置，随着城市扩张，城市有利位置不断改变，商业活动也因此不断改变其布局格局。

（四）创新与传统相辅

城市复杂的服务功能是满足市民多样化需求的根本保障，这其中不仅包括具有现代气息的城市服务，也包括具有复古风味的城市服务，更有将现代与古风相结合的综合型城市服务。对应这些服务功能的实现，城市土地供应必然要兼顾创新与传统的相辅相成。一般在现代化进程深入的城市，更多的是为现代型城市功能配置土地资源，而在保留较多传统文化遗迹的城市，则自然地以传统文化保护为核心配置土地资源，因为传统文化遗迹是不可移动的，新建建筑、新的土地利用方式只能根据遗迹的分布而布局。

二、城市商业用地区位变化及其影响因素

商业是满足人们物质文化生活需要、直接将工业和其他各业产品输送给消费者的服务业，因此，商业用地应符合方便生活的要求，集聚于市中心、交通路口、繁华街道两侧、大型公共设施周围、邻近住宅区。整个城市的生产和生活与商业密切相关，并互相依赖。商业的产生和发展最初是促使城市形成的一个重要动力，城市的形成和发展又进一步推动了商业繁荣。

不同的商业活动具有不同的城市区位选择要求。零售商业因其首要影响因素是直接与消费者接触，故向人口活动密集区集聚是最佳选择；批发商业因其首要影响因素是加速商品流通，从大批量的商品交易中获利，故向交通便利地集聚。城市扩张对商业用地的需求增加，促使商业用地布局格局发生改变，一般可分为两种改变方式：一种是在原商业区域的基础上占用邻近的其他用地，延伸、扩大规模；一种是在城市扩张的新区建设新的商业区，构建小区域的城市功能体系。批发商业的改变一般是在城市原批发商业区不能扩张、功能服务质量

下降、交通变得异常拥堵的条件下，向城市外围的交通枢纽地带搬迁而形成新的批发商业区。

在现代交通运输业快速发展条件下，运输成本的持续下降，促进了大型专业化商业区兴起。大型商业区主要有以下几种类型：一是大宗商品、耐用消费品商业区，如汽车城；二是工农业生产设备供应区，如大型机械设备市场；三是生产物资供应区，如农产品交易市场；四是日常生活消费品批发市场，如小商品交易市场、副食品批发市场、水果批发市场等；五是进口商品供应区，如保税区、保税商品超市等。

商业综合体逐渐成为城市商业发展的新宠。当前经济技术条件下，商业综合体的建设变得更加容易，在投资上有足够的资金支持，在建筑技术上有更先进的设计与工艺基础，在消费需求上有足够多的城市人口为其保障经营利润。超大规模的城市内庞大的消费需求足以支持若干个商业综合体的建设，已建成的商业综合体又反过来成为吸引市民集聚活动的焦点。因此，商业综合体成为影响城市土地利用格局的新因素。

商业活动规模达到足够大时，其影响力足以使其他经济要素改变布局。商业也可以与其他大型产业构建联合体，如商旅联合体、农商联合体、工商联合体、商住联合体等。这些联合体具有了复合的服务功能，满足了不同需求目标的人群，促进了诸如特色小区、特色小镇的建设，使城市建设用地拥有了更加明确的利用目标。

三、城市住宅用地区位变化及其影响因素

（一）城市不同类型住宅的区位要求

城市住宅区不仅讲求方便，而且随着人们生活质量的提高，日益对居住环境提出更高的要求。因此，在城市的形成和发展过程中，城市住宅区最先从工商混合区中独立出来，在交通方便、环境条件相对较好的外围地带建成独立的居住区。城市住宅区是城市内占地面积最大的区域之一。城市住宅区的布局随着市民的需求而变化。随着市民经济收入的逐步提高，市民的住宅需求由简单的居住需求向舒适居住需求转变。工业化时代，低收入条件下的大部分市民的居住需求是尽可能接近上班地点；信息化时代，市民收入提高、交通成本下降，大部分市民的居住需求是尽可能住在适合自己生活需要的小区。城市不同类型的住宅为满足不同生活需求的人群而布局与建设。

（1）高密度居住小区。在城市发展的旧城区，已有的住宅区多为低层建筑，其建筑密度大、交通网络流通性差、休闲绿化设施少，在汽车大量进入普通家庭的时代，这种居住区布局必然存在交通拥堵、生态环境质量下降等问题。现代城市为了解决人口高密度聚集的生态与土地资源压力，大量建设高层住宅建筑，立体化利用土地空间，形成高密度居住区。这类居住区牺牲了一定程度的居住舒适性换取人口的高容量，其土地开发利用强度大，能够且需要布局在城市地价较高、交通便利的区位。一般在旧城边缘或者远离旧城区但交通便利的地方，是布局高密度居住区的最佳地点。

（2）低密度住宅区。城市人口居住分布在收入水平上必然存在分化，即高收入者需要在城市范围寻找更舒适的居住环境。低密度住宅区因其有较大的休闲绿地面积、建筑密度小、楼层低，居住舒适而成为高收入人群的首选。这类居住区不会在用地异常紧缺的市中心布局，只能随着城市扩张和城市交通网络设施的延伸而选择远离市中心区布局。因低密度住宅区的户均占地面积远大于高密度住宅区，故低密度住宅区始终是选择在城市郊区布局，并随着城市范围的扩大而向外推移。

（二）城市住宅区布局的影响因素

影响城市住宅区布局的因素可概括为三类：一类是公共服务设施。文化教育、医疗服务是影响市民居住行为的重要公共设施，邻近优质教育、医疗资源的居住区是市民的首选，优质的城市休闲、娱乐服务、商业服务也能提升居住区的价值。二类是生产服务功能设施，邻近工商业发展区域的住宅能够降低居住与工作的通勤成本。三类是旅游服务设施，为满足市民的度假需求，开发旅游地产，建设度假商品房，形成旅游度假居住区，这类居住区布局区位通常远离市区。

四、城市工业用地区位变化及其影响因素

（一）工业用地的区位变化特点

从城市的形成过程来看，工业并不是促使城市生长的原生动力。但是，从世界范围内由农业社会过渡到工业社会的现实来看，工业却是城市发展的直接推动力，工业发展促进了商业繁荣和城市经济文化水平的提高，从而推动了城市的发展。随着城市地域扩张，城市工业在不断调整其布局区位，总体上是在适当的时候向郊区迁移、向大型货运节点迁移、向地价低廉区集聚。工业用地的区位特点表现如下。

（1）不断向市区边缘迁移。随着城市经济的发展，工业用地逐步分化。一般来说，工业用地与市民的日常生活无直接关系。工业面向的市场范围较为广泛，工业企业往往有一定程度的污染，因而工业用地与城市其他企业用地有一定的互斥力。这样，随着城市基础设施的日益完备及交通条件的逐步改善，工业企业将逐渐游离到城市郊区。

（2）自动集结成团的倾向。工业企业之间一般都有一定的技术经济联系，相互之间为了取得集聚的外部经济效益，它们在游离市中心的同时，技术经济联系较为密切的企业自然集结成团。而且同类企业也有自觉集结成团的趋势。这样，不仅便于统一的服务体系的建立，更有助于相互之间的学习和竞争，从而推动技术改革和技术进步。

（3）寻求交通方便的低平地带。交通方便的低平地带便于设备安装，原材料和制成品的输入输出，从而降低生产成本。

（二）工业区位变化的影响因素

1. 生态环境因素

生态环境因素表现为城市发展对生态保护的需求。工业生产过程中产生不同程度的废弃物、噪声污染，使城市维护生态环境稳定的代价超高，以至于不可持续。工业向郊区搬迁，自然净化能力可以降低城市环境维护成本。

2. 经济因素

经济因素表现为城市地价上涨的利益驱动城市功能区格局调整。原有工业区在城市扩张过程中逐渐成为城市闹市区，土地地价上涨，其土地的商业、房地产业开发价值快速增长至超过工业开发价值，比较利益的驱动使工业向郊区搬迁，完成城市"退二进三"过程。

3. 交通因素

城市对外交通条件改善，运费成本迅速下降。城市建设通过优化交通网络格局、利用新技术、采用快速交通工具等，使城市交通运输成本迅速下降，这使得城市工业能够有更

大的自由度选择布局点。交通站点、仓库等交通运输节点附近是工业布局较为合适的地点。

4. 城市规划因素

现代城市发展更加重视城市规划，在城市规划中安排专门的工业园区用于布局原有工业和新兴工业。

五、城市高技术产业的区位特点及其影响因素

信息产业是现代城市经济体系中具有巨大创新能力的产业，它的出现必然使城市空间、特别是产业空间发生重组，形成新的城市空间要素，其中之一就是高技术中心，代表所有的高技术园区、科学城、科技园区等类似的概念。

创新功能在信息社会中显然是推动城市发展的首要因素，高技术中心就是担负创新功能的城市空间类型，高技术中心是"信息经济的矿山和工厂"。

（一）高技术中心的分类

20 世纪后期经历了技术创新和产业振兴，各国各地区都积极参与这一进程，出现了一批经过精心规划的各种类型的高技术中心，目的是参与全球经济竞争，增强和保持竞争优势。1994 年卡斯特尔恩和霍尔充分考察了世界各地的高技术中心，以各种技术创新环境的经验为根据，将高技术中心分为四种类型。

（1）由在创新环境基础上建立的高技术公司产业综合体组成的高技术中心。这种综合体，把研究与开发和制造联系起来，是新产业空间真正的指挥中心，其中有些完全是最近这些年在全球产业化浪潮中创立起来的，以高新技术公司为特点。这类高技术中心的代表是硅谷和波士顿 128 号公路。

（2）科学城。这些科学城是严格意义上的科学研究综合体，它们和制造业没有地域上的直接联系。建立这些科学城的意图是要通过它们在僻静的科学环境下产生的协同作用达到高超的科研水平。这种高技术中心类型的例子有苏联在西伯利亚建设的阿卡德姆戈洛多克科学城、日本的筑波科学城、韩国的大德科学城，以及日本正在关西地区发展的多核心科学城等。

（3）由政府或与大学有关的部门倡议建立的高技术园区。旨在设法吸引高技术公司到一个特惠地区增加就业机会，促进工业新增长，也具有一定的创新功能。这类高技术中心的例子有中国台湾的新竹、法国的索菲亚-安蒂波里斯和英国的剑桥。所不同的是新竹完全是由地方政府通过严格规划兴建的园区，而索菲亚-安蒂波里斯是混合筹措兴建的园区，剑桥则是由大学倡议兴建起来的园区。

（4）高技术城计划。将整个高技术中心的规划设计作为区域发展与产业分散化的手段进行分析。目前世界上只有日本的"高技术城"计划。

（二）高技术中心的空间构成要素及其用地特征

高技术中心的空间构成要素可以分为创新空间要素和非创新空间要素。两种空间要素相互作用和整合，共同构成高技术中心的"创新环境"。

1. 创新空间要素

创新空间要素是高技术中心的主体空间，是为高技术中心的研发和创新功能提供的场所。

（1）高等院校。几乎所有的高技术中心都有高等院校作为依托，为高技术中心提供研发功能和高素质劳动力。例如，硅谷有斯坦福大学，波士顿 128 号公路有麻省理工学院和哈佛大学，中国台湾的新竹有"台湾清华大学"和交通大学等，北京中关村则汇集了全国最著名最具权威性的高等院校，如清华大学、北京大学等。

（2）科研机构。这些科研机构一般都是由国家和当地政府建立，作为高技术中心发展的基础和依托，如阿卡德姆戈洛多克的苏联科学院西伯利亚分院，中国台湾新竹的工业技术研究院。其中以科学城中科研机构的数量最多，日本筑波科学城有 48 家国家级研究与教育院所。北京中关村有中国科学院等国家级科研院所，另外微软等大公司也在中关村设有研究机构。这类空间是高技术中心的孵化空间。

（3）高技术企业。高技术企业包括高技术生产空间和企业的研发中心，这类空间在技术园区中占有很大比例，是研发和产业相结合的中枢环节，是高技术中心区域再产业化的重要空间。中关村内既有联想控股股份有限公司、北大方正集团有限公司等国内高科技企业，也有 IBM、英特尔、宝洁公司（P&G）、NEC、富士通株式会社、思科系统公司等国外著名高科技企业。

2. 非创新空间要素

高技术中心的非创新空间是为创新空间服务的服务场所和社会生活空间，它一般包括以下几类。

（1）一般服务空间。一般服务空间是指为高技术中心内人员和活动提供商业、交通等一般性服务的设施空间。除日常的商业服务外，还有法律、会计等生产性服务业空间。

（2）交流空间。交流空间指高技术中心内的公共空间，如广场、公园、酒吧等能为研发人员提供交流信息的场所。在一些高技术中心内这样的场所具有很重要的作用，如在硅谷，这样的场所除了有相互交流的作用外，还有缓解工作重压的作用，并形成了高层次研发人员的所谓的"酒吧文化"。

（3）一般性企业。这种企业或者在高技术中心形成以前就存在，或者是没有研发力量的纯粹装配性企业，它与高技术企业的区别在于没有创新力量。

（4）居住空间。居住空间为高技术中心人员提供居住设施。一般情况下，高技术中心的居住空间有分异现象：研发主管、企业主管等高层人士居住在环境优美的小住宅中；中层科技人员和管理人员则住在公寓中；一般工人则住在环境较差的集合住宅或集体宿舍中。

复习思考题

1. 基本概念：现代城市体系、城市土地利用、同心圆理论、扇形理论、多核理论、极核式空间结构、点轴式空间结构、田园城市模型、紧凑城市模型、城市土地利用区位。

2. 试述现代城市体系的特征。

3. 论述城市土地利用的特点。

4. 论述城市土地利用结构与城市规模的关系。

5. 概述城市土地利用相关区位理论的基本观点。

6. 论述城市商业区的区位选择因素。

7. 论述城市住宅业区的区位选择因素。

8. 论述城市工业区的区位选择因素。

9. 论述城市规模与城市土地利用分区的关系。

10. 论述信息化对城市土地利用的影响。

参 考 文 献

埃比尼泽·霍华德. 2000. 明日的田园城市 [M]. 金经元, 译. 北京: 商务印书馆: 75-100.

毕宝德. 2016. 土地经济学 [M]. 7 版. 北京: 中国人民大学出版社.

丁成日. 2008. 城市经济与城市对策 [M]. 北京: 商务印书馆: 38.

董国良. 2006. 节地城市发展模式——JD 模式与可持续发展城市论 [M]. 北京: 中国建筑工业出版社: 9.

樊杰, 刘毅, 陈田, 等. 2013. 优化我国城镇化空间布局的战略重点与创新思路 [J]. 科学院院刊, (1): 20-27.

胡玉敏. 2009. 中国城市增长、效率及其影响因素研究 [D]. 天津: 天津大学博士学位论文.

湖南省国土资源厅. 长沙新河三角洲城市开发建设节约集约用地模式情况介绍. http: //www. gtzy. hunan. gov. cn/gtmh/zxgz/dgl/jyjyyd/201401/t20140102_229591. html.

黄贤金. 2009. 土地经济学 [M]. 北京: 科学出版社.

龙拥军. 2013. 基于主体功能区的重庆市区域统筹发展研究 [D]. 重庆: 西南大学博士学位论文.

马歇尔. 1981. 经济学原理 [M]. 朱志泰, 陈良璧, 译. 北京: 商务印书馆.

曲福田. 2011. 土地经济学 [M]. 北京: 中国农业出版社.

盛朗. 1986. 世界人口城市化进程 [J]. 人口与经济, (6): 52-58.

宋戈. 2004. 中国城镇化过程中土地利用问题研究 [D]. 哈尔滨: 东北农业大学博士学位论文.

苏宁, 屠启宇. 2017. 美国大都市连绵区产业协同模式及启示 [J]. 科学发展, (8) 8: 47-50.

王竞梅. 2015. 上海市城市空间结构演化的研究 [D]. 长春: 吉林大学.

韦亚平, 赵民, 汪劲柏. 2008. 紧凑城市发展与土地利用绩效的测度-"屠能-阿隆索"模型的扩展与应用[J]. 城市规划学刊, 5: 32-40.

吴启焰, 朱喜钢. 2001. 城市空间结构研究的回顾与展望 [J]. 地理学与国土学研究, 17 (2): 46-50.

许学强, 周一星, 宁越敏. 1997. 城市地理学 [M]. 北京: 高等教育出版社: 64.

伊利, 莫尔豪斯. 1982. 土地经济学原理 [M]. 滕维藻, 译. 北京: 商务印书馆.

张志强. 2012. 基于制度影响的大都市郊县城市空间演变研究 [M]. 北京: 中国建筑工业出版社: 9.

Alonso. 1964. Location and Land Use: Toward a General Theory of Land Rent [M]. Cambridge: Harvard University Press.

Burgess, Ernest. 1925. The Growth of The City: An Introduction to a Research Project [M]. Chicago: The University of Chicago Press: 47-62.

Castells M. 1991. The Informational City: Information Technology, Economic Restructuring, and The Urban-Regional Process [M]. UK, Oxford: Blackwell Publishers Ltd: 126-171.

Corey K E. 2000. Intelligent corridors: outcomes of electronic space policies [J]. Journal of Urban Technology, (2): 1-22.

Gottanman J. 1961. Megalopolis: The Urbanized Northeastern Seaboard of the United States [M]. Cambridge: The MIT Press.

Harris C D, Ullman E L. 1945. The nature of the city [J]. The Annals of the American Academy of political and Social Science, CCXLII: 7-17.

Hoyt H. 1939. The Structure and Growth of Residential Neighborhoods in American Cities[M]. Washington DC:

Federal Housing Administration.

Hurd R M. 1903. Principles of City Land Values ［M］. New York：The Record And Guide.

Lowry I S. 1964. A Model of Metropolis ［M］. Santa Monica，Calif. ：Rand Corporation.

Muller P O. 1981. Contemporary Suburban America ［M］. London：Prentice Hall.

第十三章 土地保护的经济分析

【本章内容要点】土地保护的出发点是确保各类土地资源能够得到合理永续利用。土地保护不仅对保护区域具有重大意义，而且还会产生外部效益。对土地保护进行经济分析将有助于正确认识其所产生的价值。本章主要阐述土地保护的概念及内容、土地保护的外部性及其表现、土地保护的区域补偿、耕地非市场价值及其量化。

第一节 土地保护的概念及内容

一、土地保护的概念

广义的土地保护（land protection）是指对已批准的土地利用总体规划所确定的各类土地资源用途、范围、布局，依据国家有关法律、法规、规章、规定，采取行政、经济、法制等手段加以明确，并确保各类土地资源得到合理永续利用的行为或活动。狭义的土地保护指对农业用地（耕地）、生态用地（林地、湿地等）的保护。

土地资源数量的有限性、功能的多样性、位置的固定性等特性决定了人类必须珍惜和合理利用土地资源。但土地保护所指的对象并非所有的土地，而是指与人类生存发展密切相关的、对维持生态系统有重要作用的土地，如耕地、林地、草地等，而对于人类难以开发利用，甚至对经济社会发展产生负面影响的土地，如荒漠、盐碱地等，则需要对其进行改造和整治，使其朝着更有利于人类利用的方向发展。

专栏 13-1 中国土地日与世界土壤日

全国土地日：中国是世界上第一个为保护土地而设立专门纪念日的国家。1986 年 6 月 25 日，第六届全国人民代表大会常务委员会第十六次会议通过并颁布了我国第一部专门调整土地关系的法律——《中华人民共和国土地管理法》。为纪念这一天，1991 年 5 月 24 日国务院第 83 次常务会议决定，从 1991 年起，把每年的 6 月 25 日，即《中华人民共和国土地管理法》颁布的日期确定为全国土地日。"土地日"是由国务院确定的第一个全国性的土地纪念宣传日。

世界土壤日：2013 年 6 月，世界粮农组织大会通过了将每年的 12 月 5 日作为世界土壤日（World Soil Day），以及确定 2015 年为国际土壤年（International Year of Soils 2015 -IYS 2015）的决议，该决议在 2013 年 12 月 20 日的联合国大会上得到了确认，2014 年 12 月 5 日遂成为联合国首个"世界土壤日"。

专栏 13-2　世界各国耕地保护战略

美国是较早推行耕地保护政策的国家，早在 1933 年，美国就把土地保护和农产品价格政策结合起来，补贴休耕土地进行非粮作物种植。为了进一步保护和提高土地质量，美国于 1933 年和 1977 年分别颁布了《土壤保护法》和《土壤和水资源保护法》，并制定了耕地储备计划、土壤保持计划及用地和养地结合计划等一系列计划。目前，美国已经形成包括立法、规划、税收等手段在内的综合性耕地保护措施体系。具体内容包括：①划定农业区，规定所划区内只能进行木材、谷物或其他植物生产；②税收政策，对非农用地，按土地价值和土地收益双重标准征税，而对农地则减收税款，以鼓励和保护土地私有者进行农业生产的积极性；③政府出资购买土地私有者的土地发展权，限制农地的非农化使用；④将农用地划分为保护带和过渡带，只允许土地使用者在过渡带改变农地用途。

英国耕地面积为 608 万公顷，人均耕地面积为 0.1 公顷，其耕地面积所占比重在西欧各国中也是最小的。第二次世界大战以后，英国逐步加强对耕地保护。一方面，以土地立法为根本手段，加强土地管理，促进耕地保护。1947 年英国制定《城乡规划法》规定所有土地的发展权均归国家所有，要求各郡制定出本郡土地 20 年的发展规划，另外，还制定了《新城镇法》《村庄土地法》等十多部与土地有关的法律，形成了较为完整的规划立法体系。另一方面，进行土地调查、分类定级和科学规划工作，严格控制城市建设用地，保护耕地。此外，还开展环保型农业，提高土地质量。

日本人均耕地面积不足世界平均水平的 1/10，耕地资源极其有限。为了保障粮食生产，日本政府首先大力促进土地开发和土地改良，以扩大耕地面积，提高耕地质量，完善粮食生产的外部环境。1949 年，日本政府制定《土地改良法》，建立了国家、县、农协三级组织的土地改良体系。1952 年又制定了《耕地培养法》，鼓励农户多堆肥、施肥，改良土壤结构，改造低洼地和酸性土壤。1969 年制定了《国土利用计划法》，抑制土地的投机买卖，保护农地不被非法占领。

印度大约 3/4 的国土是平缓高原或平原，耕地约占国土面积的 47%。为确保粮食稳步增产，印度政府十分重视对土地资源的保护，采取了很多防治水土流失和沙漠化等方面的措施。例如，因地制宜地将坡地改为梯田，选取优良品种来提高粮食质量；建立防护林以更好地保持水土；建设农田水利，以促进农村地区灌溉面积的增加和灌溉能力的增强，提高灌溉水资源的利用效率。

资料来源：艾维.2014.粮安天下　地为根基——世界各国耕地保护战略 [J].资源导刊，（3）：48-49

二、土地保护的内容

土地是自然、经济、社会的综合体，土地保护是对土地数量、质量、生态"三位一体"的保护[①]。

---

① 2017 年 1 月 9 日发布的《中共中央 国务院关于加强耕地保护和改进占补平衡的意见》指出"坚持最严格的耕地保护制度和最严格的节约用地制度，像保护大熊猫一样保护耕地，着力加强耕地数量、质量、生态'三位一体'保护"。

（一）数量保护

土地资源的数量是土地资源可持续利用的基础性保障，一个国家或地区的土地资源种类及各类土地资源的数量，是区域社会经济发展的基础。一方面，土地资源数量的保护，是对土地资源总量的保存，在中国主要表现为针对农业用地的保护，即通过防止非农业用地的盲目扩张，实现对基本农田的保护。另一方面，土地资源的数量保护则表现为保持土地利用结构的相对稳定，避免某类土地资源变幅过大而对经济社会及生态系统造成过大的影响。当前，由于建设占用较快等原因，中国耕地数量呈逐年减少趋势（图 13-1），需要对其进行特殊保护，主要有四种途径：严格控制耕地转为非耕地；实行耕地占补平衡制度；实行基本农田保护制度；推进综合整治。

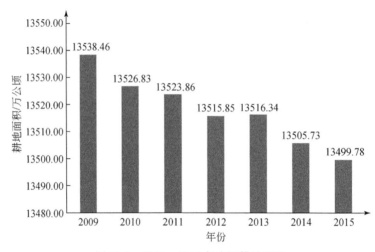

图 13-1　2009～2015 年中国耕地面积

数据来源：中国国土资源公报

专栏 13-3　中国耕地保护目标

"十三五"时期，国土资源工作的两个主要目标：①扣除生态退耕、退地减水（指退减耕地面积，压减用水量，主要在地表水过度利用和地下水超采问题较严重，且农业用水量占总用水量比例较大的地区，如新疆、甘肃、河北等——编者注）等规划期间可减少的耕地，以及东北、西北难以稳定利用的耕地，全国适宜稳定利用的耕地保有量在 18.65 亿亩以上，基本农田保护面积在 15.46 亿亩以上，建设占用耕地在 2000 万亩左右。②完成永久基本农田划定工作，确保耕地数量基本稳定，质量有所提升。与发展改革、农业、财政等部门通力合作，确保建成高标准农田 8 亿亩，力争达到 10 亿亩，土地整治补充耕地 2000 万亩以上。——《国土资源"十三五"规划纲要》（2016 年 4 月颁布）

到 2020 年全国耕地保有量不少于 18.65 亿亩，永久基本农田保护面积不少于 15.46 亿亩，确保建成 8 亿亩、力争建成 10 亿亩高标准农田。——《中共中央 国务院关于加强耕地保护和改进占补平衡的意见》（2017 年 1 月 9 日颁布）

（二）质量保护

土地资源的质量保护通常指对土地资源地力的保护，也就是维护土地的生产潜力和提高土地资源的生产力水平。其主要措施包括对水土流失、沙化、次生盐碱化、贫瘠化的防治，以及高标准基本农田建设等，主要针对农业用地的质量，特别是耕地的质量。

专栏13-4　中国耕地质量等别

根据《2015年全国耕地质量等别更新评价主要数据成果的公告》，全国耕地质量等别调查与评定总面积为13509.74万公顷（202646.14万亩），将全国耕地质量评定为15个等别，1等耕地质量最好，15等最差（表13-1）。其中，7~13等耕地各等别的面积均大于1000万公顷，其总面积占全国耕地评定总面积的78.43%。采用面积加权法，计算得到全国耕地平均质量等别为9.96等，与该均值相比，高于平均质量等别的1~9等耕地占全国耕地评定总面积的39.92%，低于平均质量等别的10~15等耕地占60.08%。若将全国耕地按照1~4等、5~8等、9~12等、13~15等划分为优等地、高等地、中等地和低等地，其中优等地面积为397.38万公顷，占全国耕地评定总面积的2.94%；高等地面积为3584.60万公顷，占全国耕地评定总面积的26.53%；中等地面积为7138.52万公顷，占全国耕地评定总面积的52.84%；低等地面积为2389.25万公顷，占全国耕地评定总面积的17.69%。优等地主要分布在湖北、广东、湖南3个省；高等地主要分布在河南、江苏、山东、湖北、安徽、江西、广西、四川、广东、湖南、河北、浙江12个省（区）；中等地主要分布在黑龙江、吉林、云南、辽宁、四川、新疆、贵州、安徽、河北、山东10个省（区）；低等地主要分布在内蒙古、甘肃、黑龙江、河北、山西、陕西、贵州7个省（区）。

表13-1　中国耕地质量等别面积比例

等别	面积/万公顷	比例/%	等别	面积/万公顷	比例/%
1	48.84	0.36	9	1410.69	10.44
2	59.93	0.44	10	1790.55	13.25
3	115.85	0.86	11	2045.43	15.14
4	172.76	1.28	12	1891.85	14.00
5	366.48	2.71	13	1125.5	8.33
6	886.22	6.56	14	765.63	5.67
7	1143.89	8.47	15	498.12	3.69
8	1188.01	8.79			

注：数据合计数由于单位或小数位取舍而产生的计算误差，均未作机械调整

（三）生态保护

土地的生态保护即保护土地生态系统的原生性和完整性。土地是自然地理要素之间，

及其与环境之间相互联系、相互依存和相互制约所构成的开放的、动态的、有层次的和可反馈的系统。人类对土地资源的不合理开发利用会对土地生态造成负面影响。保护土地生态，不仅是为了保护自然地理生态环境，同时也是为了保护土地产能。土地的生态保护一般是指对农业用地和生态用地的保护。

专栏 13-5　中国的耕地生态环境状况

我国生态环境类型多样，整体比较脆弱，中度以上生态脆弱区域占全国陆地国土空间的 55%，其中极度脆弱区域占 9.7%，重度脆弱区域占 19.8%，中度脆弱区域占 25.5%。——《全国主体功能区规划》（2010 年 12 月）

我国土壤侵蚀总面积 294.91 万平方千米，占普查范围总面积的 31.12%，其中水力侵蚀 129.32 万平方千米、风力侵蚀 165.59 万平方千米。——《第一次全国水利普查水土保持情况公报》（2013 年 5 月）

在我国已调查的 13.86 亿亩耕地中，无污染耕地 12.72 亿亩，占调查耕地总面积的 91.8%，主要分布在苏浙沪区、东北区、京津冀鲁区、西北区、晋豫区和青藏区；重金属-中重度污染或超标的点位比例占 2.5%，覆盖面积 3488 万亩；轻微-轻度污染或超标的点位比例占 5.7%，覆盖面积 7899 万亩。污染或超标耕地主要分布在南方的湘鄂皖赣区、闽粤琼和西南区。东北区、闽粤琼区、西北区和青藏区部分耕地有机碳含量下降趋势明显，东北区耕地有机碳含量下降了 21.9%，闽粤琼区下降 16.0%，青藏区下降 13.3%，西北区下降 10.5%，严重降低了土壤肥力。调查耕地范围内有 29.3%的土壤碱化趋势加剧，pH 上升了 0.64，主要分布在北方地区，造成土壤板结，肥力下降，不利于作物吸收养分；21.6%的耕地酸化严重，pH 降低了 0.85，主要分布在重金属污染问题突出的闽粤琼区和湘鄂皖赣区，酸化不仅降低了耕地质量，同时增加了重金属的活性，加大了耕地生态和地下水质量恶化的风险。——《中国耕地地球化学调查报告（2015 年）》（2015 年 6 月）

第二节　土地保护的外部性

土地是稀缺的自然资源和不可替代的生产要素。作为地球生命支持系统的基本组成单元，土地具有提供粮食、蔬菜等农产品的生产功能与净化空气、涵养水源、保育土壤、调节气候、提供开敞空间等生态服务功能，是人类生存和社会经济可持续发展的基本保证。因此，土地资源在某种程度上是一种具有利益外溢性的公共物品，能够为社会公众带来巨大的外部效益。

专栏 13-6　外部性理论

外部性也称外部成本、外部效应（externality）或溢出效应（spillover effect），是由英国福利经济学家庇古在 20 世纪初首先提出，并由美国新制度经济学家科斯加以丰富和完善的一个重要经济学概念，是指某个经济主体对另一个经济主体产生一种外部影响，而这种外部影响又不能通过市场价格进行买卖。外部性可以分为正外部性（或称外部经济、正外部经济效应）和负外部性（或称外部不经济、负外部经济效应），正外部性是某个经济行为个体的活动使他人或社会受益，而受益者无需花费代价；负外部性是某个经济行为个体的活动使他人或社会受损，而造成负外部性的人却没有为此承担成本。正外部性和负外部性之间存在共存关系。例如，DDT 的发明与使用。1938 年，瑞士化学家米勒发现 DDT 对农业虫害和居家杀虫能够发挥神奇的作用。1942 年开始大量生产并实用化。因此，米勒获得了 1948 年的诺贝尔生理学或医学奖。这时，它所带来的是极大的正外部性。但是，DDT 是一种难降解的有毒化合物，长期使用会在环境及生物体内积累，造成环境污染。长期使用 DDT 的地方，其农产品、水生动物、家畜、家禽体内都有 DDT 残留，进入人体后会积累在肝脏及脂肪组织内，产生慢性中毒。这时，它所带来的却是巨大的外部不经济效应。正因为如此，目前各国都已经禁止这种农药的使用。在经济世界中，外部性是广泛存在的，因而使得外部性成为经济学研究的一个重要范畴。

一、土地保护的主体

人类依赖土地生存，因此，在理论上，任何自然人、法人、机构、组织都可以成为土地保护的主体，主体间只存在直接保护和间接保护的区别，以及保护作用大小的差异。此外，土地保护主体也可以区分为法律意义上的主体和道德意义上的主体。

（一）土地所有者

中国全部土地实行社会主义土地公有制，即全民所有制和劳动群众集体所有制。其内容包括：①土地的全民所有制采取社会主义国家所有的形式，国家代表全体劳动人民占有属于全民的土地，行使占有、使用、收益和处分的权利；②土地的社会主义劳动群众集体所有制，采取农村集体经济组织的农民集体所有的形式，农村集体经济组织代表该组织的全体农民占有属于该组织的农民集体所有的土地，并对该集体所有的土地行使经营权、管理权；③城市市区的土地属于国家所有；④农村和城市郊区的土地，除法律规定属于国家所有的以外，属于农民集体所有［包括村农民集体和乡（镇）农民集体］。根据《国务院关于加强土地调控有关问题的通知》（国发〔2006〕31 号）的规定，中央及各级地方政府和农村集体经济组织，是土地保护的责任主体。

（二）土地使用者

土地使用者即土地使用权人，是指具备法定条件，依照法定程序或约定对国有土地或农民集体土地所享有占有、利用、收益和有限处分的权利人，包括自然人、法人、其他组织等，具体可归纳为国家机关、企事业单位、农民集体和公民个人等。土地使用者是土地保护的直接主体。

（三）其他主体

其他主体是指既不是土地所有者也不是土地使用者，但同样具有保护土地可能性的主体，如城市居民和农村无承包地的农民，他们的经济社会活动同样会对土地造成影响，如主动植树造林等。此外，一些非政府组织（NGO）也可以成为土地保护的主体，进行土地保护宣传、土地保护志愿行动、生态环境保护等。

二、土地保护主体的利益目标差异性

土地保护利益主体目标存在差异性，一是因为土地具有多种价值，不同价值对不同利益主体的重要性不同，不同主体对土地价值的需求程度有差异，整体的土地保护必然涉及不同主体间的利益关系；二是土地所有者与土地使用者的分离。

（一）中央政府

中央政府是国家和全体人民利益的代表者，在土地保护中，中央政府居于把控全局的地位，承担着土地保护的重要责任，并且享受着土地保护的正外部性收益。中央政府保护土地的目标是保障粮食安全、维护社会稳定、保持生态环境多样性、促进经济稳健发展，通过政府干预纠正市场行为，实现政治目标与经济目标、社会目标的完整统一。中央政府通过制定一系列政策法规、实施方案及总体规划，建立土地保护管理体系及对社会参与者进行监督管理，达到充分整合社会资源力量实现社会效益最大化的目标。应该说当前中央政府实行的是积极的耕地保护政策，并且是一种在强势行政体制下的目标管理制度。

（二）地方政府

在土地保护中，中央政府通过委托的方式把土地管理权限和土地保护责任下放到省级地方政府手里，省级地方政府又通过层层委托、分级代理的形式把权限逐级下放，直至县、乡各层级，因此，地方政府是土地保护的代理人。地方政府的土地保护目标包括：①完成中央下达的土地（耕地）保护任务；②实现地区粮食供给充足，保障区域粮食安全；③提高地区经济发展程度。地方政府作为区域社会经济发展的利益主体，一方面肩负着推动经济发展、促进城市基础设施建设和提高人民生活水平的职责和义务；另一方面，地方政府又负有完成上级政府下达的保护耕地任务的责任，需严格执行耕地总量动态平衡政策，因此，地方政府实际上处于一种发展与保护的"两难"境地。

（三）农村集体组织

我国《土地管理法》规定"农民集体所有的土地依法属于村民集体所有，由村集体经济组织或者村民委员会经营、管理；已经分别属于村内两个以上农村集体经济组织的农民集体所有的，由村内各该农村集体经济组织或者村民小组经营、管理；已经属于乡（镇）农民集体所有的，由乡（镇）农村集体经济组织经营、管理。"《土地管理法》强调我国农村土地属于农村集体财产，而且集体经济组织、村民委员会、村民小组、乡（镇）都可以成为耕地的所有者。农村土地产权主体的多元化分散了农村土地所有者保护土地的责任与义务，导致在执行土地保护时，虚化了集体所有者的作用。

（四）农户

土地是农民的生存之本，保护土地也是保护农民自己的财产，农户保护土地的目的是希望通过合理利用土地，获得稳定的经济收入。但农户不会主动增加保护土地的投资，这是因为土地保护属于公共物品建设，农户个人土地保护所带来的收益会被其他社会成员所分享，这种正外部性的存在降低了农民保护土地的积极性，农民更愿意享受土地保护带来的效益而不愿意承担相应的农业基础设施建设和维护的成本，更加关心的是如何在短期内提高生产率、增加收入，于是大量的农业化学品被投入到农业生产中。农户行为的短期性与土地影响的滞后性之间存在明显的矛盾，在缺少外部条件约束和激励时，农户更加重视微观的产出效益，土地保护积极性不高。在面对农地转用的利益激励时，农民便产生不愿保护土地的潜在心理，盼望通过农地的非农化获得利益。

（五）社会团体及公众

社会团体及公众是耕地保护的既得利益者，也是耕地环境保护的社会监督力量，对耕地保护起到间接的影响作用。他们往往从社会整体利益出发，认为个人（当代人）的环境消费不可避免地会损害他人（后代人）利益，因此需要通过建立补偿机制来弥补他人（后人）的损失。目前，中国尚未形成有效的社会力量，社会团体及公众的土地保护意识薄弱、参与土地保护的积极性不高，参与层次较低，尚处于初级阶段。

三、土地保护外部性表现

土地是一种特殊的公共物品，所以它具有公共物品的各种特性，其中最重要的特性是供给的普遍性和消费的非排他性。土地保护的外部性效应是指一个区域的土地保护活动给其他区域带来的非市场性影响，是指国家（或区域）所有自然人（受体）基于土地生态系统服务功能获取（或消费）生态社会效益却无须支付成本的情况。萧景楷认为土地保护的外部效益主要体现在其资源、环境与生态保育功能上，具体包括土地资源的调节洪水、安定河川流量、水源涵养、防止土壤冲蚀、调节微气候、净化水质和大气、地上作物残余物利用、文化、教育与游憩休闲及粮食安全等功能方面。

（一）保障粮食安全

土地保护通过提高土地利用效率，保证合理的土地利用结构，提高土地的产出效益，不仅使农民收入增加，生计更加有保障，社会和谐、稳定发展；同时，在市场要素可以自由流动的前提下，耕地的粮食安全效益具有跨区域性和全国共享性，安全、充分的粮食供应保障使全体社会成员受益，但土地保护的成本却由部分土地使用者所承担。

（二）改善生态环境

土地作为一个巨大的生态系统是所有生物的生命活动场所。一方面，土地资源生态系统通过光合作用固定太阳能，将 CO_2 等物质转化为有机质，增加生物量，同时释放出 O_2，起到净化空气的作用；另一方面，农田生态系统中的物种和田间杂草，可以截流部分降雨，减少体表植被的蒸发，使土壤中多余的水分以重水形式保存在土层中，起到涵养水分的作用。土地保护者对土地做出合理利用所产生的诸多生态效益，并不能避免他人"搭便车"现象的产生，且无法依靠市场机制进行调节。比如说，土地生态系统纳碳吐氧效益，理论上全球都从这一生态服务中获益，但一国或一人并不能阻止其他人从中获益。同时，对于居住在一定区域的居民而言，不管他们是否意识到，也不管他们是否愿意，他们在客观上都享受到了土地生态系统净化空气这一生态服务。

（三）实现土地可持续利用

土地保护对社会稳定乃至子孙后代的生存与发展大计都具有深远的影响。当代人不能以追求经济利益最大化为目的，肆意地占用、滥用、闲置土地资源，而是应该通过各种措施保护土地的数量、质量和生态，实现土地的可持续利用，为后代人留下生存的基础和财富。当代的土地保护者并不能因为为后代人保护土地所承担的成本和损失的经济利益而得到后代人合理的补偿，这也是土地保护外部性的一种表现。

（四）体现游憩和审美价值

土地使用者通过加强对土地的保护，合理安排土地利用结构，可形成一种天然的乡村之美。都市人在乡村休闲的审美过程中，可以享受自然的风光，呼吸清新的空气，体验田间耕作的新鲜与快乐，从而获得一种特有的、超功利的审美体验。但是土地保护使土地所具有的审美和游憩的价值通常是无法货币化的，这同样也转变为土地保护的外部经济。

第三节　土地保护的区域补偿

一、土地保护区域补偿的内涵

土地保护区域补偿是指通过研究各区域在保护土地、确保国家粮食安全、生态安全和社会稳定的责任和义务，从区域间土地保护责任和义务对等角度出发，由部分经济发达、人多地少的地区通过财政转移支付等方式对经济欠发达的、过多承担了土地保护任务的区域进行经济补偿。其目的是协调不同区域的土地保护利益关系，从而达到既能满足社会经济发展对农地非农化的合理需求，又能在总体上最大限度地保护有限的耕地以保障我国的粮食安全，以及最大限度地保护区域生态安全的目标。土地保护区域补偿的实质是承担较少土地保护义务的发达地区对承担较多土地保护任务的欠发达地区进行经济补偿。在我国，土地保护区域补偿通常指耕地保护区域补偿。

土地保护区域补偿工作包括以下几方面：①明确各区域在土地保护中应该承担的责任和义务，这是进行土地保护区域补偿的基础。②了解在一定条件下哪些区域存在土地赤字，哪些区域是土地盈余，从而确定谁是土地保护区域补偿主体，谁是土地保护区域补偿的受偿主体。③制定合理的土地保护区域补偿标准。土地保护区域补偿标准分为补偿价值标准和补偿面积标准两种。补偿价值标准应该在土地外部性价值内在化基础上进行重新界定；补偿面积标准则是在农用地分等理论指导下确定不同区域土地质量与全国平均水平的折算关系。④确定土地保护区域补偿的方式、程序和管理。

专栏 13-7　土地生态保护补偿

土地生态保护补偿是与土地保护区域补偿相似的概念。

到 2020 年，实现森林、草原、湿地、荒漠、海洋、水流、耕地等重点领域和禁止开发区域、重点生态功能区等重要区域生态保护补偿全覆盖，补偿水平与经济社会发展状况相适应，跨地区、跨流域补偿试点示范取得明显进展，多元化补偿机制初步建立，基本建立符合我国国情的生态保护补偿制度体系，促进形成绿色生产方式和生活方式。完善耕地保护补偿制度。建立以绿色生态为导向的农业生态治理补贴制度，对在地下水漏斗区、重金属污染区、生态严重退化地区实施耕地轮作休耕的农民给予资金补助。扩大新一轮退耕还林还草规模，逐步将 25 度以上陡坡地退出基本农田，纳入退耕还林还草补助范围。研究制定鼓励引导农民施用有机肥料和低毒生物农药的补助政策。——《国务院办公厅关于健全生态保护补偿机制的意见》（国办发〔2016〕31 号，2016 年 4 月）

二、土地保护区域补偿的标准测算

土地资源具有经济产出、社会承载和生态服务等功能。因此，土地资源的价值不仅指其直接产出粮食产品的经济价值，还应考虑生态环境价值和社会价值，并将外在的土地价值内在化。

单位面积土地资源价值用数学公式可表示为

$$V = V_c + V_E + V_s \tag{13-1}$$

式中，V 为单位面积土地资源的总价值；V_c 为单位面积土地资源的经济产出价值；V_E 为单位面积土地资源的生态环境价值；V_s 为单位面积土地资源的社会价值。

（一）经济产出价值

土地经济产出价值评估常用的方法有市场比较法、收益还原法、成本逼近法、剩余法、基准地价系数修正法等。由于我国农地市场发育不完善，交易资料严重缺乏，且农地经济价值的高低主要由其收益能力决定，因此收益还原法是当前土地经济产出价值评估的首选方法。

收益还原法又称收益资本化法、地租资本化法等，是指将待估土地未来正常年纯收益（地租），以一定的土地还原利率还原为一定量的资本，从而估算待估土地价格的方法。由于土地具有永续性，因而人们可以期待未来的恒久性土地收益，当把未来若干年延续而不断取得的土地年纯收益以一定的还原利率折现为现在的价值时，它就表现为土地的价格。根据收益还原法公式计算单位面积土地资源的经济产出价值，其计算公式为

$$V_c = a / r \tag{13-2}$$

式中，V_c 为单位面积土地资源的经济产业价值；a 为单位面积土地资源的年净收益（地租）；r 为贴现率。

（二）生态环境价值

土地的生态环境价值是土地作为生态系统的重要组成部分，所具有的生物生长繁衍基地功能的体现。在人类进入工业文明前，人类活动还没有危及生态环境，生态环境对人类的生存和发展也还没有表现出强劲的制约作用，因此，耕地的生态环境价值还没有得到充分体现。随着世界人口的快速增加和工业化、城镇化的快速发展，人类的活动已严重危及所处的生态环境，土地的生态环境作用因此不断凸显。在欧美国家，耕地不仅是农产品生

产基地，还是生态用地和景观用地，受到规划的严格保护。耕地的生态环境价值是全世界普遍存在的价值。耕地资源的生态环境价值包括使用价值和非使用价值两部分，用数学公式表示为

$$V = V_1 + V_2 \tag{13-3}$$

式中，V 为资源的生态环境价值；V_1 为资源的使用价值；V_2 为资源的非使用价值，即存在的价值。

其中，

$$V_1 = \mathrm{DVR} + \mathrm{IVR} + \mathrm{OVR} \tag{13-4}$$

式中，DVR 为资源的直接使用价值；IVR 为资源的间接使用价值；OVR 为资源的选择价值。

（三）社会价值

土地的社会价值主要体现在土地的社会保障价值、国家粮食安全价值、发展权价值。

1. 耕地的社会保障价值

由于城乡二元结构长期存在，国家只为城镇居民提供了社会保障基金，但并没有为农民提供这种保障。农民承包经营集体所有土地，土地就成了农民社会保障的替代物[①]。因此，土地的社会保障价值就是单位面积上所分摊的国家为城镇居民所提供的全部社会保障资金额，用城镇居民养老保险替代土地资源的社会保障价值。其计算公式为

$$V_s = Y_a / A_a \tag{13-5}$$

式中，V_s 为单位土地面积社会保障价值；Y_a 为人均社会保障价值（以平均年龄为 a 时保险趸缴[②]金额代替）；A_a 为人均耕地面积。

其中，Y_a 值计算公式为

$$Y_a = (y_{am} \times b + y_{aw} \times c) \times M_i / M_o \tag{13-6}$$

式中，y_{am} 为 a 年龄男性公民保险费趸缴金额基数；y_{aw} 为 a 年龄女性公民保险费趸缴金额基数；b 为男性人口占总人口的比例；c 为女性人口占总人口的比例；M_i 为农民基本生活费（月保险费领取标准）；M_o 为月保险费基数。

2. 耕地的国家粮食安全价值

世界人口增长、经济发展对土地资源的需求日益增大，各国的耕地资源基本具备作为战略资源的特征。对于耕地的国家粮食安全战略纯收益，可以通过国家占用耕地收取的费用和保护现有耕地所必要的耗费来计算。

$$R = T + C_p \tag{13-7}$$

式中，R 为国家粮食安全战略纯收益；T 为国家对占用耕地收取的年费用；C_p 为国家因保护现有耕地而必要的年支出。

3. 耕地的发展权价值

耕地发展权又称土地发展权或土地开发权，是耕地转为其他最佳用途时的收益增加额，现实中大量发生的是将耕地转为建设用地，因此，也可将发展权狭义地定义为耕地转为建设用地的权利。国家通过土地管制和土地利用规划规定耕地只能种植粮食这一用途，失去

[①] 根据国家统计局 2017 年 2 月 28 日公布的《中华人民共和国 2016 年国民经济和社会发展统计公报》2016 年我国常住人口城镇化率达到 57.35%，但是户籍人口城镇化率只有 41.20%。也就是说，在城镇常住人口中，有 16.15% 是农民。

[②] "趸缴"就是一次性付清所有保费。趸缴与期缴相对应，有些险种如人寿险的保险费是每年按期缴纳。

了改变其土地用途取得更大效益的机会，实际上是限制了耕地的发展。在中国，如果转变用途为建设用地，则以建设用地价值扣除耕地的农业生产资料正常市场价值的差额就是耕地发展权价值。其计算公式为

$$R = R_a - R_b \qquad (13\text{-}8)$$

式中，R 为耕地发展权年纯收益；R_a 为耕地转为建设用地的年纯收益；R_b 为耕地作为农业用途的年纯收益。

三、土地保护区域补偿的保障措施

（一）制度保障

耕地保护区域补偿机制需要制度保障，即通过完善立法，明确规定耕地保护补偿中各相关主体的权利与义务，并依法界定耕地保护补偿主体和对象、补偿资金来源、支付方式和分配使用，以及补偿的监督管理等内容，使补偿的各个环节制度化、法律化。建立健全财政转移支付制度、耕地资源产权制度、耕地资源税费制度、耕地资源价值核算制度、耕地保护补偿绩效考评制度，做到有章可循，严格按制度办事。

1. 财政转移支付制度

财政转移支付是指中央政府统一权衡各级政府的财政收入和支出水平，在考虑各种影响因素的条件下，实现财政收入在各政府间的流动，包括上级政府对下级政府的纵向支付，也包括同级政府间的横向支付。耕地保护区域补偿既涉及耕地赤字区对耕地盈余区的横向转移支付，也涉及在横向支付存在资金缺口或不足时，上级政府对耕地盈余区的纵向支付。财政转移支付关系耕地保护区域补偿政策的落实与成败，是补偿机制的核心环节，建立和完善规范有序的财政转移支付制度能有效保障补偿资金的筹集与支付工作的顺利开展。

2. 耕地资源产权制度

产权不清往往是产生"外部性"和"搭便车"行为的根源，建立补偿制度的目的是为了促使外部性内部化，因此，合理有效的产权制度安排是外部性内部化的前提条件，也是补偿制度建立和运行的基础。完善耕地资源产权制度不仅能保障产权主体的合法权益，激励其积极保护和合理利用耕地，并从中获得应得的利益，同时也能促进资源的合理配置，提高效率，促进经济社会可持续发展。具体到耕地保护区域补偿中，耕地资源产权表现为各区域在耕地保护中的责任公平、权利和义务对等。从区域公平的角度评价，明晰各区域在耕地保护中承担的责任和义务是开展耕地保护区域补偿的出发点和前提条件。此外，完善的耕地资源产权也是区域补偿资金分配的重要依据。

3. 耕地资源税费制度

目前，涉及耕地资源的税费主要包括耕地占用税、新增建设用地土地有偿使用费、耕地开垦费，简称"一税两费"。耕地占用税是国家对占用耕地进行非农建设的行为所征收的一种资源税，自推行以来，在保护耕地资源、积累农业建设资金等方面发挥了重要作用。新增建设用地土地有偿使用费是指国务院或省级人民政府在批准农用地转用、征收土地时，向通过出让等有偿使用方式取得新增建设用地的市、县人民政府收取的平均土地纯收益。耕地开垦费是指按照耕地占用补偿制度占用耕地的单位没有条件开垦或者开垦的耕地不符合要求时，按规定缴纳专款用于开垦新的耕地的费用。"一税两费"中，耕地占用税和上交地方财

政的新增建设用地土地有偿使用费是耕地保护补偿资金的主要来源,因此,应改革和完善耕地资源税费制度。具体措施包括适当提高耕地占用税征收标准,加大征收力度,根据具体情况调整新增建设用地土地有偿使用费在中央和地方的分成比例,规范和扩大耕地资源税费的使用范围,允许将新增建设用地土地有偿使用费用作耕地保护补偿。此外,为充分体现"谁受益,谁补偿"的原则,可在承担耕地保护任务较少的经济发达地区、耕地赤字区开征机会成本税,专项用于补偿承担较重耕地保护责任的经济欠发达地区、耕地盈余区。

4. 耕地资源价值核算制度

农用地价值核算和价格评估是土地管理的重要基础性工作,其目的是为土地流转和征地补偿等提供价值参考标准。当前,我国的农用地价值核算和价格评估工作较为滞后,以至于产生征地补偿标准测算依据不充分等缺陷。补偿标准的测算是耕地保护区域补偿的重要环节和补偿依据,也必然涉及耕地资源价值的核算和价格评估。因此,应完善土地资源的价值核算制度,参照和借鉴城镇建设用地估价制度建立农用地耕地价值核算和价格评估制度,对全国耕地资源的产权及其价值构成进行研究和核算,以此作为耕地保护补偿的依据。

5. 耕地保护补偿绩效考评制度

为保障耕地保护区域补偿机制的有效运行,及时掌握补偿机制的运行效果,应配套建立耕地保护补偿绩效考评制度,定期对耕地保护区域补偿机制的运行效果进行绩效评价,并以此为依据及时调整和完善补偿机制。此外,耕地保护补偿绩效考评制度还应包括对支付补偿资金地区的补偿资金支付情况和对获得补偿资金地区的补偿资金分配及使用情况的审计和监督,并将其纳入对干部实绩考核中。

专栏 13-8 耕地保护补偿机制

国家强调健全耕地保护补偿机制

加强对耕地保护责任主体的补偿激励。积极推进中央和地方各级涉农资金整合,综合考虑耕地保护面积、耕地质量状况、粮食播种面积、粮食产量和粮食商品率,以及耕地保护任务量等因素,统筹安排资金,按照谁保护、谁受益的原则,加大耕地保护补偿力度。鼓励地方统筹安排财政资金,对承担耕地保护任务的农村集体经济组织和农户给予奖补。奖补资金发放要与耕地保护责任落实情况挂钩,主要用于农田基础设施后期管护与修缮、地力培育、耕地保护管理等。

实行跨地区补充耕地的利益调节。在生态条件允许的前提下,支持耕地后备资源丰富的国家重点扶贫地区有序推进土地整治增加耕地,补充耕地指标可对口向省域内经济发达地区调剂,补充耕地指标调剂收益由县级政府通过预算安排用于耕地保护、农业生产和农村经济社会发展。省(自治区、直辖市)政府统筹耕地保护和区域协调发展,支持占用耕地地区在支付补充耕地指标调剂费用基础上,通过实施产业转移、支持基础设施建设等多种方式,对口扶持补充耕地地区,调动补充耕地地区保护耕地的积极性。——《中共中央 国务院关于加强耕地保护和改进占补平衡的意见》(2017 年 1 月 9 日)

广东省耕地保护补充机制

广东在全国率先正式出台基本农田保护经济补偿制度。自 2012 年起，在全省范围内建立和实施基本农田保护经济补偿制度。补贴范围：凡根据新一轮乡（镇）土地利用总体规划划定的基本农田均纳入补贴范围。有条件的地方，可将基本农田范围外的耕地纳入补贴范围。补贴对象：承担基本农田保护任务的农村集体经济组织、国有农场等集体土地所有权单位和国有农用地使用权单位。补贴标准：各地级以上市根据本地区的实际情况，以县（市、区）为单位确定具体补贴标准，并建立相应的调整机制。结合经济发展情况可每 3～5 年调整一次。补贴资金筹集：基本农田补贴资金可在各地级以上市、县（市、区）财政预算或者土地出让收入中安排。对出台基本农田保护经济补偿制度实施细则并组织实施的各地级以上市（不含深圳市），省财政按照 30 元/（亩·年）的标准给予补助（其中广州、珠海、佛山、东莞、中山市和顺德区以及江门市的蓬江区、江海区、新会区、鹤山市按省级补助标准的 50% 执行）。省政府视补偿效果和财力情况适时调整补助标准。——《广东省人民政府办公厅转发省国土资源厅财政厅关于建立基本农田保护经济补偿制度的意见》（粤府办〔2012〕98 号，2012 年 9 月）

浙江省耕地保护补偿机制

总体目标：通过建立耕地保护补偿制度，落实耕地保护共同责任机制，使农村集体经济组织和农户能从保护耕地和基本农田中获得长期的、稳定的经济收益，切实加强耕地用途管制，层层落实最严格的耕地保护制度，使我省耕地和基本农田能得到有效保护，促进经济社会全面协调可持续发展。

主要内容：自 2016 年起，我省全面实施耕地保护补偿机制。各市、县（市、区）人民政府要按照"谁保护，谁受益"、"分级负责，突出重点"的要求，对耕地保护全面进行经济补偿。省对各地给予耕地保护补偿资金补助，由省财政厅会同省国土资源厅、省农业厅切块下达，用于耕地地力保护补贴和对农村村级集体经济组织保护耕地的以奖代补。

补偿范围：土地利用总体规划确定的永久基本农田和其他一般耕地。

补偿对象：承担耕地保护任务和责任的农村村级集体经济组织和农户。

补贴标准：省财政按规定切块下达耕地保护补助资金。对农户的耕地地力保护补贴标准，由各地合理确定，具体按照农业三项补贴政策综合改革试点方案有关要求执行；对农村村级集体经济组织保护耕地的以奖代补资金，省财政按照永久基本农田保护面积每年每亩 30 元的标准下达补助资金，同时，考虑耕地保护责任目标考核系数和土地卫片执法检查情况。——《浙江省国土资源厅 浙江省农业厅 浙江省财政厅关于全面建立耕地保护补偿机制的通知》（浙土资发〔2016〕5 号，2016 年 3 月）

（二）技术保障

耕地保护区域补偿机制需要技术保障，即通过耕地价值评估技术、耕地质量评估技术及"3S"技术的应用，进行耕地保护区域补偿制度实施情况的监督和检查等。

1. 耕地价值评估技术

在中国，当前农地价格评估项目还很少，因为农地价格评估理论和方法还不完善。随着研究的深入，长期被置于公共领域的部分耕地资源价值不断被挖掘出来，因此，应以资源环境经济学理论为基础，不断丰富耕地价值核算和价格评估的理论和方法，并制定和发布耕地价值评估技术规程，为耕地资源价值核算和价格评估工作的开展提供技术支撑。

2. 耕地质量评估技术

目前，我国已制定并发布了《农用地分等定级规程》，在全国范围内完成了第一次耕地质量等级调查与评定工作，这对我国土地资源核算、土地利用规划、耕地占补平衡和土地保护补偿等工作的开展奠定了很好的技术基础。为保证区域补偿中耕地补偿面积标准化折算的科学性、准确性和现势性，应以农用地分等定级估价工作为基础，建立农用地等级更新制度，构建农用地等级和产能动态监测体系，建立农用地等级和产能年度报告制度。

3. 耕地保护动态监测技术

应充分运用"3S"等先进技术手段，建立耕地保护动态监测系统，及时掌握各地区的耕地保护情况，及时发现违法占地和破坏耕地的情况，并以监测结果作为耕地保护区域补偿的重要依据。对违法占地和破坏耕地的行为进行严厉处罚，并将部分罚款用作区域补偿资金奖励给年度耕地保护考核成绩较好的区域。

（三）资金保障

按照"统一政策，分级筹集"的原则，耕地保护区域补偿资金由市、区（县）两级政府从当年的新增建设用地土地有偿使用费、土地出让收益及其他财政收入中共同筹集，建立耕地保护区域补偿统筹基金。耕地赤字地区以年租制形式，将耕地补偿的资金划转国家财政，耕地补偿基金以现收现付的形式，将耕地赤字区上缴的资金直接转移支付给耕地盈余区，专项用于耕地盈余区耕地基础设施建设和完善、耕地质量提高如肥力的培育及耕地生态环境的建设等方面。

（四）组织实施

地方政府要切实加强领导，组织财政、国土资源、农业等有关部门，根据当地实际情况建立耕地保护补偿机制，制定补偿政策及实施办法，对资金筹集、补偿范围、补偿标准、资金使用、资金发放、监督检查等做出具体规定。各级政府与村级集体经济组织要层层签订耕地保护责任书，明确耕地和永久基本农田保护任务（面积）、永久基本农田示范区保护范围和面积、防止耕地"非农化"和粮食生产功能区"非粮化"管护责任、耕地保护补偿标准、保护期限和保护责任等相关内容。享受补贴的农户应承担相应的耕地保护责任，做到耕地不被非法占用、不撂荒、地力不下降。各级相关部门要对耕地保护责任落实情况、耕地保护补贴资金管理和使用情况加强监督检查，确定的耕地保护补偿资金分配方案、分配结果应当在有关部门的门户网站、农民信箱、乡镇公共服务平台进行公告公示。耕地保护补偿资金使用方案、使用情况列入村务公开重大事项，向本集体经济组织广大农户公开。要将耕地保护补偿工作纳入政府工作绩效考核、耕地保护责任目标考核内容。充分发挥新闻媒体作用，依托现代信息技术，引导全社会树立爱护耕地、保护耕地的意识，从而使公众自觉抵制破坏耕地行为。

第四节　耕地非市场价值及其量化

一、资源环境的价值体系

（一）资源环境的价值构成

克鲁蒂拉（Krutilla，1967）最早提出了资源非市场价值的概念，认为资源非市场价值的存在源于公众对保护资源有支付意愿或接受意愿。非市场价值相当于生态学家所认同的某种物品的内在属性，它与人们是否使用它没有直接关系。20 世纪 70 年代中后期，世界各国对环境品质改善、自然保护区等没有市场价格的资源环境价值评估的研究日益频繁。美国农业部"土地利用委员会"将农地价值定义为包括农地提供农副产品可计量的市场价值和农地提供开敞空间、维护生物多样性、保育环境等所具有的非市场价值，具体划分为四个部分：①期望消费者剩余，即农地的使用价值或市场价值，主要通过经济价值体现；②选择价值，即保证提供农地优良环境产品的保险金；③遗赠价值（又称馈赠价值），即代际之间的资源分配问题；④存在价值，即希望自己在有生之年土地仍存在的价值。其中，后三部分均为农地的非市场价值（图 13-2）。

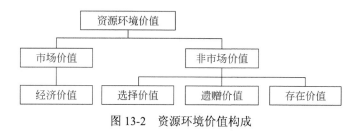

图 13-2　资源环境价值构成

（二）资源环境非市场价值类型划分

目前，国际上对资源环境的非市场价值构成主要有四种分类方法：①英国经济学家大卫·D. W. 皮尔斯（Pearce，1994）将环境资源价值分为使用价值和非使用价值两部分。使用价值包括直接使用价值、间接使用价值和选择价值，非使用价值包括遗赠价值和存在价值。②经济合作与发展组织（OECD）认为选择价值是介于使用价值和非使用价值两者之间的一种价值，并在大卫·皮尔斯分类系统的基础上，将选择价值、遗赠价值和存在价值一同归入非使用价值中。③麦克尼利（J. A. McNeely，1990）根据生物多样性产品是否具有实物性，而将生物资源价值分为直接价值和间接价值两类。其中，直接价值包括消耗性使用价值和生产性使用价值，间接价值则包括非消耗性使用价值、选择价值和存在价值。④联合国环境规划署（UNEP）根据生物多样性特点，在《生物多样性国情指南》中将生物多样性价值划分为具有显著实物形式的直接价值，无显著实物形式的直接价值、间接价值、选择价值和消极价值五个方面。

二、耕地非市场价值的内涵

耕地是资源环境的核心构成部分，从耕地功能的角度出发，耕地资源的价值包括经济产出价值、社会价值和生态服务价值。耕地资源的非市场价值集中体现为耕地作为公共物品所提供的社会保障、生态服务功能两大方面。耕地生态服务价值是指耕地及其耕作产生的自然生态系统对人类生存和发展有支持效用的产品、服务和环境，包括调节气候、净化环境、涵养水源、土壤保持等方面的价值；耕地社会价值是指其经济价值和生态价值等转化为社会功能的间接价值，具体包括以下方面：①社会保障价值，即农民的失业保障、基本生活保障等方面的价值。②遗赠价值，即作为农户遗产的价值，体现为为了子孙后代将来能够继续利用而事先支付的保护耕地资源的一定代价。③存在价值，也称内在价值，指人们为确保耕地资源的各项服务功能继续长时间存在所愿意支付的保护费用，它不是土地的使用价值，但成为被保护耕地价格的组成部分。④选择价值，即耕地资源用于其他选择的潜在收益。⑤安全价值，主要体现为粮食安全等方面的价值。

三、耕地非市场价值的量化

非市场价值是耕地资源价值的重要组成部分，科学评估耕地资源的非市场价值，并将其纳入耕地资源的成本核算体系中，既能提高土地资源农业利用的比较效益，又能弥补市场机制的不足，遏制我国耕地资源的低效率流失。

耕地资源非市场价值评估方法可以分为揭示偏好法和陈述偏好法两大类。揭示偏好法是利用个人在实际市场的行为来推导所评估物品的价值，比较典型的揭示偏好法包括特征价值法（hedonic pricing method，HPM）和旅行成本法（travel cost method，TCM）。陈述偏好法则主要通过人们的支付意愿来评估公共物品的价值，主要包括条件价值法（contingent valuation method，CVM）和选择试验模型法（choice experiment，CE）。目前应用较广泛的有 CVM、HPM 和 TCM，但 HPM 和 TCM 属于事后评估方法，即只有在消费者已经消费了被评估物品的情况下适用。

CVM 在目前应用最广泛、最成熟，是一种利用效用最大化原理，采用问卷调查，通过模拟市场来揭示消费者的支付意愿，从而最终得到公共物品非利用经济价值的研究方法。1947 年，资源经济学家齐格弗里德（Siegfried von Ciriacy-Wantrup）首次提出 CVM 的基本思想，认为可以采用直接访问的方式来了解人们对公共物品的支付意愿。具体路径为随机选择部分家庭或个人作为样本，以问卷调查的形式通过询问一系列假设的问题，通过模拟市场来揭示消费者对耕地资源的偏好，并获得受访者对一项环境改善计划项目的支付意愿（willingness to pay，WTP），或者对耕地资源质量损失的接受赔偿意愿（willingness to accept，WTA），WTP 或 WTA 的大小反映了人们对耕地资源的偏好程度，而后将被调查者对耕地资源的个人消费意愿转化成货币形式以进行价值评估。二分式问卷是 CVM 研究中最先进、最普遍的研究方法，即在一定数额范围内随机指定具体值询问受访者是否愿意支付该数目，受访者回答会出现"愿意-愿意"、"愿意-不愿意"、"不愿意-愿意"、"不愿意-不愿意"四种结果。根据受访者产生的不同回答结果采用函数形式表示，并利用 Logit 模型计算求得平均支付意愿。

耕地资源非市场价值计算公式为

$$Z = (\text{WTP}_r \times n_r \times p_r + \text{WTP}_u \times n_u \times p_u) / R \qquad (13\text{-}9)$$

式中，Z 为耕地资源总非市场价值；r 为农村居民；u 为城市居民；WTP 为家庭平均年支付意愿；n 为户数；p 为支付率；R 为还原率。

CVM 也存在缺陷，其在实施过程中可能会出现嵌入性偏差、初始偏差、策略性偏差等各种偏差，因此学术界对该方法研究的有效性和可靠性等尚有争议。此外，CVM 一次只能分析耕地资源一种状态变化所引起的福利变化，而且只能对耕地资源整体状态变化的价值进行评估。然而，耕地资源具有多重属性，决策者可能更关心耕地资源某种（些）属性及其变化的价值。例如，耕地资源的数量或质量变化对社会福利的影响等。

复习思考题

1. 解释土地保护。
2. 简述土地保护利益主体的目标差异。
3. 简述土地保护的外部性及其表现。
4. 简述土地保护区域补偿的内容。
5. 简述耕地的非市场价值及其构成。
6. 试述使用条件价值法（CVM）测算耕地非市场价值的步骤。

参 考 文 献

艾维. 2014-01-11（01）. 粮安天下 地为根基 [N]. 国土资源报.

蔡银莺, 李晓云, 张安录. 2006. 耕地资源非市场价值评估初探 [J]. 生态经济（中文版），（10）：10-14.

车裕斌. 2004. 论土地资源的生态价值及其实现 [J]. 生态经济（中文版），（1）：224-228.

陈诚. 2010. 关于旅行成本法评估环境资源价值的评析 [J]. 能源与环境，137-139.

大卫·皮尔斯. 1997. 绿色经济的蓝图——获得全球价值 [M]. 徐少辉，等译. 北京：北京师范大学出版社.

黄烈佳, 张波清. 2008. 农地城市流转规模决策模型 [J]. 经济地理，（9）：4-5.

江冲, 金建军, 李论. 2011. 基于 CVM 的耕地资源保护非市场价值研究——以浙江省温岭市为例 [J]. 资源科学，33（10）：1955-1966.

金建君, 王玉海, 刘学敏. 2008. 耕地资源非市场价值及其评估方法分析 [J]. 生态经济（中文版），（11）：39-41.

李广东, 邱道持. 2011. 三峡生态脆弱区耕地非市场价值评估 [J]. 地理学报，（66）：562-575.

马中. 2005. 环境与资源经济学概论 [M]. 北京：高等教育出版社.

任照霞, 陆玉麒. 2011. 条件价值法在西安市耕地资源非市场价值评估的应用 [J]. 干旱区资源与环境，25（3）：28-32.

石生萍. 2004. 经济外部性问题研究 [D]. 重庆：西南农业大学博士学位论文.

孙晶. 2006. hedonic 价格指数研究 [D]. 太原：山西财经大学硕士学位论文.

唐增, 徐中民. 2008. 条件价值评估法的有效性和可靠性研究——以评估兰州市四城区大气污染总经济价值为例 [J]. 开发研究，（1）：74-77.

王冬银, 杨庆媛, 何涛. 2013. 重庆市耕地资源非市场价值估算 [J]. 中国土地科学，（10）：76-82.

王玉琼. 2004. 耕地保护与政府职能的相关性分析 [J]. 农业经济问题，（4）：57-61.

萧景楷. 1999. 农地环境保育效益之评价 [J]. 水土保持研究，6（3）：60 -71.

辛辉. 2011. 沈阳市耕地保护外部性测算及其补偿 [J]. 吉林农业，（4）：22-23.

徐中明, 张志强, 程国栋, 等. 2002. 额济纳旗生态系统恢复的总经济价值评估 [J]. 地理学报，（1）：107-116.

于波, 张峰. 2010. 对于环境资源价值评估方法——条件价值评估法的综述 [J]. 科技信息，（1）：1040-1041.

俞奉庆, 蔡运龙. 2003. 耕地资源价值探讨 [J]. 中国土地科学，（3）17：3-9.

张凤荣. 2006. 土地保护学 [M]. 北京：科学出版社.

郑莉晶. 2012. 我国耕地保护的利益协调机制构建——以福建省为例 [D]. 福州福建师范大学.

周慧滨，左旦平. 旅行成本法在我国应用中存在的几个问题 [J]. 自然资源学报，(3)：489-499.

朱新华，曲福田. 2007. 基于粮食安全的耕地保护外部性补偿途径与机制设计 [J]. 南京农业大学学报（社会科学版），(04)：1-7.

朱新华，曲福田. 2008. 不同粮食分区间的耕地保护外部性补偿机制研究 [J]. 中国人口·资源与环境，(05)：148-153.

Freeman A M. 2002. 环境与资源价值评估——理论与方法 [M]. 曾贤刚，译. 北京：中国人民大学出版社.

Hicks J. 1996. Value and capital [M]. Oxford：Oxford University Press.

McNeely J A，Miller K R，Reid W V，et al. 1990. Conserving the world's biological diversity [M]. World Banks.

Pearce D W，Ozdemiroglu E，Bateman I，et al. 2002. Stated preference techniques for estimating economic value [M]. Cheltenham，UK：Elgar：33-35.

第十四章　土地财产性收益及其实现

【本章内容要点】土地财产性收益是通过土地这种特定要素获取的非生产性收益，具有依赖性、多样性、复杂性和不确定性等特点。土地所有权和使用权转移均能带来土地财产性收益。本章主要介绍财产性收益和土地财产性收益及其特点；阐述土地财产性收益实现的主要方式；分析土地财产增值及其动力机制；探讨土地财产增值收益分配相关问题。

第一节　土地财产性收益概述

一、财产性收益的内涵及特点

（一）财产性收益的内涵

《新帕格雷夫经济学大辞典》将财产性收入解释为："财产性收入主要是指金融资产和有形非生产资产的拥有者向其他部门提供资产，或者把持有的有形非生产资产供应给他们使用，作为回报而从中得到的收益。它的主要形式有利息、红利、地租等"。按照我国国家统计局专家解释，财产性收入一般是指家庭拥有的动产（如银行存款、有价证券等）、不动产（如房屋、车辆、土地、收藏品等）所获得的收入。它包括出让财产使用权所获得的利息、租金、专利收入等；财产营运所获得的红利收入、财产增值收益等。

根据财产性收入的来源形式，可以将居民的财产归纳为以下类型：①货币储蓄，能够产生利息形式的收入。此类资产包括现金、储蓄账户、支票账户等。②股票、债券和其他金融证券，能够产生红利、利息和资本增值形式的收入。③不动产，包括土地、房屋和其他建筑物等，能够产生租金和资本形式的收入。这类财产主要是居民所拥有的住房资产和农村建设用地土地资产及住房资产。④不动产以外的其他"硬"财产，可产生资本增值形式的收入。此类财产属于无利息的资产，如贵金属黄金和白金等、珠宝、艺术品、名贵家具和收藏品等。⑤机器、设备和其他有形产品，有资本增值形式的收入，如设备、存货、机器工具等。⑥自然资源，如农田、油田、矿山、森林等，有以资本增值为形式的收入。⑦版权和专利，以版税和其他使用费用形式的收入，如著作权、商标权、专利等所带来的收益。

（二）财产性收益的特点

从以上概念和来源形式可以看出，财产性收益具备以下显著的特点。

1. 拥有财产是实现财产性收入的前提

财产性收入是通过行使权利主体对财产的占有、使用、收益、处置等权利而获得的收益。因此，必须具有可支配财产的权利，相关主体才能获得相应的收益。财产性收益是一种物权收益。

2. 财产性收益具有非生产特性

即财产性收益的多少，取决于所有者拥有的财产数量的多少及其所拥有的财产在价值创造中所做出的贡献份额，是基于要素投入获取的收益，不是财产所有者参与生产过程所得，是非生产性收益。

3. 高风险特性

财产性收益大多是通过在资本市场、金融市场进行投资而获取的收益。相比工资性收入、经营性收入等其他收入来源，财产性收入更容易受市场、宏观经济环境和制度调整、个人投资能力等因素的影响，具有更高的风险性。

4. 累积性

财产性收入可以带来财产性收入，财产性收入通过聚集导致财产增加，财产增加导致财产性收入进一步增加，出现"滚雪球效应"。由于财产增值的特点，它不需要财产拥有者花费全部的工作时间和精力，却往往能以几何级数的规模增长。著名经济学家萨缪尔森认为收入方面最大的不平等来源于所继承、所获得的财富差别。"收入的差别最主要是由拥有财富的多寡造成的。……和财产相比，个人能力的差别是微不足道的"。"鲜有例外，在收入金字塔顶端的人的大部分金钱都是从财产的收入中获得。"

二、土地财产性收益的概念与特点

（一）土地财产性收益的概念

土地财产性收益是财产性收益中通过土地这种特定的资产获得的收益。关于土地财产性收益的研究较早体现在地租地价理论中。边际生产力理论（theory of marginal productive）认为土地和劳动、资本要素的边际生产力决定其报酬，土地作为一种资本，地租则是资本利息的一部分。均衡价格理论认为土地要素的价格决定应当遵循商品均衡价格的形成原则，由土地供求来决定地租。国内对于土地财产性收益的界定主要从两个视角展开。一是从中国现有土地制度出发，以土地上获得收入的不同方式界定土地财产性收益，如征地补偿、土地流转收入、房屋出租收入。二是从土地财产权益实现程度界定土地财产性收益，例如，通过对土地财产享有占有、使用、收益及处分等权能实现的收益。总的来说，土地财产性收益主要是指土地所有者凭借其土地不动产直接获取的非生产性收益，从收益来源来看，一般包括土地财产权流转中的红利、租金、补偿和土地被征收所获收益等。

（二）土地财产性收益的特点

作为财产性收益中的一种重要类型，土地财产性收益除了具备非生产性、高风险性、累积性等财产性收益的一般特点外，还具备其独特性，具体包含以下几个方面的特点。

1. 依赖产权和市场渠道完备性

并非所有的土地财产都可以转化成财产性收入。作为自然资源的土地要为人们带来收入，首先要拥有确定的、完整的能够被财产化的产权，同时还要具备"显化"其资产价值的市场机制。针对中国的农村而言，农地经营权流转、集体建设用地入市流转、农地城市流转等均能为农民（包括集体和个人）带来土地财产性收益。

2. 多样性

由于土地财产权权利类型多样、流转类型丰富，因此土地财产性收益来源也具有多样性。以农地经营权流转为例，出租、入股、抵押等多种方式均可以获取土地财产性收益。近年来各地陆续实践的集体经营性建设用地流转，也涵盖了直接入市、入股、抵押等多种实现收益的形式。

3. 计量的复杂性

农民土地财产性收益计量的复杂性，首先是因为财产性收益的多样性，其计量也相对较为复杂。特别是除了一般的现金形式的收入外，征地留用地安置等实物形式、股份分红等股权形式也是土地财产性收益。收益实现的多种方式加大了计量土地财产性收益的难度。

4. 不确定性

"收入是一连串事件"。土地财产性收益不仅与土地产权状态、土地市场相关，还与家庭劳动力、人力资源、就业情况等内部特征，以及区域经济发展阶段、区位条件、资源状况等外部环境密切相关。内外部因素的复杂关联共同导致了农民土地财产性收益具有不确定性。

需要说明的是，中国的土地财产性收益具有明显的二元特性。一方面，中国城市土地制度逐步完善，城市土地市场机制基本健全，城市土地的财产收益制度较为齐备。另一方面，中国农村土地市场制度还处于探索起步期，农村土地财产性收益制度还不健全，农民土地财产性收益渠道受限。因此，土地财产性收益问题，重点在农民的土地财产性收益问题。由于土地财产性收益差距是造成城乡收入差距的重要原因，增加中国农民土地财产性收益成为一个重要的政策改革方向和研究焦点。特别是党的十八大报告提出"多渠道增加居民财产性收入"以来，理论研究和实践都将增加农民土地财产性收益作为解决现阶段中国城乡发展问题的重要突破方向。另外，中国城镇居民所拥有的国有建设用地使用权市场已经比较规范和全面，因此，本章从土地财产性收益的类型、渠道、主体等方面对农村土地财产性收益进行探讨。

三、土地财产性收益的来源及形式

基于中国现有的土地产权形式和交易形式，土地财产性收益主要来源于以下方面。

（一）土地所有权转移收益

中国土地所有权的转移主要发生在国家和集体两个所有权主体之间，表现为国家以土地征收的形式取得集体土地所有权，集体土地所有者以土地征收补偿的方式得到土地所有权转移收入。中国的土地所有权转移收入具有政府强制购买性，依托政府行政权强制行使。土地征收补偿是农村集体经济组织让渡土地所有权获得的土地财产性收益，是一次性买断的收益。

（二）农地使用权流转收益

2014年的中央一号文件进一步明确了稳定农户承包权、放活土地经营权，允许承包土地的经营权向金融机构抵押融资。2014年中共中央办公厅、国务院办公厅《关于引导农村土地经营权有序流转发展农业适度规模经营的意见》明确提出，"伴随我国工业化、信息化、城镇化和农业现代化进程，农村劳动力大量转移，农业物质技术装备水平不断提高，农户承包土地的经营权流转明显加快，发展适度规模经营已成为必然趋势"，"鼓励承包农户依法采取转包、出租、互换、转让及入股等方式流转承包地"。2016年，中共中央办公厅、国务院办公厅印发《关于完善农村土地所有权承包权经营权分置办法的意见》指出："实行所有权、承包权、经营权（以下简称"三权"）分置并行，着力推进农业现代化，是继家庭联产承包责任制后农村改革又一重大制度创新。"党的十九大报告强调深化农村土地制度改革，完善承包地"三权"分置改革。根据承包经营权的流转方式，其收入来源于以下形式。

1. 转包收入

转包收入是指承包方将部分或全部土地承包经营权以一定期限转包给同一集体经济组织的其他农户从事农业生产经营获得的收入，属于农户间的自发流转产生的收入。

2. 出租收入

出租收入是指土地承包经营权人作为出租方，将自己承包期内承包的土地，在一定期限内全部或者部分租赁给本集体经济组织成员以外的单位或者个人耕种，获取的土地租金收入。

3. 转让收入

转让收入是指承包方有稳定的非农职业或者有稳定的收入来源，经承包方申请和发包方同意，将部分或全部未到期的土地承包经营权让渡给其他从事农业生产经营的农户，由受让方履行相应的土地承包合同的权利和义务所带来的收入。

4. 入股收入

《农村土地承包经营权流转管理办法》规定，承包方之间可自愿将承包土地入股发展农业合作生产。入股收入是指以土地承包经营权量化为股权，依法将承包地转移给有农业经营能力的合作社、股份公司、龙头企业等经济组织占有和使用，入股者凭借股权获取的股权分红等非生产性收入。

（三）农村集体建设用地流转收益

"农村集体建设用地"和"城市国有建设用地"是相对应的概念，是指在用途上服务于居住及其他建设用途的、位于农村地区、属于农民集体所有的建设用地。从 20 世纪 80 年代起，中国集体建设用地流转就以隐形或显形的方式在各地进行着。从各地流转的方式来看，农村集体建设用地流转收入来源方式有农村集体建设用地使用权出让、出租、入股、抵押等方式的交易获取的收入。按照流转主体不同，可以分为初次流转和再次流转获得的收入。初次流转也称首次流转，通常指集体建设用地使用权的出让、出租，流转主体为集体土地所有者（集体经济组织），获取的收入为土地使用者向农民集体土地所有者支付的出让价款或租金；再次流转通常指集体建设用地使用权再转移的行为，包括转让、转租，流转主体是已通过出让（或出租）方式取得土地使用权的土地使用者。按照流转对象的形态，又可以分为农村集体建设用地实物流转收益和农村建设用地指标流转收益。

1. 实物形态的流转及其收益

以集体经营性建设用地入市为突破口，逐步形成了城乡统一的建设用地市场。即通过允许一定范围的农村集体经营性建设用地入市流转，实现"同权同价、流转流畅、收益共享"，从而增加农民土地财产性收益。

2. 指标形式的流转及其收益

通过城乡建设用地增减挂钩、地票交易等建设用地指标交易形式为农民带来土地财产性收入。由于空间位置的固定性，农村集体建设用地并不能进行移动和运输。在建设用地总量控制的"配额"体制下，城市建设用地"短缺"和农村建设用地"过剩"并存，催生了"指标"交易形式的农村建设用地流转，农民获取集体建设用地指标出售收益。集体建设用地指标交易实现了空间位置固定的建设用地要素在不同区域和不同主体之间的转移，指标供给方放弃了非农建设的权利，指标需求方则为获得该权利而支付资金，实现了指标效用的货币化。这部分因指标效用价值而产生的收入，为农民带来了因指标交易而实现的土地财产性收益。

第二节 土地财产性收益的分享主体及实现形式

一、土地财产性收益的分享主体

土地财产性收益分享主体首先应当是土地市场参与主体，且根据土地市场产权交易关系，能从中获得收益的主体。从博弈视角看，参与土地财产收益分配的利益主体主要包括，微观个体、集体经济组织和各级地方政府，尽管财产收益转移过程中的中介机构等也参与了交易过程，但由于其事先支付相应的物质或非物质成本（时间），而不应算作分享主体，具体包括以下几方面。

（一）农民

我国《土地管理法》第十四条规定，"农民集体所有的土地由本集体经济组织的成员承包经营，从事种植业、林业、畜牧业、渔业生产"，第六十二条规定，"农村村民一户只能拥有一处宅基地，其宅基地的面积不得超过省、自治区、直辖市规定的标准"，即农民拥有耕地承包经营权和宅基地使用权。《土地管理法》第二条规定："国家为了公共利益的需要，可以依法对土地实行征收或者征用并给予补偿"，即当农民的权利受到损害时，国家应给予一定的补偿。对于农民而言，其拥有集体土地使用权，是集体土地使用权流转的提供者，能从集体土地使用权流转、集体土地征收中获取土地财产收益。

（二）集体经济组织

《土地管理法》第八条规定："农村和城市郊区的土地，除由法律规定属于国家所有的以外，属于农民集体所有；宅基地和自留地、自留山，属于农民集体所有"，即集体拥有农村土地的所有权。集体经济组织作为代表农民集体的组织，在土地所有权市场交易中应获取土地财产收益。例如，《山东省土地征收管理办法》规定，集体土地征收后，集体经济组织获得20%的土地征收补偿费，用于兴办公益事业或者进行公共设施、基础设施建设。在集体经营性建设用地流转形成的土地财产收益中，一些地方将主要的收益分配给集体经济组织，农民作为经济组织成员所得的收益分享比例相对较少。例如，成都市郫都区集体经营性建设用地入市中，以2008年以来固化的集体作为分配主体，扣除税费、整治成本、债权、债务关系后，经2/3以上家庭成员代表同意后实施，其中80%用于集体经济组织发展和设施改造，20%用于成员分红。

（三）各级政府

虽然城市土地所有权由中央政府代表国家行使，但是由于中国土地面积分布范围广，中央政府统一管理的难度较大，因此中央政府将权力下放给各地方政府，形成"委托-代理"的关系，即地方政府拥有其相应行政管辖区域内城市土地的管理权。由于中国二元土地制度的长期存在，政府对集体土地具有高度的干预性，无论是在国有土地出让还是集体土地所有权转让等市场交易中，政府都起到重要的主导作用，在土地财产性收益分享中是重要的主体。

二、土地财产性收益的实现形式

土地财产性收入主要是指土地所有权人或使用权人凭借土地不动产产权直接获取的非生产性收入。按照收益的支付方式，可以分为货币形式、实物形式、股权形式等不同类型。

（一）货币形式

所谓土地财产性收益实现的货币形式，是指土地所有权人或使用权人凭借土地产权让渡交易，直接获取货币形式的收益。例如，中国土地征收补偿中所获取的货币补偿。指标交易中获取的交易收入也是货币表现形式的一种。目前主要的方式为城乡建设用地增减挂钩，即是指通过农村建设用地复垦，将拆旧区（农村拆旧区）复垦节约出来的城乡建设用地指标用于建新区（城镇建新区）而进行的指标交易，通过指标交易，可以使农村地区获得土地级差收益，用于发展农村集体经济，配套农村基础设施和服务设施。

（二）实物形式

为了弥补单一货币补偿方式造成的土地财产收益损失，留用地安置模式、住房安置模式等以实物形式实现土地财产性收益也广泛采用。留用地安置是相对于单纯货币补偿的一种实物补偿方式，是指地方政府征地时，除了给予村民和村集体货币补偿外，按照征地面积的一定比例，返还给被征地的集体经济组织，让其进行工商业发展利用等的建设用地空间，使用地者获得土地财产性收入和经营性收入。

专栏 14-1　留用地安置模式

留用地安置是经济较发达地区为缓解征地过程中所产生的矛盾，弥补征地补偿标准偏低无法维持失地农民正常生活水平所采取的一种变相提高征地补偿标准的安置方式。中国留用地开发起源于深圳，随后在广州、浙江、上海等经济快速发展地区广泛发展并形成具有地方特色的实践经验。在实践中，表现为在规划确定的建设用地范围内安排一定面积的建设用地，支持被征地的农村集体经济组织和村民从事生产经营，从而使失地农民的生产、生活得到长期稳定保障的安置方式。留用地安置也称划地安置，既可通过发展二、三产业解决部分失地农民的就业，又能通过壮大集体经济，为失地农民提供更多保障。和单一的货币安置方式相比，留用地的优势以地补偿可以弥补征地补偿费用的不足；失地农民可以得到基本的生活保障；该模式下失地农民享有较公正的权益分配。

全国共有 5 个省（市）在全域范围内、13 个省（市）部分区域开展留用地安置的相关探索。具体操作中，各地做法各异。在留用地的分配比例上，除重庆、厦门等个别区域按照人口比例分配外，多数省份按照用地比例进行分配，平均介于 10%～15%；在留用地产权性质上，国有和集体所有并存，具体留用地性质主要取决于留用地区位、集体土地流转市场成熟度、被征地农民意愿等；在留用地用途上，主要用于工业和商业，具体包括商场、宾馆、农贸市场、标准厂房建设及出租等；从留用地的区位看，主要集中于城乡接合部等市场发展相对成熟的区域，即使一些地区明确了"凡征即留"政策，但在偏远区域也尚未得以实施；从留用地政策实施的时间看，受经济社会发展阶段影响，东南部的广东等地实施较早，例如，深圳市早在 20 世纪 80 年代开始探索了留用地安置，中部地区省份普遍认为留用地安置是解决征地问题的有效途径，目前正在初始探索中。

留用地安置中的一些困难：①部分留用地因不符规划难以落实。广东省规定，所有征地项目都要为被征地单位安排留用地，而留用地必须符合土地利用总体规划。但被征地单位的意向选址与土地利用总体规划不符等原因，往往造成留用地安置难以落实。尤其是线性基础设施项目，由于牵涉被征地农村集体较多，落实留用地的难度更大。不符合规划致使留用地不能落实，形成历史欠账，影响征地工作进度。1992~2007 年，广州市共有 1.3 万亩的留用地未落实到位。②留用地布局分散，土地利用效率低。

现有的留用地安置发展趋势：①从留用地实物向货币化转变；②从留用地向留房、留物业、留产业转变；③从集体经济组织自营向与社会资本合作经营转变；④从留在集体向股份化到个人转变；⑤单纯留产业用地向安置用地和产业发展用地结合转变。

专栏 14-2　郫都区完成 30 宗 353 亩农村集体经营性建设用地入市交易

2017 年 6 月 13 日，成都市郫都区唐昌镇战旗村妈妈农庄迎来一批特殊的客人——来自重庆、云南、西藏、四川西南四省区市农村土地制度改革试点工作现场会的观摩团。

2015 年 2 月，郫都区被纳入国家农村土地改革试点，成为"33 个国家农村土地改革试点区县之一"。2015 年 9 月 7 日上午 10 点 40 分，正是在战旗村，一宗 13.447 亩集体经营性建设用地成功出让，四川敲响了全省集体经营性建设用地入市的"第一槌"。

一个问号，吸引着这些客人：两年过去了，这块国家农村土地改革的"成都试验田"都长出了啥？

30 宗土地入市交易推动深度转型

记者从当天的现场会上获悉，截至目前，郫都区已完成 30 宗 353 亩农村集体经营性建设用地入市交易，获得成交价款 2.1 亿元。

郫都区国土局相关负责人介绍，试点之初，郫都区先着手摸清全区"家底"：为全区 152 个村、1624 个村民小组、9.3 万户的集体土地和房屋所有权等权属颁证，同时，围绕"定基数、定图斑、定规模"的"三定"原则进行存量集体经营性建设用地摸底，最终确定试点期间可入市土地资源共 4932.79 亩。

位于红光镇白云村的多利农庄，是郫都区在土地入市上的探索之一。

今年 3 月 25 日，成都首家有机农业综合体——成都多利农庄正式开园。这里除了有机蔬菜的种植之外，还引进全球著名乡村酒店管理公司——法国 lux 酒店管理集团运营的乡村酒店，联合中国农科院、四川农业大学和上海有机蔬菜工程技术研究中心组建"都市农业科创中心"，作为"中国农业硅谷"的技术创新中心和都市农业融合发展示范中心也在着力打造。

土地入市，带动了农业发展形态的全新转变……郫都区区长刘印勇介绍，像多利农庄一样的新型经营方式在郫都区蓬勃生长，并加速催化农业产业转型升级。

数据显示：随着入市项目加快建设，郫都区传统农业正向观光农业、生态农业等农文旅共融的新兴产业和新兴业态转型发展，截至目前，共带动发展规模以上养生养老中心、创意农业基地、农耕体验园 160 多家，实现农户产业化经营面积 94%以上，农产品精深加工率达 52%。

农民财产性权利被充分激发

农村集体经营性建设用地入市，除了推动工商资本下乡带动产业转型，还给农民带来了什么实惠？

在郫都区相关负责人看来，首先推动了农民的持续增收。据了解，郫都区 30 宗土地入市后，相关农民集体及个人获得了超过 1.7 亿元的土地收入，其中约 1.36 亿元用于集体经济的积累和发展，约 3400 万元用于农民股东的现金分配。

三道堰镇青杠树村村支书韩忠介绍，该村通过农村旅游产业项目引进平台公司，联合成立了相对独立的香草湖管理有限公司，对全村的旅游资源进行统一整合、打造和运营。截至 2016 年年底，全村村民通过现金分红、股权增厚和就近就业等形式，人均可支配收入实现 23 397 元，同比净增 2300 元/人。

农民住房财产权抵押贷款试点更将改革探索划入深水。

一年前，唐昌镇战旗村的家庭农场主朱建勇遇到了 10 余万元的资金缺口。在了解试点政策后，他用位于战旗社区的一宗 173 平方米砖混结构农房做抵押，贷款 15 万元——从准备申请材料到贷款发放完成，整个过程不到 1 个月。

郫都区城乡统筹发展局相关负责人介绍，截至今年 5 月底，域内农行、建行、邮储银行、农商行、成都银行、村镇银行等六家金融机构共发放完成农村住房抵押贷款 97 宗，贷款累计发生额 29 678 万元，当前余额 20 023 万元。

从这块农村土地改革"试验田"中萌发的创新种子，正撒向成都全域。数据显示：截至目前，成都农交所农村产权交易 14 079 宗、累计成交金额达到 584 亿元；全市土地流转面积 477.4 万亩，流转率达到 59.9%；全市农村产权抵押融资金额 186 亿元；农民财产性收入占可支配收入的 25%。

"在这里，'还权赋能'的经验在理论上、实践上都取得了丰硕的成果。"在参观完郫都区唐昌镇战旗村第五香境项目、红光镇白云村多利农庄、三道堰镇青杠树村新农村建设等点位后，国家土地督察成都局局长董菊卉这样表示。

资料来源：《四川日报》2017 年 6 月 14 日

（三）股权形式

股权形式是指将土地作价折股，根据折算的股权价格，分配给土地所有权人或者使用权人一定份额的股权。股权持有人通过分红的形式，获取土地财产收益。

三、土地财产性收益的影响因素

农民土地财产性收益主要来源于征地补偿收入和农业用地、农村集体建设用地流转收入。其中，由征地带来的收入对于农民来说是不稳定的、不持续的，受宏观调控的影响比较大，而土地流转收益则具有稳定性和持续性，对农民财产性收益的影响也最直接。土地财产性收益，特别是农民财产性收益的影响因素主要有以下几个方面。

（一）农民可支配的土地财产

财产性收益是一种衍生财富，获得财产性收益的前提是"有资可投，有财可理"。土地财产性收益也一样，获得土地财产性收益的前提是拥有土地资产。农村居民的财产拥有量相当有限，其最主要的财产就是承包的土地和私人住房，及其宅基地的多少直接影响了财产收益的量。

（二）农地产权的稳定性和完整性

农地产权的稳定性和完整性影响土地流转的交易成本，从而对农地流转收入具有重要影响。稳定的地权能够极大地提高农地租赁市场的活跃度，提高土地租赁收入。例如，早期中国对承包经营权的流转进行限制，农户租出土地可能被村集体领导人视为无力耕种土地的信号，存在被村集体收回土地的风险；同时产权不稳定也增大了土地租约到期后收回土地的难度。因此农户不愿租赁导致土地租赁市场不活跃，租金收入难以提高。此后，由于发放土地承包合同和证书可以在一定程度上增强农户地权的稳定性，持有承包合同和证书的农地，其流转价格要比没有两证的显著提高。

（三）经济发展程度

经济发展程度对农民土地财产性收益具有明显影响，经济越发达，二、三产业提供的就业机会就越多，人口不断聚集到非农产业就业，农村劳动力人均耕地、园地、林地等农业资源量增加。留守农村劳动者占有更多的农业生产资源，促进土地流转成为农村土地资源利用的必然选择，规模化的农业种植、养殖活动成为可能，农业生产效率得到有效提高，农户获得的流转收入增加。农村劳动力转移到城镇就业，城镇人口集聚、农村人口减少同时产生了农村居民点用地的废弃和闲置，在宅基地退出机制和城乡建设用地市场发展的背景下，会促使更多限制的农村建设用地资源通过交易转变为城镇建设用地发展权空间，为农民带来更多财产性收益。

（四）土地资源配置的市场化程度

在土地财产转化为土地财产性收益的过程中，市场化的广度和深度起关键性的作用。土地配置市场化水平是显化土地财产价值的必备条件。土地资源配置市场化水平的提高会使土地资源的价值得到更好显现，进而有效地实现土地财产性收益。改革开放后，中国政府已经确立社会主义市场经济体制的改革目标，土地市场化改革是建立社会主义市场经济体制的必然要求。土地配置市场化水平的提高，意味着市场机制在土地资源配置中发挥更加重要的作用，土地资源的流动和利用更多地受到市场力量的支配和指引，价格机制、竞争机制和供求机制在土地资源配置中发挥主导作用。

第三节　土地财产增值及其动力机制

一、土地财产增值的概念和类型

（一）土地财产增值概念

土地财产增值是指单位面积土地财产价值量的增加。根据一般商品的"价值决定价格的规律"和土地商品的特殊性，土地价格是地租资本化的表现，土地财产增值的本质是资本化地租的增加，表现则是土地价格的增加。不管是哪种原因引起的土地财产价值的增加，均会引起地租量的增加，并通过土地价格的上涨表现出来。

（二）土地财产增值类型

任何带来地租量增加的因素都会带来土地财产的增值。根据级差地租Ⅰ、级差地租Ⅱ、绝对地租、垄断地租等的变化因素，可将土地财产增值划分为利用性增值、用途性增值、供求性增值和政策性增值等几种类型。

1. 利用性增值

利用性增值即是在对土地上投入资本、劳动、技术等要素带来的土地财产价值量的增加，这是土地财产性收益增长的财产基础。土地利用性增值还具有明显的边际效应，如农业用地，必须投入劳动才能产生农业产品，但农业用地土地产出的效率不可能无限提高，土地价值也不可能无限增值。建设用地方面，投入更高的劳动技术水平，可以提高建筑物的耐用性、使用寿命、安全性，从而带来土地价值的增加。利用性增值还可以体现在周边土地利用条件的改善，如区域的道路、管线等基础设施，以及学校、医疗等公共服务设施改善，整个地区的区位条件改善，土地财产价值量也必然增加。从本质上讲，土地利用性增值是资本化级差地租的增加。

2. 用途性增值

用途性增值也称用途转换增值，是指在其他要素保持不变的前提下，因土地用途的转换，实现土地从低收益的用途转变为高收益的用途。例如，因农业部门的资本有机构成小于工商部门，那么从农业用地转换为建设用地将极大提高土地收益；工业用地转换为住宅用地、商业用地也是同样的道理。其中，商业用地的土地收益最高，住宅和工业用地次之，农业用地的收益最低。从本质上讲，土地用途转换形成土地增值是资本化绝对地租的增加。

3. 供求性增值

供求性增值也称稀缺性增值，是因土地供需关系改变形成的土地增值。土地具有稀缺性，其自然供给数量固定，无弹性；其经济供给虽然具有一定的弹性，但总体受到自然供给的限制。因此，在土地供给有限而需求增长的情况下，产生土地供不应求的情况，引发土地价格上涨，并通过绝对地租的增长得到体现，是资本化绝对地租的增加。

4. 政策性增值

政策性增值主要是由于管理部门相关政策的制定，为某个区域土地价值带来的土地增值。它包括土地利用规划的调整、行政区划的调整、土地管理制度调整等。在土地利用规划政策方面，土地规划是中国土地用途管制的主要依据，不同的土地用途区域划分或者土地利用规划分区等，都极大地影响土地增值收益。同样区位的土地，规划为建设用地用途的土地价值要远远高于规划为农地用途的土地。行政区划调整、行政级别上升，特别是新区设立必然引起土地价值的增长。例如，2017年4月1日国家设立雄安新区的消息公布以后，一些房地产中介和外地人员便涌向雄安新区进行炒房，造成房价"虚高"。据报道，在4月1日晚间仍叫价每平方米6000元的雄县某房源，在4月3日下午已经上涨到了每平方米25 000元。距离雄县大约40公里的霸州碧桂园南山郡的房子上周开盘均价为12 000元，一周之后已涨至每平方米17 000元[①]。

利用性增值、用途性增值、供求性增值和政策性增值四种类型的增值之间具有紧密联

---

① 资料来源：http://www.jlonline.com/caijing/2017-04-10/266623.shtml.

系，土地政策对土地利用、土地用途转换及供求关系会产生主要影响，因此政策性增值，其实质是前三类增值的提前反映，而前三类增值在某种程度上是政策性增值的分解和溢出。

二、土地财产增值的动力机制

由于利用性增值、用途性增值、供求性增值和政策性增值分别基于要素投入增加、用途转变、供求关系改变和政策环境改变，因此可以说土地财产增值是经济、社会、政治、文化等多因素综合作用的结果，由此可以认为增值形成的动力机制主要涉及需求拉动、投资驱动、用途转换、外部辐射四个方面（图 14-1）。

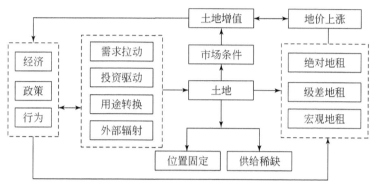

图 14-1　土地财产增值动力机制

1. 需求拉动

随着社会经济发展，对土地需求增加而引起土地财产价格的上升。因人口数量增加和生活水平提升，人们从衣食住行各个方面对土地利用数量产生了更多的需求，对土地利用的深度、广度提出了更高的要求，以满足人们不断增长的物质和文化需求。例如，人们对快捷交通的需求，要求更多的交通用地；人们对房屋的居住水平和环境要求更高，高品质的住宅用地价格上涨；人们对安全健康的农产品需求增加，土壤环境安全的农业用地价格随之上涨。需求拉动形成的供求性增值实质上来自于土地资源的稀缺性。

2. 投资驱动

即土地使用者或经营者在长期的土地使用和经营过程中，对一个地块进行投资开发所引起的该土地的增值。投资驱动引发土地利用性增值，基本原理在于投资增加提高土地利用水平，提升土地承载功能。根据地租形成的原理，土地使用者或经营者将等量资本连续投入同一块土地上产生不同的生产率而产生的超额利润转化为级差地租Ⅱ。基础设施的完善为土地利用提供了必需的物质条件，为提高土地集约利用水平和土地承载力奠定了基础，对提高土地利用程度、增强土地吸引力和辐射力具有不可替代的作用。

3. 用途转换

用途转换包括农业用地转换为城镇建设地和城镇土地不同产业、行业的用地置换。用途转换驱动土地增值的机理在于土地平均利润的部门差异。农业部门资本有机构成要远远低于其他部门的资本有机构成，农产品的价值就必然大于由平均利润率形成的社会生产价格，这样在社会交换中，农业部门的超额利润就要远远低于其他部门，尤其是存在工农业价格剪刀差的情况下。同一面积的建设用地较农业用地能够更大程度地承载投入资本、资源和劳动力，从而获得更高的土地集约利用程度，使其土地利用效益增加，最终导致土地价格的提高。

4. 外部辐射

与投资驱动增值相比，外部辐射增值一般是指宗地外部投资性增值和环境改变引致的增值。外部投资通常是指为提高非生产功能，由国家、开发商或者土地使用者对其他宗地的投入，从而增大宗地周围地区及整个城市的人流、物流和资金流的密度，即提高土地的集聚效益。这种产生于地块之外的投资，其效应和价值的外溢，使土地原具有的潜在价值具备了变为现实价值的条件，提高了土地的产出能力、级差等级和经济效益从而引起土地的增值。接受投资宗地的固定资产具有一定的辐射度，这意味着其效用和价值的外溢，从而使其他宗地受益，产生增值。还有一种特殊的情况，若周围宗地因投机而价格提升，未投资的本宗地的心理预期价格也会迅猛上升，实现增值。

从本质上说，土地增值只有投资驱动和稀缺性增值两类。当投资水平和供求状况不变，同一宗地由低效益用途转为高效益用途时，由于收益水平提高，地价也会相应上升，这就是用途性增值，土地资源投入使用后做何种用途，受自然、经济、社会、文化等多种因素的制约，同时也使改变其利用方式成为可能。至于土地投机推动的价格上升，其基础原因还在于土地的稀缺性。

专栏 14-3　一天十城限购：雄安新区周边已经形成全面限购圈

2017 年 4 月 1 日，设立河北雄安新区，各路房地产投资客连夜涌向雄安新区，伴随着雄安新区三县全面冻结全部房产过户等措施，大批炒房客开始涌向周边地区，距离最近的文安县、霸州市等地成为其首选目标。截至 4 月 5 日深夜，与雄安新区三县紧邻的河北省廊坊市霸州市、文安县；沧州市任丘市；保定市徐水区、定兴县、满城区、清苑区、白沟新城、高碑店市、高阳县等十个地区接连出台限购措施，开始封堵各种炒房行为。以下是十城主要调控措施。

霸州市： 对于非霸州本地户籍居民家庭要求自申请购房之日起前 2 年内在霸州市累计缴纳 12 个月及以上个人所得税或社会保险（城镇社会保险），限购 1 套住房且购房首付款比例不低于 50%，包括新建商品房和二手住房。对于拥有 2 套及以上住房的本地户籍居民家庭，暂停办理新建商品房和二手住房购买手续。

文安县： 非文安户籍居民家庭须自申请购房之日起前 2 年内在文安县累计缴纳 12 个月及以上个人所得税或社会保险（城镇社会保险），限购 1 套住房且购房首付款比例不低于 50%，包括新建商品房和二手住房。对拥有 2 套及以上住房的本地户籍居民家庭，暂停办理新建商品房和二手住房购买手续。

任丘市： 非本地户籍居民家庭已取得居住证且自申请购房之日起前两年内在任丘市累计缴纳 24 个月及以上个人所得税或社会保障的，限购 1 套住房且首付款比例不低于 50%。本地户籍居民家庭在主城区已拥有 2 套及以上住房的，暂不得购买住房。

满城区： 暂停向拥有满城区（含保定市主城区）3 套及以上住房的本区户籍居民家庭出售新建商品住房及二手住房；暂停向拥有满城区（含保定市主城区）1 套及以上住房的非本区户籍居民家庭出售满城区新建商品住房及二手住房。拥有 1 套住房或有商业性住房贷款记录或有公积金住房贷款记录的本区户籍居民家庭，申请商业性个人住房贷款首付款比例不低于 50%。

　　清苑区：暂停向拥有城区 3 套及以上住房的本区户籍居民家庭出售城区新建商品住房及二手住房；暂停向拥有城区 1 套及以上的非本区户籍居民家庭出售城区新建商品住房及二手住房。此外，意见还调整了差别化的住房公积金贷款政策。

　　白沟新城：暂停向购买第 3 套住房的我区户籍家庭提供商业性个人贷款；严禁任何家庭在我区购买第 4 套及以上商品住房。非本地户籍家庭：以家庭为单位，在我区限购新建住宅或二手房 1 套，且首付款比例不低于 40%，该房产自登记之日起五年内不得转让。

　　定兴县：对定兴县户籍居民家庭，首次购房首付款不低于三成；拥有 1 套住房的居民家庭，申请公积金贷款买房的首付六成，申请商业贷款的，首付比例至少五成；暂停拥有三套住房的家庭购房。

　　徐水区：暂停向拥有本区 3 套及以上住宅的本区户籍居民家庭出售新建商品住房及二手住房。暂停向拥有本区 1 套及以上住宅的非本区户籍居民家庭出售新建商品住房及二手住房。在本区购买新建商品住房或二手住房后，须在取得产权登记证书满 2 年后方可进行交易。

　　高碑店市：自 4 月 5 日起，非高碑店市户籍居民家庭限购一套商品住房（含二手房）且购房首付款比例不低于 30%；高碑店户籍居民家庭限购三套商品住房，第二套商品住房首付款比例不低于 60%。

　　高阳县：4 月 5 日起暂停向拥有城区规划范围内（以下简称城区）3 套及以上住房的本县户籍居民家庭出售城区新建商品住房及二手住房。暂停向拥有城区 1 套及以上住房的非本县户籍居民家庭出售城区新建商品住房及二手住房。第二套商品住房首付款比例不低于 60%，认房又认贷。

　　资料来源：http://finance.china.com.cn/industry/special/xaxqjykfdcsc/20170406/4164414.shtml

第四节　土地财产增值收益的分配

一、土地财产增值收益分配的主体

　　由于土地增值收益的本质是资本化地租的增加，表现为不同形态地租的变化，因此，土地增值收益可依据不同形态的地租进行分配。中国土地实行国家所有和集体所有两种公有制形式，同时土地使用权和所有权分离，因此，土地增值收益应根据地租的形成，按照"谁贡献、谁受益"的原则进行分配，应兼顾国家、集体、个人三方面的利益。从地租的产生来看，绝对地租应主要归国家或集体所有，即应归社会所有；级差地租则是由土地经营者自己增加投资所产生的，应归土地经营者获得，结合中国土地市场的特点，在交易环节的土地增值收益分配过程中涉及的主体主要有两类，一是土地所有者，二是土地使用者。针对不同的土地增值收益环节，又可以细分为不同的土地所有者和不同的土地使用者。

　　1. 中央政府

　　中央政府不仅需要考虑整个社会的发展，需要提供一定规模的土地用于建设，而且也要考虑农地作为保障国家粮食安全的基本作用，限制征地规模的快速扩张，更要防止农民利益被侵害，维持社会稳定。由此可知，中央政府的目标是维护整个社会的利益，协调粮食安全和社会发展之间的关系。

2. 地方政府

地方政府是城市土地一级市场的垄断供应者，也是城市建设的主体。土地出让收入是许多地方政府主要的财政收入来源，并作为城市开发和园区建设的主要投资来源。1994 年的财政分税制改革，将土地使用税、土地增值税、契税、房地产税、耕地占用税和国有土地有偿出让收入等划归地方固定收入，土地有关的收入（包括税费和土地出让收入）遂成为地方政府生财的重要途径，同时也是地方投资过热、征地积极性高涨的主要动因。

3. 开发商

土地增值收益分配过程中的另一关键利益主体是私人企业，特别是开发商。而开发商作为完全的经济人，其目标就是利润的最大化，在此情况下，开发商可能会和地方政府权钱勾结以便顺利获得国有土地使用权，从而更可能损害农民的利益。综上，开发商的根本角色定位是追求利益最大化的经济主体，其所采取的均是以这一定位为出发点的策略。

4. 农民

对于农民而言，土地是生存之基，一旦失去土地，那么也将失去谋生工具，因此，只有当补偿大于或者等于若干年份土地收益折现时，农民才会接受征地行为（假设地方政府没有强制征地）。总体而言，失地农民的目标是生活保障的最大化。

5. 集体

对于集体土地而言，土地是以村、组为单位的集体所有，即表示在村（组）范围内的农民都是该集体经济组织的成员。而集体经济组织作为代表农村集体成员的组织，首先具有为农民服务的公共角色定位，此时代表的是农民的利益，具有为农民争取利益最大化的动机。另外，集体经济组织也具有追逐利益的冲动，特别是集体经济组织内部具有权力的个体，可能会存在截留征地补偿挪为私用的情况，从而损害农民的利益。总体而言，集体既有为农民谋福利的公共目标，也有追求自身利益最大化的经济目标。

结合中国目前的土地增值收益分配环节和分配主体来看，各个主体所得的土地增值收益主要为：集体（农民）所得的土地增值收益表现为征地补偿与农业用地价格之间的差值；地方政府所得的土地增值收益表现为土地出让价格与征地拆迁补偿、土地前期开发费用之间的差值；中央政府所得的土地增值表现为土地增值收益再分配过程中地方政府上缴中央财政的新增建设用地有偿使用费；开发商所得的土地增值收益表现为房地产价格推算的土地价格与土地出让价格、建筑安装成本、相关税费、社会平均利润之间的差值。

二、土地财产增值收益分配的争论

除了遵循一般的公平、效率兼顾等原则外，土地增值收益的分配存在"涨价归私""涨价归公""公私兼顾"等争论。

（一）涨价归私论

中国不存在私有产权的土地性质，因此学者提出的"涨价归私"实际上是"涨价归农"。即集体土地因用途转换形成的增值应当归集体经济组织和农民个人所有。提出涨价归私原则的主要原因是中国现行的征地补偿是基于原农业用途并具有最高补偿限定，农民无法享受因土地用途转换形成的增值收益，农民土地财产性收益受到损害。

（二）涨价归公论

"涨价归公"论主张土地财产价值增值部分应当归国家所有。约翰·穆勒 1848 年出版的《政治经济学原理》一书中抨击了地主阶级的不劳而获，主张把全国土地予以估价，土地的现有价值仍归地主所有，而由于社会进步所增加的价值则以赋税形式交给国家。亨利·乔治 1882 年出版的《进步与贫困》一书中指出，由于土地的供给弹性为零，地价上涨完全取决于需求的变化，所以地主可能一夜醒来就暴富。为此，亨利·乔治主张实行土地价值税，通过土地税收使土地转变为一种公共财产，社会可以重新获取这种公共财产的价值。亨利·乔治的理论对中国产生了深远的影响，孙中山提出的"平均地权、涨价归公"正是受到亨利·乔治理论的启发。

（三）公私兼顾论

在"国家所有权至高无上"和"私有产权不可侵犯"两个观点鲜明的论断中，"增值溢价捕获"的观念，是兼顾"公私协作"或者"公私兼顾"的第三条路。主旨是将得益于公共投资部分的土地价值上涨再用于公共服务的提供。周诚认为，土地收益和土地增值的分配应"优先对于失地农民进行公平补偿，剩余部分收归中央政府所有，用于支援全国农村建设"。

总体来看，"涨价归农"对保护农村集体经济组织和农民的土地财产收益具有积极意义，但也存在着引致社会不公等缺陷。由于土地用途的转换而带来的增值并非是被征地的农村集体经济组织和农民投入资金、劳动而产生的，若这种自然增值全部"归农"，会导致社会分配的不公。"公私兼顾"原则应当是"涨价归公"和"涨价归农"二种原则调和的产物。兼顾了土地增值收益分配中的"公平"与"效率"，也是中国土地增值收益分配完善的发展方向。

三、土地财产增值收益分配的量化

（一）土地所有权流转中的财产增值收益分配量化

根据土地财产收益的来源，土地所有权流转中的财产增值体现为征地过程中集体经济组织和农民获取的征地补偿。根据现行《土地管理法》第四十七条规定，"征收耕地的补偿费用包括土地补偿费、安置补助费以及地上附着物和青苗的补偿费"。目前，对征收土地的补偿依据主要是征地区片综合地价和统一年产值标准。征地过程中所涉及的产权经济关系体现为：征地方支付了征地补偿，获得了土地所有权；集体（农民）失去了土地所有权，获得了土地补偿费、安置补助费及地上物和青苗补偿。而基于原用途补偿的原则，现实中的征地补偿通常均高于其农用条件下的流转价格，由此征地补偿与农用地流转价格之间形成了征地环节的增值，即集体（农民）所得土地增值（简称土地增值 I 下同）表现为征地补偿扣除农用地流转价格，即：土地增值 I=实际支付的征地补偿-农用地流转价格。

（二）集体建设用地流转中的财产增值收益分配量化

集体建设用地流转虽然仍未得到《土地管理法》的认可，但流转已成客观事实并成为多地创新试点的内容。党的十八届三中全会中明确提出"建立城乡统一的建设用地市场，允许农村集体经营性建设用地与国有土地同等入市、同权同价，建立兼顾国家、集体、个人的土地增值收益分配机制，合理提高个人收益"。在集体经营性建设用地入市流转改革实践探索中，土地财产增值收益大多按照定额分配、按比例分配进行量化。

2010 年昆山市出台《关于加快培育经济强村的工作意见》，鼓励各区镇以村集体为主体，联合成立纯集体性质的村级投资经营实体，探索建立村级组团发展、联合发展新机制。各镇政府纷纷组建"强村公司"，将各个村拥有的预留建设用地指标和土地征收补偿费中30%的村级资金集中到乡镇，由强村公司集中用于工业集中区内的标准厂房建设或"打工楼"等商业性物业的建设，以增强村级经济"造血"功能。强村公司由镇政府成立和管理，负责对集中后的集体建设用地或指标统一规划、开发和招商引资，并最终收取总收益的8%作为管理费，其余纯收益以股权形式量化分配到各村。提供土地指标和资金的村集体成为强村公司的股东，强村公司根据各村集体所出的现金和建设用地指标折算款算出各村入股的资本金额，再以此计算出各村可享有收益权的物业面积和比例，这个面积比例也就是各村在强村公司中的股份（图 14-2）。昆山强村公司的做法值得参考和借鉴。

图 14-2　昆山市"双集中"制度下的集体建设用地流转收益分配机制

四、土地财产增值收益分配的改革方向

中国现行的土地制度下，即城乡二元土地制度下的国有土地和集体土地"不同权、不同价"的背景下，政府双重身份的存在很容易造成改革受阻，特别是容易受到既得利益者的阻碍。因此，在假定没有受到外来阻碍的前提下要从以下几个方面展开。

（一）农民所得土地增值收益的改革方向

1. 探索多种方式促进农民分享长期稳定收益

根据目前已经开展的一系列实践探索中，可以考虑推进以下两种方式：一是留用地增值收益；二是土地入股收益。两种方式均是为了保证农民在失去土地后能获得长期稳定的收益，从而减少对农民利益的侵害，减少由此引发的矛盾冲突等。

2. 探讨缩小征地范围的改革方式

应完善"公共利益"争议、纠纷协调的机构设置。参考国际经验，应设置不受行政机关管辖的司法机关，使其能真正从"公共"角度考察土地征收问题，从而真正体现"公共利益"。

（二）地方政府所得土地增值收益的改革方向

1. 引导地方政府"管理者"职能的归位，建立公共服务型政府

传统经济学中所描述的政府，是在市场经济条件下通过行政措施对市场进行宏观调控，解决经济主体基于私人目标所难以解决的问题的经济主体，是独立于"经济人"假设之外的"管理者"，是国家各种制度的供给者。应建立公共服务型政府遏制地方政府过多追求经

济利益，引导地方政府"管理者"职能的归位。

2. 完善政绩考核体系

为协调土地增值收益分配中各个利益主体之间的关系，应构建全面的政绩考核体系，缓解地方政府过度追求经济利益的冲动。政绩考核体系加入民生指标等，则可以在一定程度上制约地方政府过度追求土地收益的行为。

3. 逐步建立财产税体系，形成地方政府稳定的税收收入

税制体系改革中，应逐步建立适应中国市场经济发展条件下的财产权体系，并归于地方政府所有，形成地方政府稳定的税收来源。同时，现行征税部门的繁多，使得税收的征收存在一定的问题，因此应将土地税收的征收统一交与税收部门执行。而且考虑到现行地方政府财权的上收，建议有关土地的税收全部留与地方财政，从而保障地方政府稳定的税收收入。

4. 规范地方政府土地增值收益的使用方向

由于地方政府掌握土地的实际占有权，也是土地出让收入使用的主体，再加上中央政府监督力度不足，因此，地方政府不规范使用土地出让收入，甚至侵吞土地出让收入的现象时有发生，从而更加加剧了土地增值收益分配各个利益主体之间的矛盾。因此，地方政府由于征地—出让过程所得的土地增值应回归全社会，这不仅需要中央政府加大对地方政府土地出让收入使用的监督力度，同时也得配合其他措施（包括建立公共服务型政府、完善政绩考核体系、逐步建立财产税体系等）共同发挥作用。

（三）开发商所得土地增值收益的改革方向

1. 利用税收手段调节开发商过多的增值收益

逐步推进房产税或不动产税的征收，并完善土地增值税的征收，从而实现房地产开发过程中的土地增值收益再分配，这既是建立土地收益分配机制的要求，也是解决当前社会普遍关注的收益分配不公、虚拟经济利润过高制约实体经济发展的有效措施。

2. 改革房地产开发模式，引导开发商合理增值

应探索房地产开发模式的多样化，打破开发商垄断房地产开发的局面。此外，还可以探讨改革现行房地产开发购地和预售模式。特别是开发商和地方政府的相互依赖，地方政府希望通过卖地提高收入，而开发商则通过大量囤地、分期开发而获得大量的土地增值收益，从而对整个土地增值收益分配机制造成影响。因此，应废止开发商一次拿地、多次滚动开发的模式，探讨建立分期拿地、一次开发的模式，从而减少开发商囤地现象，缩减开发商过度膨胀的增值收益。

理论上解决土地增值收益分配问题的最根本途径是探索城乡二元土地制度的改革。因此在制度创新下土地增值收益分配的改革方向应在循序渐进的基础上，逐步推进集体经营性建设用地入市流转，提高集体（农民）的增值收益，构建财产收益与财产税收功能各异、相互衔接的收益分配机制。

复习思考题

1. 解释土地财产收益、土地财产增值。
2. 试述土地财产性收益的主要来源。
3. 试述土地财产性收益的基本特征。

4. 试述土地财产性收益的分享主体。

5. 试述土地财产性收益的实现形式及影响因素。

6. 试述土地财产增值的类型、动力机制及增值收益分享方式。

参 考 文 献

段潇潇，张占录. 2012. 城市化过程中的土地发展权［J］. 中国地产市场，（09）：86-87.

季禾禾，周生路，冯昌中. 2005. 试论我国农地发展权定位及农民分享实现［J］. 经济地理，（2）：149-151.

姜爱林，陈海秋. 2007. 农村土地股份合作制研究述评——主要做法、成效、问题与不足［J］. 社会科学研究，（3）：40-46.

金晓斌，魏西云，周寅康，等. 2008. 被征地农民留用地安置模式适用性评价研究——分析浙江省典型案例［J］. 中国土地科学，（9）：27-32.

林瑞瑞. 2015. 土地增值收益分配问题研究［D］. 北京：中国农业大学博士学位论文.

卢阳，陈英，陈亮之. 2007. 农民土地财产性收入的理论构建——定义、特征、功能、计量［J］. 干旱区资源与环境，31（5）：20-25.

吕萍，周滔，张正峰，等. 2008. 土地城市化及其度量指标体系的构建与应用［J］. 中国土地科学，（8）：24-28.

罗伯特·考特，托马斯·尤伦. 1991. 法和经济学［M］. 上海：上海三联出版社.

唐健，李珍贵，王庆宾，等. 2014. 留地安置：征地补偿方式的探索之路［J］. 中国土地，（3）：6-13.

唐健，李珍贵，王庆宾，等. 2014. 因地制宜地稳妥推进留地安置——基于对10余省份留地安置的调研［J］. 中国土地科学，（4）：91-96.

唐雪梅. 2010. 论转型期我国居民财产性收入的调控［D］. 成都：西南财经大学博士学位论文.

王敏，诸培新，张志林. 2016. 集体建设用地流转增值收益共享机制研究——以昆山市为例［J］. 中国土地科学，（2）：51-57.

王如渊，孟凌. 2005. 对我国失地农民"留地安置"模式几个问题的思考——以深圳特区为例［J］. 中国软科学，（10）：14-20.

杨庆媛. 2002. 中国城镇土地市场研究［M］. 重庆：西南师范大学出版社.

赵亚莉. 2009. 集体建设用地流转增值收益及其分配研究［D］. 南京：南京农业大学博士学位论文.

周诚. 2003. 土地经济学［M］. 北京：商务印书馆.

朱道林. 2017. 土地增值收益分配悖论：理论、实践与改革［M］. 北京：科学出版社.

第十五章 土 地 金 融

【本章内容要点】土地金融制度是一个国家土地制度和金融体系的重要组成部分，在合理配置土地资源、发展农业经济等方面发挥着重要作用。本章主要介绍土地金融的概念、特点、种类及作用，总结土地金融的国外经验和国内现状，并探讨我国土地金融制度的发展前景。

第一节 土地金融概论

一、土地金融的概念

在现代经济活动中，金融通常指以银行为核心的货币资金的融通，泛指与货币流通和银行信用有关的一切经济活动。

土地金融是指以土地为信用或担保的资金融通。一般指围绕土地开发、利用、经营等活动而发生的筹集、融通和结算资金的金融行为。在现代生活中，每时每刻都离不开货币资金，离不开金融的支持与配合，从这个角度来说，土地金融的基本任务是以最有效的方式、方法及工具，向社会筹集资金，用以支持和配合土地的开发、利用及土地经营方面的资金融通，以促进土地产业的不断发展。

土地金融的内容主要包括发生在土地开发、利用、经营过程中的贷款、存款、投资、信托、租赁、抵押、贴现、保险、证券发行与交易，以及土地金融机构所办理的各类中间业务等信用活动。

二、土地金融的特点

土地金融作为一种以土地抵押为特征的信用活动，与其他金融业务相比，具有以下几个特征。

1. 安全性

由于土地属于不动产，且具有保值增值性，将其作为抵押物进行抵押贷款，债权可靠，安全性高。

2. 长期性

以土地为抵押而融通的资金多用于土地开发、改良和基础设施建设等方面，这些投资的回收期较长，一般需要 1～5 年，资金占用周期较长。

3. 政策性

土地金融是国家和政府推行有关土地政策和其他政策的重要手段。通过土地金融政策的调整，鼓励或限制某些土地利用行为，从而实现农业结构调整政策、农业规模利用政策、农业产业政策、土地整治与开发政策等农业或土地政策的目标。

4. 风险性

土地金融风险来自多个领域，有自然风险，也有市场风险。例如，农地贷款期限长，利率低，一旦遭受自然灾害，贷款则难以收回；房地产贷款金额高，杠杆率高，市场波动频繁，融资风险也相当高。

5. 担保性

土地融资通常要求将土地作为抵押物为其债权作担保，土地商品的特殊性决定了土地金融是有担保的金融。

三、土地金融的种类

土地金融按空间范围和用途可以划分为农地金融与市地金融两大类。

（一）农地金融

农地金融可划分为以下四类。

（1）农地购买贷款：用于农地的购买与租赁。

（2）农地改良贷款：用于农地开垦，灌溉、排水等设施修建或土壤改良等。

（3）农地经营贷款：用于购买牲畜、农具、肥料等。

（4）农地经营扩展贷款：凭借农地所有权或使用权取得从事其他事业所需的资金。

农地金融的主要特点是：在契约到期之前，债权人不得任意要求债务偿还；而债务人可在契约到期前随时偿还；债务占抵押物价值不能过大，应以土地收益剩余能够偿还为限，且偿还期限越长越好；利率低且不变。

（二）市地金融

市地金融可划分为以下五类。

（1）市地购买贷款：用于市地的购买与租赁。

（2）市地经营贷款：用于商品房建设，交通、工业、商业及文化设施建设等。

（3）市地基础设施和公共设施建设贷款：用于市地的基础设施和公共设施建设等。

（4）城市房地产贷款：用于城市房地产开发建设等方面的资金。

（5）市地消费贷款：用于市地的个人消费所需的资金。

市地的功能决定了市地金融的特点：市地价格高，单位面积收益水平高，商品化程度高，使市地取得高额抵押贷款；资金回收较有保障，一方面是因为市地金融债务人一般都具有较强的举债能力，另一方面是因为市地收益比较稳定和可靠；债务人能够承受较高的利率，因为市地负担能力较强；偿还期限不必过长，也可提前还款。

四、土地金融的作用

土地金融的基本功能是从资金融通方面保障和促进土地的取得与开发，以及与其密切相联系的产业、经济活动的顺利开展。其作用表现为以下几个方面。

1. 筹集资金发展生产的能力

我国农业发展长期以来资金投入不足，主要原因之一是资金来源渠道少，农业处于不平等的竞争地位，农民也因此得不到中长期的农业信贷支持，无法购买先进的生产资料和农业机械，严重地削弱了我国农业的发展潜力。通过土地金融，可以广泛筹集社会资金，将闲散资金投入土地开发与建设，扩大农业资金来源渠道，再以较低利率贷给农民，从而使农民获得低成本的中长期信用支持，购置生产资料和农业机械，加大土地投资，提高集约经营水平，增加土地产出效益。

2. 有利于政府推行农业政策和土地政策

土地金融也是政府推行有关农业政策或土地政策的重要手段。通过土地金融政策的调整，鼓励或者限制某些土地利用行为，从而实现政府的农业产业发展政策、农业经营政策、土地整治与开发政策、房地产业发展等宏观调控目标。

3. 调整银行信贷结构的功能，改善资产质量

从国外商业银行来看，其传统的信贷业务的重点通常是放在流动性较强的中短期企业贷款上，但随着金融市场竞争的加剧，其信贷业务已逐步转变为个人住房贷款为重点。个人住房贷款具有资产质量优良、效益良好的特点，使得商业银行的信贷结构大为改善，反过来又会进一步促进土地金融发展。

4. 促进土地流转，优化土地资源配置

在市场经济条件下，土地资源要素的流动总是向具有高效能经济主体转移与集中。土地金融制度的建立将土地作为资产纳入市场经济体系中，将不可移动的固定资产变成可移动的、灵活的资产。土地流转有助于实现土地的高效集约利用，发挥土地的集约利用和规模效益的优势，从而带动生产经营的组织化、社会化和产业化，极大地提高农产品的市场竞争力和农业的经济效益，为实现农业现代化提供有效途径。

5. 促进我国地权关系合理分离

地权是由多种权能组成的权力束。其中的某一项权能是从权力束中相对分离开来还是融入其中，需依据经济发展和社会变化的需求而定。地权的发展趋势是使土地权能越来越多地分离。每一项地权权能都可以是一项相对独立的经济利益权。土地金融业务依地权关系的分离而开展，是地权分离的催化剂。

第二节 典型国家和地区的土地金融制度

国际土地金融的经营方式主要有国营、合作经营和私营三种。因国别和地区差异，土地金融制度各有异同。本章选取德国、美国、日本及我国台湾地区作为典型代表，简述其土地金融制度产生发展的过程等。

一、德国土地金融制度

土地金融最早起源于德国，至今已有 200 多年的历史。德国土地金融制度后来传入东欧、北欧、意大利及世界其他国家，成为世界土地金融业的典范。

德国土地金融是以土地抵押信用合作社作为主体的金融体系。德国土地抵押信用合作制度的主要内容是：农民或地主可联合起来组织成一个合作社，并将土地作为抵押品交给合作社，合作社用这些土地作担保发行土地债券，并在市场上出售以换取资金，借给社员使用。每个社员完成其抵押手续取得借款后，其社员资格就得到了确认。当社员的借款还清，所抵押的土地收回后，即可自动退社而与合作社脱离关系。社员要求借款，一般数额为抵押土地价格的 1/2 或 2/3。社员与合作社订立借款契约，规定借款利率、期限、每年本息的偿还办法等。合作社直接担负债券的发行、付息及清偿的责任，合作社的债券发行总额不得超过所收到社员抵押土地的总值。这种债券自由买卖，可以流通，使土地金融与一般商业金融没有什么差别。借款的期限为 10～60 年，分期偿还。通常是每年偿还一次，即通过社员向合作社缴纳年金的形式进行，其中包含利息、摊还的本金、合作社征收的营业费用和公积金。社员每年向合作社付息，而合作社将息金转付给债券的购买人。合作社将社员每年所交的应摊还的本金收存起来作为偿债基金。这项基金平时可以放贷生息，积累到一定数额时，从市面上购回部分债券。市场上流通的债券，是分期发行、分期购回、不断循环的。

德国的土地抵押信用合作社，本身并不经营银行业务，而是以提供贷款的方式协助农民买土地、开垦土地、兴建水利、道路、平整耕地和造林。但为了便利社员出售债券和融通资金，而联合起来组织了附设的银行。这些银行的资金来源是各个合作社所缴的股金、接受的存款及营业盈余的公积金。银行的主要任务是代各土地抵押信用合作社经营债券的推销、付息及购回，并且在债券未售出之前垫支资金给社员，同时还进行各合作社之间的资金融通。也有些土地抵押信用合作社共同组织联合社，并用联合社的名义发行债券或融通资金。这样就使债券的流通范围更加扩大，融资能力增强，从而大大促进了土地金融业的发展。

二、美国土地金融制度

美国土地金融制度建立于 20 世纪初期，在当时，美国农业发展面临巨大障碍，以农产品过剩为特征的农业危机频繁爆发且持续时间长，对农业生产破坏巨大，要完全利用市场机制来应付农业危机，调整农业生产具有很大局限，必须将政府干预引入农业领域。所以在创始初期，美国的中央与地方政府、农业团体与私人等均可以认股。1917 年联邦土地银行 80% 以上的股金都是由联邦政府供给的。后来，由于土地银行合作社所认缴的股金逐渐增多，政府所认购的股金不断退出，才使联邦土地银行成为农民合作的土地银行。

美国专业土地金融机构的上层组织是联邦土地银行，基层组织为土地银行合作社。联邦土地银行相当于各土地银行合作社的联合社或上层的联合银行，其组织章程中明文规定：联邦土地银行的正当合法股东应为农民所组织的土地银行合作社。美国土地金融体系的基本组织是土地银行合作社。依照联邦农地押款法的规定，凡十个以上的自有耕地的农民或欲购买耕地者就可合作组建这样一个合作社，以便向联邦土地银行申请借款。联邦土地银行的放款对象就是这样的合作社，而不是个别农民或地主。农民若不组织土地银行合作社，就不易获得借款。农民借款用途多为购买土地、农地改良和农场的建设。借贷期限短则 3～4 年，长的可达 40 年。这种土地金融系统的资金来源有三方面，即股金、公积金及发行土地债券。如果股金与公积金不足以供应放款的需要，则可以依法发行土地债券并出售以换取资金。

美国联邦土地银行的业务大致如下。

（1）发行农地抵押债券，并负责还本付息。

（2）在各行的农业信用区内进行以农地为抵押的长期放款。

（3）为了适应经营上的需要进行财产买卖。

（4）接受借款人的农地以抵偿债务。

（5）接受土地银行合作社的抵押品或存款，但不付息。

土地银行合作社的社员请求借款时，可向土地银行合作社提交申请书并附交土地所有权作为借款的抵押品，经合作社理事会审核、同意后交该区的联邦土地银行审核、认可。借款人须用借款的 5%缴入合作社作股金，合作社还要扣除借款的 1%作为手续费。借款额不能超过抵押土地价格的 65%。在规定期限内分期还本付息。当借款本息全部清偿后，社员就可以收回其抵押的土地，并收回其借款时所缴的股金。如果不再借款，就可退出土地银行合作社。

三、日本土地金融制度

日本专业的土地金融机构是国有土地银行。日本的长期性金融机构创始于 19 世纪末期，主要有日本劝业银行、农工银行等。其中劝业银行规模较大，贷放长期性巨额资金，以供农业建设所需。例如，大规模的垦殖所需资金，凡分期偿还超过 10 年以上的均由劝业银行供给；凡是地方性小规模的农田建设工程，以及购买农具、牲畜、肥料等所需资金，少数以不动产作抵押，大多数由农工银行供给。日本劝业银行首创于 1896 年，总行设在东京，分行遍布全国各大城市。该行为股份有限公司组织，凭土地与房屋抵押而放款于各种产业。日本政府投入了大量的官股，致使大藏省可以对该行的业务进行严格的监督和管理。该行资金的主要来源有股金、出售劝业债券的收入及吸收普通存款，发行的劝业债券总额可高达股金总额的 10 倍。劝业银行经常放款协助农民购买农地及开垦荒地，以土地作抵押，于 50 年内分期偿还。放贷最多的项目是地方政府（无抵押贷款）的农田水利工程、道路兴建，以及造林、渔业和蚕桑等，一般要求在 5~10 年内偿还。日本政府对农工银行给予大力支持，曾由国库拨款，分配给各县银行，供认购农工银行股票之用，并发行农工债券。该行放款的最长期限为 30 年，以房地产作抵押。放款一般用于农业开垦、农田水利建设、农地改良、农用道路、购买农业生产资料等。

从 1921 年起，日本政府开始调整劝业银行与农工银行之间的关系，将农工银行并入劝业银行，至 1944 年合并已全部完成。到 20 世纪 50 年代初，日本经济再度繁荣，日本政府为促进农、林、渔业发展，1953 年创立农、林、渔业金融公库，实际上是国有土地银行，所需资金由日本政府从各方借拨而来，其放款主要是供农、林、渔业的永久性建设之用，如购买土地、开垦荒地、农场建设等，偿还期限一般是 10~25 年。

四、中国台湾地区的土地金融制度

台湾土地银行成立于 1946 年，其前身是日本劝业银行的台湾支行。根据台湾土地银行的章程，它是一家发行土地债券并贷放长期低息资金的银行，放款的抵押品为土地，放款的主要目的是协助农民购买耕地及从事水利、农、林、渔、牧各业的永久性建设。台湾土地银行的发展经历了四个阶段：第一阶段为 20 世纪 40 年代末至 50 年代初，台湾土地银行的经营目标是帮助农民摆脱高利贷的盘剥，重点发放农业短期贷款和水利建设贷款，这两项贷款占当时农业贷款总额的 90%以上。第二阶段为 1953~1963 年，台湾土地银行的经营目标转变为服务于土地所有权改革，主要接受地方政府的委托，办理补贴地价业务。这一时期，由于解决了长期资金来源问题，台湾土地银行给农民发放了大量长期购地贷款，保证了"公地放领""私有耕地放领与征收"等土地产权改革的顺利进行。第三阶段为 1963~1973 年，台湾土地银行的经营目标转向城市土地开发和农村资助工业区、示范农场建设。第四阶段在 1973 年后，台湾土地银行的主要经营目标转变为商业性的土地金融机构，当然，提供协助农户扩大农场规模购地、土地改良、农渔民置产及周转性贷款等各类土地及农业开发资金仍是其主导业务。近年来，台湾土地银行除履行专业银行的使命外，正在朝着多元化、效率化、大众化、国际化的发展方向迈进。

目前，台湾土地银行的主要业务有吸收存款，提供各类土地及农业开发资金，办理农渔民住宅、农业生产、土地改良、土地重划等贷款，以及农渔会贷款、林业贷款、农渔民置产和周转性贷款等。在台湾的土地金融体系中，除了台湾土地银行外，能为农民提供中长期贷款的还有"中国农民银行"、台湾省合作金库、农渔会信用部等金融机构，另外，"行政院农业发展委员会农业信用处"、省粮食局、省烟酒公卖局、蔗农公司及其他兼办农贷的银行也办理一些农业信贷业务。其中台湾银行是办理土地金融和农业金融业务的专业银行，为省属官营银行，有分支机构 70 余家。

第三节　中国的土地金融制度

一、中国土地金融制度的发展历程

（一）近代中国土地金融的发展

严格来讲，近代中国历史上并未有真正意义上的土地金融制度的创办和运作。清光绪三十四年（1908 年）公布了《殖产银行则例》，1911 年在天津建立了一个殖产银行，发行债券，其发行额规定为实收股金总数的 5 倍，其宗旨是通过债券筹集资金向农业、工业发放各种期限贷款。尽管该银行条文上规定长期贷款可用田园、房屋等作抵押，但事实上以不动产作为抵押的长期信用贷款者甚少，在农村根本就未开展业务，殖产银行的业务实为普通商业银行业务；民国 3 年（1914 年），公布《劝业银行条例》，规定劝业银行可发行劝业债券，劝业银行成为全国不动产的金融机构；1915 年又颁布农工银行条例，规定该行放款以定期抵押和分期抵押放款为主，例如，在农村放款可收取田契作为抵押品；同年又设立中国实业银行，以放款发展农业、水利等为宗旨，均采用不动产为抵押发放长期信用，于 10 年内分期清偿。

1933 年国民党中央政府拨款设豫、鄂、皖、赣四省农民银行，1936 年改名为中国农业银行，是专为发展农业所设立的银行，1934 年该行迁至重庆，并于 1941 年 9 月 5 日颁布《中国农民银行兼办土地金融业务条例》，同时设立土地金融处，负责土地金融业务的办理；1942 年 3 月颁布《中国农民银行土地债券法》，土地金融处于是可以按规定发行债券；后来，由于抗战爆发、政局动荡、通货膨胀严重，长期贷款和土地金融未能开展下去。

在旧中国房地产金融的发展过程中，除政府银行的努力外，一些商业银行和房地产企业在房地产资金的融通上也起了重要作用。例如，当时比较有名的"南三行"（即浙江兴业银行、上海银行和浙江实业银行）和"北四行"（即金城银行、盐业银行、中南银行和大陆银行）在房地产资金的融通上就十分活跃。据统计，1936 年上海 16 家银行的房地产投资共计 17 万余元，约占存款总额的 7%，其中浙江兴业银行、大陆银行、上海银行及四行储蓄会等对房地产的投资数就超过 900 万元。除了银行直接投资房地产外，房地产抵押贷款业务也较普遍，大多数外商房地产公司除发行债券和股票融资外，还发放抵押贷款。例如，当时上海大型房地产公司之一的业广地产公司，先后发行债券总额达 2000 万以上，1934 年放出抵押贷款 600 万元。

（二）中华人民共和国土地金融的发展

1949 年中华人民共和国成立后，通过合作化运动建立土地公有制，规定土地不准买卖和自由转让，不能作为财产抵押，此时，土地金融从金融业务中退出；20 世纪 70 年代末 80 年代初，在中国农村普遍实行了以农户为单位的土地承包经营制，使农村土地的所有权与使用权相分离；20 世纪 80 年代后期，城市国有土地逐步实行有偿使用制，城镇职工住房制度改革也逐步展开；到 20 世纪 90 年代，城镇国有土地使用权的出让、转让、租赁等活动逐渐发展起来，城镇职工住房制度改革也全面展开，实行多年的实物性福利分房制度取消，住房作为商品全面进入市场。伴随住房的商品化，城市国有土地使用权也逐步形成市场化经营；2002 年 5 月《招标拍卖挂牌出让国有土地使用权规定》的出台，进一步完善了国有土地使用权有偿出让和转让制度，促使房地产金融业快速发展起来。2008 年，国务院办公厅相继印发《国务院办公厅关于当前金融促进经济发展的若干意见》《国务院办公厅关于促进房地产市场健康发展的若干意见》等政策措施，提高了城镇商品住房建设和居民消费的积极性，带动了商业银行房地产信贷业务的大力发展，个人住房贷款规模开始迅猛增长。同时，为配合和支持国家深化住房制度改革和居民的住房消费，商业银行房地产金融业务的经营管理逐步规范，在产品种类、业务范围和经营模式等方面有了长足发展。房地产金融机构体系逐步完善，并形成了全面覆盖房地产各个环节的金融产品服务体系。

近年来，各家商业银行围绕土地和房地产创新了多项信贷产品，如房地产开发贷款、土地储备贷款、个人住房按揭贷款、个人房屋抵押贷款等，极大促进了中国房地产金融的发展。在房地产金融迅速发展的同时，国家也越发重视农村土地金融的发展，2016 年 10 月 30 日，中共中央办公厅、国务院办公厅发布《关于完善农村土地所有权承包权经营权分置办法的意见》，标志农村土地改革迎来"三权分置"时代。随后，国家结合农民实际情况，逐步试点运用土地承包经营权、农民住房财产权抵押贷款，创新土地金融。

二、中国现行土地金融制度及特点

土地抵押是土地金融的核心。西方国家实行的是土地私有制，土地金融的运行也就相对简单，土地所有权的可抵押性构成了西方国家土地金融的内在基础。我国实行的是土地公有制，法律明文规定土地所有权不得买卖，因此，土地所有权不可能成为我国土地资金融通的信用基础。1979 年的土地使用制度改革促进了土地所有权和土地使用权相分离，国家拥有土地所有权，用地单位拥有土地使用权。随着土地使用制度改革的深化，相继出台的法律法规又规定土地使用权在法律许可范围内可以转让、抵押。这使得土地使用权完全可以在信用方面代替土地所有权，成为资金融通的信用保证。因此，中国土地金融的内在基础是土地使用权的可抵押性，而不是土地所有权的可抵押性。这是中国土地金融制度与西方土地金融制度最大的不同之处。

（一）农村土地金融制度

1. 农村土地金融制度发展现状

尽管我国是农业大国，但实际上至今并没有建立起完备的农村土地金融制度。现行的农村金融体系包括以农村信用合作社为代表的合作金融，以中国农业银行、中国邮政储蓄银行为代表的商业金融和中国农业发展银行为代表的政策金融，三者各司其职。其中，中国农村信用合作社是农业生产金融服务的主力军，拥有最多的分支机构，能够覆盖各乡镇，与农户的业务往来也是最多的，但其业务范围比较单一，主要集中于农业生产贷款。

目前，我国农村地区"系统性负投资"与农民信贷需求旺盛的矛盾日益突出，迫使我国农村金融需要寻求新的出路，进行体制改革和创新，以土地抵押担保为核心的农村土地金融就是此背景下的产物。2007年10月1日起施行的《物权法》明确界定了农村土地承包经营权为用益物权。从2008年下半年开始，在中国人民银行、中国银行业监督管理委员会的大力推动和各地政府的配合下，辽宁、重庆、宁夏、浙江等9省市开展了土地经营权抵押贷款试点工作，受到了农民的欢迎，贷款质量也保持较高水平，国信证券的研报显示，截至2014年底，全国20个省可以用农村土地经营权进行抵押贷款，总额已达到200多亿元；2014年6月底农村流转土地达到28.8%，各种新型主体也快速发展，家庭农场有87万个，各种农场经营合作社达到121万个。

2016年中央一号文件《中共中央国务院关于落实发展新理念加快农业现代化实现全面小康目标的若干意见》明确提出在风险可控前提下，稳妥有序推进农村承包土地的经营权和农民住房财产权抵押贷款试点，积极发展林权抵押贷款；推动金融资源更多向农村倾斜，加快构建多层次、广覆盖、可持续的农村金融服务体系，发展农村普惠金融，降低融资成本，全面激活农村金融服务链条。该文件对农村土地金融的配套体系和阶段性目标进行了更加详细的规定和阐述，在相关政策措施的指引下，我国农村土地金融制度将会取得更快更好的发展。

2. 农村土地金融制度特点

我国当前的农村土地金融主要是以政府为主导，并且随着农村金融市场准入条件的放宽，农村金融市场的结构发生积极变化，朝着多元化的方向发展。农村土地金融是以农村（用）土地为抵押物而获得的资金融通，是一种特殊的金融形式。农村土地金融有着一般的特征，但在我国又表现出了一定的特殊性，其特点可以概括如下。

1）农村土地金融是有担保的金融，债权可靠

农村土地金融是以农村土地为信用担保物。担保包括人的担保（信誉担保）和物的担保，土地担保属于物的担保。所谓物的担保是指以特定的财物为借款人债务的履行做担保，当债务不能履行时，债权人有权行使该担保物权，无论债务人是否还负有其他债务或是否将该担保物转让他人，都能从该担保物权的执行中获得债权的优先清偿，其最大的优点就是债权安全。而土地自身具备的特点又直接决定了土地是唯一合格的长期信用担保物，以土地作为信用担保，债权可靠安全。

2）农村土地金融贷款偿还期长，一般实行证券化

农村土地金融是围绕农村土地的开发、生产、经营的资金融通，投资回收期较长，因此以土地抵押贷款的偿还期较长，借款偿还期短则3～5年，长则20～30年至40～50年不等。而我国目前针对农户发放的贷款多为短期贷款，期限3个月到1年不等，与农作物的生长周期完全不匹配，不能满足农户的贷款期限需求。要适应农村生产发展的需要，土地金融的贷款偿还期限必须延长，而较长的贷款期限预示着较长的资金占用时间及较低的资金流动性。基于土地位置的固定和不可分割，为了保证充足的流动性，常常将土地证券化，即以土地担保发行债券，增加流通性，扩大流通范围。

3）农村土地金融兼具商业金融和政策性金融双重属性

农村土地金融的根本宗旨和目标是通过金融工具创新为农户或其他经济组织提供持续有效的服务，满足农业发展对中长期资金的需求，改变农业发展中的金融抑制和金融约束

状况，促进农业现代化。从上述根本宗旨出发，农村土地金融机构在上述经营定位时必须达到两个目标："一是实现服务机构自身的自负盈亏和可持续发展；二是为农民持续提供可使他们获益的信贷服务。"第一个目标决定了农村土地金融机构必须进行商业化运作，第二个目标又决定了农村土地金融机构带有政策性倾向，并非完全追求利润的最大化，应着眼于给农民提供长期低息贷款，实现农业发展的战略目标。目前，在我国开展土地金融业务仍然是政府主导型的，政策性较强，政府是农村土地金融建设的主体，但是最终的发展出路还是要结合商业化运作，做到机构自负盈亏，要加大竞争力度，提高运作效率，为农民提供更优质的金融服务。

（二）城市土地金融制度

城市土地金融制度是围绕城市土地及其建筑物的开发、经营和消费所进行的资金融通。根据其服务的对象，又可将其分为土地开发金融和房地产金融。前者服务的对象包括城市土地的收购储备和城市土地相关的基础设施和公共设施建设；后者则往往与其地上建筑物一起，组成房地产金融体系。

1. 土地开发金融制度

1）发展现状

改革开放以来，随着我国社会主义市场经济体制的逐步完善，"经营城市"作为一种城市建设理念，为突破城市建设资金瓶颈，实现城市建设事业的持续快速健康发展提供了一条有效途径。经营城市的首要任务是要使城市资源达到经济、高效地利用。城市土地资源是城市资源重要的组成部分。土地作为三大生产要素之一，对城市社会经济的可持续发展起基础性、决定性作用。城市土地经营过程中对资金的需求巨大，必须以足够财力支持为保障，而各级政府及房地产开发企业所能承担的财政支持力度又是有限的。土地金融作为一种有效解决资金短缺压力的手段，已经在城市建设开发中发挥不可替代的作用。据统计数据显示，2010 年中国国有土地使用权出让收入高达 2.9 万亿元，占地方财政收入的65.9%。政府依据土地管理法律法规赋予的职权，以经营手段运作土地资产和土地资本，从而实现整个城市经济社会的协调发展和土地效益的最大化。

就目前中国城市土地金融而言，参与主体主要是土地收购储备机构、银行及房地产开发企业，参与方式主要是介入城市土地开发的一级市场和二级市场。土地一级开发是按照城市规划、城市功能定位和经济发展要求，由政府统一组织征地补偿，拆迁安置、土地平整、市政基础设施和社会公共配套设施建设，达到土地出让标准的土地开发行为。目前中国土地一级开发主要由政府垄断，各地方政府相应成立了土地储备整理中心，负责统一运作土地一级开发。土地二级开发是指经过一级开发或在达到一级开发标准的土地上开发建造商业、娱乐、住宅、旅游设施等的行为，统称房地产开发。

2）存在的问题

（1）过于依赖银行间接融资。在当前我国的城市土地金融体系中，银行间接融资支持占据了绝对比例，究其原因，与我国金融结构长期以来就是以银行为主，以及资本市场发展相对落后有密切关系。土地金融结构失衡，造成金融效率低下；金融风险在银行体系的过度积累，也困扰着整个土地金融体系改革。以土地储备领域为例，仅靠银行贷款的筹资方式所带来的问题包括：贷款期限与储备土地的运营周期不匹配；土地收购需要稳定的资金来源，而银行贷款受政策和经济周期的影响较大；储备土地公益性强、收益低，难以获得金融支持。

（2）缺乏多元化的机构主体。在城市土地金融体系中，应该具有多元化的机构主体，通过分工协作来共同促进土地金融运作的顺利进行。按照国际经验，土地金融体系应该包括土地专业银行、商业银行、政策性银行，以及各类基金、信托、投资公司、保险机构等。但在我国，土地金融机构相对来说还比较单一，不太符合当前的现实需求。

（3）尚未建立起多层次的土地金融市场。为了促进土地市场运行效率的提高及房地产市场的健康运行，我国需要一个多层次的土地金融市场，包括土地金融的一级市场和二级市场，便于依托于土地的各类金融资产、金融产品能够顺利地进行交易。其中，抵押贷款二级市场、住房抵押贷款证券化市场等都属于不可或缺的市场类别。

（4）土地金融的保障性职能缺位。城市土地金融体系的建设，不仅是为了提高土地市场的运行效率，也是为了保证土地运行的公平性。运用土地来保障公民的基本住房需要是世界各国土地政策的重要内容之一。对应于土地政策的公平性要求，也需要土地金融体现出这一职能。我国土地金融的保障性职能始终处于缺位状态，更多是依靠政府财政来完成相应保障职责。

2. 房地产金融制度

1）发展现状

目前我国的房地产金融制度主要包括政策性房地产金融制度和自营性房地产金融制度两类。

（1）政策性房地产金融制度。政策性房地产金融是指银行受各市（县）人民政府和军队、煤炭、铁道、石油等系统的委托，以政策性住房资金为来源而经营的住房金融业务。政策性住房资金来源包括城市住房基金，行政、事业、企业单位住房基金，行政、事业、企业单位收取的租赁保证金，职工住房公积金等。政策性资金运用包括对房改单位职工购买、建造、大修理自住房发放抵押贷款，受公积金中心委托，对参加公积金储蓄的个人发放公积金住房贷款。政策性房地产金融业务以住房公积金为主体，住房公积金只能用于职工个人购买住房，银行在接到住房公积金委托后向借款人发放公积金贷款，银行只收取手续费，不承担贷款风险，不分享利差收入。

目前，我国房地产金融市场的金融机构主要为中国工商银行、中国建设银行、中国农业银行和中国银行四家国有独资商业银行，并以前两家市场占比最大。中国商业银行作为企业，其业务发展、经营管理同样需要遵循市场经济规律。在我国，房地产业的发展形势良好，自然也就成为银行贷款的重点领域。据银监会发布的2015年统计年报显示，2015年中国商业银行房地产业不良贷款余额为455.9亿元，不良率仅为0.81%。从其他国家商业银行的业务发展情况来看，房地产行业也因收益相对高、坏账率低，成为金融机构青睐的行业。

（2）自营性房地产金融制度。自营性房地产金融是指商业银行按照资金营利性、安全性和流动性的经营原则，以银行本外币存款作为资金来源，自主经营房地产贷款业务。自营性房地产贷款包括两类：一是个人住房贷款，是指对个人发放的用于购买、建造和修葺住房的贷款，包括个人住房抵押贷款、个人住房装修贷款、个人商用房贷款、个人住房首付款贷款等业务品种；而法人房地产贷款，是指对法人发放的用于房地产开发、经营和消费的贷款，包括房地产项目贷款、房地产开发企业流动资金贷款、商业用房经营贷款、建筑业贷款等业务品种。随着市场需求的变化，银行信贷品种不断创新，业务范围不断扩大。

2）房地产金融制度特点

我国的房地产金融体系不同于国外的房地产金融模式。首先，虽然早就开始推广住房公积金制度，但直到目前住房公积金贷款规模仍远小于商业性贷款规模。其次，我国曾经在烟台市和蚌埠市试点推行住房储蓄银行，但因为效果不够明显，两家住房储蓄银行已转为商业银行。我国房地产贷款一级市场发展较为迅速，二级市场还处于初步发展阶段。因此，我国房地产金融的特点是：在组织体系方面，以商业银行为主体，其他金融机构广泛参与；在产品体系方面，以银行信贷为主体，兼有信托和其他融资方式；在市场体系方面，以一级市场为主体，二级市场仍在探索完善阶段。

（1）组织体系以商业银行为主体。中国房地产市场的发展应可以追溯到20世纪80年代中后期的住房体制改革，商业银行在其中扮演了重要角色。在很大程度上，商业银行的资金支持（各种形式的贷款）是维系中国房地产业资金链安全的主要力量。

（2）产品体系以银行信贷为主体。从产品体系来看，我国房地产金融以银行信贷为主，信托、股权、债券融资为辅。在融资规模方面，间接融资远大于直接融资。当前，银行信贷资金还是中国房地产企业发展的主要融资渠道。一级土地开发、房地产开发、房地产销售三个阶段，每一个阶段都离不开银行信贷资金的支持。即使在宏观调控过程中，商业银行紧缩银根，不少开发企业仍以商业银行融资为主。中国资本市场的发展完善是一个相对长期的过程，未来国内大部分房地产项目的融资仍要依赖于商业银行的信贷支持。

（3）市场体系仍以一级市场为主体。我国房地产金融体系的形成历史不到30年，快速发展也是近十几年的事情，因而房地产金融交易主要集中在一级市场上。为分散住房抵押贷款风险，解决商业银行存贷款的期限错配问题和房地产贷款机构的流动性问题，从1998年开始，中国人民银行着手探索住房抵押贷款证券化，培育和发展住房金融的二级市场。2005年12月，中国建设银行首批30.17亿元住房抵押贷款支持证券在全国银行间市场成功发行、交易，标志着我国住房抵押贷款二级市场的诞生。

三、中国土地金融的发展方向

由于土地市场化程度的不同，城市土地金融和农村土地金融在发展方向上应有所不同。对农村而言，要通过农地金融制度的构建和发展，整合农村土地金融资源，活跃农村经济，构建新型土地金融体系，加大金融对农村的支持力度，充分发挥农村金融为农村经济服务的职能。对于城市而言，土地金融的发展方向该是为城市土地开发提供充足的资金；通过推出多样化的金融产品，让大多数人能够分享到土地收益的增加；成为政府调控城市土地市场的重要手段。

（一）中国农村金融发展的基本趋势

1. 破除法律障碍，奠定农地金融产权基础

根据《物权法》的有关规定，农户拥有的土地承包经营权属于物权中的用益物权性质，那么权利人农民就应该对特定的物——土地承包经营权享有直接支配和排他的权利。然而，农户拥有的土地承包经营权不具有完整的物权性质，表现在不享有对土地承包经营权的直接支配和排他的权利。例如，不能自主处置其土地承包经营权，包括以土地承包经营权为抵押进行投融资等，这显然不能适应我国农村经济发展的实际要求，更是对农户土地承包经营权的一种不合理的法律束缚。土地承包经营权名为一种物权，但在有关法律规定和

实践处理中又以债权性质来对待，也是有悖法理的。所以，要适时赋予农户土地承包经营权完整的物权性质，并完善承包经营权登记和承包经营权证书制度，以登记的方式公示，提高其公信力，以奠定农地金融制度创新及农地金融业务开展的产权基础。

2. 改革完善现行农村合作金融制度

我国农业生产的特点和农户小规模分散经营方式决定了农村金融市场的主体应是农村合作金融机构。而农地金融业务的长周期、高风险又决定了要以政策性金融为主。随着农村金融体制改革的普及和深入，至今我国已初步形成由农村合作信用社、农业银行、农业发展银行和民间自由借贷市场构成的农村金融体系格局。然而现行我国农村合作金融制度尚处于发展探索阶段，业务工作一直盲目模仿国有商业银行，不愿意从事面对农户的农业贷款和小额信贷，把资金的投放重点放在工商企业，且风险防范措施和手段不足，必然会产生大量的不良贷款。因此，要尽快改革完善现行农村合作金融制度，为农地金融制度创造运行条件。

首先，应当充分发挥农村合作信用社在农村金融市场中的主力军作用，明确其合作金融的本质，把重点放在为农户和农业生产服务方面，增加农业贷款和农户小额信贷业务，支持农村经济发展。

其次，加强对农村合作金融机构管理，降低业务运营风险。通过多样化资产管理手段来消化累积的不良资产，避免历史包袱越背越重，同时建立农户小额贷款风险担保基金和农村信用社自律监督机构及各级行业管理协会，从多方面严格控制各类风险，减少新增不良贷款的产生，提高机构运营效益及市场竞争能力。

3. 健全农村社会保障体系

就目前我国农村的实际来看，保证农民最低生活标准和养老保险是重中之重，只有这两个制度能够建立并能保证实施，农民才会消除没有土地的后顾之忧，从而放心参与土地流转，提高土地规模经营水平，提高农民的生活水平和综合素质。由此可见，农村保障体系的健全，还起到分担农地金融制度的社会风险的作用。政府建立健全农村社会保障体系，要根据各地社会经济状况，确立农村人口最低生活保障标准，加快建立健全适合农村特点的社会就业、养老保险、合作医疗等社会保障体系；尽快制定《农村社会保障法》《农村养老保险条例》等法律法规；强化农村社会保障法律制度的实施机制与监督制度，落实各项配套措施，建立高效的农村社会保障工作制度和体系。逐渐弱化农地的社会保障功能，防范农地抵押权实现后农民失地的风险。

4. 实行农村综合金融服务方式，化解农村金融贷款风险

根据农地金融的实际情况，为了有效降低农村金融贷款风险，可以实行政府、农村信用社、保险公司、农民"四位一体"的综合金融服务方式。具体做法是经保险公司承保的贷款由农村信用社提供，保险费用由当地政府和农民按一定比例分摊，为促进农村土地流转，农业规模经营提供保障，化解农村金融贷款风险。一是要尽快完善农村土地价值的评估制度，建立符合农民需要的农村土地价值评估机构，保障农村土地流转及抵押等做到公平、合理、有效。二是要鼓励和引导农村合作社组织农民在自愿的前提下组建互助担保组织，按一定方式筹集担保资金，组建贷款平台，便于合作社组织及其成员从金融机构获取贷款，并为贷款提供支持，缓解合作社及成员生产经营资金不足的困境。三是要探索综合循环授信模式。即由金融机构对拥有一定固定资产的合作社及成员评定信用等级，核定信用额度，在授信额度内，农民专业合作社及成员随用随贷、循环使用。四是要将农产品推向期货市场。农村金融机构要引导农业合作社及农户与农产品需求方签订远期购销合同。约定价格及质量等级，防止农产品价格暴涨暴跌带来的风险。农村金融机构可视远期购销合同适当降低或免除贷款担保，帮助合作社及农户解决因时差造成的资金缺口问题。

5. 加快农村土地金融产品创新

农村土地金融产品创新是加快推进农村土地金融发展进程的关键。历年中央一号文件的大多数方针政策直接切中要害，但实际执行效果却很不尽人意。针对为"三农"提供资金支持的互联网类、商业类、政策类金融产品和金融抵押品等创新是主要途径。

（1）加快互联网类农村土地金融产品创新。加快"电商+综合农村金融产品"创新。把困难变成机遇是典型的互联网思维，京东、阿里巴巴、苏宁等电商类互联网公司，以农村土地确权颁证、集中流转和农村消费升级为契机，纷纷开始在农村地区进行互联网金融产品的综合布局。加快基于大数据的农业产业链金融产品创新。稳健推进第三方 P2P^①涉农贷款产品创新。

（2）加快商业类农村土地金融产品创新。开办农村承包土地的经营权和农民住房财产权（以下统称"两权"）抵押贷款。开展农业机械融资租赁产品创新。加快农业保险产品的创新。

（3）推进政策类农村土地金融产品创新。加快农发行政策性贷款产品的创新。结合"互联网+"，进一步加快产品创新力度，对原有政策性农村土地金融产品进行改造升级，并开发信贷新产品，满足新需求，支持农业现代化快速发展。加快国开行政策性惠农贷款产品创新及政策性农业保险产品创新。

（4）加快农村土地金融抵押品创新。创新农村土地金融抵押品及增信方式。拓展有效抵押品的范围，如增加存货、仓单、应收账款等动产抵押和权利质押，切实保护担保债权的优先受偿权。大力推广互联网金融的"去抵押化"模式，创新增信模式，摆脱农民抵押物不足的困境。

（二）中国城市土地金融发展的基本趋势

房地产金融是城市土地金融的重要内容之一，伴随城市土地使用制度、住房制度的改革和房地产业的发展而逐步发展壮大，与城市土地金融密不可分。因此，我国城市土地金融发展的基本趋势可以从房地产金融这一角度来概括。我国房地产金融的发展在今后若干年内将呈现以下基本趋势。

1. 房地产融资渠道多元化是必然发展趋势

尽管在今后一段时间内，银行仍将是房地产融资的主渠道，但融资渠道多元化的要求日益迫切。首先，银行监管部门已对房地产投资中银行信贷资金比例过大、风险较集中的情况较为关注。其次，社会资金的快速积累，银行实际利率长期呈负利率，投资者对新投资产品的需求日益旺盛。因此，信托、基金、债券、股票等新的房地产融资品种将应运而生并快速发展。

2. 房地产投资信托基金将是未来房地产金融发展的方向

房地产投资信托基金（real estate investment trusts，REITs）是由发起人通过向公众公开

---

① P2P：是英文 person-to-person（或 peer-to-peer）的缩写，意即个人对个人（伙伴对伙伴）。它又称点对点网络借款，是一种将小额资金聚集起来借贷给有资金需求人群的一种民间小额借贷模式。它属于互联网金融（ITFIN）产品的一种；属于民间小额借贷，借助互联网、移动互联网技术的网络信贷平台及相关理财行为、金融服务。

发行受益凭证用于吸收社会上的闲置资金，并将绝大部分资金投向能带来持续现金流的房地产物业或者房地产证券的一种有价证券。这种新的融资方式也是融资证券化的一种，其具有的主要优势为：①为持有收益型物业打开资产证券化通道，进一步优化房地产企业的融资结构；②可让公众投资人直接参与房地产投资，实现投资市场社会化；③能够盘活住宅存量，促进住宅租赁市场发展，解决部分居民住房困难的社会问题。

3. 银行房地产信贷业务将在激烈竞争中趋向理性

一方面，房地产信贷作为一项优质业务，各家银行在看好住房市场长期持续发展的情况下，将进一步加大投入，竞争将日益激烈；另一方面，随着国内商业银行公司治理结构的完善、风险管理措施的增强和防范技术的提高，以及监管体系和监管手段的日益完善，市场竞争将趋于理性。

4. 强化管理，防范风险将成为住房信贷业务持续发展的重要课题

2017 年 4 月在维护国家金融安全会议上，习近平总书记强调金融安全是国家安全的重要组成部分，是经济平稳健康发展的重要基础。维护金融安全，是关系我国经济社会发展全局的一件带有战略性、根本性的大事。经过二十多年的发展，我国形成了以银行为核心的具有中国特色的房地产金融模式，在这种金融模式下，房地产投资和消费的资金主要来源于商业性信贷，银行贷款参与产业链上的各个环节。由此，银行的信贷行为就直接影响房地产市场的运行，银行也成为承担房地产金融风险的主体。从全国范围来看，自 1998 年以来我国房地产市场基本处于上升区间，房地产金融尚未经历重大市场风险考验。但应该清晰地看到，我国的房地产金融已经累积了大量的风险因素，面临着巨大的风险压力。金融业在大力推进住房信贷业务的同时，必须不断强化风险意识，加强风险管理，切实维护金融市场的持续、健康发展。

5. 房地产金融市场将进一步细分

首先，个人住房贷款的有关环节，如信用取证、抵押物评估、抵押保险、担保、贷后跟踪、拖欠追讨等环节将会有越来越多的保险公司、担保公司、评估机构、律师行等中介机构介入；其次证券化的出现将需要证券公司、保证公司和包括基金、保险公司等在内的二级市场投资者的积极参与，使住房金融市场出现进一步细分的趋势。

（三）中国土地金融模式创新

创新土地金融模式，必须从根本上抑制"土地财政"的冲动，解决房地产市场的基本矛盾。同时，由于城市设施建设所需资金具有建设与回收周期长、风险相应较高等特点，很难通过普通商业贷款方式来加以满足，也需要创新土地金融模式，通过土地金融体系搭建融资平台，充分发挥土地作为金融工具的融资作用，拓宽土地融资渠道。综合我国土地金融发展模式的创新性和典型性，下面主要介绍土地证券化、土地银行和 PPP 模式。

1. 土地证券化

土地证券化是一种债权证券化形式，它以土地抵押贷款债权为基础，由金融机构（初始贷款债权人）或特定证券机构将其进行包装组合，在信用机构的担保下，向社会发行一定数量的有价证券的过程。随着经济的发展，资本市场筹资手段多样，证券筹资极为盛行，土地证券化已成为十分有效且前景广阔的筹资手段。它最早产生于 20 世纪 70 年代的美国，然后在加拿大、英国、我国香港特别行政区迅速得到推广。土地证券化有两个特点：一是作为资金筹措手段，产生全新的融资方式。它吸收了直接融资与间接融资的优点，是一种非负债型融资；二是作为资产运用手段，克服了土地由于单位价值量大、不可移动、不可分割，对于小规模投资者来说难以购买、流动性差的缺点，有助于提高土地的使用效率。

根据国外的发展经验及我国土地市场的运行实践，当前土地证券化的发展模式主要可以从以下两个方面试点并逐步展开：一是土地抵押债券证券化，二是投资权益证券化。前者是将土地市场中存在的固定债权、债务关系转换为可转让的债权、债务关系的过程，具体指对信贷机构的土地抵押贷款发行相关证券，从而规避信贷机构的土地抵押贷款短存长贷的风险；后者则是通过发行基金权益单位，将小投资者的资金汇集后购买土地，或将土地按价值单元分割成小的产权单位，出售给投资者。租金收入扣除开支后分配给投资者。它把投资者对土地的直接物权转变为持有证券性质的权益凭证，即将直接土地投资转化为证券投资。

2. 土地银行

土地银行制度耦合土地和资金两大生产要素，不仅能扩展土地的财产功能和保障功能的最大化发挥空间，而且能推进土地、资金和劳动力等要素资源配置的优化联动。我国的土地银行其本质应该是一种政策性金融机构，但同时也应与其他金融机构一样经营土地金融业务。首先，土地银行主要是为了执行土地政策、筹集资金搞好城市建设、土地管理、房地产市场而设立的专门金融机构，它更多的是执行政府土地政策、不动产经济政策；其次，土地银行也应具有一般企业的基本特征，以利润为目标，专门从事有关土地开发、土地经营的融资业务；最后，土地银行是以土地金融资产和金融负债为经营对象，经营的是特殊商品——土地、货币和货币资本，经营内容包括土地货币的收付、借贷，以及各种与货币流通有关的或者与其相联系的金融服务。借鉴国外的经验，建立专业性的土地金融机构，如美国的联邦土地银行、法国的土地信贷银行、韩国的土地金融公库等，对于土地金融业务的发展和完善意义重大。

3. PPP 模式

PPP（public-private-partnership）模式即公共部门与私人企业合作模式，是公共基础设施的一种项目融资模式。在该模式下，鼓励私人企业与政府进行合作，参与公共基础设施的建设。通过这种合作形式，合作各方可以达到与预期单独行动相比更为有利的结果。PPP 模式代表的是一个完整的项目融资概念，合作各方参与某个项目时，政府并不是把项目的责任全部转移给私人企业，而是由参与合作的各方共同承担责任和融资风险。目前，PPP 模式在全球许多国家都得到了充分的运用，这与 PPP 模式自身所具有的一些优点是分不开的。

（1）节约成本。在 PPP 模式中，地方政府会逐步发现，无论建设成本，还是运营和维护成本，都会得到有效降低。作为合作方的民营机构可以通过规模经济、技术创新、柔性管理、激励机制等方法有效降低运营和维护项目成本。

（2）风险分担。公共项目的风险包括成本失控、无法达到预定服务目标、无法达到环保要求或其他法规规定、项目收入无法收回投资成本等。在原有政府"通包"的情况下，风险完全由政府来承担，而通过 PPP 模式可以吸引民营机构一起来分担这些风险。任何成功的 PPP 项目都应对项目的每一可能风险进行明确界定，并在政府和民营机构之间进行合理分配。

（3）提高和改善公共项目服务水平。通过 PPP 模式吸引民营机构参与项目的运营、管理和维护，可以带来新的技术，提高管理水平和项目的服务水平。

（4）提高项目收益率。民营机构能够将其专有技术和资源用于服务中，从而大幅提高供应服务质量，增加经济效益。

PPP 模式已被广泛应用于城市土地收购储备和城市土地相关的基础设施建设（如道路工程、桥梁建设、市政设施等）方面，其组织机构设置模型如图 15-1 所示。

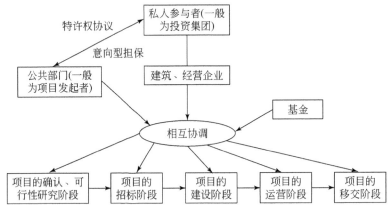

图 15-1　PPP 模式的组织机构设置

复习思考题

1. 试述土地金融的概念、特点及作用。
2. 简述发达国家的主要土地金融机构及土地金融的经营形式。
3. 简述中国农村现行土地金融制度的特点。
4. 分析中国土地金融模式创新的方向。

参 考 文 献

毕宝德. 2001. 土地经济学［M］. 4 版. 北京：中国人民大学出版社：139.

毕宝德. 2016. 土地经济学［M］. 7 版. 北京：中国人民大学出版社.

程国雄，叶蓁. 2008. 国内外房地产金融体系比较研究［J］. 商场现代化，（27）：358-359.

程建胜. 2007. 关于完善我国房地产金融体系的思考［J］. 中国金融，（9）：41-43.

董藩，赵安平. 2012. 房地产金融学［M］. 北京：清华大学出版社.

冯智强. 2013. 我国商业地产的融资模式研究［D］. 成都：西南财经大学博士学位论文.

胡俊. 2010. 我国房地产金融风险研究［D］. 成都：西南财经大学博士学位论文.

李海岭. 1998. 从国外房地产金融市场的类型谈我国的发展趋势［J］. 嘉兴学院学报，（3）：62-64.

李蕊. 2014. 中国土地银行农地融资制度建构之权衡［J］. 政法论坛，（4）：52-61.

刘卫柏，李中. 2011. 基于土地流转需求的中国农地金融创新路径［J］. 财务与金融，（2）：8-11.

潘义勇. 2006. 开放土地金融，搞活土地资本经营. 广东社会科学，（1）：50-54.

曲福田. 2011. 土地经济学［M］. 北京：中国农业出版社.

曲世军. 2008. 中国房地产金融风险判断及防范体系架构研究［D］. 长春：东北师范大学博士学位论文.

史卫民. 2010. 我国农地金融制度的现实困境与创新路径［J］. 南方金融，2010（12）：59-61，95.

唐双英. 2007. 我国农地金融制度的构建与探索［D］. 重庆：西南大学博士学位论文.

王仙利. 2003. "经营城市"的新理念及风险回避［J］. 中国行政管理，（02）：44-50.

王少国. 2011. 我国农村土地金融发展研究 ［D］. 成都：西南财经大学博士学位论文.

谢文惠，邓卫. 1997. 城市经济学 ［M］. 北京：清华大学出版社.

张红，殷虹. 2007. 房地产金融学 ［M］. 北京：清华大学出版社.

周诚. 2003. 土地经济学原理 ［M］. 北京：商务印书馆.

第十六章　土　地　税　收

【本章内容要点】土地税收是税收的重要组成部分，它和所有税收一样具有无偿性、强制性、固定性三个基本特点。本章着重阐述土地税收的一般原理，包括土地税收的概念和特点、理论依据、土地税收种类及功能；介绍美国、英国、法国等国家以及中国香港、台湾地区的现行土地税收制度；回顾中国土地税收制度的演变过程，介绍中国现行土地税收制度分类，并探讨中国土地税收制度的改革与完善。

第一节　土地税收概论

一、税收的一般原理

（一）税收的概念和特点

税收是国家为了满足社会公共需求，根据其社会职能，凭借其政治权力，依法强制、无偿地参与社会产品分配（单位和个人的财富分配）而取得财政收入的一种分配形式，体现了在一定社会制度下国家与纳税人在征收、纳税上的一种特定利益分配关系。

税收具有无偿性、强制性和固定性三大基本特色。

（1）税收具有无偿性。就具体的征税过程来说，税款一经缴纳即为国家所有，国家既不需要偿还，也不需要对纳税人付出任何代价。税收的无偿性是相对的（公共物品）。它是税收的关键特征，区别于国债等财政收入。

（2）税收具有强制性。国家凭借政治权力，通过法律法规形式对社会产品进行强制性分配。任何组织和个人，只要是法律明确规定应该纳税的，都必须无条件地履行其纳税义务，否则将受到国家法律的制裁。税收的强制性是以国家政治权利为依据的，是国家满足社会公共需要的必要保证。

（3）税收具有固定性。征税对象及每单位课税对象的征收比例或征收数额是相对固定的，只能按照预定标准征收，而不能无限度地征收。税收有一个比较稳定的试用期间，是一种固定的连续收入。

税收的无偿性、强制性和固定性相辅相成，三者缺一不可，构成统一的整体。其中，强制性是实现税收无偿征收的强有力保证，无偿性是税收本质的体现，固定性是强制性和无偿性的必然要求。

（二）税收制度的概念与构成

税收制度简称"税制"，它是指一个国家或者地区在一定的历史时期，根据自身社会、经济和政治的具体情况，以法律、行政法规、部门规章、规范性文件形式规定的各种税收制度的总称，是国家以法律或法令形式确定的各种课税办法的总和，反映了国家与纳税人之间的经济关系，是国家财政制度的主要内容。广义的税收制度还包括税收管理制度和税收征收管理制度。一个国家税收制度的制定，是由生产力发展水平、生产关系性质、经济管理体制及税收应发挥的作用共同决定的。

税收制度是一国经济体制的重要组成部分，经济体制的变化决定税收制度的发展。税率是指应征税额占征税对象的比例，是计算税额的尺度，是税收制度的中心环节，它直接关系国家的财政收入和纳税人的负担。税率一般有四种：①比例税率，不论征税对象数额大小，都按同一比例征税；②累进税率，按征税对象数额大小，规定不同等级的税率，征税对象数额越大，税率越高；③累退税率，与累进税率相反，征税对象数额越大，税率越低；④定额税率，对单位征税对象规定固定税额。纳税环节是指对处于运动中的课税对象，选择应当缴纳税款的环节。纳税期限是税法规定的单位和个人缴纳税款的法定期限。减免税是税收制度中对某些纳税人和课税对象给予鼓励和照顾的一种规定。

二、土地税收的概念及特点

（一）土地税收的概念

土地税收，又称为土地税，是国家以土地为征税对象，凭借其政治权力，运用法律手段，从土地所有者或土地使用者手中无偿、强制、固定地取得部分土地收益的一种税收。土地税收有狭义和广义之分。狭义的土地税收是指对土地资源的课税，只对土地实体自身及其所提供的服务课征的税收，如地租税和地价税等；广义的土地税收还包括对土地上的建筑物及其上附着物等土地改良物所征收的税收，以及对土地或土地改良物转让行为和土地不当利用行为的征税。目前，世界各国对土地的征税，大部分都是采用广义的征收范围，即不仅对土地资源征税，而且对土地的改良物或土地利用行为进行课税。

（二）土地税收的特点

1. 土地税是税收中最悠久的税种

土地税在各种税种中历史最久，首先在农业上产生，农地征税是人类税制史上最古老的税种。世界上最早的土地税可追溯至公元前两千多年我国夏朝时的"贡"，即根据各地离京城的远近、土地的肥瘠，评定土地的等级，按土地产量征收十分之一的土地税。古埃及早期对农业土地进行全面调查而整理出的土地清册，成为西方土地税的基础。土地税在古罗马时代非常受重视，欧洲各国的土地税多源于罗马的土地税制。

2. 土地税收以土地制度为基础

在不同的社会制度下，因不同的土地制度，土地税收性质、征收方式和办法也存在差异。土地税的本质是财产税、收益税或所得税。土地税的征收往往以宗地价格为依据，或者以能反映土地价值大小的其他指标为依据。

3. 土地税税源稳定

土地作为征税客体，其作为一种位置固定且可永续利用的资源，总量不会减少，也无须折旧以至于减价。而且随着经济发展和社会进步呈现增值的趋势，随地价征收的土地税也会随之提升。因此，土地税成为国家一种长期、稳定的税源，也可以说是成长型赋税的一种。

4. 土地税收在特定情况下可能转嫁

赋税的转嫁是指纳税人将税的负担全部或部分转嫁于他人。鉴于土地是不动产，不像其他普通商品那样处于流动状态，所以许多经济学家认为土地税不可能像普通商品税那样通过加价出售转嫁。然而，土地税转嫁是一个客观存在的事实。例如，许多生产用地、矿业用地、农业用地、工商业用地及用于出租房屋的基地等，可以通过多种方式将所负担的土地税转嫁出去。转嫁多少取决于当时当地的政治经济环境和运用的转嫁手段。

5. 土地税体现特定的分配关系

土地税在社会生产过程中属于分配范畴。国家通过征收土地税，把一部分社会产品转变为国家所有，归国家分配使用，从而改变社会成员占有社会产品的比例。由此可见，税收体现的是特定的分配关系，它与地租、利润、利息等分配形式不同。土地税是以国家为主体，以国家政治权力为依据的分配，而地租、利润、利息是以财产占有为依据的分配。

三、土地税收的理论依据

（一）地租理论

地租理论探讨了地租产生的过程，对改革土地税、完善土地租税费体系具有重要的理论指导意义。在经济学史上，关于地租理论的经典论述主要来自李嘉图和马克思。李嘉图从劳动价值论出发，具体说明了级差地租的形成过程，他认为地租是在土地的有限供给和土地的肥瘠、位置不同的条件下产生的，并对在中、优等土地上取得的超额利润如何转化为地租进行了分析。另外，他还区分了两种不同的级差地租形态。马克思主义地租理论是在19世纪产生，建立在产权理论基础上，是我国制定土地政策的主要依据，我国改革开放以来实行的对土地有偿转让制度的规范与管理，其依据便是马克思主义地租理论。地租是土地所有权在经济上的反映，是土地占用者通过向土地所有者给付租金，从而获得使用土地的权利，其实质是土地占用者经营土地所产生的部分超额利润。地租是土地税费收缴的重要依据，与土地税关系密切的地租形式主要有绝对地租和级差地租两种。

（二）外部效应理论

所谓外部效应，是指一个经济主体的行为影响了其他经济主体的福利，但没有相应的激励机制或约束机制使产生影响者在决策时充分考虑这种对其他经济主体的影响。由于正向外部效应可以给土地的所有者、占有者或使用者带来土地投资利用上的节约，或产生超额的利用收益，这种超额利润收益的折现值就是某个时点上土地价值正常增加的那一部分。

从具体税种上来看，土地增值税和土地产权转让所得税可以说是这种理论在土地税收实践中最恰当的体现或运用。

（三）所有权理论

所有权理论属于民法学理论，是在土地公有制国家课征土地税的重要法学依据。税收是伴随私有制的产生而存在的，西方国家对土地征税就是基于土地的私人财产性质。而我国土地公有制的背景下征收土地税的合理性则需用所有权理论进行论证。鉴于所有制与所有权的不同，我国的土地使用权可通过转让、出租、抵押等方式流转，并在流转过程中产生相应的土地收益，扣除获取土地使用权所需成本，便产生了额外收益。这部分收益是土地的"溢价"收入，具有财产的性质。我国土地税的具体税种设置上均体现了对土地使用权产生的额外收益的肯定，占用国有土地的行为、转让土地使用权的行为，都被认定将产生一系列额外收益，为调节这部分土地收益分配，国家征收土地税是十分合理的。

（四）社会政治功能理论

社会政治功能理论是公共经济学关于土地税收的重要理论，该理论主要是从社会财富公平分配功能的角度对土地税征收的合理性进行阐述。社会政治功能理论有一个基础理论，即对负税能力分析的理论，最早是由古典经济学家魁奈提出的，他认为衡量纳税人负税能力较准确的标准应是它所拥有的不动产，土地是不动产的重要组成部分，在相同条件下，私人拥有的土地越多，他的负税能力越强。

这些不动产作为永久性的财富所带来的购买力和安全感，使人们愿意将其他的收入用于消费。所以，对于代表永久性财富和较大负税能力的土地课以重税体现了税收的公平原则。社会政治功能的最终目标便是均分土地财富，降低土地财富的集中度并打击不劳而获的社会现象。

土地所代表的社会财富不仅包括现期可见的存量财富，还有部分是对未来土地流通中可期待的利益，即土地收益权。如果土地权利高度集中在少数人手中，这代表社会财富和未来预期实现的财富将在个别人手中高度垄断，社会财富分配的不公平性显而易见，对这些人课以土地税是合理的。

四、土地税收的分类

因社会制度有别，各国土地税收制度也各有差异。但目前主要有三种分类方法。

（一）从计征办法区分的土地税

按计税办法，土地税有分开计税和合并计税。分开计税即是对土地税收及地上建筑分别计税；合并计税是将土地和地上建筑物合为一体作为征税客体。目前对土地课税的国家既有分开计税，也有合并计税。不过，大多数国家采取的是合并计税的方法。

（二）从本质上区分的土地税

从本质上来区分的土地税，有财产税、收益税及所得税之分（表 16-1）。

表 16-1　三种土地税收的征税依据

分类	形式	说明
财产税	从量的形式（以土地面积为征税依据）	按照土地面积计税（古罗马）
	从价的形式（以土地价格为征税依据）	按照土地等级计税（约旦、埃塞俄比亚等地区）
收益税	总收益为税基	以"十一税"为代表，广泛流行于古代大部分国家
	纯收益为税基	法国，施行此法曾于 1789～1917 年
	估计收益为税基	中国台湾地区
	租金收益为税基	出租人和承租人约定的价格
所得税	将纯收益作为所得课税	不是针对纯收益，而是与纯收益对应的所得

1. 财产税

财产税即以土地的面积、数量或者价值作为计税标准征收的土地税。有从量和从价征税两种形式。

（1）从量征税。从量征税又包括按面积征收和按面积结合土地等级征税等情况。按土地面积征税即不分土地肥沃程度的差异、产量的大小、地租的高低，以土地面积大小为征税标准的一种最原始的农地征税方法，其税率通常采用单一税率。

（2）从价征税。这种方法征的税收也被称为地价税。以土地的价格为征税标准，我国在民国时期就采取地价税。根据地价的确定方法又分为两种：一类是由税务人员按照预先确定的土地分类标准及评估程序，将各级土地依平均年收益的资本化值估算地价；另一类是依据土地买卖价格，或用已定的估价标准加以比较确定地价。

2. 收益税

收益税即是将土地收益额作为计税标准的土地税，有按照总收益、纯收益、估计收益和租金收益征税四种形式。

（1）按照总收益征税。按照总收益征税是以土地总收获量的一定比例为征收标准，这是大部分古代国家的做法。古代埃及按照耕地的总产品收税，古代中国收取土地税收通常是从土地总产品中抽取十分之一。

（2）按照纯收益征税。从总收益中除去生产产品的耗用，对剩下的纯收入征税。

（3）按照估计收益征税。以政府于一定时间内估定的收益为征税依据，这种方法是按土地生产能力征税，并不是按收获期间实际所得的产量。

（4）按照租金收益征税。按照出租人和承租人约定的地租征税。

3. 所得税

所得税即是把从土地上获得的纯收益作为一种所得，而课以所得税。

财产税、收益税和所得税的征税依据见表 16-1。三种形式的土地税收各有优劣。由表 16-2 可见，从公平原则来讲，所得税式的土地税要优于财产税和收益税式的土地税；从征收难易来看，所得税的征收方式最为困难，收益税次之，财产税征收相对容易；从征收标准的长久性来看，以土地面积为征收标准的财产税较有经久性，土地价格税次之，收益税或所得税又次之；就未来发展趋势来看，按所得收益征收的所得税，符合现代经济发展需要，但手续烦琐、征税成本高，所以多主张以地价为依据征收的财产税。

表 16-2　三种土地税收优劣比较

分类	公平性	征收难度	征收标准的长久性	未来发展趋势
财产税	差	好	好（面积形式最好，价格次之）	好（主张以地价为依据征税）
收益税	差	中	中	
所得税	好	差	差	好（但手续烦琐）

（三）从征税环节区分的土地税

按土地税的征收环节，可将土地税划分为土地取得税、土地保有税和土地转让税。

1. 取得环节的土地税收

土地取得环节是行为主体（单位或个人）在一定条件，获得全部土地使用权（包含地上建筑物或构筑物的所有权）的过程，既包括原始取得，也包括继承、受赠取得。其中原始取得可能来源于土地所有者出让，也可能来源于其他土地使用权的拥有者转让。土地取得税主要是调节土地需求量和筹集财政资金数量，主要涉及耕地占用税、契税和印花税。

2. 保有环节的土地税收

土地保有环节是依法占有土地阶段，既包括对土地使用权的拥有，也包括对地上建筑物或构筑物所有权的占有。该环节的税收通常表现为经常性征收，一般作为地方税，但也有的国家和地区将其作为国家税。土地保有税主要涉及城镇土地使用税、房产税。

3. 转移环节的土地税收

土地转移环节是指已经取得国有土地使用权（包含地上建筑物或构筑物的所有权）的行为主体（单位或个人），在一定的条件下，将土地使用权全部或部分转移给其他行为主体（单位或个人）的行为，可以分为有偿转移和无偿转移。其中，无偿转移是指土地遗赠或赠与等行为；有偿转移是土地使用权转让（出售）、租赁、作价入股、抵押和互换等行为。土地转移税主要体现在对土地市场机制的干预，进而对土地及其相关产品（如房产等）价格产生影响。土地转移税主要涉及企业所得税、个人所得税、营业税、土地增值税和城市维护建设税。

五、土地税收的功能

土地税收的功能具有双重特性，一方面是国家资金来源的重要渠道；另一方面也是国家履行职能的有力工具。土地税收的功能具体体现在以下几方面。

（一）增加政府财政收入

土地税收是国家财政收入的重要来源，增加政府财政收入是土地税收最古老、最基本的功能。土地区位具有唯一性，无法移动，无法藏匿，是一个很稳定良好的税源。同时，由于长期存在的土地供需矛盾，土地具有巨大的增值潜力。因此，土地税收作为一种重要的经济政策工具，其制度设计合理与否直接关系到地方政府的财政收入来源。

（二）抑制土地投机

土地市场的独特性在于，从长期来看供给有限，然而人口不断增长对土地的需求越来越大。对于需要发展的土地利用，政府可以减免税收；对于投机危害市场交易的行为，在取得、持有、转让等环节课税，可起到增加投机行为的成本、缓解和抑制投机行为的作用。

（三）调节收入分配

土地级差收入的存在有悖于公平竞争的原则。因此通过土地税收，可以将较高的级差地租收归国家，再以扶贫、贷款、投资等多种形式重新分配给资金缺乏的地区、部门与行业，从而促进区域间的协调发展。

（四）引导土地资源合理配置

土地市场具有不完全竞争性，完全依靠市场调节并不现实。合理的土地税收作为一种经济杠杆，具有引导土地利用方向的功能。土地税收的实施能够有效促进土地资源的集约利用，如通过土地税的有无、高低，使农业用地与非农建设用地、高经济收益用地与低经济收益用地、经营性用地与公益用地等的比例趋于合理，实现土地生产要素由劣势产业向优势产业集中，实现土地资源的合理配置。通过土地税收政策的调整，引导土地利用方向，从而实现政府的宏观调控。

第二节　国外土地税收制度

一、国外土地税收制度体系和政策取向

世界各国都非常重视土地税收制度建设。在西方市场经济国家，土地归私人所有，土地所有者自己使用土地，是土地使用关系的主要形式；土地所有者自己不使用而交给他人使用，是土地使用关系的次要形式。土地税收建立在一定的土地制度基础上，虽然不同国家的土地制度差异导致了土地税收性质的不同及征收管理方式和办法的差别，但是总体说来都存在共同的制度体系和政策取向。

1. "税强费弱"是各国土地税收制度的一个重要特征

在国外，主要采取土地税收的形式而不是规费形式增加财政收入，调控房地产市场。对于房地产而言无论它处于社会再生产的哪个环节，要缴纳的规费种类都很少且额度很低，一般仅占房地产价值的 2%左右。即便如此，西方许多国家都把收缴的规费列入地方财政预算，明确它的使用方向和范围，而不列入预算的规费一般都被设置特定的作用。

2. 土地税收构成地方财政收入的主要来源

各国的土地税收几乎都为地方税种。这种制度安排就是要把地方政府的事权和财权有效地结合起来，一方面调动地方政府管理土地税的积极性，另一方面扩大地方基础设施和公用事业的投资，从而形成土地税与投资的良性互动。这在美国体现得最为明显，土地税由各市、镇征收，大多数收入归地方政府所有，用于当地的基础设施建设。

3. 征税环节具有多重性

从征税环节看，各国的土地税大都在土地保有环节、土地开发利用环节、土地取得和转让环节征税。各国的土地税收都把土地看作一种基本生产要素，按照生产要素的流通过程进行征税，从而保证了征税的完整性和系统性。从税收的分布结构来看，各国重视对房地产保有的征税，而房地产权属转让的税收则相对较少，强化土地保有征税将会刺激土地的经济供给和频繁的交易活动发生，有利于房地产要素的优化配置。

4. 大都运用多种税、多次征的复税制

在市场经济条件下，土地作为生产要素运用于社会再生产过程中，土地所有权与使用权等往往是分离的，从而土地运用于社会再生产过程中，会给不同主体带来不同利益，只有对与土地有关的不同主体的收益都调节到了，才能达到合理利用土地资源的目的。所以，各国在土地税收制度建设中，都是从宏观调节出发，把土地作为生产要素看待，建立有关土地的复税制体系。

二、代表性国家的土地税收制度

本节分别介绍美国、英国、法国、日本、德国、俄罗斯现行土地税收制度的概况。

（一）美国的土地税收制度

美国土地税收来源稳定、税基广泛，主要包括一般财产税、房地收益税、所得税、遗产税和赠与税等项目。

土地税收主要集中在土地保有环节。土地保有环节税主要是财产税，占地方政府收入的80%。遗产税和所得税的收入却显得相对较少。例如，遗产税和赠与税，由于美国税法规定众多的免税政策，征税的起点也较高（60万美元以上的遗产和单次赠送价值100万美元以上），另外起始税率也较低（3%），而美国土地价格较低，如果是旧的房屋经过折旧后就更低了，这使得实际上课征的土地遗产税和赠与税很少。所得税、遗产税和赠与税等非保有环节的税收收入占整个土地税收收入的比例不到10%。美国土地税费收入主要归地方政府（相当于我国的市县一级政府）所有，即地方政府征收土地继承税、财产税、赠与税等，当然联邦政府也征收继承税、赠与税，但联邦政府征收的包括所得税性质的土地税总数只是全部土地税收的一小部分，地方政府拥有主要土地税种的立法权、课税权和课税收入。

（二）英国的土地税收制度

英国是世界上较早建立土地税收制度的国家，其土地税收制度是一个包括许多税种的复杂体系，主要有地方议会税（家庭财产税）、营业房产税、遗产税、印花税，以及所得税、增值税等。上述税种中地方议会税属于地方税，其他均为中央税（营业房产税虽然由地方政府征收，但需要全部上交中央政府处置分配，因此也将其列入中央税）。其主要土地税类如下。

1. 地方议会税（家庭财产税）

英国地方议会税属于地方税，是目前英国与土地有关的主要税种之一。课税对象为居住房屋，包括自用住宅和租用住宅。纳税人为年满18周岁的住房所有者或承租者（含地方政府自有房屋租客），包括永久地契居住人、租约居住人、固定居住人、业主、特许居住人等。该税实行累退税制，对较贵的物业征收的税额虽然增加，但税率却是降低的。税率由英国各地方政府自行确定。具体做法是，将辖区内所有住宅依其价值进行分类，统计出各价值等级内应纳税住宅的数量，地方议会根据当地政府收支情况和应税住宅数决定该税的税率税额。英格兰地区将所有房产根据评估价值分为8个级次，每个级次规定了应纳税额的比例。

2. 营业房产税

营业房产税是1990年依据1988年地方政府金融法在英格兰和威尔士引入的新税种，也称非家庭财产税（non-domestic rates），以取代之前的普通地方税（general rate），英国其他地区后来也相继引入该税种。课税对象为不用于住宅的房屋，包括法人营业用房和自然人营业用房，如商店、写字楼、仓库、工厂等。纳税人为非住宅用房屋的所有者，包括自然人和法人。英国营业房产税的课税依据为房屋租金收益。房屋租金收益由国税与海关局（HMRC）下属的评估办公室负责，每5年评估一次。

3. 遗产税

遗产税是英国政府的一项重要税收。课税对象是财产所有人死亡后遗留的财产总额，以及亡者生前规定时间7年内的赠与资产。纳税人为遗嘱执行人、遗产管理人和赠与人。遗产处理上"先税后分"，征收不考虑继承人的负担能力。实行40%的单一比例税率，但若作为礼物转让或赠与的时限超过 3 年，征税将逐渐减少。遗产税由于起征点较高（2008～2009 年起征点为 31.2 万英镑），避税的方法比较简单，遗产税仅占政府收入的 0.8%。

4. 土地印花税

土地印花税是根据 2003 年金融法引入的一项新税，在很大程度上取代了 2003 年 12 月 1 日生效的印花税，而且是一种自动申报的关于土地交易的转让税。土地印花税是针对土地及相关不动产转让、典卖、分割、租赁等事务征收的税种，税基是涉及的不动产价值和租金额，住宅和非住宅用地及房屋税率有所差异。购买住宅用地及不动产的土地印花税的起征点为 17.5 万英镑（有效期到 2009 年年底，2010 年起征点提高到 25 万英镑），需缴纳税率为 0～4%的累进税率（2011 年 4 月起将达到 5%）。非住宅用地及资产或混用资产（商店、办公楼、农业用地、森林用地、其他非住宅用地或资产、一次交易中购买的 6 处或 6 处以上的住宅资产）土地印花税的起征点为 15 万英镑。近年来，随着房价的增长，英国的土地印花税收入也迅速攀升。

（三）法国土地税收制度

法国目前开征的税种大约有 20 多个。按照课税对象的不同，可划分为所得（收入）税、商品和劳务税、财产和行为税三大类。按照收入归属，可划分为中央税和地方税两大类。与土地相关的税收主要有登记税、财富税、土地税、居住税和房产空置税等。

1. 登记税

登记税是伴随正式的转让契约时履行的纳税义务。它是契约办理的一个程序。纳税人是签订契约的双方，按照土地买卖和出租有不同的税率。买卖情况的计税依据是契约规定价格或是成交当天的实际价格。国家、省和市镇按比例征收登记税，理论上省税税率一般为 3.8%，但大部分省份已将该税率提高至 4.5%；市镇税税率为 1.2%；国家税相当于省税额的 2.37%。

2. 财富税

对拥有财产净值超过一定数额的自然人按年度征收财富税，又称团结互助税。这一税种最初设于 1989 年。税基包括所有财产和财产性权利（包括已开发或未开发土地、农场等），且以家庭为单位计算，即将纳税人及其配偶、一起居住的父母、未成年子女财产合并计算。财产价值的计算采取类似于遗产税税基确定的方法，原则上按照市场价值计算。对纳税人拥有并作为主要住所使用的房产扣除其市场价值的 30%后计入税基。目前，财富税的起征点为 130 万欧元。财富税实行超额累进税率，自 2012 年 1 月 1 日起税率调整为两档，130 万～300 万欧元为 0.25%，300 万欧元及以上为 0.5%。为避免临界点附近纳税人税负差异过大，对于财产净值介于 130 万欧元和 140 万欧元之间、300 万欧元和 320 万欧元的纳税人适用"平滑机制"，即赋予其特别税收抵免。

3. 土地税

土地税包括已开发土地税和未开发土地税。法国全国不动产联盟（UNPI）发布的一项年度总结指出，法国土地税在 2010 年至 2015 年期间增长了 14.70%，同时，2016 年 35 个地区还会持续增高。

1）已开发土地税

对已有地上附着物（包括住宅、工业建筑、道路、交通轨道等）或者可立即用于建设的土地按年征收已开发土地税，除非法律明确规定给予永久免除（如公共建筑、农业建筑用地等）或临时免除（新建企业或创新型企业用地、根据城市规划需要鼓励开发的区域）。纳税人为土地所有者，税基是有关部门评估并按时更新的该地块租金的 50%，税率由相关地方议会在税法规定的范围内确定。2010 年已开发土地税收入约为 237 亿欧元。

2）未开发土地税

对未开发土地按年征收未开发土地税，除非法律明确规定给予永久免除（公共土地）或临时免除（有机农业用地、人工造林和环境涵养用地）。纳税人为土地所有者，税基是有关部门评估并按时更新的该地块租金的 80%，税率由相关地方议会在税法规定的范围内确定。2010 年未开发土地税收入约为 9 亿欧元。

4. 居住税和房产空置税

适宜居住的住宅及其附属物（包括花园、车库、私人停车空间）应缴纳居住税。纳税人为每年 1 月 1 日实际居住在应税住宅内的自然人，不论其身份为业主、租户或免费居住者。税基是有关部门评估并按时更新的该房屋的租金，税率由相关地方议会在税法规定的范围内确定。若该住宅为纳税人的主要住宅，可获得税收减免。2010 年居住税收入约为 174.2 亿欧元。自 2007 年开始，地方政府还可以对空置 5 年以上的房产征收房产空置税。

（四）日本土地税收制度

日本土地税涉及土地的取得、保有和转让各个环节，分为国税和地方税两个层次。日本土地资源特别稀缺，其实行混合型土地保有税。现行税收制度中主要有不动产取得税、固定资产税、城市规划税、房地产登记税、印花税、继承税、赠与税、个人所得税、法人所得税和地方居民收入税等十余种，此外因人地矛盾突出，日本也对土地的不当利用行为征收一定的土地闲置税。日本是当今世界上土地税收制度税种较为齐备的国家。主要土地税类如下。

1. 不动产取得税

日本政府对取得土地、房产等不动产的个人和法人征收不动产取得税，中央及地方政府不纳税。"不动产"的课税对象为土地、房屋及通过改建增加的房屋价值。不动产取得税的计税依据为不动产的价值金额。不动产取得税的起征点为：土地 10 万日元、新建房屋 23 万日元、其他房屋 12 万日元。不动产取得税的标准税率为 4%，住宅取得税的标准税率为 3%。如果土地取得者在取得土地前 2 年内已住在该土地上的房屋中，或取得土地前的 1 年内已取得该土地上的住宅，土地取得者可享受四分之一的税额扣减。

2. 固定资产税

固定资产税的纳税人为保有固定资产的个人和法人。固定资产税的课税对象为土地、房屋和折旧资产。政府所有的固定资产及指定的墓地、公路、文化遗产及校舍占地免征固定资产税。固定资产税的计税依据为固定资产的金额，并且起征点为土地 30 万日元、房屋 20 万日元、折旧资产 150 万日元。固定资产税的标准税率为 1.4%，限制税率为 2.1%。该税的税收优惠为，对 3 年以内新建住宅，每户 100 平方米的建设面积，实行减半征税；对新建中高层防火结构住宅，延长减半征收期至 5 年。

3. 城市规划税

城市规划税又称都市企划税，是指市町村级政府为筹措都市企划或土地区划重整所需费用，根据都市企划法或土地区划重整法向都市区域内特定的土地和房屋所有者征收的一种税。这是一种带有受益收费性质的特定目的税，其目的是筹措相关的事业费。纳税人为城市内部土地与房产的所有者，计税依据为土地或房产的评价额。税率由各市町村级自行确定，但最高不得超过 0.3%。例如，东京 23 区为 0.3%，其他地区相对较低，最低为 0.22%。

（五）德国土地税收制度

德国是联邦制国家，联邦政府、州政府和市政府在税收收入和支出责任上有着严格划分。同时，德国还有发达的税收共享和转移支付体系。按照税收收入归属的不同，德国税收可分为共享税和专享税两种。土地税是市政府的专享税收。德国的现代土地税收制度可以追溯到 19 世纪中叶，土地税收制度的基本理念是"涨价归公"，即源于社会发展进步的土地增值收益应该由大众共享。

德国土地税的纳税人为房地产所有者或者使用者，课税对象为德国境内所有的土地及建筑物，包括农业用地、森林。德国法律规定土地税分为 A、B 两类。其中土地税 A 对农业用地和森林征收，包括从事农业或林业活动所涉及的土地、建筑物、机械和牲畜。土地税 B 针对房地产征收，包括建筑物及其附属设施，但不包括机械等固定资产在内。

土地税采用房地产的税收评估价值作为计税依据。由州政府根据联邦颁布的《资产评估法》中规定的评估方法来确定，并将每个地块的价值及用途登记在地籍册中。只有当土地用途发生改变时才会对地块的计税价值进行修改。德国法律规定，土地税的计税价值每 6 年更新一次。但事实上德国并没有及时对计税价值进行调整。对于德意志联邦共和国地区，土地税计税价值仍采用 1964 年的评估结果。对于德意志民主共和国地区，则采用 1935 年的评估结果。近年来因为对作为计税依据的不动产价值评估上的争议，德国联邦宪法法庭于 2006 年甚至裁定现行的土地税收制度缺乏公平性，有悖于宪法的基本精神，要求对现有的土地税收制度进行重新完善。

土地税的税额由计税价值乘以州标准税率再乘以市稽征率的方式确定。州标准税率对不同类型房地产有不同的税率。

（六）俄罗斯的土地税收制度

根据《俄罗斯联邦税法典》，2004 年俄罗斯税种为 15 种，其中联邦税为 10 种，联邦主体税为 3 种，地方税为 2 种。与土地最为相关的是土地税。土地税是在整个俄罗斯必须交纳的税种。土地税只能用于土地规划和整治、整理地籍簿、土地保护和提高土地肥力、开垦新土地等措施的拨款，用来补偿土地使用者用于上述目的的费用，以及偿还采取上述措施所使用的贷款和利息。

土地税的纳税人是土地所有人、共有人、占有人和使用者。在俄罗斯，征收土地税要考虑土地的使用性质，区分农业用地和非农业用地。同一区域的农业用地和非农业用地的土地税率不同。闲置土地及改变原有用途的土地的税率为一般土地的 2 倍。农业用地税率针对不同质量、面积和位置的农业土地而不同。《土地使用费法》制定各州的平均税率（卢布/每公顷耕地），税率与物价指数挂钩。州立法机构根据耕地的平均税率相应制定种植园、草地和草原的税率。州立法机构还可制定农业用地最低税率。农业用地改变"耕地"用途则按《土地使用费法》规定的固定税率纳税。非农业用地税率按照《土地使用费法》规定，俄罗斯 11 个经济地区各自的平均税率，并将城市居住区按规模划分为 10 类，同时规定了旅游胜地和州首府的调整系数。市政府可依据平均税率，对不同位置、发展水平、环境和地理特征的土地制定不同的税率。不同税率产生的总应纳税额应等于该地区平均税率与总土地面积的乘积。位于城乡接合部的住宅用地和个人辅助用地按3%的税率征税。《土地使用费法》规定，住宅用地的最低税率每年在预算法案中调整。

第三节　中国香港、台湾地区土地税收制度

一、中国香港特别行政区现行土地税收制度

中国香港特别行政区，作为世界第三大金融中心，房地产在其经济中占有重要的地位，与其相关的房地产税收政策也较好地配合香港的自由港地位，已成为香港财政收入的主要来源。据统计，20世纪90年代以来，香港房地产税收占财政收入的比例一直在10%以上。土地税收呈现税收制度简单、税率低的特点。

1. 印花税

香港历史最为悠久的税收之一，在财政收入总额中占8%～10%。印花税征收的对象主要有：物业售卖转易契、住宅物业买卖协议和不动产租约三种。不同的课征对象，税率也不尽相同。其中，物业售卖转易契印花税和住宅物业买卖协议印花税均按从价税率征收印花税，实际适用税率视物业售卖转易契或住宅物业买卖协议的代价而定。

2. 遗产税

遗产税是一项直接税，凡身故在香港而转移到别人的财产都要缴纳遗产税。遗产税课征的对象包括死者生前能支配的土地；死者生前近三年内真诚送出的土地，而受赠人所接受的财产价值（不仅是土地财产价值）总数超过20万港元的；死者生前不是真诚送出，受赠人不能真正全部管有和享用的土地；死者享有终生权益和预期收益的土地；以及与其他人共同拥有的土地。遗产税的税率是根据遗产扣除后的余额实行累进，遗产（包括所有遗产）不超过75万港元的部分免于征收遗产税，超过750万港元未超过900万港元的部分按5%征收，超过900万港元而未超过1050万港元的部分按10%征收，高于1050万港元的部分按15%征收。

3. 差饷

差饷则是来源于英国的税种，是向拥有土地及楼宇的业主征收的一种间接税。该税开始于1845年，起初是用来支付警察、街灯、饮用水和消防等开支，现今其广泛用作特区政府、市政局及区域市政局所提供的各项公共服务的经费。课税对象为香港境内的土地，各种房屋及有关增加该房屋使用价值的建筑物。纳税义务人是土地和楼宇的所有者，若房屋和土地出租，依据出租双方的协议而定，没有约定谁负担的，由实际占有人即租客负责缴纳。差饷税率由立法局根据每年特区财政收支情况决定，大多数年份的税率为5%。

4. 物业税

物业税是对不动产出租所获收入征收的一种税。计税依据是物业应评税值扣除拥有人支付的差饷后实际所获得的租金，减去20%的修缮及各项支出后的余额，即物业应评税净值。物业税实行比例税率，一般为15%以上。

5. 利得税

利得税是向在香港从事经济活动而获得利益的人课征的一种税。课税对象是来自香港经营的行业、专业或商业的利润收入。土地属于资本性资产，转移时不需要缴纳利得税，

但如果属于投机或商业行为（税务局认定），则必须就利润缴纳利得税。税率为比例税率，公司利得税税率为 16%，个人收入利得税税率为 15%。

二、中国台湾地区现行土地税收制度

经过 20 世纪 40~50 年代和 70~80 年代两次较大规模的土地改革后，土地制度日趋完善。1977 年《土地税法》的颁布是台湾地区土地税收制度体系成熟和完善的标志。税种的设置既受到西方国家土地税收制度的影响，也与台湾当地的自然、社会经济条件密切相关，显示出一些自身的特点。现行的土地税收种类主要有房屋税、地价税、土地增值税、遗产税与赠与税、不在地主税、空地税、不动产登记税等，最重要的税种是地价税和土地增值税。台湾地区的土地税为地方税，占地方政府总税收入的 70% 以上，仅次于所得税与营业税。土地税中又以土地增值税所占比例为最高，其次还包括田赋、地价税、房屋税等（田赋于 1987 年已经停征）。而在土地税中，尤以土地增值税比例最高。

1. 土地增值税

土地增值税是对土地所有权人在申报地价后的土地自然涨价部分（依核定的申报移转现值减除依物价指数调整的原规定地价或前次移转的土地现值，及改良土地的全部费用），在土地所有权转移或设定典权时征收的一种税。土地增值税的纳税义务人为土地原所有权人、出典人；其课税方式为土地所有权移转或设定典权时，向税捐稽征机关申报土地移转现值，主管稽征机关据此课征增值税。现行土地增值税税基以申报土地移转现值扣除原地价与改良土地全部费用为课税税基，在此所指的申报土地移转现值，以直辖市及县（市）政府依《平均地权条例》公告的土地现值，而主管稽征机关依公告现值以审核申报土地移转现值；而现行税率则是以优惠税率（比例税率）与一般税率（超额累进税率 40%~60%）并行。

2. 地价税

地价税是对已规定地价的土地，按土地所有权人的地价总额征收的一种税。土地价值的增加是由工商业的进步所导致的，因此这部分增值不应由土地所有者所独享，应该课征地价税。现行地价税纳税义务人为土地所有权人、典权人、承领人等，每年征收一次，开征日期为每年 11 月 16 日。地价税是由税基与税率组成，税基是以土地所有权人在每一直辖市、县市内的地价总额计算征收。税率则采用超额累进制税率，目的为防止土地过度集中。在《平均地权条例》修正前，一般税率为 15‰、自用住宅则为 3‰、最高累进税率可达 70‰；现今一般税率为 10‰、自用住宅则为 2‰、超额累进税率最高则为 55‰。

3. 房屋税

房屋税是以房屋作为课征对象的租税，其课征对象不仅是供营业、工作或住宅用的建筑物，也包含增加房屋使用价值的建筑物。现行征收日期为每年 5 月 1 日起，其纳税义务人为房屋所有权人、典权人等。房屋税由税基与税率所组成，现行税基是以不动产评价委员会评定房屋标准价格，依使用年期与邻近商业、交通等情况，予以折旧计算价值，作为课税税基；税率是以房屋使用用途制定不同税率，租用住宅税率最低不得少于 1.2%（原 1.38%），最高不得超过 2%，自用住宅则不得超过 1.2%（原 1.38%）。地方政府可视其实际情况，在所规定的税率上下限中进行调整。

第四节　中国土地税收制度的演变与发展

一、中国土地税收制度的演变过程

在我国近五千年的财税史中，土地税收占有重要地位。从奴隶社会到封建社会，再到民主社会，我国财税的变革无不与土地息息相关。

（一）中华人民共和国成立前的土地税收制度（1949 年前）

对农地课税始于封建社会时期，中国处于农业社会阶段，土地税费是国家收入的重要来源，经历了从春秋时期的"田税"到秦汉时期的"田租"，再到宋朝之后统称的"田赋"的历史演变。直到国民政府成立前，田赋都是中央政府的主要税收。1928 年 7 月国民政府颁布税收条例时，把田赋首次划归地方税，成为省级财政的主要收入来源，但是当地方政府把持田赋征收权力后，各种名目繁多的税目逐渐成为当时中国农村破产的重要原因之一。国民政府也制定了一系列针对性的政策对田赋进行整理，但随后巨大军费及行政开支，国家财政日益拮据，同时抗战的爆发，使田赋整理的努力最终失败。

对城市土地课征税费，则是从 1866 年上海公共租界开始的。北洋政府时期征收土地、房屋等相关的契税、不动产费和验契费，针对房屋的不同用途征收一定的"房捐"税。南京国民政府时期，1928 年设立了土地税，同时将契税（包括契税及其附加税和验契费）的税率和归属（中央或地方）进行多次调整，于 1946 年全部划归地方。1930 年国民政府公布的土地法，提出在城市征收地价税和土地增值税，不再征收田赋。

在西方税费思想的影响下，民国时期建立起了一套较为完整的土地税费体系，尤其是地价税、土地增值税等对当时的财政资金筹集和土地资源的配置均产生了良好的积极作用，特别是当时土地遗产税的做法也值得当前借鉴。

（二）土地税费的初创阶段（1949～1977 年）

中华人民共和国成立后，通过没收、收回、赎买等方式将城市土地收归国有，逐步确立了城市土地国家所有的制度。城市土地配置通过行政划拨来实现，实行无偿无限期使用，禁止其使用权通过市场机制转让。这一阶段的农业用地，通过没收或征收，把原来的封建土地所有制度变革为农民平均占有土地的私有制度，实现由农民私有到农村集体所有的改变，但随着合作化运动的推进，从农民对土地的独立使用权演变为从农民私有、集体统一经营的土地使用制度，再演变为集体所有，农民逐渐失去了土地的所有权和独立使用权。

从中华人民共和国成立到改革开放这一期间，我国的土地税费也经历了初步建立到萎缩的过程。从 1950 年 1 月，政务院发布了中华人民共和国成立后的统一税政、建立新税收制度的纲领性文件——《全国税政实施要则》开始，伴随着一系列税收制度的颁布和施行，到 1958 年，由于土地交易被禁止，土地产权变动的征税范围小，与土地相关的印花税和契税也名存实亡了。

20 世纪 70 年代，在"文化大革命"环境下，中国的税收制度建设遭到严重的破坏，我国的土地税费制度逐步进入萎缩阶段，随着土地所有权转移的减少，即使土地私有，土地税费方面的契税等也徒有虚名。在城市土地转为国家所有后，土地税费体系遭到破坏，其主要职能为有限的财政功能。相比之下，农用土地相关的税费表现出一定的稳定性，在农村土地实行集体所有制以后，国家虽然没有对土地单独设立税种，只是征收农业税，但在农业税的征收中，为了促进农业发展，实行"稳定负担，增产不增税"的政策原则。

另外，随着资本主义工商业的社会主义改造完成以后，国家采用统一的财经工作措施，财政收费管理体制高度集中，收费项目十分有限，数额也不大，与土地相关的收费微乎其微。也有学者认为在当时的计划经济管理模式下，由于实行财政统收统支，收取土地使用费没有实际意义。

（三）土地税费的恢复阶段（1978～1993 年）

改革开放以后，政府的工作重心转移到经济建设上，伴随土地制度的优化，我国的土地税费制度也进入了恢复和建设阶段。在农地方面，废除了计划经济体制下"三级所有，队为基础"的制度安排，确立了拥有私产和一定经营自由权农户的主体地位，确立了农地集体所有、家庭承包经营的基本经营制度。伴随土地承包责任制的推行，具有土地税含义的农业税也由集体转移到农户。

随着改革开放的不断深入，我国在城市土地使用制度优化上取得了重大突破，由无偿、无限期的土地使用制度，逐步发展为有偿、有限期的土地使用制度，土地所有权和使用权相分离。期间，我国整体税收制度建设也进入了一个崭新的时期。

在城市土地使用制度和国家整体税收制度优化的推动下，我国的城市土地税收制度也进入了恢复和建设阶段。这一时期，国家在财政体制方面进行了大幅度变革，不再实行高度集中的财政收费管理体制，导致各项收费急速膨胀，而与土地相关的农业、农民和房地产业往往成为乱收费的重灾领域，加重了农民负担，国家宏观调控能力减弱。进入 90 年代，中央政府开始对收费进行整顿，但由于众多的形成原因，乱收费问题没有得到较好的解决，治理效果并不明显。

改革开放后，无论是农村土地还是城市土地，均实现了所有权与使用权的分离，土地资源的市场配置程度逐步提高，土地税费作为国家财政和宏观调节的手段成为可能，我国的土地税费制度得到了恢复和建设，但仍需要进一步优化和完善。

（四）土地税费的完善阶段（1994 年至今）

1994 年起，我国进入新一轮的税收制度优化，实行"分税制"的财政体制。在此影响下，伴随土地有偿使用制度优化的进一步深化，土地市场化配置程度的不断提高，住房制度改革不断深入，我国土地税费制度进入完善阶段。土地使用制度的变化，为土地资源的市场配置创造了良好的条件，要使市场配置能够良好地运行，就必须具有相应的制度作为保障。而财税制度的优化形成了土地收费膨胀的新根源。我国的分税制先对中央政府和地方政府的收入进行了划分，而在事权的划分上，中央与地方及地方各级政府之间的管理体制却显得较为混乱，同时政府行为不规范，部门利益膨胀，且缺乏有效的约束和制衡。"财政分灶吃饭"客观上也激励了地方政府增加收费的动力，产生了对资金的强烈需求。这样，无论是规费还是乱收费均得到了迅猛的膨胀。乱收费、收费管理混乱等问题目前有较大好转，但仍有立法不完善及土地税收配套设施不完善等问题。

二、中国现行土地税收制度

我国现行土地税收种类主要包括耕地占用税、契税、印花税、城镇土地使用税、房产税等 11 种土地税收。以下按照征税对象的不同分为四个税类加以简介。

（一）所得税类

与土地有关的所得税包括农业税、农林特产税、牧业税、企业所得税和个人所得税中的土地税。我国于 2006 年取消了农业税、农林特产税和牧业税，因此所得税中仅剩企业所得税和个人所得税中的土地税。

1. 企业所得税中的土地税

这是企业所得税的组成部分。其课税对象为纳税人每一纳税年度内房地产租金所得和转让房地产所得，减去"准予扣除项目"的金额便为应纳税所得额。"准予扣除项目"包括成本、税金（含消费税、营业税、城市维护建设税、资源税、土地增值税等）损失等。企业所得税实行 33% 的比例税率，对于年应纳税额较低的企业有所优惠。

2. 个人所得税中的土地税

这是个人所得税的组成部分。其课税对象为纳税人每一纳税年度内房地产所得和转让房地产所得，适用比例税率为 20%。房地产租赁中的应纳税所得额，为每次取得的收入（以一个月为一次）扣除规定费用后的余额；房地产转让中的应纳税所得额，为转让财产收入额扣除财产原值和合理费用（出卖房地产过程中按规定支付的相关费用）后的余额。对于个人所得税实行 20% 的比例税率。

（二）财产税类

1. 城镇土地使用税

城镇土地使用税是以开征范围的土地为征税对象，以实际占用的土地面积为计税标准，按规定税额对拥有土地使用权的单位和个人征收的一种资源税。纳税人为在城市、县城、建制镇、工矿区范围内使用土地的单位和个人。依据《中华人民共和国城镇土地使用税暂行条例》规定，土地使用税以纳税人实际占用的土地面积为计税依据，依照规定税额计算征收。土地使用税每平方米年税额如下：①大城市 1.5 元至 30 元；②中等城市 1.2 元至 24 元；③小城市 0.9 元至 18 元；④县城、建制镇、工矿区 0.6 元至 12 元。省、自治区、直辖市人民政府，应当在规定的税额幅度内，根据市政建设状况、经济繁荣程度等条件，确定所辖地区的适用税额幅度。《中华人民共和国城镇土地使用税暂行条例》也规定了多项免缴和减免城镇土地使用税的情形。

2. 土地增值税

土地增值税是对有偿转让国有土地使用权和地上建筑物及其他附着物的单位和个人征收的一种税。土地增值税的纳税义务人是转让国有土地使用权、地上建筑物及其他附着物并取得收入的单位和个人。土地增值税的征税范围包括国有土地、地上建筑物及其他附着物。转让房地产是指转让国有土地使用权、地上建筑物及其他附着物产权的行为，不包括通过继承、赠与等方式无偿转让房地产的行为。

土地增值税以纳税人有偿转让房地产所取得的土地增值额为计税依据。土地增值额为纳税人转让房地产所取得的收入减除规定扣除项目金额后的余额。税率实行四级超率累进税率:增值额未超过扣除项目金额50%的部分,税率为30%;增值额超过扣除项目金额50%、未超过扣除项目金额100%的部分,税率为40%;增值额超过扣除项目金额100%、未超过扣除项目金额200%的部分,税率为50%;增值额超过扣除项目金额200%的部分,税率为60%。纳税人转让房地产所得的收入,包括转让房地产的全部价款及相关的经济效益,具体包括货币收入、实物收入和其他收入等。土地增值税的扣除项目为:①取得土地使用权时所支付的金额;②土地开发的成本、费用;③新建房屋及配套设施的成本、费用或者旧房及建筑物的评估价格;④与转让房地产有关的税金;⑤财政部规定的其他扣除项目。

随着"营改增"改革的推进,土地增值税的收入确认和税前扣除都与营业税时代有所不同,从制度上消除了营业税重复征税,极大地减轻了企业税负,有利于促进经济转型升级和营造公平竞争的市场环境。

3. 房产税

房产税是在我国境内的城市、县城、建制镇和工矿区,对房屋产权所有人征收的一种税。其由产权所有人缴纳。产权属于全民所有的,由经营管理的单位缴纳。产权出典的,由承典人缴纳。产权所有人、承典人不在房产所在地的,或者产权未确定及租典纠纷未解决的,由房产代管人或者使用人缴纳。

房产税依照房产原值一次减除 10%~30%后的余值计算缴纳。具体减除幅度,由省、自治区、直辖市人民政府规定。没有房产原值作为依据的,由房产所在地税务机关参考同类房产核定。房产出租的,以房产租金收入为房产税的计税依据。

4. 契税

契税是在土地、房屋权属转移时,国家按照当事人双方签订的合同(契约)及所签订价格的一定比例,向承受权属者一次性征收的一种行为税。根据《中华人民共和国契税暂行条例》的规定,契税的纳税人为在中华人民共和国境内转移土地、房屋权属,承受的单位和个人。契税的征税对象是发生土地使用权和房屋所有权属转移的土地和房屋,如土地的出售、赠与和交换,房屋的买卖、赠与和交换。

契税的计税依据:①国有土地使用权出让、土地使用权出售、房屋买卖,为成交价格;②土地使用权赠与、房屋赠与,由征收机关参照土地使用权出售、房屋买卖的市场价格核定;③土地使用权交换、房屋交换,为所交换的土地使用权、房屋的价格的差额。

契税税率为 3%~5%。契税的适用税率,由省、自治区、直辖市人民政府在规定的幅度内按照本地区的实际情况确定。《中华人民共和国契税暂行条例》对减征或者免征契税情况进行了规定。

（三）行为税类

1. 耕地占用税

耕地占用税是国家对占用耕地建房或者从事其他非农业建设的单位和个人,依据实际占用耕地面积、按照规定税额一次性征收的一种税。耕地占用税的纳税人为占用耕地建房或者从事非农业建设的单位或者个人。单位包括国有企业、集体企业、私营企业、股份制企业、外商投资企业、外国企业,以及其他企业和事业单位、社会团体、国家机关、部队及其他单位;个人包括个体工商户及其他个人。

计税依据以纳税人实际占用的耕地面积为准,按照规定的适用税额一次性征收。税额规定如下:①人均耕地不超过 1 亩的地区(以县级行政区域为单位,下同),每平方米为

10～50 元；②人均耕地超过 1 亩但不超过 2 亩的地区，每平方米为 8～40 元；③人均耕地超过 2 亩但不超过 3 亩的地区，每平方米为 6～30 元；④人均耕地超过 3 亩的地区，每平方米为 5～25 元。

2. 城市维护建设税

城市维护建设税是为了加强城市的维护建设，扩大和稳定城市维护建设资金的来源而征收的税收，其纳税人为缴纳产品税、增值税、营业税的单位和个人。计税的依据是纳税人实际缴纳的产品税、增值税、营业税税额。按照纳税人所在的地区实行差别税率：市区为 7%；县城、镇为 5%；其他地区税率为 1%。多年来，城市维护建设税自身的政策规定变化较小，但由于其为附加税，相应的政策也随着主税的变化而变化。

3. 固定资产投资方向调节税

固定资产投资方向调节税是向固定资产投资的单位和个人征收的一种行为税，其目的在于控制固定资产投资规模，引导和改善投资结构，规范投资主体行为并提高投资效益。凡是在中国境内从事固定资产投资的单位和个人，都是纳税人。它的征收对象是以各种资金进行的固定资产投资，以固定资产投资项目实际完成的投资额作为计税依据。依据国家产业政策发展序列和项目经济规模要求，本着长线产品与短线产品有别、基本建设和更新改造有别等原则，共设置四档差别税率：5%、10%、15%、30%。

4. 印花税

土地印花税是对各类土地（地产、房产）交易合同书立行为或土地产权转移书据的立据行为开征的行为税，其由中央政府统一立法和解释，收入归地方政府，属于地方税种。

纳税人为合同的书立人、书据的立据人或权利人、许可证照的领受人。印花税税率有两种：第一种是比例税率，适用于房地产产权转移、土地使用权转让书据，税率为 0.05%，同时适用于房屋租赁合同，税率为 0.1%，房产购销合同，税率为 0.03%；第二种是定额税率，适用于房地产权利证书，包括房屋产权证和土地使用证，税率为每件 5 元。

（四）流转税类

营业税属于流转税，转让土地使用权和销售不动产所应缴纳的营业税是其组成部分。征收营业税的目的在于筹集财政资金，通过确定征免界限、差别税率等促进各产业协调发展，并通过同一大类行业采用相同的比例税率而鼓励平等竞争。我国 1993 年颁布的《中华人民共和国营业税暂行条例》规定，在我国境内有偿销售不动产，必须缴纳营业税。纳税人是销售不动产的单位和个人，税率为 5%。纳税人转让土地使用权或者销售不动产，采用预收款项的方式，纳税人转让土地使用权，应当向土地所在地主管税务机关申报纳税；纳税人销售不动产，应当向不动产所在地主管税务机关申报纳税。

三、中国土地税收制度的改革与完善

在中国，住房可以是个人财产，个人可以对其拥有完全的财产权，但土地被法律确定为公有财产，个人只有使用权。国家对房产和土地实行分设的管理体制。这种独特的土地管理制度是世界上其他国家所没有的，因此，土地税收制度应当充分考虑我国有关法律规定、现行的土地制度和房地产管理体制，同时参考国际惯例，构建一套适应社会主义市场经济体制和经济可持续发展战略需求的较为完善的土地税收制度。

（一）优化土地税征收各环节

中国现行的土地税收制度存在较严重的交叉重复设置和征税，无疑加重了纳税人的负担，增加了税收征管的成本。因此，要根据土地税收的不同环节，完善现有税种，取消重复税种，增加新税种。例如，在土地取得环节，可取消现有的耕地占用税，增加遗产和赠与税，将印花税与契税合并为契税；土地保有环节，可将现行税制中的房产税、城镇土地使用税及土地增值税合并统一开征物业税，增加农地使用税；土地转移环节，不单独针对土地设置专门的税种，土地转移税还可设营业税、所得税、城市维护建设税。根据不动产的开发、交易和保有环节合理设置税种，统筹安排，充分发挥税收的调节功能，尤其是要着力改变当前"重流转，轻保有"的税种设置现状。通过上述方式，最终形成比较完整，统一于我国整体税制结构体系、体现效率与公平原则的土地税收制度。

（二）优化土地税收体系

1. 积极推进"费"改"税"

我国现行的土地税收制度应该具有公开、公正、透明的特点。然而我国各种土地税外收费非常突出，而且其中很大一部分税外收费不符合国际惯例的要求，对资源配置和经济运行产生了严重的扭曲。纵观世界各国的土地收费情况，可以说涉及土地收费的项目少之又少，且费额很低，主要采取税收的形式。发达国家的经验值得借鉴，可以说"正税、少费"已经成为国际土地税收制度发展的必然趋势。

2. 由"税种多，重复征"转变为简化易行的土地税收结构

从税种数量上看，我国各个环节的税种征收数量不平衡，如交易环节有多种税，而开发使用环节仅一个税种。交易环节征税远大于开发环节的税收容易导致开发土地的盲目性，并且增加了土地交易的成本，限制了土地的经济流转。除此之外，我国现行税种种类繁多，虽然名称不同，但是实质上是对同一税源进行课税。例如，对转让土地使用权，既征收土地增值税，又征收所得税。重复征税现象的存在，容易导致纳税人偷逃税款，而且也不符合税收原则中的效率原则。我国应当建立简化易行的土地税收结构，按土地取得、保有、转让三个环节设计土地税种。尤其在保有环节应详细制定规则与办法，以达到平抑地价，确保公平负担的目的。其目的在于通过征收保有税，提高不动产占有成本，从而促进不动产的流转和有效利用，提高不动产的供给量。

3. 建立健全土地税收制度的配套措施

土地税的征收效率与土地登记制度密切相关，我国土地登记制度不严，土地管理部门没有明确的协税义务，致使税收资料信息来源不畅，税务机关难以掌握税源，影响征管力度，导致税源流失。要完善土地税收制度，需要建立专业的土地评估机构，加强对土地的评估管理，提供公平的土地计税依据，还必须要有一套完整的土地及房产公布和登记制度，以消除非规范的估价所造成的错误和不合理现象，促进土地税收体系的健康发展。

4. 鼓励土地流转，促进提高土地利用效率

消除重复征税，减轻交易环节的税收负担，促进土地使用权的流通。建立资源占用的经济约束机制，促进土地合理开发和有效利用。适当调整税制结构和税负结构，扩大税源基础和税收覆盖面，正确处理好土地的所有者、开发者、使用者、转让者之间的利益关系，促进我国土地资源的合理配置和有效利用。

（三）优化土地税收分配机制

土地税收收入的合理分配，既有利于增加地方财政收入，减少各种不规范土地收费现象，也能有效调动地方政府参与土地税收制度优化的积极性，实现各级政府事权与财权的统一。土地税收分配应体现"取之于地，用之于地"的准则，发挥地方政府在土地税收征管过程中的主体性地位，将土地税收收入的大部分分配给地方政府，使其逐步成为地方财税收入的主体税源。

复习思考题

1. 简述土地税收的概念及特点。
2. 简述我国港、台地区及国外的土地税收制度对我国土地税收制度改革的启示。
3. 简述我国现行土地税收制度中的各税种。

参 考 文 献

毕宝德. 2016. 土地经济学［M］. 7 版. 北京：中国人民大学出版社：355-356.

财政部《税收制度国际比较》课题组. 2000. 法国税制［M］. 北京：中国财政经济出版社.

车贤一. 2013. 俄罗斯税制改革研究［D］. 哈尔滨：黑龙江大学硕士学位论文.

林英彦. 1999. 土地经济学通论［M］. 台北：文笙书局：183-189.

刘威. 2016-10-27. 德国的土地税［N］. 中国财经报，（002）.

裴桂芬，刘继荣，王曼. 2016. 战后日本土地税制改革及其效应［J］. 日本学刊，（3）：115-133.

苏畅. 2013. 日本土地税及其效应分析［D］. 保定：河北大学硕士学位论文.

孙世强. 2011. 国家税收［M］. 北京：清华大学出版社：6-7.

王克强，王洪卫，刘红梅. 2005. 土地经济学［M］. 上海：上海财经大学出版社.

王荣宇，谭荣. 2015. 德国土地税收制度及其改革探索的启示：基于土地收益共享的视角［J］. 中国土地科学，（12）：81-87.

姚婷婷. 2014. 中国土地税收法律制度改革研究［D］. 上海：华东政法大学硕士学位论文.

殷章甫. 2005. 土地税［M］. 台北：五南图书出版有限公司：69-72.

张标敏. 2017. 新形势下土地增值税政策的完善［J］. 税务研究，（2）：103-107.

赵辉. 2010. 扩大我国资源税征税范围的研究［D］. 北京：中央财经大学硕士学位论文.

赵艳霞，蔡文柳，张晓凤. 2015. 土地经济学［M］. 哈尔滨：哈尔滨工程大学出版社.

中华人民共和国财政部税政司. 2012. 中国税收制度（2011）［M］. 北京：中国财政经济出版社：40.

中华人民共和国财政部网站. http://www.mof.gov.cn/mofhome/guojisi/pindaoliebiao/cjgj/201309/t20130927_994351.html.

周诚. 2003. 土地经济学原理［M］. 北京：商务印书馆.

邹伟. 2009. 中国土地税费的资源配置效应与制度优化研究［D］. 南京：南京农业大学博士学位论文.

第十七章 中国土地制度及其改革完善

> 【本章内容要点】土地制度是土地这种稀缺资源能够合理分配、有效利用、高效管理的重要基础。本章从狭义的土地制度出发，着重分析土地制度的基本概念与变迁规律，并分别探讨中国农村土地制度和城市土地制度的改革与完善对策。

第一节 土地制度概论

一、土地制度的内涵

随着社会经济的发展对于土地制度的认识也在不断地扩展与深化，土地制度有具体和抽象的概念之分。具体的土地制度指与土地所有、土地使用、土地管理及土地利用技术等有关土地问题的一切制度，包括土地所有制度、土地使用制度、土地规划制度、土地保护制度、土地征用制度、土地税收制度和土地管理制度等，即涉及生产力和生产关系两方面的制度内容。抽象的土地制度是指约束人们土地经济关系的规则的集合，是关于人们之间围绕土地所有、使用、收益而形成的生产关系总和，即反映人与人之间的土地经济关系，是一种社会经济制度。从抽象角度，土地制度包括土地经济制度和土地法权制度。

二、土地制度的功能

土地制度具有保障、激励、约束及资源配置四种基本功能。

（1）保障（insurance）功能。指土地制度应保证土地关系中利益相关者决策权和经济利益的实现，从而使土地制度得以运行。

（2）激励（incentive）功能。指对土地关系的利益相关者激发动机、鼓励行为、调动积极性等方面的动力机制和作用，也就是引导人们实现土地利用外部性内部化的功能。

（3）约束（restrictions）功能。指对土地利益相关者的机会主义行为进行抑制的功能，即对利益相关者追求利益实现和不遭受损失而设置的警戒线和规范行为的功能。

（4）资源配置（allocation）功能。指按价格信号或效益原则将土地资源由低效率向高效率方向配置的作用机制。这种资源配置功能在宏观上表现为政府以一定的手段调控土地资源在不同用途、部门之间的配置；在微观上表现为土地所有者或经营者依据一定的信息（市场和政府政策）进行土地资源的开发与利用。

四种功能相辅相成，只有保障功能和约束功能健全，激励功能才易奏效；只有在足够的激励下，资源配置才会更加合理、有效。

三、土地制度的构成

土地制度是反映人与人、人与地之间关系的重要制度。它既是一种经济制度，又是一种法权制度。其中，土地经济制度指人们在一定的社会制度下，在土地利用中形成的土地经济关系的总和，是社会生产关系的重要组成部分，如土地所有制、土地使用制、土地国家管理制等。土地法权制度指人们在土地利用中形成的土地经济关系的法律体现，是社会上层建筑的组成部分。土地经济制度是土地法权制度形成的基础，后者反过来又具有反映、确认、保护、规范和强化土地经济制度的功能（图 17-1）。

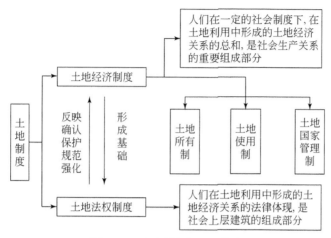

图 17-1　土地制度的一般构成

（一）土地所有制

土地所有制是指在一定社会生产方式下，由国家确认的土地所有权归属的制度。土地所有制是生产资料所有制的重要组成部分，是土地制度的核心和基础。土地所有权是土地所有制的法律体现形式。土地所有权是土地所有者拥有的、得到国家法律保护的排他性的专有权利，可派生出占有权、使用权、收益权和处分权。

土地所有制可区分为两种类型，即土地公有制和土地私有制。我国是社会主义国家，实行土地的社会主义公有制，包括全民所有制和劳动群众集体所有制两种形式。为保障所有制的实现，国家通过对土地确权发证的形式，保障土地所有权人的合法利益。土地所有制的法律认可包括两个方面：①国家确认并予以保护的土地所有制，都要通过一定的法律文件如土地所有权证书来体现。②当土地所有权转移时，出让方和受让方签订的契约——地契，经过国家的登记认可，也可以作为土地所有权的法律文件。

（二）土地使用制

土地使用制是指国家对土地使用的程序、条件、形式及土地使用权属关系的法律规定。土地使用制的核心和法律体现形式是土地使用权。土地使用权是土地使用者依法对土地进行利用、管理并取得收益的权利。

在土地使用权与土地所有权分离的情况下，土地所有者和土地使用者都要按照一定的规范（程序、条件和形式）来确定两者的权利和义务，而这种规范通常是以国家法律、政策的形式得以体现，或直接体现在国家行政管理过程中，这就构成了土地使用制度。按照土地所有权和使用权相互关系的不同，土地使用制可分为两类，即两权合一和两权分离。

为保障使用制的实现，国家同样通过对土地确权发证的形式，保障土地使用权人的合法利益。土地使用制的法律形式包括三个方面：①由国家以一定的法律形式加以确认和保护才能得以实施。②在实行各类土地租赁制的情况下，双方要签订土地租赁契约（佃契、租约、租契、租贴、协议、合同等）。③所有这些契约都必须在行政主管机关登记才具有法律效力。

（三）土地所有制与使用制的关系

1. 土地所有制决定土地使用制

土地所有制是由国家确定的土地所有权归属制度，受国家宪法保护；在土地所有制基础上，进一步依托土地使用法律法规，形成土地使用制，包括土地使用的程序、条件、形式及土地使用权属关系等。土地所有制决定土地使用制的根本是由土地所有权决定土地使用权。

2. 土地使用制必须与土地所有制相适应

土地所有制是人们对土地这一生产资料的占有形式。社会形态决定土地所有制及其使用制。例如，资本主义国家多实行土地私有制，必然存在与土地私有制相适应的土地使用制，在使用他人土地过程中，将伴有土地所有权的租赁、买卖等。中国实行的是有中国特色的社会主义土地公有制，土地属全民所有和劳动群众集体所有，在土地使用过程中，仅仅是土地使用权转移、流转过程。

3. 土地使用制是实现和巩固土地所有制的形式和手段

土地所有制决定土地使用制。有什么样的土地所有制，必然伴随与其相适应的土地使用制。土地使用制的重要创新是在土地所有制基础上的探索，也是进一步对土地所有制的实现与巩固。

（四）土地国家管理制

土地国家管理制是指国家政权以社会代表的身份，对全国土地在宏观上进行管理、监督和调控的制度、机制和手段的集合。土地的国家管理由中央政府和地方政府来实施。实施土地国家管理制，必须设置一定的政府管理机构，并确定其职能分工。在土地私有制国家，一般采用分类分级管理模式，即中央政府不设置统一的土地管理机构，而由政府各部委和地方行政机构设立土地管理机构，各负其责，分别管理各自范围内所属土地。而在一些人多地少的国家或地区，则采用城乡统一垂直管理的模式，强化土地管理。

实行土地国家管理制的手段可分为四类：①法律手段，通过制定法律、法规对土地所有者和使用者及其他相关人的行为实行强制规范；②经济手段，通过有偿使用费、征收税费等手段进行管理，以提高土地利用效率；③行政手段，通过依法行政，即通过行政政策、措施等手段管理土地；④技术手段，通过采用各种技术方法、措施加强土地管理，提高土地管理效率；⑤道德手段，如国家设立"全国土地日"等，就是用道德手段管理土地的一种表现。

第二节　中国土地制度的产生与变迁

一、土地制度判断标准

土地制度作为以土地为载体形成的人与人之间的经济关系，其好与坏、先进与落后，关键要看这种制度是否有利于社会生产力的发展，即这种土地制度是否有利于土地资源的合理利用与保护，提高土地利用效率；是否能够保障国民经济各个部门对土地资源的需要，建立优化的土地利用结构与布局；是否能切实维护土地所有者和使用者的合法权益，调动各方面自觉合理利用与保护土地资源的积极性。

二、中国土地制度的产生

（一）原始社会土地所有制的产生

（1）人类社会初期，地广人稀，生产力水平很低，以采集和渔猎为生，没有固定的生产、生活用地，还谈不上对土地的开发利用，因而不存在土地所有制问题。

（2）到了游牧时代后期，随着生产力发展，逐渐形成了天然草地的循环轮牧制度，于是各个氏族部落之间渐渐形成各自的土地利用势力范围，从而出现了土地所有制的萌芽，即原始共产主义社会中由氏族公社所组成的部落土地所有制。其基本特征是，在每一个部落范围内的土地（包括居住用地、农耕用地、牧场、森林、荒地等），均归该部落全体成员共同所有，分别由部落中的各个氏族公社共同使用并共同享用其产品。

（3）原始社会末期，来自不同氏族的个体家庭逐渐按地域结合形成村社（或农业公社）。村社范围内的土地归全体成员共有；耕地由村社分配给各个家庭使用，并定期实行重新分配；牧场、荒地、水源、森林则共同使用；住宅、农具、牲畜、生产物等归各个家庭私有。

（二）奴隶社会土地所有制的发展

据史料记载，公元前2000年左右的夏、商时代，在夏、商、西周长达一千八九百年的奴隶社会时期，形成了以贵族领主等级占有为基础的土地国有制。

夏、商时期，占主要地位的是以家族为单位的土地公有制，其农业生产往往采取集体劳作的方式进行；西周时期的土地制度虽然有"普天之下，莫非王土，率土之滨，莫非王臣"之说，但实际上却是和分封制度相适应的多层次的贵族土地所有制，即"井田制"。井田以公田和私田的划分为主要特征，公田由村社成员共同耕种，收获全部上交国家；私田是村社成员的份地，公社成员必须按照制度定期交换份地，随着份地的变动迁居，村社劳动者对私田的占有权和使用权是以在公田上无偿劳动为条件的。

战国初期，井田制的破坏使农民对自耕份地的占有关系加强，出现自耕农小土地所有制。贵族阶级的进一步分化，使部分贵族下降为自耕农。战国时期，各国通过变法使军功贵族通过赐予和买卖取得土地，同时，商人、货币持有人也通过买卖取得土地，他们和军功贵族一起成为新兴大土地所有者。

（三）封建社会地主土地所有制的发展

封建社会的土地制度——封建土地所有制和以土地租佃制为主的土地流转制度，是我国历史上经历时间最长（春秋战国至清代鸦片战争前夕），发展比较成熟，对中国社会和经济有深刻影响的土地制度。

公元前216年，秦颁发"使黔首自实田"的法令，进行全国性的土地登记。这次登记在于承认现实土地的占有状况，以稳定赋税收入。这样，也就以国家统一法令的形式，确认了土地的私有权。

汉朝存在三种土地所有制形式，即封建国家土地所有制、地主土地所有制和自耕农土地所有制。①封建国家土地所有制中，国有土地为直接由国家政权掌握的土地，其所有权归国家，称为公田。这主要包括全国的森林、荒地、河流，皇帝的林园，分散在各地没收的富人、豪强、商贾的土地。其经营方式，一种是假田制，即把国有土地出租给无地农民耕种，农民要交税，史称"假民公田"；另一种是屯田制，从汉武帝时期开始大规模屯田，屯田分为民屯和军屯。民屯要交纳地租，屯田者主要是内地迁徙的移民；军屯由戍卒耕种，屯田卒由政府发给农具、耕牛，收获的粮食交国家，屯田卒的衣食由政府拨给。②地主土地所有制，即地主、豪强、大官僚、富商占有土地，其来源有的是通过赏赐，有的是兼并，也有的是通过抢占和买卖。其土地采取租佃方式进行经营。③自耕农土地所有制，即自耕农占有小块土地进行独立经营。在这三种土地所有制中，又以地主土地所有制和封建国家土地所有制为主要形式，并构成了中国封建土地制度，即国有制与私有制长期并存的封建土地所有制形式。汉朝之后，尽管在北魏和隋唐时期曾经推行过均田制，但随着土地兼并的加剧，最终还是瓦解。明清时代，封建土地制度已变成阻碍农业生产发展的严重桎梏。而封建土地制度的某些变化，如租佃制度的变化，封建依附关系的松懈及农民小土地所有制的发展等，却在一定程度上能适应农业生产的发展。

三、中国近代土地制度变迁

民国时期，受政权性质决定，政府对官僚资产阶级和民族资产阶级的利益和前途表现出较多的关注，而忽视广大农民群众分享地权的要求。从中华民国临时政府，到北洋政府，再到南京国民政府都对侵犯私有土地的行为从法律上做出严厉的规定。例如，民国三年（1914 年）上字第 63 号判例规定了不动产所有人有处分其不动产的权利："不动产所有人于法令限制内得自由处分其权利，而不动产之买卖既属处分行为之一，则其应卖何人系属所有人之自由，第三人欲向买卖不动产之买主无故声述异议是为法所不许。" 1930 年，南京国民政府秉承《土地法原则》，将几种法律草案加以综合编制成《土地法》，并于 1935 年 4 月 5 日公布施行。准备从土地公有制、保障佃权、减轻佃农地租负担、扶持自耕农等政策着手，解决土地占有方面的矛盾。但由于当时国内外各种因素的影响，上述政策并没有得到实质性实施，仅停留在文字上。1947 年，《中华民国宪法》虽然打出"国民经济应以民生主义为基本原则，实施平均地权"的旗号，规定"中华民国领土内之土地属于国民全体。人民依法取得之土地所有权，应受法律之保障与限制。私有土地应照价纳税，政府并得照价收买。附着于土地之矿，及经济上可供公众利用之天然力，属于国家所有，不因人民取得土地所有权而受影响"。但实际上该法律仍然以维护原来的地主土地所有权为宗旨，从而助长了土地大规模兼并，无数农民破产、流离失所的局面。

这个时期，中国处于半殖民地半封建社会，官僚资本主义生产关系得到空前发展。除实物地租外，资本主义的土地制度在一定程度上得到发展。作为资本主义土地所有权在经济上的实现形式——货币地租，它所反映的经济关系也已与封建地租根本不同。资本主义地租不再占有直接生产者的全部剩余生产物，而是仅占有其中的超额利润部分，平均利润部分由产业资本家占有。

四、中国现代土地制度变迁

（一）城市土地国家所有权的确立

1. 接管和没收

即接管和没收帝国主义、官僚资本主义、国民党政府及反革命分子等占有的城市土地，无偿地将其变为国有土地。中华人民共和国成立后，各城市人民政府根据《中国人民解放军布告》《中国人民政治协商会议共同纲领》等政策、法令和文件中关于取消帝国主义国家在中国的一切特权和没收官僚资本归人民的国家所有的规定，接管了一批国民党政府所属的城市土地，接管或没收了帝国主义在中国占有的大批地产，没收了一批官僚资本家及汉奸、反革命分子在城市中的土地。1950 年 6 月颁布施行《中华人民共和国土地改革法》，新政权没收旧中国官僚、买办阶级拥有的土地。

2. 改造和赎买

从 1950 年开始以公私合营的方式在改造资本主义工商业的过程中，随同工商业资本家的其他财产一起收归国有。1956 年后，在全行业公私合营中，对私营企业财产在清产核资估价之后，由国家每年支付 5%的定息。资本家的土地所有权仅表现在每年获得少量定息上，土地的实际占有权和使用权已转归国家所有。城市私营房地产公司和私有房地产业主的土地，则是在国家对私有出租房屋进行社会主义改造中，通过经租的方式随同房屋一起收归国有。

3. 征收

即为了建设和公共利益的需要，国家采取土地征收方式把部分城乡非国有土地变为城市国有土地。由于国家在城市进行了大量经济、文化和国防建设，兴办社会公共事业，开辟工业区，新建大批城市，城市建设需要的土地，大多数需要依靠征收城乡非国有土地解决。

4. 依法确定

到 1982 年，城市土地的绝大部分已转为国家所有，但仍有少量城市土地属于集体和个人所有。1982 年《宪法》规定："城市的土地属于国家所有。"这项规定的实施，使全国范围内（香港、澳门、台湾地区除外）实现了城市土地国有化。此外《宪法》还规定："矿藏、水流、森林、山岭、草原、荒地、滩涂等自然资源，都属于国家所有，即全民所有；由法律规定属于集体所有的森林和山岭、草原、荒地、滩涂除外。""农村和城市郊区的土地，除由法律规定属于国家所有的以外，属于集体所有。""国家为了公共利益的需要，可以依照法律的规定对土地实行征用。"

（二）农村集体土地制度的确立

1. 个体土地所有制

1950 年 6 月，中共七届三中全会通过了关于在全国范围内开展土地改革的决议，随后又通过了《中华人民共和国土地改革法》等一系列法律和文件。土地改革从 1950 年冬季开始，共分四步进行：一是反霸，二是划分阶级，三是没收、征收和分配土地，四是复查。其中，没收、征收土地的内容是：没收地主的土地；征收祠堂、庙宇、寺院、教堂、学校和团体在农村中的土地及其他公地；征收工商业家在农村中的土地；征收半地主式的富农出租的土地。对于没收、征收来的土地，均统一、公平合理地分配给无地、少地及缺乏其他生产资料的贫苦农民所有。随着土地改革运动的基本完成，农村土地除依法属于国家所有的以外，均属农民私人所有，以个体土地所有制（即自耕农制度）代替了封建土地所有制。土地制度变革调动了广大农民空前的生产热情，大大促进了农村生产力发展。

2. 农业生产合作社集体所有制

土地改革一结束，立即开始对个体农民经济的社会主义改造，开展农业合作化运动。具体分三步进行：第一步，建立农业生产互助组，即在土地和其他生产资料私有制与分散经营的基础上实行劳动互助。这个阶段，虽然土地仍为私有，但劳动的范围扩大了，农民不仅在自己的私有土地上劳动，还在互助组内其他农民的土地上劳动。第二步，建立初级农业生产合作社，即在土地和其他生产资料私有的条件下，实行土地入股、统一经营、集中劳动、统一分配，农业生产合作社给予土地和其他生产资料所有者一定报酬。这时土地所有权仍属于农民个人，但使用权归农业生产合作社，所有权与使用权发生了分离。第三步，建立高级农业生产合作社，即在土地等生产资料公有制的基础上，实行统一经营、统一分配，分配原则为"各尽所能、按劳取酬"。到1957年，全国农村土地已基本上由农民私有变成了农业合作社的集体所有。

3. "三级所有，队为基础"的土地集体所有制

中央1961年春开始制订，于1962年颁布实行的《农村人民公社工作条例修正草案》（农业60条）规定在中国大多数地区的农村人民公社，以生产队为基本核算单位，实行以生产队为基础的三级集体所有制，其中三级是指公社、生产大队和生产队。土改之后农民个体土地所有制正式变为"三级所有，队为基础"的土地集体所有制，确定了中国现行土地所有制的基本框架。

4. 家庭联产承包责任制

改革开放后，我国农村实行了家庭联产承包责任制。集体土地所有权由原来的集体所有、集体共同使用的体制转变为集体所有、农户承包经营的体制。具体做法是以集体经济组织为发包方，以家庭为承包主，以承包合同为纽带组成一个有机整体。通过承包使用合同，把承包户应向国家上交的定购粮和集体经济组织提留的粮款等义务和承包土地的权利联系起来；把发包方应为承包方提供的各种服务加以明确。集体土地所有权与使用权、经营权分离，确立了土地集体所有制基础上以户为单位的家庭承包经营的新型农业耕作模式，土地流转开始活跃起来。

5. "三权分置"阶段

实行统分结合、双层经营的家庭联产承包责任制，既发挥了集体统一经营的优越性，又调动了农民生产积极性，推动了农业生产的快速发展，极大地改变了中国农业生产和农民生活，对中国农民脱贫起到重要作用。但随着工业化和城镇化的迅速发展，农村劳动力大量向非农产业转移，承包制中的土地权能不完整等问题对现代农业发展和农民土地财产性收益实现的制约日益显现。2014年12月，中央全面深化改革领导小组第七次会议审议通过《关于农村土地征收、集体经营性建设用地入市、宅基地制度改革试点工作的意见》，为新一轮农村土地制度改革指明了方向。2016年，中共中央办公厅、国务院办公厅印发《关于完善农村土地所有权承包权经营权分置办法的意见》指出，现阶段深化农村土地制度改革，顺应农民保留土地承包权、流转土地经营权的意愿，将土地承包经营权分为承包权和经营权，实行所有权、承包权、经营权（以下简称"三权"）分置并行，着力推进农业现代化，是继家庭联产承包责任制后农村改革又一重大制度创新。"三权分置"是农村基本经营制度的自我完善，符合生产关系适应生产力发展的客观规律，展现了农村基本经营制度的持久活力，有利于明晰土地产权关系，更好地维护农民集体、承包农户、经营主体的权益；有利于促进土地资源合理利用，构建新型农业经营体系，发展多种形式适度规模经营，推动现代农业发展。

（三）城市土地使用制度的改革进程

我国城市土地使用制度改革从 20 世纪 80 年代初开始酝酿，经历了从少数城市局部试点到多数城市全面试点和逐步深化的历史进程。大体上分为如下几个阶段。

1. 征收土地使用费（税）

1979 年，《中华人民共和国中外合资经营企业法》规定："中国合营者的投资可包括为合营企业经营期间提供的场地使用权。如果场地使用权未作为中国合营者投资的一部分，合营企业应向中国政府交纳使用费。" 1980 年 7 月 26 日，国务院《关于中外合营企业建设用地的暂行规定》指出"中外合营企业用地，不论新征用土地，还是利用原有企业的场地，都应计收场地使用费。" 1982 年，深圳开始征收土地使用费，在深圳的带动下，征收土地使用费很快普及全国，到 1988 年全国已有 100 多个城市先后开征了城市土地使用费。征收土地使用费（税）意味着我国城市土地从无偿使用开始向有偿使用转变。

2. 开展土地使用权有偿出让和转让试点

征收城市土地使用费（税）是对传统城市土地无偿使用制度的否定，但这项改革并没有从根本上触动传统土地使用制度的根基，也没有建立土地市场化的流转机制。1987 年下半年，深圳经济特区率先进行土地使用权的有偿出让和转让试点，随后推广到全国其他城市。具体做法是国家在保留土地所有权的前提下，通过协议、招标、拍卖等方式将土地使用权以一定的价格和年期出让给使用者，出让后的土地使用权可以进行转让、出租或抵押。这是我国城市土地使用制度的根本性的改革，彻底打破了长期无偿、无限期、无流动性的土地划拨制度。

3. 制定地方性土地使用权有偿出让、转让法规和规章

为保证土地使用权有偿出让、转让活动有法可依，从 1987 年 11 月开始，上海、广州、深圳、厦门等城市先后制定和颁发了地方性土地使用权有偿出让、转让法规和规章。

4. 修改《宪法》和《土地管理法》，制定有关行政法规

1988 年，第七届全国人民代表大会第一次会议将《宪法》中关于不得出租土地的规定，修改为："土地的使用权可以依照法律的规定转让。"同年 12 月《土地管理法》也做出相应修改。这为城市土地出让、转让制度在全国的推行提供了基本法律依据。

5. 全面开放土地市场，国家加强宏观调控

1990 年 5 月 19 日，国务院发布《中华人民共和国城镇国有土地使用权出让和转让暂行条例》，对土地使用权出让、转让、出租、抵押、终止等问题做出具体的规定。为吸收外商投资从事开发经营成片土地，同日国务院还发布了《外商投资开发经营成片土地暂行管理办法》。自此，中国在全国范围内开始了国有土地使用权的出让和转让，全面开放了城市国有土地使用权市场。1994 年 7 月 5 日第八届全国人民代表大会常务委员会第八次会议通过了《中华人民共和国城市房地产管理法》，对土地使用权出让和转让作了进一步规定。

专栏 17-1　威廉姆森（Williamson）制度演化的四层次理论

　　在制度经济学的研究中，威廉姆森的四层次制度分析框架因具有较强逻辑性和扩展性而得到了越来越多的学者认同。值得指出的是，威廉姆森不仅划分了制度分析的层次，而且还提出了每个层次制度演化的时间。威廉姆森的框架区分出了社会或制度分析的四个相互关联的层次：社会基础、制度环境、治理结构和资源配置。

　　（1）社会基础。它包括文化、规范、习惯、道德、传统及宗教等非正式约束，这些非正式约束已经被社会所广泛接受，并且成为人类行为的基本约束准则。该层次的制度变化也相对缓慢，周期大约在 100 年到 1000 年。

　　（2）制度环境。它包括宪法、法律、产权等正式规则，这些制度可以看作是人类行为的游戏规则。除了偶然的巨变，如战争、革命等，这个层次的制度一般需要 10 年到 100 年的时间才会产生变化。

　　（3）治理结构。它可以看作是人类在第二层次的游戏规则下自发选择的各种竞争规则，或者看作是人类游戏的过程。这个层次的制度变化的频率一般在 10 年以内。

　　（4）资源配置。为了实现边际效率最优，资源配置这个层次的变化速度最快，几乎是随着市场的变化而持续变化的。由此可见，产权对资源配置的影响是通过产权的配套规则，即治理结构来实现的。例如，中国土地的产权设定后，并没有直接地作用于农地和建设用地的配置，在实际中，还需要农地市场、城市建设用地市场及土地利用规划等治理结构层次的制度来实现对资源配置的影响。

　　威廉姆森的四层次理论说明，产权制度的改革需从以上四个紧密联系的层次进行综合分析和统筹安排：首先要考虑第四层次经济社会变化的要求；其次是第三层次治理结构范畴的限制；再次是第二层次其他制度的影响，如政治体制的影响；最后是第一层次文化传统、风俗、习惯等方面的基础。

资料来源：Williamson O E. 2000. The new institutional economics: taking stock, looking ahead. Journal of Economic Literature，38（2）：595-613

第三节　中国现行的土地使用制度

一、中国农村现行的土地使用制度

　　中国农村现行的土地使用制度因土地类型不同而不同。目前中国农村土地类型包括农用地、"四荒地"、农村集体建设用地，针对这三类用地，我国制定了相应的土地使用制度。

（一）现行农地使用制及其特征

　　中国自 1956 年在农村通过农业合作化将农地转为集体所有制以来，长期实行集体统一经营的土地使用制度。1978 年实施农村土地经营制度改革，将农地的集体统一经营制度改为家庭承包经营制度，即在土地所有权归集体的条件下，把土地承包权平均承包给农户，以户为单位独立经营，自负盈亏。

　　中国现行农地使用制度具有以下三个显著特征。

（1）农用地承包经营权是一种土地权能范围受到限制、权利内涵不甚明晰的土地使用权。法律规定，农村土地承包经营权仅限于从事农业生产。这表明，这种土地承包经营权不含有土地开发权，即无权将土地经过开发用于非农业生产。至于在农业生产范围内土地承包经营权涵盖哪些具体权利，还没有具体明晰的法律规定。这些都给土地承包经营权的行使和保护带来一定困难。

（2）土地承包经营期限尚不十分稳定。虽然法律规定了土地承包期限可达 30 年，但同时又规定经过集体经济组织（村民委员会）三分之二以上成员讨论通过，可以在承包期内适当进行土地调整。在目前中国农村中，推动土地承包调整的原因很多，如人口流动，婚姻变化及国家征用土地、生态退耕、灾害损毁等原因导致耕地减少等。如果不随时进行土地承包的适当调整，就可能使一些农户土地大幅度减少或完全丧失，生活没有保障。而土地承包频繁调整，必然冲击土地承包的稳定性，影响土地投资和土地利用效率的提高。

（3）严格的农用地用途管制。为了保证粮食安全，对耕地实行严格的"农地农用"制度。也就是说，农用地只能用于农业，未经批准不得改为其他用途。《土地管理法》第四条规定："国家编制土地利用总体规划，规定土地用途，将土地分为农用地、建设用地和未利用地。严格限制农用地转为建设用地，控制建设用地总量，对耕地实行特殊保护。"

（二）现行"四荒地"使用制及其特征

"四荒地"一般是指荒山、荒沟、荒丘、荒滩，是农村土地的重要组成部分。特别是山区农村，"四荒地"所占比例更大。对"四荒地"的承包方式，《中华人民共和国农村土地承包法》第三条做出了特别的规定："国家实行农村土地承包经营制度。农村土地承包采取农村集体经济组织内部的家庭承包方式，不宜采用家庭承包方式的荒山、荒沟、荒丘、荒滩等农村土地，可以采取招标、拍卖、公开协商等方式承包。"

现行"四荒地"使用制具有以下三个特征。

（1）所有权和使用权适当分离、承包权与使用权适当分离。实行三权分置，即所有权、承包权、经营权分置，承包权还是归农民所有，经营权可以流转给非农户。

（2）使用权期限较长且相对稳定。《农村土地承包法》第二十条规定，非耕地承包期可延长到 50～70 年。土地承包期限延长，农民有了稳定的预期，有利于克服权利行使过程中的短期行为。

（3）使用权分配采用模拟市场运作（招标、拍卖和公开协商等），效率更高。根据《土地承包法》第四十五条规定，以招标、拍卖方式承包的，承包费通过公开竞标、竞价决定；以公开协商等方式承包的，承包费由双方议定。

（三）现行农村集体建设用地使用制及其特征

农村集体建设用地，又称乡（镇）村建设用地或农村集体土地建设用地，是指乡（镇）村集体经济组织和农民个人投资或集资，进行各项非农业建设所使用的土地。按照《土地管理法》规定，农村集体建设用地包括三类：乡镇企业用地、乡（镇）村公共设施和公益事业用地、农村村民住宅用地（宅基地）。现行农村集体建设用地具有以下三个特征。

（1）无偿无限期。农村集体建设用地是无偿的，即土地使用者获得土地使用权时不支付地价，在使用中也不缴纳地租或土地使用费，且没有规定明确的土地使用期限。除非遇到国家新的建设需要该块土地，否则土地使用者可以无期限地使用下去。

（2）安排较随意。集体建设用地基本处于自发状态，缺乏科学规划与有效的管理机制。不仅乱圈乱占宅基地的现象时有发生，而且很多村庄选址不符合土地利用总体规划，农房建设无序，布局分散零乱，土地利用率低。

（3）隐形市场普遍。随着城镇建设用地需求日益扩大，农村建设用地的使用权价值和资产价值逐渐凸显。在利益的驱动下，大量集体建设用地自发流入市场，私下交易普遍存在。一方面是农民个体，将自建自用住宅转变为出租、抵押、转让、入股等方式进行流转，突破了原有的使用范围，导致不受法律保护的小产权房大量存在，给流转双方交易安全带来隐患。另一方面是农村集体，将集体土地使用权通过联营、出售、股份制、出租等各种形式进入地下交易市场，变相转让土地使用权，导致集体建设用地隐形交易市场大量存在，冲击了国有土地使用权交易市场。

二、中国城市土地使用制度

以改革开放为时间分界点，我国城市土地使用制度可分为无偿使用和有偿使用两个时期。改革开放之前，我国长期实行计划经济体制，与此相应的土地使用制度采取行政配置、无偿无限期、无流动的模式。改革开放后，我国城市土地使用制度从无偿使用转为有偿使用，在土地资源配置中引入市场机制，市场在土地资源配置中的决定性作用得到较好发挥。

（一）传统城市土地使用制的特点及弊端

1. 传统城市土地使用制的特点

所谓传统城市土地使用制，是指改革之前长期实行的城市土地使用制度，传统城市土地使用制基本特征可以概括为以下三点。

（1）行政配置。所谓行政配置，是指土地由国家行政管理机关调拨分配使用。具体包括两个方面：①无论是国家机关、部队、学校，还是国有企业（当时的企业基本都是国有企业）等如果需要使用土地，不是通过市场购买或租赁获得，而是按照一定的建设用地审批程序，首先申请建设项目，待有关部门批准后，再持批准文件向县级以上地方人民政府土地管理部门申请，批准后无偿拨给用地。②国家因经济、文化、国防建设或者兴办社会公共事业，如果需要使用国家机关、部队、学校、国有企业等正在使用的土地，不是通过购买或租赁方式取得，而是由国家运用行政手段无偿调用。

（2）无偿无限期使用。所谓无偿无限期使用是指国家机关、部队、学校、国有企业等从国家得到用地时不支付地价，在使用中也不缴纳地租或土地使用费，也没有规定明确的土地使用期限。除非遇到国家新的建设需要该块土地，否则土地使用者可以无期限地使用下去。

（3）禁止土地使用权转让。所谓禁止土地使用权转让指的是禁止土地使用者以买卖、出租、赠与、交换等方式将土地使用权直接转给其他单位或个人。如果土地使用者不再需要使用该块土地，则必须将土地无偿地返还给国家有关部门，由国家重新安排使用。

2. 传统城市土地使用制的弊端

这种传统城市土地使用制，自20世纪50年代初开始实行，一直延续到80年代末。随着社会主义市场经济体制的建立与发展，传统城市土地使用制所具有的弊端日益显现出来。

（1）不利于土地节约集约，缺乏提高土地利用效率的激励机制。在传统土地使用制下，由于土地是无偿、无期限使用的，故其对用地单位的预算没有形成硬约束。这导致了用地单位多占少用、好地劣用、占而不用等粗放利用土地的状况。同时由于划拨土地没有地租、地价，也不存在土地市场，从而也没有促进土地流动和转换土地用途的有效机制，使土地不能流动到效率最高的土地使用者手中，往往造成土地配置不合理，缺乏效率。

（2）不利于企业转换经营机制和公平市场竞争环境的建立。国家无偿将土地划拨给国有企业，大大降低了企业的运营成本，使土地取得费用没有构成企业运营成本的一部分，降低了企业转换经营机制、改善经营状况的动力，从而不利于企业经营效率的提高。另外，正是国家对国有企业与私营企业在土地使用上的"双轨制"，导致国有企业与私有企业间的不平等竞争，从而恶化了企业的竞争环境，不利于市场经济体制改革的深化和企业效率的提高。

（3）不利于为城市建设与发展积累资金。在传统土地使用制下，用地单位的粗放经营，致使城市用地供不应求，城市发展对土地的需求得不到满足；而且城市土地无偿使用，国家难以通过土地筹措足够的建设资金，从而延缓了城市的建设与发展。

此外，国有土地使用权无偿划拨，需要政府相关部门层层审批，这不仅降低了政府管理效率，而且在缺乏严格监督机制的条件下，也极易滋生腐败，造成国有土地资产的大量流失。

（二）现行城市土地使用制度

经过三十多年的改革探索，中国已经形成了一种既能维护土地公有制，又能适应市场经济发展要求的新的城市土地使用制度，该制度包含以下主要内容。

1. 土地使用权出让

土地使用权出让，是指国家以土地所有者的身份将土地使用权在一定年限内让与土地使用者，并由土地使用者向国家支付土地使用权出让金的行为，土地使用权出让应当签订土地出让合同。土地使有权出让的地块、用途、年限和其他条件，由市、县人民政府土地管理部门会同城市规划和建设管理部门、房产管理部门共同拟订方案。地下的各类自然资源、矿产及埋藏物、隐私物和市政公用设施等，不在土地使用权有偿出让的范围内。

土地使用权出让可以采取协议、挂牌、招标、拍卖四种方式。其中，协议出让，是指国家以协议方式将国有土地使用权在一定年限内出让给土地使用者，由土地使用者向国家支付土地使用出让金的行为。挂牌出让，是指出让人发布挂牌公告，按公告规定的期限将拟出让宗地的交易条件在指定的土地交易场所挂牌公布，接受竞买人的报价申请并更新挂牌价格，根据挂牌期限截止时的出价结果确定土地使用者的行为。招标出让，是指市、县人民政府土地行政主管部门发布招标公告，邀请特定或者不特定的公民、法人和其他组织参加国有土地使用权投标，根据投标结果确定土地使用者的行为。拍卖出让，是指出让人发布拍卖公告，由竞买人在指定时间、地点进行公开竞价，根据出价结果确定土地使用者的行为。

2. 土地使用权转让

土地使用权转让，是指土地使用者将土地使用权再转移的行为，包括出售、交换和赠与。未按土地使用权出让合同规定的期限和条件投资开发、利用的土地，土地使用权不得转让。

土地使用权转让应当签订转让合同。土地使用权转让时，土地使用权让出合同和登记文件中所载明的权利、义务也随之转移。土地使用者通过转让方式取得的土地使用权，其使用年限为土地使用权出让合同规定的使用年限减去原土地使用者已使用年限后的剩余年限。

土地使用权转让，其地上建筑物、其他附着物所有权随之转让。地上建筑物、其他附着物的所有人或者共有人，享有该建筑物、附着物使用范围内的土地使用权。土地使用者转让地上建筑物、其他附着物所有权时，其使用范围内的土地使用权随之转让，但地上建筑物、其他附着物作为动产转让的除外。

3. 土地使用权出租

土地使用权出租，是指土地使用者作为出租人，将土地使用权随同地上建筑物、其他附着物租赁给承租人使用，由承租人向出租人支付租金的行为。未按土地使用权出让合同规定的期限和条件投资开发、利用土地的，土地使用权不得出租。

土地使用权出租时，出租人与承租人应当签订租赁合同。租赁合同不得违背国家法律、法规和土地使用权出让合同的规定。土地使用权出租后，出租人必须继续履行土地使用权出让合同。

4. 土地使用权抵押

土地使用权可以抵押。土地使用权抵押时，其地上建筑物、其他附着物随之抵押。地上建筑物、其他附着物抵押时，其使用范围内的土地使用权随之抵押。这是由房地产实体不可分原则决定的。

土地使用权抵押时，抵押人与抵押权人应当签订抵押合同。抵押合同不得违背国家法律、法规和土地使用权出让合同的规定。土地使用权和地上建筑物、其他附着物抵押，应当依照规定办理抵押登记。抵押人到期未能履行债务或者在抵押合同期间宣告解散、破产的，抵押权人有权依照国家法律、法规和抵押合同规定的处分抵押财产。处分抵押财产所得，抵押权人有优先受偿权。抵押权因债务清偿或者其他原因而消灭的，应当依照规定办理注销抵押登记。

5. 土地使用权终止

土地使用权可因土地使用权出让合同规定的使用年限届满、提前收回、不履行土地使用权出让合同及土地灭失等原因而终止。

土地使用权期满，续约的到续期满，土地使用权终止。土地使用者应当交还土地使用证，并依照规定办理注销登记。国家对土地使用者依法取得的土地使用权一般不提前收回，但根据社会公共利益的需要，国家可以依照法律程序提前收回，并根据土地使用者已使用的年限和开发、利用土地的实际情况给予相应的补偿。

土地使用者若违反了土地使用权出让合同的规定，土地使用权可由国家无偿收回。《中华人民共和国国有土地使用权出让和转让暂行条例》规定：未按合同规定的期限和条件开发、利用土地的，市、县人民政府土地管理部门应当予以纠正，并根据情节可以给予警告、罚款直至无偿收回土地使用权的处罚。土地使用者应当在签订土地使用权出让合同后六十日内，支付全部土地使用权出让金。逾期未全部支付的，出让方有权解除合同，并可请求违约赔偿。

第四节　中国农村土地制度的改革与完善

一、中国农村土地制度改革的演进

习近平总书记 2016 年 4 月在安徽小岗村农村改革座谈会上的重要讲话指出："新形

势下深化农村改革，主线仍然是处理好农民和土地的关系。"这一重要论断抓住了我国"三农"工作的要领，揭示了我国农村经济改革的本质，对于全面深化农村土地制度改革，具有极其重要的指导意义。认识我国农村土地制度改革的演进轨迹，更有助于认清我们目前所面临的挑战。

我国农村土地制度改革，是采取渐进式改革的方式，第一步改革是通过废除农村人民公社，实行家庭承包制，实现所有权和承包经营权的分离，把生产经营自主权还给农民，有效地调动农民群众的生产积极性；第二步改革是把承包经营权再分解为承包权和经营权，实现"三权分置"，为经营权流转及发展适度规模经营创造条件；第三步改革，也称农村土地"三项制度改革"，即农村土地征收制度改革、集体经营性建设用地入市改革、宅基地制度改革。通过上述以还权赋能为重点的改革，提高农村土地配置的市场化程度，更好地发挥市场在农村土地资源配置中的决定性作用，提高农村土地资源配置效率，增加农民的财产性收入，有效地缩小城乡居民收入差距。

二、农村土地制度存在的主要问题

任何一项制度都不可能是完美无缺的。中国现行农村土地财产制度也不例外，其局限性主要体现以下方面。

1. 农民土地使用权的残缺

在实行以家庭承包经营为基础，统分结合的双层经营体制下，农户土地使用权的残缺主要体现在两个方面：其一，农村集体对集体土地的支配权力过大。农村土地名义上属于集体所有，实际为村委会、村集体经济组织等少数干部所控制，农民的土地承包经营权受到侵犯。其二，农户土地使用权的不完整。按照相关规定，集体所有土地只能用于农业生产、农村宅基地或其他与农村集体经济有关的建设中，不能使用于可产生巨大经济效益的房地产开发等，而且农村集体经济组织或农村村民利用集体所有土地举办企业或建住宅都必须经县级以上或县级人民政府批准。

2. 农用地经营权的内涵和权能不够明确

农用地经营权内涵不清晰影响权能的具体内容，而权能不明确影响新型农业经营主体，特别是租地经营农业企业对农业土地的投资，最终制约农业和农村的发展。

3. 农村土地资产价值沉睡，农民土地财产性收入低实现不充分

土地的乡城转移及农村区域的土地资源配置中，市场机制的决定性作用尚未发挥，工业化、城镇进程伴随的是通过征收将集体土地转变为国有土地，但征地的定价机制还是行政化为主；农用地、宅基地的使用权权能不明确、不充分，难于通过市场化配置与资本等生产要素充分结合，以其为载体的农民土地财产性收入难于充分实现。

三、农村土地制度改革的主要内容

（一）落实承包地"三权分置"制度，放活土地经营权

在全面完成土地承包经营权确权颁证工作，实现承包土地信息共享的基础上，完善农村承包地"三权分置"制度，依法平等保护集体所有权、农户承包权和土地经营权。充分发挥经营权的抵押担保权能，以发展多种形式的适度规模经营。

（二）缩小征地范围，完善征地补偿制度

针对当前存在的农村土地征收范围过大、被征地农民权益保障机制不完善等突出问题，要着重探索健全程序规范、补偿合理、保障多元的土地征收制度，扩大农村土地权能，增加农民土地财产收益。其指导思想是，通过严格区分公益性与非公益性用地的界限，着力缩小征地范围，赋予农村集体更大的土地发展权，以及尽可能提高农民在土地增值收益中的分配比例，确保被征地农民生活水平有所提高及长远生计有保障。在我国城镇化过程中，政府因征地与被征地农民之间的矛盾，经常发生。由于财产征收制度不完善，现有法律法规规定不明确，有的地方政府打着公共利益的旗号，随意扩大土地征收范围，侵占被征地农民的合法权益。我国的《宪法》、《土地管理法》及《物权法》都规定政府为了公共利益可以征收征用农民的土地。但是，何为公共利益，如何科学界定公共利益范畴，明确公共利益边界，防止将公共利益随意扩大化，是今后必须加以完善的地方。征地补偿标准问题，也经常引发政府与农民之间的矛盾。这就必须遵循及时合理补偿的原则，进一步完善国家补偿制度，明确补偿范围、形式和标准，给予被征收征用土地的农民公平合理的补偿。当然，要从根本上解决政府与农民在征地问题上的矛盾，还必须从根本上改变地方政府的财政对土地出让金的过度依赖。逐步建立地方政府新的主体税种，如资源税、环保税和房产税等，使其成为地方政府的主要财政收入来源。

（三）农村集体经营性建设用地入市改革

中国现行的城乡二元土地制度，导致农村集体经营性建设用地权能不完整，不能与国有土地平等进入市场。集体经营性建设用地是指用于农村二、三产业发展的集体建设用地，主要是乡镇企业的用地。目前中国农村集体经营性建设用地约占全国建设用地总量的13.3%，大约4200万亩。党的十八届三中全会明确提出，允许农村集体经营性建设用地出让、租赁、入股，实行与国有土地同等入市、同权同价，最终取消城乡土地供应"双轨制"。2016年11月颁布的《中共中央国务院关于完善产权保护制度依法保护产权的意见》指出："建立健全归属清晰、权责明确、监督有效的自然资源资产产权制度，完善自然资源有偿使用制度，逐步实现各类市场主体按照市场规则和市场价格依法平等使用土地等自然资源"，"保证各种所有制经济依法平等使用生产要素、公开公平公正参与市场竞争、同等受到法律保护、共同履行社会责任。"通过这项改革提高了农村建设用地的集约利用水平，丰富了农村集体土地所有权实现形式，增强了农民集体和农民群众的获得感。

（四）探索宅基地"三权分置"制度，盘活宅基地资产

扎实推进房地一体的农村集体建设用地和宅基地确权登记颁证。完善农民闲置宅基地和闲置农房政策，探索宅基地所有权、资格权、使用权"三权分置"，落实宅基地集体所有权，保障宅基地农户资格权和农民房屋财产权，适度放活宅基地和农民房屋使用权。使农民可以通过宅基地使用权和房屋使用权的合理流转，不断实现财产性收入。

（五）完善农村土地市场，优化农村土地资源配置

针对当前农村宅基地市场交易制度缺失，以及与其相联系的退出机制不顺畅等问题，要健全依法公平取得、节约集约使用、自愿有偿退出的宅基地制度。当前在农民宅基地权

益中，占有权和使用权得到较为充分的体现，收益权尚未体现出来。应当把宅基地改革的重点放在扩大其权能。这就必须适当提高农村宅基地的市场化程度。2016 年 11 月颁布的《中共中央　国务院关于完善产权保护制度依法保护产权的意见》指出："从实际出发，因地制宜，落实承包地、宅基地、集体经营性建设用地的用益物权，赋予农民更多财产权利，增加农民财产收益。"而用益物权具有排他性、独立性、流动性等属性，国家赋予宅基地、承包地及集体经营性设用地的用益物权，意味着这三类地都可以进入市场流通。这就有利于资源的优化配置，增加农民的财产性收益。我国产权制度改革的每一次突破，都是与社会主义市场经济体制发展、完善密切联系在一起。无论哪一种产权，都是对资源加以利用或处置以从中获得一定收益的权利。产权界定清晰是市场交易的前提，是实现资源优化配置的制度安排。

总之，通过系统总结农村土地征收集体经营性建设用地入市、宅基地使用制度改革试点经验，加快土地管理法修改，完善农村土地利用管理政策体系。

第五节　中国城市土地制度的改革与完善

一、城市土地制度存在的主要问题

城市土地制度是中国土地制度建设的重要组成部分，也是中国经济体制改革的主要内容之一。改革开放以来，中国城市土地使用制度改革深入发展，逐步与中国特色的社会主义市场经济要求相适应。但随着改革的深入和中国经济发展进入新常态，中央提出要大力推进供给侧结构性改革，促进经济转型升级。土地作为经济发展的空间载体和基本的生产要素，对供给侧结构性改革有着重要影响。与供给结构紧密相关的土地制度包括土地供应制度、土地收储制度、土地用途管理制度、土地税收和土地金融制度等。目前，这些制度或其中的某些方面还存在或多或少与供给侧结构性改革要求不相适应的地方，这也是中国城市土地制度改革需要重点解决的问题。

从土地供应制度角度，当前存在的主要问题集中体现为现行土地供应制度不利于无效供给的去处和有效供给的进入。

土地出让金一次性收取加重了开发商的成本并转嫁给最终消费者，可能导致政府为了增加财政收入而采取大量批地或人为抬高地价的短期行为，刺激起过分的批地热情，为未来政府带来财政上的困难，有悖于代际公平原则，更不利于房地产市场的持续健康发展。

1. 工业用地出让年限过长，影响土地利用效率

现行规定的城镇土地使用法定最高年限（40~70 年不等）偏长，土地使用权出让又基本上按最高年限实行，由此导致出让年限过长，与普通的企业生命周期不相符合，企业一次性缴纳数十年的土地价款，不仅造成拿地成本高，而且容易导致工业工地的低效利用和闲置浪费。

2. 过分依赖"挂牌"出让方式，影响土地配置效率

挂牌出让方式的实质是"价高者得"。与拍卖方式相比，挂牌的竞价时间长、竞争更充分、政府土地收益高，但可能导致一些企业符合产业导向并且有创新能力但暂时财力不足拿不到土地，影响产业结构优化升级。

3. 土地利用计划尚未能与产业结构优化调整有机结合

国家实施新增用地计划管理，国土资源部每年下达计划指标，供应结构由各地根据产业发展和市场需求决定。但由于多种因素制约，不少地方的土地管理部门难以对市场需求做出有效预测，难以适应产业结构调整目标，导致低端的制造业等项目供地偏多，而物流仓储、研发、文化、旅游、康养等新兴产业用地供应偏少等。

二、城市土地制度改革的重点内容

土地制度改革决定土地利用方式和经济发展方式转变的成败，也是能否利用好下一轮发展机遇期、促进综合国力再上一个台阶的关键。土地制度改革的基本方向是：按照《宪法》多种所有制共同发展和平等保护物权的精神，建立城市国有土地与农村集体土地两种所有制权利平等的土地产权制度；建立城乡土地平等进入、公平交易的土地市场；建立公平、共享的土地增值收益分配制度；建立与现代社会发展相适应的土地财产税制度；建立公开、透明、规范的国有土地资产经营制度和土地融资制度；建立以权属管理和规划与用途管制为核心的现代土地管理体制。

当前的城市土地制度改革应充分适应和引领经济发展新常态，探索供给侧结构性改革背景下的土地制度创新。

（一）将土地供应与产业发展目标充分结合，均衡土地供需关系

1. 土地出让年限的确定应与企业生命周期紧密结合

按照企业生命周期确定土地出让年限，实行工业用地出让弹性年租制，既有利于降低企业拿地成本，也有利于工业用地的及时退出和产业更新换代，同时增强产业园区对土地利用的掌控能力。

2. 土地供应方式应与产业发展目标紧密结合

新增建设用地指标应向新产业、新常态项目用地倾斜，支持符合产业导向的项目落地，可考虑实行土地指标单列。在供地方式上，可对一些紧急引进的高新技术产业项目实施带项目出让或定向挂牌出让。

3. 加大对创新创业企业用地支持力度

对于创新创业企业，降低其拿地门槛和拿地成本。例如，对于科研院所的研发用地、企业化改革等，可探索先租后让、租让结合等方式，并根据实际情况允许分期缴纳土地出让金。

（二）构建平等进入、公平交易的土地市场

一是明确限定城市土地国有的区域范围为城市建成区的存量土地属于国家所有，新增建设用地用于非农经济建设的，除为了公共利益目的征用外，可以保留集体所有。二是重构平等交易的土地市场。建立公开、公正、公平的统一交易平台和交易规则，实现主体平等、市场交易决定供求和价格形成的土地市场。打破目前地方政府独家垄断供地的格局，实现同一交易平台、不同主体平等供地的局面。只要符合相关法律、遵守交易规则，无论政府、农民集体、国有土地用地单位等，都可以在统一的土地交易市场从事土地交易。

（三）建立与现代社会发展相适应的土地财产税制度

以土地为核心的财产税是发达市场经济国家普遍开征的税种，它是地方政府重要且稳

定的财政收入来源。在我国对土地开征财产税，既符合国际经验，也具备征收条件，同时也为改革土地财政提供现实基础。现行土地税制存在明显不足：一是在取得和保有环节，城镇土地使用税、耕地占用税采取从量课征，房产税的从价部分采取历史成本，保有环节的税收弹性不足。二是在土地流转环节，设置了契税、营业税、印花税及城建税和教育费附加等多项税费，整体税率过高，抑制了不动产的正常交易和流转。三是对土地流转收益课征的土地增值税和所得税近年来虽然呈上升趋势，但占不动产税的比例一直很低，未能有效发挥打击土地投机、改进不动产市场效率的作用。

（四）建立国有土地资产经营制度和土地融资制度

将政府卖地变为国有土地资产经营，政府以国有土地所有者身份获得土地权益，成立国有土地资产公司从事国有土地经营。改造政府土地储备机构，建立国有土地资产交易市场。完善国有土地资产经营收益使用管理制度，明确国有土地资产经营收益不得用于当期使用，其用途和绩效由人大监督、审议。完善国有土地融资制度，用于抵押融资的土地必须权证和主体明确，有第三方资产评估，对违规行为严格依法追究。

复习思考题

1. 简述土地制度的内涵及一般构成。
2. 简述土地所有制与土地使用制的内在联系及相互作用。
3. 试述中国近现代土地制度的变迁过程。
4. 简析中国现行的农地家庭承包经营制的特征及其改革完善方向。
5. 简述中国农村土地制度改革的主要内容。
6. 简述中国城市土地制度改革的主要内容。

参 考 文 献

毕宝德. 2016. 土地经济学 [M]. 北京：中国人民大学出版社：151.

郭卫. 1972. 大理院判决例全书 [M]. 台北：成文出版社：157.

郭志刚. 2011. 我国农村土地制度改革问题研究 [D]. 济南：山东大学硕士学位论文.

李建建，戴双兴. 2009. 中国城市土地使用制度改革 60 年回顾与展望 [J]. 经济研究参考，（63）：2-10.

卢为民. 2016. 推动供给侧结构性改革的土地制度创新路径 [J]. 城市发展研究，23（6）：66-73.

任庆恩. 2003. 中国农村土地权利制度研究 [D]. 南京：南京农业大学博士学位论文.

沈晖. 2006. 我国城市土地使用制度存在的主要问题、原因及对策 [J]. 理论前沿，（5）：37-38.

徐丹，江辉，焦卫平，等. 2008. 中国农村集体土地所有权的缺陷与完善 [J]. 中国农学通报，（12）：594-596.

许经勇. 2017. 我国农村土地制度改革的演进轨迹 [J]. 湖湘论坛，（2）：79-83.

中共中央国务院关于实施乡村振兴战略的意见 [OL]. [2018-02-05]. http://cpc.people.com. cn/n1/2018/0205/c64387-29804981.html.

第十八章 中国土地政策的经济效应分析

【本章内容要点】土地政策是土地资源开发、利用、治理、保护和管理等方面的行动准则，其对国民经济和社会发展会产生巨大影响。本章主要内容包括土地政策的经济效应概述，中国农村土地承包政策的经济效应和中国城镇土地供应政策的经济效应。要求掌握土地政策及其经济效应的概念；了解中国农村土地承包政策和城镇土地供应政策的演化历程；掌握中国农村土地承包政策和城镇土地供应政策的经济效应的具体表现。

第一节 土地政策的经济效应概述

一、土地政策及其特点

1. 土地政策的概念

土地政策是指国家根据一定时期内的政治和经济任务，在土地资源开发、利用、治理、保护和管理等方面制定的行动准则。它是处理土地关系中各种矛盾的重要调节手段。土地政策覆盖土地利用的各个环节，具有针对土地资源开发利用方面的政策，也有针对土地治理与保护方面的政策，还有土地管理方面的政策。土地政策的构成要素包括土地政策目标、土地政策手段（工具）、土地政策主体、土地政策对象、土地政策方案等。

2. 土地政策的特点

土地政策的特点体现在以下几个方面：①隶属于政策科学的范畴，因而政策科学的有关理论也适用土地政策；②强调调整人地关系是围绕着特定的经济社会利益而进行的，反映了土地政策对土地的所有、占有、使用、收益、分配、经营、管理等方面的规范、约束与引导作用；③土地政策是为国家统治主体服务的；④土地政策的目标是引导土地科学利用实现经济社会发展目标；⑤土地政策作为土地管理的一项重要手段，涉及土地利用的各个环节，应规范一切土地利用和管理的活动。

3. 土地政策与土地制度的关系

土地政策与土地制度是两个既相互关联、相辅相成，又是两个意义不同的概念。第一，土地制度是指在一定的社会形态下，通过法律界定的人与土地之间的基本关系。土地制度是国家对土地产权所有者、管理者的安排。制度是一种法律关系的固化，具有稳定性，要调整土地制度，需要修改法律，甚至要修改宪法。第二，土地政策相对于土地制度而言，具有明显的灵活性。土地政策实际上就是在一定固化的制度规范内，针对不同历史时期和不同发展阶段及不同的形势和任务，实行的土地管理的策略。政策是在制度规范内的管理方式、管理手段、管理工具和管理杠杆。我国的土地制度是社会主义公有制，在这一制度下，我国的土地政策自中华人民共和国成立以来进行了数次调整，目的就是为了通过土地政策调节发展中遇到的问题，更好地维护土地制度。第三，从两者的联系看，制度和政策又是双向演进的，政策是制度的基础，制度是政策的依据，政策一旦固化就会成为制度中的一部分；同样，制度中很多内容在固化前一般都以政策的形式出现。因此，有很多场合，将土地制度与政策结合在一起，不作区分。

二、土地政策实施效果分析的一般方法

（一）不同阶段的土地政策分析

土地政策分析包括土地政策实施之前或者政策制定阶段的分析与评估、土地政策实施和执行过程中的分析和评估，以及对土地政策实施效果的分析和评估三种情况。在土地政策制定和实施前的分析主要是为了说明不同政策方案或者即将实施的政策方案的可行性和可能产生的影响，从而提高土地政策的科学性和政策结果的可控性；在土地政策实施或者执行过程中的土地政策分析则是为了发现执行中政策的偏差，为提出改进措施服务；在土地政策执行完成之后对土地政策的分析主要是为了了解土地政策预期目标的实现情况。土地政策的经济效应分析既可以是政策制定阶段的预估，也可以是土地政策实施之后的经济目标实现情况的实证性分析。

（二）土地政策实施效果分析的一般方法

关于土地政策分析，黄贤金教授在其《土地政策学》一书中系统阐述了土地政策分析的原理及方法，认为土地政策是公共政策的一种，对土地政策进行分析和评估时，为了分析土地政策的实施效果，一般采取比较的方法，主要包括土地政策实施前后对比、土地政策有无对比和土地政策规划与实际对比等。

1. 土地政策实施前后对比

土地政策实施前后对比就是对土地政策实施前后的情况进行比较，这种比较需要借助一定数量的指标，一般采用投射对比分析法。投射对比分析是根据土地政策实施前的情况建立趋势线，并将趋势线投射到土地政策实施后的某个时间点上，表示假若没有该项土地政策某项指标在该时间点的可能值，将这个值与土地政策实施后的情况进行对比，可以用两者之间的差来反映土地政策的实施效应。投射对比分析可以用图 18-1 来表示。

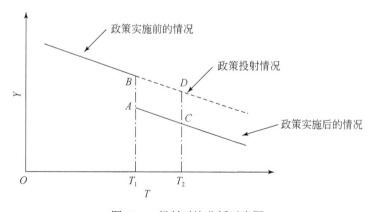

图 18-1 投射对比分析示意图

在图 18-1 中，纵轴表示某个政策评价指标的值，横轴表示时间，其中，T_1 时间点左边的实线表示政策实施前的指标发展情况，T_1 时间点右边的实线表示政策实施后的指标发展情况，虚线表示政策投射情况。T_1 时间点右边的虚线与实线之间的差就可以被认为是土地政策的效应。例如，在图中的 T_2 时间点上，若没有政策的影响，某项指标的值若按照以前的趋势发展，其值应是 D 点，但土地政策实施之后该项指标的值在 C 点，线段 CD 即可被认为是土地政策实施的效应。

投射对比分析在一定程度上考虑了其他因素的影响，其分析结果比较准确。为了进一步提高投射对比分析的准确程度，可以采用计量经济分析手段将政策实施前的变化情况加以模拟，然后将该变化趋势投射到政策实施之后的时点上再加以分析。

2. 土地政策有无对比分析

土地政策实施前后对比分析是从时间角度来看待政策效应，而土地政策有无对比分析是从空间角度来分析政策效应。具体为寻找两个不同的区域，一个区域实施某项政策，而另一个区域未实施该项政策，通过对比两个区域某些政策评价指标的变化情况从而达到分析土地政策实施效应的目的。土地政策有无对比分析可以用图 18-2 和图 18-3 来表达。

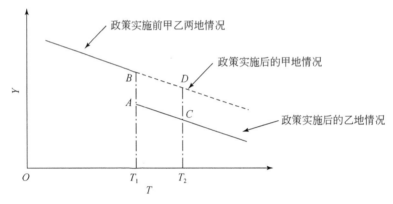

图 18-2　实施前无区域差异的"有无对比"分析

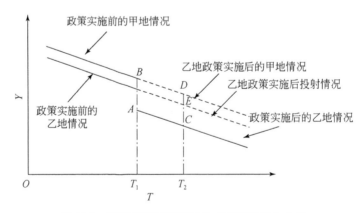

图 18-3　实施前有区域差异的"有无对比"分析

假定有两个对比区域甲地和乙地，甲地不实行某项土地政策而乙地实行。在图 18-2 中，T_1 时间点左边的实线表示政策实施前两地的情况（无地区差异），T_1 时间点右边的虚线表示甲地未实施而乙地实施了某项政策后甲地的情况，T_1 时间点右边的实线表示甲地未实施而乙地实施了某项政策后乙地的情况。则图 18-2 中的 CD 线段可视为政策效果。当两地在政策实施前存在区域差异的时候，可以用图 18-3 来表示。在图 18-3 中线段 CE 可以视为政策效果。

3. 土地政策规划与实际对比

这种对比方法是指将政策实际执行后的某些评价指标与预期目标相比较。在政策实施一段时间后，收集相关的信息，将实际数据与目标数据进行比较，并对实际数据与目标值之间差异的影响因素进行分析。由于这类分析没有前期测试和后期测试，分析结果可能出现偏差，因此，一般还需借助其他手段和信息协助判断政策的实际效应。

三、土地政策的经济效应

效应（effect）是指在有限环境下，由相应的因素和结果构成的一种因果现象，多用于对某种自然现象或社会现象的描述，使用范围比较广泛。土地政策效应是指土地政策的实施对社会经济活动产生的有效作用和社会经济在此作用下的反应。中国自 2003 年将土地政策确定为与传统的货币政策、财政政策同等重要的宏观调控工具，政府通过制定和实施相关的土地政策，对土地市场进行干预以调控宏观经济，实现经济长期稳定增长的目标。土地政策参与宏观调控是一个复杂的系统工程，一般认为土地政策调控宏观经济的内在机制有土地价格机制、土地规划机制、土地税收机制、土地金融机制、土地收益分配机制五个方面。土地政策调控宏观经济能否达到预期目标，很大程度上取决于政府运用土地政策的手段，土地政策参与宏观调控的手段可划分为行政手段、经济手段、法律手段，其中，经济手段在土地政策参与宏观调控的手段中占据主要位置。

（一）土地政策对宏观经济增长的影响

古今中外，土地政策作为土地资源开发利用的行动原则显示出对宏观经济增长的巨大影响，就土地政策对现代经济增长的影响而言，随着土地资源的紧缺和人类社会对生产、生活环境要求的不断提高，其影响日益显著，主要体现在以下方面。

1. 保障社会稳定，促进经济增长

社会稳定是经济发展的前提，社会出现混乱，经济发展各要素的投入必然减少，经济必然混乱，更谈不上经济发展。土地政策对维护社会稳定有着重大作用，违背经济社会发展规律的土地政策不仅会引发严重的社会混乱和经济倒退，甚至危及国家安全。确立和实施利国利民的土地政策，维护社会稳定，促进经济增长是国家稳定和经济发展的重大方略。

2. 保障基础设施建设，促进经济增长

基础设施是指为社会生产和居民生活提供公共服务的物质工程设施，是用于保证国家或地区社会经济活动正常进行的公共服务系统，是经济增长、环境保护、生活提质、社会可持续发展的基础性产业，是促进国民经济各项事业发展的基础。而基础设施的建设需要大量资金和土地，在各国扶持基础设施建设的政策方面，无一例外都有土地政策的扶持，如出台支持交通、邮电、供水供电、商业服务、文化教育、卫生事业等基础设施建设等用地政策，推进城乡基础设施建设，为经济高速发展的实现保驾护航。

3. 引导生产要素投入，促进经济增长

土地资源是经济发展的命脉，任何经济活动都需要以土地为基地的活动场所，在对经济活动投入的成本中总有土地的成本因素。在有限的土地资源现实条件下，需要土地政策引导生产要素投入经济活动以促进经济增长。第一，土地政策促进土地资源和劳动力的投入。当土地政策使土地的取得和利用能够在经济活动中获得预期收益或超过预期收益时，必然促进土地的开发利用，增加土地在经济发展中的投入数量；反之，将对土地的投入数量进行遏制。同时随着土地投入数量的增加，开发利用土地的劳动力资本将相应增加。第二，在土地政策促进土地资源和劳动力对经济发展的投入上，有关土地权利和使用赋税的土地政策起决定性作用。因为土地的占有、使用、收益和处分权，以及土地赋税的多少和赋税的稳定性决定了土地开发利用的收益，收益的多少则是土地投入和劳动力投入的原动力。第三，土地政策促进生产资料的投入。当土地政策有利于经济收益时，必然带动土地之外的厂房、机器设备、工具、原料等生产资料的投入，而其投入的规模是由土地供应数量和土地利用规划决定的。土地的供应数量决定了生产资料投入的多少，当在一定数量土地上的生产资料投入达到饱和时，生产资料的投入便受到限制，此时需要增加土地的供应，而无论是国家层面还是区域层面，是否增加土地供应都由相应的土地政策决定。另外，土地利用规划决定了生产资料在不同产业和不同区域的投入规模，当土地利用规划限制在某一产业或某一区域进行土地投入时，生产资料便无法进入被限制的产业或区域。反之，如果土地利用规划允许土地投入，进入该行业或区域的生产资料将相应增加。

（二）土地政策对经济发展方式的影响

土地政策通过对产业结构、区域结构、城乡结构产生影响从而影响经济发展方式。

1. 土地政策对产业结构的影响

土地是三次产业产生、演进的最根本物质平台，任何产业的发展都离不开土地资源。但正如经济学家威尔罗杰斯所说："土地是一宗好投资，因为人们再也不可能将它多增加一点"，土地资源是不可再生的稀缺资源。从长远看，人类发展的总体趋势是人口数量呈不断增长态势，在土地资源不可"多增加一点"的情况下，必须通过土地资源的开发利用和合理分配来促进产业间的协调发展，而土地政策对一、二、三产业的影响正在于此。

土地政策通过对土地资源在一、二、三产业间进行合理分配，在宏观上适度减少并保证第一产业用地总量，保障第一产业生产物质资料的基本供应和粮食安全底线，随着经济社会发展水平的提高不断增加二、三产业的土地资源分配。一方面，通过土地政策调控逐步减少第一产业在国民经济中的比例，增加第二产业和第三产业的比例，促进经济发展方式不断升级换代。另一方面，土地资源由第一产业向第二产业再向第三产业的倾斜不能无限度，需要运用土地政策推动一、二、三产业的合理布局和均衡发展。这也是土地政策作用于产业经济发展的基本目的。

土地政策对一、二、三产业的影响，一方面利用土地资源的分配比例促进第一产业向第二产业和第三产业转化，促进形成现代产业体系。另外，利用土地政策促进产业结构的优化升级，包括产业结构的高效化、合理化和高级化，特别要通过土地政策实现产业结构适应经济社会发展需要从低级向高级水平的发展。一、二、三产业高端化主要包括农业产业结构调整和农业发展方式转变、制造业的高端化和发展战略性新兴产业、服务业的高端化。

土地政策对农业产业结构和农业发展方式转变的具体影响途径主要有三条。首先是土地权利。通过改革土地权利，确保土地所有者和使用者对土地的投入和劳动依法获得土地权益，发挥土地所有者和使用者的积极性、创造性，进行充分的生产要素投入，提高农业产出和农业收入，发展农业土地的生产力。如果劳动者得不到土地权利，或者是土地权利分配不公平，就会从根本上失去土地所有者和使用者进行农业生产和土地改良的动力。其次是土地规划利用。通过土地政策作用于结构调整、生态环境保护等方面，对土地资源实施一定程度的强制性科学配置和规范利用，实现土地资源的均衡配置和利用监管，这样才能保障基本的农业生产用地规模，保证一定数量的农业产出，进行合理的农业生产结构布局，实现农业产出的结构调整，使农业生产向效益型转变，并对生态环境保护的改善产生有效作用。例如，划定基本农田保护区，实现最基本的粮棉油产出和保障；根据自然地理环境划定生态农业、禽畜养殖、蔬菜种植、观光农业等农业生产分类功能区，实现区域农业的结构调整，扩大农业生产收益；通过划定自然保护区，实现生态环境的保护。如果没有国家政策对土地利用的强制性配置和规范利用，将会在广阔的农业土地里出现工厂、住宅交错建设，自然资源遭到严重破坏，土地资源无序开发等景象，更谈不上产业结构调整和发展方式转变。最后是土地税收和资金投入等综合方式。在农业收入分配、生产生活条件与城镇的均衡发展上，土地政策通过土地使用赋税的调整减少农业生产的赋税支出、提高从业者的生产动力，促进生产投入，一方面产出增加，一方面支出减少，从而实现收入增加；土地政策还可以通过调整土地财政收入的投入方向和改革农村教育、医疗等基础设施用地政策，促进社会资金的投入意愿，实现对农业农村生产生活配套基础设施的建设和改善；通过改革农用地土地征收、流转收益政策，从根本上提高失地农民的收入；通过土地政策的倾斜，优先发展区域中小城镇的生产、生活基础设施，为农村居民自愿向就近城镇转移创造基本的物质条件。

总之，通过土地政策作用于农业产业的各要素，逐步促进农业产业向高端化发展，从而实现农业发展方式转变。

2. 土地政策对区域结构的影响

土地政策对区域结构的影响主要表现在对产业布局和区域产业结构两个方面。产业布局在宏观上是一、二、三产业的总体空间分布态势，在区域上是各产业间、同一产业不同行业间在地域上的构成和组合。国家土地政策对经济社会发展的服务方向一旦确立，其目标原则必然在土地规划和用途管制中予以全面贯彻和实施，从而实现对各级土地利用总体规划的指导和约束，使其产业按照国家的经济社会发展规划进行布局。

3. 土地政策对城乡结构的影响

土地政策对城乡结构的影响主要体现在促进城乡经济结构的优化和城乡一体化发展两个方面。一方面，土地政策对城乡经济结构调整主要通过农村土地政策来体现。例如，可以通过土地政策进行科学的农业生产发展空间布局；通过农村土地流转，为规模化、集约化的现代农业发展开辟道路；通过改革农村土地征收政策，提供失地农民向城镇转移的基本收入保障等，均可为农村经济发展提供科学、合理的发展方向，从而优化城乡经济结构。另一方面，土地政策是实现城乡一体化的根本保障。例如，改革农村土地基本经营制度，确立农民的土地财产权，建立统一的城乡建设用地市场等政策，促进了农村资源的流动与城乡要素的交换，为城乡一体化发展提供了有力的政策保障。

（三）土地政策与经济发展转型

1. 土地政策影响经济发展转型的作用机制

土地利用效率的提高直接影响经济发展，如促进要素生产率和 GDP 增长、保持就业水平、确保中国自身的粮食供给能力、使经济发展方式向集约型转变。而影响土地利用效率的因素主要是产权、资源配置方式和土地经营方式，这些因素依托土地政策而存在，并在不同的政策安排中表现不同的特点，产生不同的土地利用效率，决定不同的经济发展方式。

土地政策对经济发展转型的影响具有直接和间接影响。土地政策的直接作用主要体现为土地产权政策对土地利用方式和土地利用效率的影响、土地资源配置方式对一个国家或地区的产业结构和生产力布局调整的作用，以及土地经营方式对经济发展现代化程度的作用等方面。产权和配置方式对经济发展方式的影响通过制度激励实现，而人们选择的土地资源经营方式直接决定经济发展方式。土地政策的间接作用主要体现在土地供给及土地价格的影响上，其中，土地供给数量是实现经济总体供求平衡和影响经济发展速度的重要因素；在土地供给总量不变的情况下，土地供给结构会对产业结构和经济布局产生影响。中国城市土地属国家所有，地价关系反映了国家与投资者之间的利益分配关系，国家完全可以通过地价杠杆来实现让利与取利，也可以通过调控存量与增量土地供给价格政策促进经济增长方式的集约化转变。

2. 土地政策对加快经济发展转型的支持

土地政策对加快经济发展转型的支持，主要通过行政干预、市场调节、配合宏观经济政策三方面来实现。

1）行政干预

为了防止因个体行为引致的耕地面积减少、土地资源退化和环境污染等问题，政府会利用公共权力对土地使用者的土地利用行为进行强制规范或通过制度安排增加土地不合理利用的成本，以此达到提高土地利用效率的目的，进而实现经济发展方式向集约、可持续、协调发展的方式转变。

政府行政干预在内容上分为界定产权和弥补市场配置的局限性。由于产权改革路径的成本会非常高，政府发挥公共管理的职能是常见的选择，这一点在内容上又表现为制定"约束型"土地政策（任何土地政策都有约束的功能，此处强调对土地使用者行为的国家干预）。具体分为事前约束和事后纠正。事前约束包括指标计划管理和行政审批，编制土地利用总体规划，对土地转用实现总量控制，没有转用计划指标的、不得批转农用地转用，划定基本农田区域，限定耕地保有量，农地转用要办理农地转用审批手续等。事后纠正指中央政府或有关部门出台的管理土地开发和利用的土地政策。例如，国务院办公厅发布的《关于严禁开发区和城镇建设占用耕地撂荒的通知》《闲置土地处理办法》等，还包括开展的查处土地违法违规案件的土地管理治理工作。

2）市场调节

提高土地配置的市场化程度、规范土地市场是转变经济发展方式的第二个路径。从20世纪90年代至今，国家不断出台规范土地市场的土地政策，一是限定划拨用地范围，其余土地一律通过有偿出让方式供给；二是政府扶持土地价格机制的形成；三是规定包括工业用地在内的经营性用地一律采取"招拍挂"方式出让；四是通过法律、税收、金融、行政等手段对土地市场进行管理，制止土地投机行为，使土地供给和需求与整个国民经济的发展相适应。

3）配合宏观经济政策

土地政策与国家宏观经济政策，特别是与转变经济发展方式相关的经济政策的配合，会起到支持转变经济发展方式的作用。土地政策必须与产业政策相配合，各级国土管理部门依照国家规定的产业政策，对不同类别的项目有不同的供地政策，对于国家限制类项目和禁止类项目，分别制定了《限制供地项目目录》和《禁止供地项目目录》。

土地政策与行业用地规定相配合，制定了《工程项目建设用地指标》和《工业项目建设用地控制指标》，建设用地项目的编制、审批都必须依照建设用地指标和工业用地控制指标确定用地规模、核定用地面积，以杜绝违反集约用地原则、多占土地。

第二节　中国农村土地承包政策的演化及经济效应

一、中国农村土地承包政策的演化

根据《中华人民共和国农村土地承包法》，农村土地承包是指对农村土地采取的农村集体经济组织内的家庭承包方式，对不宜采取家庭承包方式的荒山、荒沟、荒丘、荒滩等农村土地，则可以采取招标、拍卖、公开协商等承包方式。农村土地承包政策的主要内容主要包括农村土地承包期限和农村土地承包权能，农村土地承包政策的演化主要围绕其内容展开。

（一）农村土地承包期限调整

土地的承包经营权是有一定期限的土地权利，从家庭联产承包责任制实施之初至今，中国农村的土地承包期限大致经历了由短到长的调整过程。

（1）承包期限为 2～3 年。1978 年至 1984 年以前，土地承包期很短，基本上是 2～3 年。

（2）承包期限为 15 年。1984 年《中共中央关于一九八四年农村工作的通知》，将土地承包期限明确规定为延长 15 年不变，在 15 年承包期内如有调整需要遵循"大稳定，小调整"原则。在实际执行 15 年不变政策的过程中，"大稳定，小调整"政策的含义为在以后的 10 年或 15 年内，可以根据人口变化对承包地进行小调整。一般是 3～5 年小调一次，也有的一年调一次。

（3）承包期限为 30 年。1993 年发布的《中共中央、国务院关于当前农业和农村经济发展的若干政策措施》提出土地承包期限延长为 30 年不变，且为了避免承包耕地的频繁变动，防止耕地经营规模不断被细分，还提倡在承包期内实行"增人不增地，减人不减地"的办法。1997 年 8 月 27 日，《中共中央办公厅、国务院办公厅关于进一步稳定和完善农村土地承包关系的通知》同样明确规定了承包土地"大稳定、小调整"的原则。1998 年《中共中央关于农业和农村工作若干重大问题的决定》更明确提出要赋予农民长期而有保障的土地使用权，并通过 2003 年的《农村土地承包法》肯定下来，以法律的形式保障农民土地使用权 30 年承包期内，发包方不得随意调整承包地。此后，中央又陆续出台了一系列保障农民土地承包权的政策。2008 年党的十七届三中全会《中共中央关于推进农村改革发展若干重大问题的决定》中明确指出："以家庭承包为基础、统分结合的双层经营体制，是适应社会主义市场经济体制、符合农业生产特点的农村基本经营制度，是党的农村政策的基石，必须毫不动摇地坚持。赋予农民更加充分而有保障的土地承包经营权，现有土地承包关系要保持稳定并长久不变。"2009 年和 2010 年两年的中共中央一号文件都强调"现有土地承包关系保持稳定并长久不变"。2015 年中央一号文件《关于加大改革创新力度加快农业现代化建设的若干意见》再一次强调"抓紧修改农村土地承包方面的法律，明确现有土地承包关系保持稳定并长久不变的具体实现形式"。2016 年中央一号文件《关于落实发展新理念加快农业现代化实现全面小康目标的若干意见》继续强调要稳定农村土地承包关系，落实集体所有权，稳定农户承包权，放活土地经营权，完善"三权分置"办法，明确农村土地承包关系长久不变的具体规定。

（4）承包期限再延长 30 年。2017 年党的十九大报告指出，巩固和完善农村基本经营制度，强化农村土地制度改革，完善承包地"三权"分置制度。保持土地承包关系稳定并长久不变，第二轮土地承包到期后再延长 30 年。

（二）农村承包土地权能完善和法制化建设历程

1982 年中央一号文件《全国农村工作会议纪要》正式肯定了农村土地的家庭承包经营制度，包干到户还原了农业生产家庭经营的最优特点，使土地的所有权和使用权真正分离，农户获得了土地的实际经营权。家庭联产承包责任制调动了农民用地积极性，为调动农民养地的积极性，稳定和强化农户的土地承包权，同时积极开辟土地承包权的流转市场。1984 年《中共中央关于一九八四年农村工作的通知》首次使用了土地使用权的概念，认为土地使用权转移时应给予一定补偿，"鼓励土地逐步向种田能手集中"，即既要给农民稳定的土地承包期限，同时鼓励土地使用权的流转。1986 年，《中华人民共和国民法通则》首次提出了农民的承包经营权概念，并把承包经营权作为一种与财产所有权有关的一项财产权予以保护；同年颁布的《中华人民共和国土地管理法》首次以法律的形式确立了家庭联产承包责任制。1988 年，《宪法》第十条第四款修正为："任何组织或者个人不得侵占、买卖或者以其他形式非法转让土地。土地的使用权可以依照法律的规定转让。"这一重大政策创新为土地转包从理论走向实践奠定了法律依据，并使土地转包从理论走进现实。1999 年的《中华人民共和国宪法修正案》将宪法第八条第一款中"以家庭联产承包为主的责任制"修改为"农村集体经济组织实行家庭承包经营为基础、统分结合的双层经营体制。"这标志着以家庭承包经营为基础、统分结合的双层经营体制作为我国农村基本经营制度的法律地位正式确立。

进入新世纪后，家庭联产承包责任制得到飞速发展，土地承包及土地流转制度走向法制化轨道。2000 年《中共中央关于制定国民经济和社会发展第十个五年计划的建议》指出，要加快农村土地制度法制化建设。2001 年《中共中央关于做好农户承包地使用权流转工作的通知》指出"在稳定家庭联产承包责任制度的基础上，允许土地使用权合理流转"。2002 年颁布的《中华人民共和国农村土地承包法》明确规定承包方"依法享有承包地使用、收益和土地承包经营权流转的权利"，"承包地被依法征用、占有的，有权依法获得相应的补偿"，标志着"农村土地集体所有、家庭承包经营、长期稳定承包权、鼓励合法流转"的新型土地制度正式确立。2005 年《农村土地承包经营权流转管理办法》明确提出"承包方依法取得的农村土地承包经营权可以采取转包、出租、互换、转让或者其他符合有关法律和国家政策规定的方式流转"。2006 年《中共中央关于推进社会主义新农村建设的若干意见》要求"健全在依法、自愿、有偿基础上的土地承包经营权流转机制，有条件的地方可发展多种形式的适度规模经营"。2007 年颁布实施的《物权法》将土地承包经营权确定为用益物权，这是我国第一次以法律形式承认了承包经营权的物权性质。2008 年《中共中央国务院关于切实加强农业基础建设进一步促进农业发展农民增收的若干意见》提出"加快建立土地承包经营权登记制度"，"严禁通过以租代征等方式提供建设用地"。2009 年《中共中央国务院关于 2009 年促进农业稳定发展农民持续增收的若干意见》要求稳定完善农村基本经营制度，建立健全土地承包经营权流转市场，扶持农民专业合作社和龙头企业发展。2013年召开的中共十八届三中全会赋予了农村土地承包权、建设用地及宅基地更多的权能，尤其是赋予了农村土地承包权担保权能，从而使得农村土地承包权具备了较为完整的权能。2014～2017 年的中央一号文件都强调探索要实现所有权、承包权、经营权"三权分置"，引导土地经营权有序流转。特别是 2016 年中共中央办公厅。国务院办公厅印发了《关于完善农村土地所有权承包权经营权分置办法的意见》，明确了承包权和经营权等各项权能的内涵，为放活土地经营权提供了政策保障。实行"三权分置"，在保护农户承包权益的基础上，赋予新型经营主体更多的土地经营权，有利于促进土地经营权在更大范围内优化配置，从而提高土地产出率，劳动生产率、资源利用率。

二、中国农村土地承包政策的经济效应

（一）对农户土地投资的激励效应

第一，农地制度安排和地权稳定性不但影响农民对农地的长期性投入，而且影响其对农地的短期投入：土地使用权越稳定，对土地投入的长期性行为越显著；使用权越不稳定，短期性行为越突出。产权不稳定就好像是土地上的一种随机税，农户在土地上的投资很可能随时被撤走，导致农户缺乏对土地投资的长期预期收益，从而降低投资激励。

第二，完善的交易权可以扩大交易机会，使农户能够获得交易收益，从而提高投资的动力。不完整的土地交易权造成不同农户间的土地边际产出不同，农户当期的劳动力投入强度和长期投资强度在农户之间都存在差异，并且这两种差异随交易权不完整性的扩大而扩大；较完善的土地交易权使农户对其现期投资在未来实现其市场价值更有信心，从而也增强农户在现期增加投资的动力。

我国农地产权制度改革的根本目标是增加农地产权的稳定性和交易性。地权稳定性的目的在于减少土地行政调整的发生率，减少因土地产权制度所带来收益的不确定性。在更稳定的农地产权制度下，农户预期土地调整发生的概率会远小于不稳定的地权制度下发生的概率，因此稳定的地权赋予农户未来相对确定的收益。地权交易性的目的在于促进土地市场发育，提高土地市场交易比例。农户能够更容易地将投资后的土地通过土地市场交易出去，这使得部分不可逆投资转为可逆投资，减少投资的沉没成本。例如，在地权交易性较弱的环境中，土地交易面临非常高的交易成本，土地上的投资大部分都是不可逆的，但是在地权交易性较强的环境中，土地市场交易频繁发生，赋予土地上的部分投资可以通过市场价格体现出来，因此，土地的交易性能减少土地投资的不可逆性。

（二）对农村土地流转市场的影响

土地产权制度除了激励投资效应外还具有资源配置效应，而资源配置效应正是通过土地流转市场发挥作用。农村土地承包政策对农村土地流转市场的影响主要表现在其对土地流转市场的发育壮大和市场交易成本上。

1. 农村土地承包政策对农地产权市场发育壮大的影响

土地产权是影响土地流转市场发育的一个重要因素，不完整的土地产权制度将阻碍农户参与土地流转市场。对于尚未参与土地流转市场的农户来说，农村土地承包政策调整带来的地权稳定性和交易性的提高，虽然不一定直接影响其参与土地流转市场的水平，但是

可能缩小农户不参与土地流转市场的条件区域，使得部分原先不参与土地流转市场的农户转为参与土地流转市场；对于已经参与农地流转市场的农户来说，农村土地承包政策调整带来的地权稳定性的提高能够鼓励农户扩大土地转入、转出规模。

2. 农村土地承包政策调整对农地市场交易成本的影响

土地产权制度是影响土地市场交易成本的主要因素。对于转出土地的农户来说，安全的地权赋予农户更长期限的土地使用权和收益权，他可以根据预测自己家庭未来的劳动力变化将多余的土地放入土地流转市场，同时也更有信心在当自己需要土地时，可以根据流转合同收回剩余年限的土地使用权。因此，安全的土地产权能够降低农户流转出土地后失去土地的风险，从而减少转出户参与土地流转市场的交易成本。对于转入土地的农户来说，在人多地少的现实情况下，土地转入方的交易成本主要体现为寻找土地转出户，并与其商量土地流转契约的成本。安全的地权使得更多愿意转出土地的农户将土地置于土地流转市场，便可减少转入户寻找土地转出户并与其讨价还价的成本。因此，地权的稳定性影响土地流转双方的交易成本，地权越稳定，土地流转双方面临的土地交易成本越小。与农地产权的稳定性类似，农地产权的交易性也会影响土地流转市场的交易成本，当农地产权交易受到限制时，土地流转双方都面临违规交易土地而受惩罚的风险，即使土地流转双方可以通过向村集体申请流转土地，但是面临繁杂的申请程序，其相关的交易成本往往远高于地权自由交易情况下的交易成本。

（三）农村土地承包政策调整对农业生产绩效的影响

农村土地承包政策对农业生产绩效的影响可以从农地产权的安全、农地的转让权和经营自主权三方面来分析，随着农地承包经营权制度的长期稳定、转让性的逐步获得及收益权益的日趋完整，农户在经营农地的过程中获得了更多的激励，农业绩效也因此大大提高。

农村土地政策从投资激励效应和市场配置效应两个角度影响农业生产绩效，其基本作用机制可细分为"农地产权制度-土地投资激励效应-农业生产绩效"和"农地产权制度-土地市场配置效应-农业生产绩效"两条路线。除了土地投资激励外，土地流转市场的发展能够平衡具有不同土地和劳动力资源禀赋的农户的土地边际产出，将土地从低生产率的农户手中转移到高生产率农户手中，这样既提高了土地资源的分配效率又提高了农业生产率，而减少土地调整，延长农村土地承包经营权的期限并提高其安全性和交易性，能够激励土地流转市场发展，从而提高农业生产率及农业绩效。

第三节　中国城镇土地供应政策的演化及经济效应

一、城镇土地供应政策的内涵及特征

土地供应政策是以国家或地方政令形式出现，通过经济、法律和行政手段，调节一定时期一定范围内土地供应总量和结构，规定土地供应条件和方式，以达到预期管理目标的政府措施。城镇土地供应是指为了满足城市生产、生活等方面的建设需要而提供的土地，按来源可以分为存量土地供应和增量土地供应两个部分，存量土地供应即城市原有建设用地的重新利用；增量土地供应主要是指将城市周边的农用地非农化，转变为城市建设用地。城镇土地供应政策是指管理部门针对城镇土地供应的规则，城镇土地供应的来源、数量、结构、方式和价格等一系列内容而制定的相关法律、法规及政府文件的总和，具体包括土地利用规划、土地收购储备制度、集体建设用地入市政策、征地政策和土地供应计划等。城镇土地供应政策是政府进行土地资源合理配置、宏观调控城市土地市场和提高土地利用效率的重要方法和手段，其目标是保护土地资源，优化土地资源在不同地区、行业之间的配置，确保国民经济和区域经济持续、快速、健康地发展。在我国，城镇土地供应有无偿行政划拨供应和有偿出让供应两种方式。无偿行政划拨供应，又称为非市场化土地供应方式，主要用于城市基础设施和公用设施、绿化等建设项目的土地使用需求；土地有偿出让供应，又称为市场化土地供应，主要用于商业、办公、工业、住宅等经营性土地使用需求。

中国现行城镇土地供应政策的特征主要有以下五点：①国家垄断一级市场。城市土地所有权的唯一主体是国家，国家垄断城镇土地供应的一级市场。②计划与市场双重调控。我国城市土地的供应实行"以价值规律为基础，以计划调节为主，市场调节为辅的计划与市场的双重调控机制"。一方面，土地供应以社会经济发展及城乡规划为依据，不符合规划、计划要求的用地需求不予满足；另一方面，有偿供应极大地引入了市场机制，用地者通过竞争获得土地，土地资源的稀缺性和经济价值得以现实体现。③采取"收购-储备-出让"模式。目前全国大部分城市已初步形成了政府主导下的统一收购、统一储备、统一出让和统一管理的城镇土地供应市场，政府能够根据市场变化有计划地供给土地，严格控制土地供给总量和供给结构配置；城市土地收购储备制度的建立，有效遏制了土地的非法炒卖和隐形交易，防止国有土地资产的流失。④土地资产流动性强。现行土地供应格局是一个开放的、运动型的体系，土地经过初次配置之后，可以通过转让市场重新进行调配。即使是划拨土地使用权，也可以在补交出让金之后再度转让。⑤受用途管制制度限制。严格限制使用土地的单位和个人必须按照土地利用总体规划确定的用途使用土地，使得土地的供应受到一定限制。

二、中国城镇土地供应政策的演化

（一）无偿供应阶段（1949～1978 年）

改革开放前，我国城镇国有土地实行的是单一行政划拨制度，国家通过划拨方式，调配建设用地，将土地使用权无偿、无限期提供给用地者，并且限制土地使用权流转，不允许转让、出租、抵押。这种土地使用制度不仅导致土地利用效率低、土地配置效益差，还造成了大量的国有土地收益流失，不能充分体现土地资源的市场价值。

（二）有偿划拨为主供应阶段（1978～1990 年）

1978 年，中国共产党十一届三中全会做出了改革开放的决策。随着经济体制改革的逐步深入，原来的无偿、无期限、无流动的土地使用制度已经与经济发展和改革不相适应，迫切要求进行改革。1979 年 7 月，第五届全国人民代表大会第二次会议通过《中华人民共和国中外合资企业经营法》规定："中国合营者的投资可包括为合营企业经营期间提供的场地使用权，如果场地使用未作为中国合营者投资的一部分，合营企业应向中国政府缴纳使用费"。1980 年 7 月，国务院《关于中外合营企业建设用地的暂行规定》提出："中外合营企业用地，不论新征土地，还是利用原有企业场地，都应计收场地使用费"，这是最早关于土地有偿使用的探索和规定。1988 年，国务院颁布《城市土地使用税暂行条例》，正式在

全国范围内征收土地使用税。同年，全国人大通过宪法修正案，删除《宪法》中不得出租土地的规定，改为"土地的使用权可以依照法律的规定转让"，这为土地使用制度改革的全面展开和深入发展扫清了障碍。因此，在这一期间，尽管国家开始对土地实行有偿使用，但土地供应方式仍以行政划拨为主，土地使用权仍然是划拨性质。

（三）协议出让为主阶段（1990～2002 年）

1990 年 5 月，国务院出台《中华人民共和国城镇国有土地使用权出让和转让暂行条例》（又称国务院令第 55 号），要求实行土地有偿使用制度，并首次提出对房地产开发用地要求实行土地出让，政府收取土地出让金。1994 年，第八届全国人民代表大会常务委员会第八次会议通过的《中华人民共和国城市房地产管理法》对土地使用权出让和转让作了详细的法律规定，自此，城市土地使用制度的改革进一步走上法制化轨道。进入 1997 年以后，随着土地市场的建立，全国多数城市和地区的土地都采取了有偿出让的方式，以市场配置土地资源、由市场确定地价的原则逐步确立。2001 年，国务院下发《国务院关于加强国有土地资产管理的通知》明确指出："商业性房地产开发和其他土地供应计划公布后同一地块有两个以上用地意向者的，都必须由市、县人民政府土地行政主管部门依法以招标、拍卖方式提供"。但该通知仅仅是原则性意见，没有做出具体规定。因此，尽管土地出让的范围不断扩大，要求公开出让的文件依据也很明确，但直到 2002 年 6 月底前，土地出让方式还是以协议出让为主。

（四）公开出让为主阶段（2002 年至今）

2002 年 5 月 9 日，国土资源部发布 11 号令《招标拍卖挂牌出让国有土地使用权规定》，明确指出，自当年 7 月 1 日起，全国各地区的商业、旅游、娱乐、写字楼和商品住宅等各类经营性用地，必须以招标拍卖挂牌方式出让。自此，经营性国有土地招标拍卖供地作为一种市场配置方式被正式确立，它进一步完善了土地市场机制，大大发挥了市场配置土地资源的基础性作用。2004 年 3 月 31 日，国土资源部出台文件规定："从即日起，国土资源部、监察部将就'开展经营性土地使用权招标拍卖挂牌出让情况'进行执法监察"，并要求各地"要在 2004 年 8 月 31 日前将历史遗留问题处理完毕，对 8 月 31 日后仍以历史遗留问题为由，采用协议方式出让经营性土地使用权的，要从严查处"，这就是媒体所称的"8.31"大限。2004 年 10 月，国务院发布的《国务院关于深化改革严格土地管理的决定》（国发〔2004〕28 号）指出，各地必须禁止非法压低地价招商，除按现行规定必须实行招标拍卖挂牌出让的用地外，工业用地也要创造条件逐步实行招标拍卖挂牌出让，推进土地资源的市场化配置。

2006 年 9 月 5 日，《国务院关于加强土地调控有关问题的通知》出台，规定工业用地一律以招标拍卖挂牌方式出让。2007 年 4 月 4 日，发出《国土资源部监察部关于落实工业用地招标拍卖挂牌出让制度有关问题的通知》（国土资发〔2007〕78 号），就落实工业用地招拍挂出让制度有关问题提出明确意见，要求工业用地所有遗留问题要在 2007 年 6 月 30 日前处理完毕，自 7 月 1 日起一律实行招拍挂出让。这标志着在我国除了划拨土地使用权补办出让及少量符合协议出让条件的土地外，公开出让成了土地供应的主要方式。

此后，国家继续出台了一系列城镇土地供应政策措施。为了遏制开发企业大量囤积土地以及地方政府为了政绩而无限制供地的现象，2008 年国务院出台了《国务院关于促进节约集约用地的通知》（国发〔2008〕3 号）；2010 年，国土资源部发布了《国土资源部关于加强房地产用地供应和监管有关问题的通知》（国土资发〔2010〕34号）。这两个文件都强调了编制土地供应计划的重要性和对闲置土地进一步清理的要求，加强了对地方政府供地行为和房地产用地的管理和督查。

2011～2012年，《国土资源部关于坚持和完善土地招标拍卖挂牌出让制度的意见》（国土资发〔2011〕63号）和《国土资源部关于大力推进节约集约用地制度建设的意见》（国土资发〔2012〕47号），对先前的城镇土地供应政策作了补充规定，进一步完善了我国的城镇土地供应市场，并将节约集约用地提高到战略的高度。2013年2月国务院出台了五项加强房地产市场调控的政策措施，它明确指出要"完善稳定房价工作责任制，增加普通商品住房及用地供应"，并重点强调了2013年我国住房用地供应总量在原则上不应低于过去五年的平均实际供应量，而且要加快中小套户型普通商品住房项目的供地、建设和上市。

2014年3月27日国土资源部第1次部务会议通过的《节约集约利用土地规定》明确指出："国家扩大国有土地有偿使用范围，减少非公益性用地划拨。除军事、保障性住房和涉及国家安全和公共秩序的特殊用地可以以划拨方式供应外，国家机关办公和交通、能源、水利等基础设施（产业）、城市基础设施以及各类社会事业用地中的经营性用地，实行有偿使用"；"经营性用地应当以招标拍卖挂牌的方式确定土地使用者和土地价格，各类有偿使用用的土地供应不得低于国家规定的用地最低价标准。禁止以土地换项目、先征后返、补贴、奖励等形式变相减免土地出让价款"。2017年4月1日，住房和城乡建设部和国土资源管理部门联合签发的《关于加强近期住房及用地供应管理和调控有关工作的通知》规定：各地要根据商品住房库存消化周期，适时调整住宅用地供应规模、结构和时序，对消化周期在36个月以上的，应停止供地；36～18个月的，要减少供地；12～6个月的，要增加供地；6个月以下的，不仅要显著增加供地，还要加快供地节奏。

三、中国城镇土地供应政策的经济效应

（一）促进城市经济发展

第一，任何一个城市的建设，都要占据一定面积的土地，城市建设用地总量是影响城市经济增长和城市土地供需平衡的重要因素。第二，土地供应量的增加使地方政府能够获取更多的土地出让收益（包括土地税收收入、土地出让金收入、土地融资及与土地相关的费用收入），这部分土地财政收益是我国目前城市基础设施投资和公共环境改善的主要资金来源。完善的城市基础设施建设又能提升城市土地的价值，增值后的土地通过吸引社会资本的参与，使地方政府获得持续基建资金投入，从而推动城市的经济发展。第三，土地供应的结构一定程度上决定了城镇产业发展的规模、结构和区域布局，而产业的发展状况又会对城市经济产生较大影响。需要特别说明的是城市土地供应政策对区域经济增长的贡献并非越高越好，而应保持在一个合理的区间内，过高的贡献率可能意味着城市土地的过量投入，从而不可避免地带来耕地的减少。

（二）优化城市土地利用结构

城市土地利用结构是指城市内部各种功能用地的比例、空间结构及相互影响、作用的关系，它决定着城市社会经济功能的发挥。合理的城市土地供应政策，可以促进城市土地利用结构的优化。地方政府根据当地社会经济发展情况，依据土地资源的自身特性和土地

适宜性评价结果，通过土地供应政策合理地决定区域内土地供应数量、结构和空间布局，从而达到提高土地利用效率和效益，优化土地利用结构的目标。

城市土地利用结构的合理化，主要表现为城市各功能区间的分工明确、相互协调，以及各功能区较合适的用地比例，从而使城市得以高效运作。从现代城市发展的历程来看，城市土地利用结构的调整主要体现在城市工业用地、商业用地和住宅用地比例的增减上，这三种土地利用方式都占有较大的城市用地比例，且经济、社会效益存在很大差别。从现代城市发展的普遍趋势来看，商业用地和住宅用地比例在逐步增大，而单位面积产出率较低的工业用地在减少。因此，可以用工业用地、商业用地和住宅用地的比例构成来反映城市土地供应政策对土地利用结构的优化情况，即城市用地结构的合理化程度。一般而言城市商业用地、住宅用地比例越大，城市土地利用效率就越高，城市土地利用结构越趋向合理，城市土地供应政策对优化土地利用结构的实现情况就越好。反之，工业用地比例越大，城市土地利用效率就受到影响，城市土地供应政策对优化土地利用结构的实现难度加大。

（三）提高城镇土地集约利用水平

城镇土地供应政策影响城市土地集约利用水平。通过城市土地供应政策，确定合理的土地开发和利用强度，是城市土地节约集约利用的必要保证。目前我国正处于城镇化快速发展时期，对城市土地需求巨大，通过挖掘存量土地供应潜力，实施"紧凑型"城市发展模式，防止"摊大饼"式发展，有利于减少各种资源的浪费，合理利用土地资源，进而提高土地利用效率。

复习思考题

1. 解释术语：土地政策、农村土地承包政策、城镇土地供应政策。
2. 土地政策的经济效应有哪些？
3. 简述中国农村土地承包政策的经济效应。
4. 简述中国城镇土地供应政策的几个演化阶段。
5. 简述中国城镇土地供应政策的经济效应。

参 考 文 献

黄贤金. 2014. 土地政策学 [M]. 北京：中国农业出版社.
梁佳. 2014. 土地政策参与宏观经济运行的空间经济学解析 [J]. 审计与经济研究, (4)：99-106.
马刚. 2012. 土地政策和经济发展方式转变 [M]. 北京：经济科学出版社.
唐莹, 孙萍, 张景奇. 2010. 土地政策参与宏观调控手段的完善 [J]. 资源开发与市场, (6)：531-534.
吴次芳, 谭永忠. 2004. 内在基础与外部条件——土地政策作为宏观调控工具的初步分析 [J]. 中国土地, (5)：9-10.
杨璐璐. 2014. 中国土地政策演进阶段性结构特征与经济发展转型 [J]. 现代财经, (2)：104-113.
杨璐璐. 2015. 新中国土地政策变迁的历史与逻辑 [M]. 北京：国家行政学院出版社.
章泽宾. 2009. 城市土地供应政策执行效果评估——以武汉市为例 [D]. 武汉：华中农业大学硕士学位论文.

后　　记

经过艰辛的努力，我们十分欣慰，将这本《土地经济学》教科书呈现给广大读者，感受到耕耘后的收获。

本书由杨庆媛教授担任主编，龙拥军教授和王成教授担任副主编，第一章、第四章由杨庆媛执笔，第六章和第七章由杨庆媛和苏康传共同执笔，第九章和第十四章由杨庆媛和刘燕共同执笔，第二章、第十一～十二章由龙拥军执笔，第八章由王成执笔，第三章由王兆林和杨庆媛共同执笔，第五章由印文和杨庆媛共同执笔，第十五章和第十六章由胡蓉执笔，第十三章和第十八章由杨庆媛和陈展图共同执笔，第十七章由王成和杨庆媛共同执笔。

尽管列入本书的主编和副主编只有 3 人，但参与本书编写工作的人员众多，除了 18 章书稿的 9 位执笔人外，青年教师曾潍嘉、耿黎、刘苏和张忠训参与了书稿的校对，研究生刘亚男、童小容、胡涛、袁零、李佳欣、祈傲雪、何逸凡等参与了资料收集、专栏制作等工作，在此对他们的付出表示感谢。

特别感谢对全书进行细致审查的许坚博士和陈年教授，对他们的严谨和细致表示敬意，对他们给予的帮助和对书稿提出的宝贵意见表示衷心感谢！

编　者
2018 年 2 月